Finnen
Schweden
Letten
Litauer
Weiss-russen
Polen
sche
Ukrainer
Tschechen
Slowaken
KAISERTUM ÖSTERREICH
1815–1859/66
Ungarn
Slowenen
Kroaten
Rumänen
Serben
Bulgaren
liener
Makedonische Slawen
Albaner
Türken
Griechen

W0414308

Heinrich Drimmel

FRANZ VON ÖSTERREICH

Heinrich Drimmel

Franz von Österreich

Kaiser des Biedermeier

Amalthea

Band I der Biographie erschien 1981
unter dem Titel

KAISER FRANZ
Ein Wiener übersteht Napoleon

© 1982 by Amalthea-Verlag
Wien–München
Alle Rechte vorbehalten
Schutzumschlag: Wolf Bachmann unter Verwendung eines Photos
aus der Österr. Nationalbibliothek, Wien
Gemälde von Friedrich v. Amerling (1832): Kaiser Franz
Gesamtherstellung: Welsermühl, Wels
Printed in Austria 1982
ISBN 3-85002-165-3

Inhalt

»Das Volk ist ein Ries' in der Wieg'n, der aufwacht, aufsteht, herumtorkelt, alles z'samtritt und am End' wohin fällt, wo er noch schlechter liegt als in der Wieg'n.«

Johann Nestroy, 1849, nach den Erlebnissen während der Revolution in Europa vom Jahre 1848

»Zur Machteroberung genügt dem Proletariat nicht der elementare Aufstand. Nötig ist die entsprechende Organisation, nötig der Plan, nötig die Verschwörung.«

Leo Trotzki, Geschichte der russischen Revolution, Berlin 1960, Seite 626

ERSTER TEIL

1.

Der Kaiser kehrt heim nach Italien

Über Paris läuteten am vorletzten Septembertag des Jahres 1815 die Mittagsglocken, als der Wagenzug des Kaisers von Österreich die Stadt bei der Barrière d'Italie verließ. Der alte Schrankenwärter schaute mißmutig den österreichischen Ulanen nach, bis diese, die Nachhut des Zugs, in einer Staubwolke verschwanden. Sogleich tummelte sich um den Alten eine Horde Gassenjungen, die wissen wollten, wohin dieser Kaiser, der nicht der ihrige war, wohl reisen täte. Der Greis gab eine Zeitlang keine Antwort, gedachte der Zeiten, als der junge General Buonaparte Paris an derselben Stelle verließ, um sich zu seinen Truppen nach Italien zu begeben. Und dort die Österreicher immer aufs neue zu besiegen. Bis deren Kaiser, der soeben als Sieger die Stadt Paris verlassen hatte, nur noch Herrscher über einen meerfernen Staat war, der in den Augen vieler Franzosen überhaupt keine Großmacht mehr sein konnte. Und jetzt fuhr der fremde, feindliche Kaiser nach Italien. Der Alte seufzte und sagte zu den Buben:
»Je ne sais pas.«
Niemand in Frankreich wußte im Herbst 1815, dreieinhalb Monate nach Waterloo, wie es weitergehen sollte im Land, das nur noch ein Königreich unter einem Herrscher war, der nicht einmal richtig zu Fuß weiterkam. Geschweige denn zu Pferd. Der wirkliche Kaiser war momentan auf hoher See. Staatsgefangener der englischen Regierung, die es übernommen hatte, namens der Siegermächte den Kaiser, der nur noch als General tituliert wurde, auf einer fernen Insel im Atlantik konfiniert zu halten. Dafür waren fremde Kaiser ins Land gekommen, die von Rußland und Österreich. Mit ihnen einige hunderttausend feindliche Soldaten. Und das jetzt zum zweiten Mal innerhalb eines Jahres. Nie ist derlei Frankreich seit langer Zeit passiert.

Man redete davon, daß Frankreich einige hundert Millionen Francs als Kriegskostenentschädigung wird zahlen müssen und daß man so lange Feindbesatzung im Land haben wird, bis Frankreich diese immense Schuld abgezahlt hat.
Nicht nur der Mann an der Schranke war froh darüber, einen dieser feindlichen Kaiser aus Paris abreisen zu sehen. Franz selbst hatte die Stadt und den Betrieb in ihr herzlich satt. Mochte sich der neben ihm im Leibreisewagen sitzende Generaladjutant Kučera, ein unverbesserlicher Junggeselle, im Kreis der Kavaliere aller Länder im Tivoli und im Palais Royal im Kreis des örtlichen Damenflors verlustieren. Er, Franz, dachte an andere Dinge. So an seine in Wien verbliebene Gemahlin, die auch diesmal, so wie im Neunerjahr, nicht hat mitkommen können – um Paris zu sehen. Damals ist der siegreiche Napoleon dieser Absicht in die Quere gekommen; heuer, im Mai, die Krankheit der Kaiserin. Schon in Kemmelbach im Niederösterreichischen hat die arme Kranke die Schwindsucht dermaßen darniedergeworfen, daß man Maria Ludowika eilends nach Wien zurückbringen mußte. Dort hat sie den glutheißen Sommer überstanden. Jetzt haben ihr die Ärzte geraten, die schönen Herbsttage in Bozen oder Brixen zu verbringen und dort das milde Klima zu genießen. In einer dieser Städte wollte sich das Kaiserpaar ein Rendezvous geben und dann nach Italien reisen. Franz wollte sich nach gewissen Ereignissen in seinem Königreich Lombardovenetien an Ort von den Zuständen ein Bild machen; Maria Ludowika drängte es, noch einmal die Stätten einer in Monza verbrachten glücklichen Kindheit aufzusuchen und sich mit ihren Brüdern und der Mutter zu treffen.
Als der Wagen in die schnurgerade Route de Fontainebleau einbog, seufzte der Kaiser erleichtert auf:
»Gott sei Dank.«
Der Kučera kannte nach zehn Dienstjahren in der Generaladjutantur des Kaisers die Gedankengänge seines Kaisers und Herren, ehe dieser einen Satz vollendet hatte. Er wußte, daß der Kaiser nicht bloß froh war, die fremde und ungeliebte Stadt hinter sich zu haben; der Kaiser von Österreich war dankbar, daß jetzt

endlich Schluß war mit den Franzosenkriegen. Freilich, der Frieden ließ sich nicht gut an. Die gewisse Kriegskonjunktur ist schon nach der ersten Abdankung Napoleons im Vorjahr abgerissen. Das Ende der von Napoleon gegen England verhängten Kontinentalsperre brachte eine Umstellung der ganzen Wirtschaft im Lande mit sich; die mit größter Mühe aufgetriebenen Gelder für den heurigen Feldzug hatten die unfertigen Ergebnisse der Währungsreform vom Elferjahr wieder ins Wanken gebracht.

All das und die Sorgen, die der Kaiser wegen seiner häuslichen Verhältnisse mit sich trug, veranlaßten den Kučera zu sagen und zu seufzen:

»A bißl notig steh'n ma do.«

Der Kaiser blieb stumm.

»Bei den Garnisonstruppen stockt die Verpflegung«, setzte der Generaladjutant fort, »und wenn's so weitergeht, müssen wir, vom Major abwärts, täglich eine zweite Brotration ausgeben, damit die Leut' net Hunger leiden müssen. Im Feld geht es ja noch, wenn wir erst die Truppen dorthin konzentrieren, wohin der Krieg nicht gekommen ist, und genug da ist, um aus dem Land zu leben.«

Wie das der Napoleon immer gemacht hat, wenn er bei uns im Land war, hätte der Kučera geschlossen. Aber er redete nicht gerne über den Schwiegersohn seines Kaisers. Franz schwieg noch immer und der Generaladjutant fuhr fort:

»In Italien schaut's spatni aus. Heuer im Mai hat es dort geschneit. Die Ernte ist futsch. Wir werden vom Maisfutter unserer Kavalleriepferde etwas an die Bevölkerung abgeben müssen, damit *die* sich ihr'n Polenta kochen können.«

Die, das klang spitzig. Für den Kučera und viele seiner Freunde beim Militär und im Zivil waren die Italiener nur Katzelmacher, wie die Wiener sagen. Ein kinderreiches Volk, dessen Angehörige sich mehr am Kindermachen erfreuen als über die Ernährung ihrer kinderreichen Familien sich rechtzeitig genug Sorgen zu machen. Und außerdem hielt man in besagten Kreisen die Italiener nicht einmal für gefährliche Demokraten, sondern für

Anarchisten. Leute, die kein Regime lange ertragen, gleichgültig ob ein Landfremder oder ein Einheimischer an der Spitze steht. Der Napoleon, der doch einer der Ihrigen war, ist ihnen mit der Zeit so verhaßt geworden, daß sie im Vorjahr, als die Nachricht von der Abdankung Napoleons in Mailand eintraf, sofort geputscht haben, um die Franzosen vom Hals zu bekommen. Bei diesem Punkt des Erinnerns angelangt, sagte der Kučera laut und mit einigem Nachdruck:

»Der Fontanelli ist ein Fallot.«

Franz sah seinen Generaladjutanten ein wenig mißmutig an. Besagter Fallot war immerhin derzeit k. k. Feldmarschalleutnant. Ein tapferer und in mancher Hinsicht verwendbarer Militärfachmann. Im Neunerjahr hat er bei Wagram eine Division der damaligen italienischen Armee Napoleons gegen die Österreicher geführt. Aber nicht das hatte der Kučera im Auge. Er wollte seinen Kaiser unentwegt vor gewissen Typen warnen, die man nach dem Ende des napoleonischen Königreichs in Italien von der Armee dieses untergegangenen Staates in die k. k. Armee übernommen hat. In Prag soll es ohnedies zu einem Skandal gekommen sein, als dort die ersten dahin transferierten Kompanien des jetzigen Lombardischen Infanterie-Regiments Merville Numero 23 mit ihren buntscheckigen Uniformen so kraß vom Weiß der kaiserlichen Infanterie abstachen. Und die Leut' in den Kneipen und Bordellen mit den Kameraden, die gestern noch ihre Feinde waren, in Streit gerieten. Ein Haufen dieser Italiener in ihrer alten grün-schwarz-rosenroten Uniform wollte sogar die Kaserne des Regiments Vogelsang – noch dazu unter Anführung ihrer Offiziere! – erstürmen. In dieser peinlichen Situation hat sich ein Landsmann des Kučera, der k. k. Oberleutnant der Prager Militärwache Joseph Čech, offenbar bewährt. Jedenfalls wurde ihm mit Allerhöchster Entschließung zu seinem bürgerlichen Namen das erbetene Prädikat *von Čechenherz* verliehen. Ein Erneuerer, wie man oben unter den Čechen sagte, aber einer, der noch schwarz-gelb bis in die Knochen war. Die italienischen Offiziere aber haben vor dem Kriegsgericht, als man ihnen ihr Rebellieren vorhielt, frech erwidert:

»Perché? Questo regno tedesco e solamente un gobernio *provisorio* – chi peccora si fa la mancia il lupo.«
Franz war entschlossen, die einschlägigen Akten bei nächster Gelegenheit skartieren zu lassen. Dieser Exzeß brachte ihn jedenfalls nicht von seiner Sympathie für seine italienischen Landsleute ab, deren Sprache ihm, im toskanischen Dialekt, Muttersprache war. Dem Kučera erwiderte er jetzt:
»Der Bellegarde sagt, die Leut' dort unten seien gut und uns gut gesinnt.«
Wenn der Kučera den Namen Bellegarde hörte, wurde seine Kritik an den italienischen Zuständen virulent. Feldmarschall Graf Bellegarde stand beim Kaiser im hohen Ansehen. Nicht nur, weil er als einer der ersten verlangt hat, man möge die Kaiserlichen nicht im großen Haufen, sondern gegliedert in Korps- und Divisionsverbände, wie das die Franzosen angefangen hatten, gegen den Feind führen; weil der Graf sich im Neunerjahr ausgezeichnet gehalten hat und dafür zum Feldmarschall ernannt wurde (was ihm viele Neider eintrug); und weil nach Wagram dieser allzeit getreue Wallone als Präsident des Hofkriegsrats die von Napoleon zerzauste und im Friedensdiktat auf niedrigem Stand gehaltene k. k. Armee wieder auf die Beine gebracht hat. Damals hat Franz vor den Leuten gesagt:
»Der Bellegarde hat das Unmögliche möglich gemacht.«
Und jetzt hoffte Franz wohl, Bellegarde würde als Kommandierender General in Mailand wieder etwas unmöglich Scheinendes möglich machen. Nämlich nicht bloß das wiedereroberte uralte Erbland dem Haus Österreich erhalten, sondern die in der Franzosenzeit verdorbenen Lombarden und Venetianer wieder an Österreich binden. Bellegarde war ein gebildeter Mensch, gentil in seiner Art, kein Kommißknopf. Er wollte mit des Geistes heiteren Waffen die italienischen Untertanen seinem Kaiser erhalten. Sie und ihr schönes, reiches Land. Franz entmutigten also nicht die Schilderungen des Kučera, wenn dieser über die dort unten herzog. Er sagte nur kurz:
»Das gibt sich. Das Land ist reich.«
Und nach einer Pause:

»Und schön, so schön.«
Nicht nur die Kaiserin hat ja ihre Jugendtage in diesem Land südlich der Alpen zugebracht. Um dem Disput ein Ende zu machen, fing Franz an, bei der Betrachtung der Landschaft mit dem Blei jene Notizen während der Fahrt zu machen, an Hand derer er dann mit der Kielfeder die Reinschrift seines Tagebuchs verfaßte. Die Fahrt im Seinetal wurde eine Fahrt in schöne Herbsttage. An den Hängen röteten sich die Wälder. Das Grün der Wiesen vergilbte. Im Fluß aber spiegelte sich der blaue Himmel wolkenloser Tage. Hier war Frieden. Bei solchen Aussichten freute sich Franz auf sein Wiedersehen mit der Ältesten, Marie Louise, die einmal die Kaiserin dieses Landes gewesen ist. Sie wird er in Verona treffen, um zusammen mit der Kaiserin dem feierlichen Regierungsantritt der jetzigen Exkaiserin in ihrem neuen Land, dem Herzogtum Parma, beizuwohnen. Das Programm der Reise war fertig bis zum Rendezvous mit der Kaiserin. Am ersten Reisetag ging es bis Melun, nachher nach Dijon und von dort nach Basel in der Schweiz, weiter nach Zürich und Sankt Gallen; in Bregenz wird der Kaiser wieder daheim sein. Franz freute sich auf das Wiedersehen mit seinen treuen Tirolern. In Innsbruck wird er vielleicht schon die Uniform des Oberstinhabers der Tiroler Jäger tragen, deren Einheit er im Dreizehnerjahr, sowie nur die Bayern aus dem Land waren, neu errichtet hat. Den einfachen hechtgrauen Rock mit dem Goldbörtel und der grasgrünen Egalisierung wird er bis ans Lebensende am liebsten tragen, wenn er seine öffentlichen Audienzen hält. Und so haben ihn unzählige Menschen in ihrer Erinnerung behalten und ihren Kindern und Kindeskindern dieses Bild vom guten Kaiser Franz und seiner Zeit hinterlassen. Bis andere Zeiten kommen werden in Österreich und man den Menschen sagen wird, dieser Kaiser sei nicht gut, sondern von Natur aus dumm und böse gewesen. Weil er seinem Volk nicht nur die Freiheit vorenthalten haben soll, sondern auch das selbständige Denken, das es braucht, um mehr als ein Untertan im Staate zu sein.
Im legendären *Schriftenwagerl*, das auf den Reisen des Kaisers mitgeführt wurde und auf dessen Bestände ein verläßlicher k. k.

Geheimer Kabinettsdiener achtete, befanden sich – es konnte dem Kučera nicht verheimlicht werden – Akten, die bewiesen, daß die italienischen Untertanen der Majestät keineswegs ausnahmslos gut und gutwillig waren. Daß es vielmehr unter ihnen Typen gab, die noch, ehe die Österreicher ins Land gekommen sind, alles Mögliche unternommen haben, um nur ja nicht wieder österreichisch zu werden, wie sie es vor dem Kommen Bonapartes nach Mailand, im Sechsundneunzigerjahr, gewesen sind. Ob die dort unten eingesetzten *Tedesci* wirklich nur ein Wolfsfraß waren, wie das die Lombarden vom Regiment Merville im Prozeß oben in Prag vermeinten, mochte fraglich sein. Sicher hätten die ins Land gekommenen *Österreicher* nicht den schon im Sommer 1814 vorbereiteten Putsch aufgedeckt, wären nicht ihre an Ort befindlichen *italienischen* Kollegen, die meisten bis unlängst in Diensten Napoleons, ihnen tatkräftig zu Hilfe gekommen. Und nicht nur das:

Gleich nach der Eroberung von Paris im Vierzehnerjahr hat der in k. k. Diensten stehende Graf Bombelles, an sich ein französischer Emigrant, nach Wien berichtet, er habe von einem gewissen Monsieur d'Esquiron de St. Agnan Hinweise auf eine Verschwörung bekommen, die demnach in Mailand im Gang war. In Wien haben sie zuerst wenig darauf gegeben. Der damalige Präsident der Obersten Polizei- und Zensurhofstelle, Baron Hager, war halt schon alt und stand vor der Pensionierung. Erst sein Nachfolger, der böhmische Graf Sedlnitzky, hat sich hinter die Sache gemacht. Aber Franz hat es fürs erste genügt, in den eroberten Gebieten die Zugehörigkeit zu Freimaurerlogen seinen neuen Beamten zu verbieten; so wie er das in seinen Erblanden schon vor Jahren getan hat. Die Carbonari aber, die jetzt anstatt der aus Frankreich gekommenen Fremden gegen die Österreicher aufbegehrten, ließ er aufspüren; ertappte man einen, mußte der mit Strafe rechnen.

Man hat nachher gesagt, daß derlei Verfolgungen die Opposition in Mailand und Venetien in den Untergrund verdrängt hat. Tatsache war aber, daß gewisse Kreise sich gegen die Rückkehr der Österreicher gewendet haben, ehe die Kaiserlichen das Land

wiedererobert hatten. So hat sich in dieser Übergangszeit ein junger Anwalt namens Lattuada an den in Genua befindlichen Oberkommandanten der englischen Streitkräfte im Mittelmeerraum, den späteren Lord Bentinck, gewendet, um zu erreichen, daß die zukünftige Ordnung in Italien nicht unter *österreichischer,* sondern *englischer* Vormacht stattfindet. Bentinck war als Liberaler der ersten Stunde ein scharfer Gegner des amtierenden englischen Außenministers Castlereagh. Castlereagh, der schon im Dreizehnerjahr mit Metternich einig geworden ist, daß nach dem Krieg Österreich die Ordnungsmacht über ganz Italien sein wird. Und der Kaiser von Österreich dort die Länder zurückbekommen soll, die ihm einmal von Napoleon weggenommen worden sind: Mailand sowieso und Venetien, das Österreich 1797 im Frieden von Campo Formido für die damals verlorene Österreichische Niederlande zum Ersatz bekommen hat.
Mit diesem Arrangement war die stillschweigend entstandene Abmachung verbunden, daß Österreich fortan in Westeuropa nicht mehr präsent sein wird. Denn wenn schon Venetien an Österreich fiel, dann war es in London selbstverständlich, daß dieses, 1797 von Österreich erhaltene Äquivalent für seine Niederlande den jetzigen Verlust des uralten Erblandes des Hauses Österreich in Nordwesteuropa bedeutete. Im übrigen pfiff Castlereagh den politisierenden General Bentinck zurück, ermahnte er ihn, die Aufrichtung der neuen Ordnung in Italien, also eine österreichische, zu unterstützen.
Nicht nur in England gab es Stimmen, die gegen die Rückkehr der Österreicher nach Italien waren. In Paris empfing um diese Zeit der König von Frankreich, Ludwig XVIII., den Stiefsohn Napoleons, zuletzt Vizekönig im napoleonischen Königreich Italien. Als der diensthabende königliche Kämmerer den Besucher mit dessen aus der Zeit vor der Revolution gehabten Titel anmeldete, als Vicomte de Beauharnais, berichtigte der König und Nachfolger Napoleons:
»Nicht so, sagen Sie: Seine Hoheit Prinz Eugen. Und setzen Sie hinzu: Groß-Connetabel von Frankreich, so es ihm gefiele, dies anzunehmen.«

Dem König von Frankreich war der gewesene napoleonische Stiefsohn Napoleons bei weitem lieber als die dort einrückenden Österreicher; zumal er noch mit dem Kaiser von Österreich wegen des Herzogtums Parma im Streit lag, das man in Paris als Erbgut des Hauses Bourbon ansah; nicht als Abfertigung für die Ex-Kaiserin Marie Louise. Es tat sich was um Mailand.
Denen in Innsbruck stank das mehr in die Nase als den lätscherten Wienern. In Tirol erfuhr man auch von Welschtirolern manches, was in Mailand unter der Decke geschah. Der k. k. Oberlandeskommissär von Roschmann unternahm es auf eigene Faust, zuerst den Trientiner Advokaten Prati, nachher den früheren dortigen Sinduco Dottore Cheluzzi hinüber nach Mailand zu schicken. Beide waren Freimaurer und fanden so Zugang bei Brüdern, die sich weniger gut mit Tedesci standen. Kaiser Franz rügte derlei Eigenmächtigkeiten eines seiner Beamten, die zumal über dessen örtlichen Kompetenzbereich hinausgingen. Nachher aber ließ er den Tiroler gewähren. Graf Bellegarde mißtraute derlei Schnüfflern grundsätzlich, vor allem dem St. Agnan. Lange, wohl zu lange, weigerte er sich, diesen St. Agnan auch nur zu empfangen und sich seine Mitteilungen anzuhören. In diesem Sinne warnte er Wien:
»Welchen Zweck diese Leute bei derlei *falschen* Angaben sich vorzeichnen, kann ich wohl nicht ergründen. Vielleicht bloß, um uns – die Österreicher – irrezuführen und zu unzeitigen Maßregeln zu verleiten.«
Derlei Ansichten war Wasser auf die Mühlen derer in den Zentralstellen, die – als Sesselreiter und Staatshämorrhoidarier verschrieen – nach Ansicht der Kučera lieber fünf g'rad sein ließen als etwas zu tun oder sich gar zu überarbeiten. In Mailand gab es genug Italiener, die verärgert waren, daß Bellegarde nicht sie, sondern die alten Parteigänger Napoleons in hohe Stellungen berief oder darin bestätigte; sie warnten frühzeitig vor dem, was sich im Geheimen tat, aber auch vor der toleranten Art Bellegardes und der Schläfrigkeit mancher ins Land genommenen Tedesci. Unter denen es tatsächlich nicht wenige gab, die lieber die Schönheiten und Annehmlichkeiten im Land genossen, als

von Amts wegen auf der Hut zu sein. Die Contramasoni, die nach Vorbild der Freimaurer organisierten Feinde der Loge, hatten es schwer. Sie taten gut, in abgedunkelten Kirchen zu tagen, und sie taten sich schwer, wenn sie versuchten, ihr Wissen und ihre Ansichten jenen Tedesci zu unterbreiten, von denen sie wußten, daß sie mit Freimaurern Umgang hatten. Im Amt noch dazu. Wer weiß, ob nicht der Putsch vom Vierzehnerjahr gelungen wäre, hätte Bellegarde nicht eine letzte Warnung vom Außenminister des benachbarten Königreichs Piemont-Sardinien bekommen. Als nämlich Latuada alle Stricke im Land reißen sah, ließ er den piemontesischen General Gifflenga nach Mailand kommen. Der zweifelte zwar, daß sein König jetzt auf die Herrschaft über die Lombardei ernsthaft aspirieren würde. Und wenn schon – *wer* sollte sie ihm anbieten. Der Anwalt Latuada? Nach der geheimen Unterredung mit den Mailänder Putschisten sah der ausländische General, daß da für seinen König wenig zu holen war. Zwar rechneten die Putschisten auf die zur Transferierung nach Norden bestimmten ehemaligen Truppen des bestandenen napoleonischen Königreichs Italien. Aber der Plan, sich der nur schwach von Kaiserlichen besetzten Festung Peschiera zu bemächtigen, die dort lagernden Waffen für einen Volksaufstand zu verteilen, schien dem General nicht aussichtsreich zu sein. So wie er das Volk im Österreichischen kannte, waren die italienischen Untertanen des Kaisers dermalen froh, nichts mit Waffen und Kriegführen zu tun zu haben. Da war kein Volkshaß gegen die Österreicher.
Die Putschisten nannten dem Piemontesen die Namen der napoleonischen Generäle Fontanelli und Zucchi. Diese hatten in etwa zugesagt, ihren *Namen* herzugeben, sowie erst einmal das Land in Aufruhr war und die Österreicher vor den Truppen des bestandenen Königreichs flüchteten. Letzterer Gedanke war nicht kalt. Denn diese Italiener hatten unter Napoleon oft genug die Kaiserlichen gewichst. Ob aber diesmal, auf sich gestellt, die schon in die Evidenz der Kaiserlichen übernommenen italienischen Regimenter Napoleons das wiederholen könnten? Und ob sich der einmal von Napoleon aus dem Land vertriebene jetzige

König von Piemont-Sardinien für ein solches Abenteuer hergeben würde?
Gifflenga besprach auf der Heimreise die Sache beim Wein im Hause des Sindico von Vercelle. Letzterer hatte nichts Eiligeres zu tun, als dem königlichen Außenminister in Turin Meldung zu machen. Dort las man zunächst dem unglücklichen Gifflenga ordentlich die Leviten, um ihn dann in offizieller Eigenschaft als Spion zu den Putschisten hinüberzuschicken nach Mailand. Der Außenminister in Turin aber informierte vom Fleck weg, ohne erst den diplomatischen Weg über Wien zu gehen, Bellegarde. Wer weiß, ob die k. k. Polizei mit ihren neu ins Land gekommenen Tedesci die Sache in die Hand bekommen hätte, wären da nicht bewährte Polizisten des früheren napoleonischen Regimes bei der Hand gewesen; wie der gewesene Sekretär des ehemaligen Polizeipräfekten. Dieser jetzt in k. k. Diensten stehende Secretarius fackelte nicht lange, sondern griff resolut zu, sowie er genug Verdachtsmomente gesammelt hatte. Man vermutete, daß St. Agnan in Mailand die Aufrufe verfaßt hatte, die beim Losschlagen der Putschisten erlassen werden sollten: Einen an die erwarteten *piemontesischen Truppen*. Einen zweiten an noch im Lande befindliche, zum Abmarsch nach Norden bestimmte *Truppen der bestandenen Armee* des napoleonischen Königreichs Italien. Den dritten an alle *freisinnigen Italiener*. Die Generäle Fontanelli und Zucchi hatten sich freilich um diese Zeit so weit von dem Vorhaben distanziert, daß im Falle der Entdeckung kein Schatten auf sie fallen konnte. Und Graf Bellegarde nahm an, daß er es in ihrem Falle mit Ehrenmännern zu tun hatte, die es sich zur Ehre anrechnen werden, ihre militärische Karriere bei den Kaiserlichen bis zur Pensionierung fortzusetzen. Der Kučera und andere seinesgleichen nannten diese merkwürdigen Kameraden nach ihrem bisherigen und vermutlich bleibenden Verhalten Falloten; ein Wort im Wienerischen, das mit der Wendung im Italienischen FARE LOTTA zu tun hat; also ein Spiel machen, ein übles Spiel treiben, im übertragenen Sinn.
Und so ein Spiel trieben Fontanelli und seinesgleichen. Kaum

hatte Napoleon im April 1814 in Fontainebleau abgedankt, ging sein Vizekönig in Italien, Eugène, zugleich sein Stiefsohn, über die österreichischen Linien und nach Bayern auf seine dortigen reichen Besitzungen. Wer klug war, suchte zu überdauern, bis wieder Ruhe und Ordnung im Land war. Andere aber wollten im bisherigen Königreich eine *Selbstreinigung* von jeder Fremdherrschaft vollbringen; den einrückenden Kaiserlichen nicht als künftige Untertanen begegnen, sondern als freie Bürger eines freien – nicht eines befreiten – Landes. Also mußte ein Umsturz *vor* dem Kommen der Österreicher hinwegfegen, was übrig war von der napoleonischen Ordnung. Bei einem Umsturz, bei einer Revolution, muß Blut fließen. Herren mit Besitz und Bildung, die das Spiel mit dem Umsturz inszenieren wollten, kauften sich einen Haufen jenes Gesindels, das für Geld alles tut. So kam es zum ersten gemeinen Mord in der Geschichte des Risorgimento: Als Blutopfer war der letzte Finanzminister des napoleonischen Königreichs Italien, Giuseppe Conte Prino, ausersehen. Er war ohnedies als Piemontese ein Landfremder und als Finanzminister unbeliebt. In den Augen der BESITZENDEN CLASSE war er ein Beutelschneider, nach Ansicht der BESITZLOSEN CLASSE ein Blutsauger. Er hielt sich für einen treuen Diener seines Königs und Herrn Napoleon. Und das leider noch zu einem Zeitpunkt, als seine Ministerkollegen schon auslugten nach dem künftigen Herrn im Land, dem sie aufs neue Treue schwören wollten. Prino holte viel Geld aus dem Land, noch im Februar jenes Jahres 1814 hatte er eine Abgabe beträchtlich erhöht, denn die aus Paris kommenden Anforderungen für das Heer Napoleons ließen nicht nach. So einen Mann umzubringen machte niemanden rebellisch gegen die Mörder, Prino also war das Blutopfer auf dem Altar der in Mailand zu errichtenden neuen Freiheit.

Die von besagten Herren mit Besitz und Bildung angeheuerten Typen kamen in die Stadt und vollbrachten ihr Werk. Für Bourgeois ist es ein Kitzel zu erleben, wie man einen ihrer Schädlinge umbringt, seinen Besitz überplündert, zuletzt sein Haus demoliert. Solange es nicht das *eigene* ist, läßt man das gewähren. So erging es im April Prino selbst, seinem Besitz und seinem Haus. Und die Totengräber hatten Mühe, die sterblichen Überreste des Exzellenzherrn in eine Truhe zu scharren. Prinos Ministerkollege für den Krieg, Graf Fontanelli, hatte seine Truppen in Kasernen konsigniert oder aus der Stadt verlegt. So konnten die Banditen ungestört ihr Werk vollenden. Als sie fertig waren, ließ Fontanelli einige Kompanien und Schwadrone ausrücken, um die Banditen zum Teufel zu jagen. Es regnete während dieses Verbrechens. Die besseren Herren, die den Mord arrangiert hatten, spannten beim Zuschauen ihre Regenschirme auf. Deswegen nannten nachher gewisse Historiker das Massaker die PARAPLUISCHLACHT. So, als hätten die Milanesen die Freiheit mit Regenschirmen erfochten.

Fontanelli kam gut weg, er kam auch gut weg, als im Dezember 1814 der Putsch entdeckt wurde; denn Graf Bellegarde schickte Fontanelli rechtzeitig von Mailand nach Wien, wo er ihn dem Kanzler Metternich empfahl. Von allen guten Eigenschaften, die ein Militär haben sollte, ging Bellegarde die gediegene Menschenkenntnis ab. So irrte er sich auch in der Person eines gewissen Ugo Foscolo; ihm wird Bellegarde einmal zutrauen, mit des Geistes heiteren Waffen aus italienischen *Untertanen* des Kaisers Franz gute *Österreicher* zu machen. Foscolo schillerte in jenen wechselvollen Zeiten. Er wühlte vor dem Kommen der Österreicher gegen sie in Mailand; er pries bei ihrem Kommen die mit den Kaiserlichen wiederkehrende Ruhe und Ordnung, die er gestört sah, als man Prino umbrachte; und er wird nachher für eine Weile die Hoffnung auf ein geeintes und unabhängiges Italien in Resignation ersäufen.

Natürlich war auch Foscolo mit den Putschisten in Verbindung. Er entging wie viele andere der Arretur. Jedenfalls war er nicht dabei, als im Dezember 1814 die Zivilisten Latuada und Capotti sowie der zurückgebliebene Franzose Maréchall, jetzt Marchall, in Haft kamen, wie auch ein Amtsgehilfe namens Geroso, der Carbonaro war und Zugang zu militärischen Geheimnissen hatte. In Haft kam der General Lecchi, der Großmeister der Loge zu Napoleons Zeiten und dessen Brigadier 1809 bei Wagram; sowie die nicht in k. k. Dienste übernommenen Obersten Gaspar-

tinetti und Ragani. Und der gute Arzt Rasoni, Professor und literarisch beflissen, der sein Haus als Treffpunkt der Putschisten hergab; weil jedermann schließlich einen Arzt aufsuchen kann, ohne gleich in den Verdacht hoch- oder landesverräterischer Tätigkeit zu kommen. Als guter Fang erwies sich die Arretur eines nahen Freundes Foscolos namens Brunetti, der für Napoleon im Land die Rekruten ausgehoben hatte und Land und Leute allenthalben kannte. Bei ihm trafen sich auch die in k. k. Dienste übernommenen Stabsoffiziere Pavoni und Moretti. Pavoni diente in nächster Umgebung Zucchis. Auch der General Cavedoni ließ sich für den Putsch gewinnen, ebenso General de Meester, dessen Vorfahren als Flamen in k. k. Dienste gekommen sind. Der Oberst Moretti ist zwar im selben Rang in die k. k. Armee übernommen worden, war aber aufsässig, weil er kein Regimentskommando bekam; er hat sich als einer der ersten Berufssoldaten in Brescia, im Theater, mit seinem alten Kameraden Olini getroffen, dem man ebenso bei den Kaiserlichen kein Regiment anvertrauen wollte. Einen General Pino, der schon in der Paraplui-Schlacht eine üble Rolle gespielt hatte und amtsbekannt war, hat man nicht einmal verhört. Dagegen wurde man des Generals Palombini noch rechtzeitig vor Abmarsch der von der italienischen Armee übernommenen Truppenverbände habhaft. Nach und nach ergab es sich, daß über *sechzig* Persönlichkeiten in die Putschvorbereitungen verwickelt waren. Aber nur einem Dutzend machte man in Mantua den Prozeß.
Was der Kučera seinem Kaiser im innersten Herzen nie verzieh, war und blieb, daß Franz gleich nach Aufdeckung der Putschvorbereitungen verfügte, daß der schon in seinen Diensten stehende General Zucchi, von dem der Kaiser wußte, daß der in »genauer Kenntnis des in Mailand entdeckten Komplotts« war, sowie der um die Person Zucchis Dienst machende Oberstleutnant Pavoni, von dem auch bekannt war, daß er »tätigen Anteil« genommen hat, bloß unter Militäraufsicht genommen werden sollten. Inzwischen ging die rang- und gebührenmäßige Übernahme der beiden aber weiter. Mehr noch geschah, um nur ja die Kreise, aus denen die erkannten Putschisten kamen, zu befrieden:

Die Zivilisten waren im Strafverfahren schlechter dran als die Militärs. Denn für Zivilisten galt noch der napoleonische Code Penal, der schon den Versuch zu Hoch- oder Landesverrat mit der Todesstrafe bedrohte, die Nichtanzeige solcher Absichten mit vieljähriger Kerkerhaft. Was das Strafgesetz bedrohlich machte, sollten die von Bellegarde ausgesuchten Richter so weit wie möglich entschärfen. So wurde Baron Trevisan, einer der erwähnten gentilen Schläfer, Vorsitzender; die Namen der Beisitzer waren Sardoni, Draghi, Cattanei, Bonincanci, Pace; gewiß keine bissigen Hunde wie auch der Polizist Pagani, der sich nach seinen human geführten Untersuchungen nur wunderte, wie schmählich seine Ergebnisse bei Gericht ausgewertet wurden. Martern brauchte es, anders als später zu lesen war, nicht. Alle verrieten, so viel sie wußten; nur der Lothringer Marchall schwieg beharrlich bis zuletzt.

Für die Militärs ernannte Franz selbst die Richter. Als Vorsitzenden den humanen Feldmarschalleutnant Sommariva, dazu einen General Lauer, Sohn jenes 1800 bei Hohenlinden arg aufs Haupt geschlagenen Lauer; dazu Angehörige aller Ränge bis zu den Gemeinen Kleshaim und Nefzern, wie es sich gehörte. Die Anklage vertrat der von der Marine kommende Auditor Bührent. Als Franz Ende Mai 1815 in den letzten Frankreichfeldzug abging, lagen ihm die in Mantua gefällten Urteile bereits vor. Gewohnt, in einer so heißen Affäre g'schwind a bißl zu warten, wie ein Bürokratenwitz lautete, ließ er die Sache zunächst auf sich beruhen. Bis anfangs Oktober hoffte er aus dem Feld wieder daheim zu sein, bis zu diesem Termin sollte ihm eine Spezialkommission unter dem Obersten Justizpräsidenten ein Gutachten zum Prozeßergebnis sowie eventuelle Anträge erstatten. Um diese letztere Zeit war Franz aber erst in Dijon. Er nahm sich vor, keines der Urteile zu bestätigen, bevor er nicht in Mailand darüber mit Graf Bellegarde beraten und sich eine Meinung gebildet hätte. So sind die Verurteilten bis in den Sommer 1816 in Haft gewesen, ehe die kaiserlichen Urteilsentscheidungen herabkamen. Um es gleich hier zu sagen: Der Kaiser verurteilte so milde, daß den Betroffenen in ihrer Betroffenheit nur übrig

blieb, zu danken und sich weiter der Allerhöchsten Gnade zu empfehlen.
Keinen hat es den Kopf gekostet. Napoleon pflegte derlei gefährliche Typen glatt erschießen zu lassen.
Franz aber traf sich Ende Oktober 1815 in Brixen mit seiner Gemahlin. Er war über das Aussehen der Todkranken zutiefst erschreckt. Für die Kaiserin wurde das Reisen ein Krankentransport von Station zu Station. Franz war meistens auswärts unterwegs, denn das Inspektionsprogramm wollte er ohne Ausnahme und unter allen Umständen zu Ende bringen. In Venedig traf die Kaiserin ihre Brüder: Franz, der nach einigen abenteuerlichen Putschversuchen rechtens in sein Stammherzogtum Modena zurückgekehrt war; Ferdinand, der genug hatte vom Militär; und Max, der in Linz als ein Denkmal die schon zu seiner Zeit merkwürdigen turmartigen Festungsbauten hinterließ. Weihnachten wurde in der düsteren Festungsstadt Mantua gefeiert. Inzwischen kamen aus Wien einhundertundzwanzig Hoffahrzeuge, dazu an die dreihundertundfünfzig Pferde. In Mailand wollte der an sich allem Prunk abgeneigte Kaiser zeigen, daß man in Wien keineswegs dem Glanz etwas nachgab, den einmal Napoleon in dieser Stadt gefeiert hat. Mit der legendären Eisernen Krone der Lombardei ließ sich Franz allerdings nicht krönen. Indessen macht er den napoleonischen Orden der Eisernen Krone zu seinem Orden, und Veteranen des napoleonischen Heeres, die darauf reflektierten, durften in Österreich die jetzt mit dem Doppeladler und einem goldenen F auf blauem Grund geschmückte, geänderte Dekoration ansprechen.
Die Kaiserin besuchte mit der verwitweten Mutter Monza, wo Maria Ludowika vor dem Kommen Napoleons, als ihr Vater Ferdinand noch Generalkapitän der Lombardei war, glückliche Tage verlebt hatte. Bellegarde fand viel Zeit, um mit seinem Kaiser das zu besprechen, was er vorhatte: Die Gründung einer von den k. k. Behörden unterstützten Zeitschrift, in der allerdings wenig von Politik, dafür aber sehr viel Geistvolles und sehr Gutes zu lesen war. Ugo Foscolo und der berühmte Dichter Vincenzo Monti sollten die Herausgeber der bis zum Ende der österreichi-

schen Herrschaft in Mailand, 1859, erscheinenden Zeitschrift werden. Man muß es Franz zur Last legen, daß er sowohl von Monti als auch von Foscolo den politischen Werdegang kannte und daß er wegen beider von seinen Gewährsleuten in der Polizei-Hofstelle gewarnt war. Mit Monti hatte der Kaiser in Mailand eine merkwürdige Begegnung: Im Kirchenstaat geboren, wurde Monti der Schützling eines Neffen des Papstes Pius VI.; diesen im Umgang mit Joseph II. nicht eben erfolgreichen Papst lobte der junge Dichter über die Maßen. Als die Revolutionsheere über den Rhein stießen, rief er den »blonden deutschen Helden«, Kaiser Franz, auf, der »französischen Hydra« den Kopf zu zertreten. Sowie die Hydra unter Bonaparte nach Italien kam, galt die Ruhmseligkeit des Dichters der französisierten Satellitenrepublik in Mailand. Seine Verachtung aber wandte er fortan Österreich, auch England zu. Im früher österreichischen Padua bekam er eine Professur, dann aber sprang er rechtzeitig ab, um bei der Wiederkehr der Österreicher bereits wieder Dichtungen zum Lob Erzherzog Johanns, zuletzt in Mailand, zu Ehren des Monarchen, die allegorische Cantate Il Ritorno d'Astrea zu verfassen.

Die Musik dazu schrieb eine verwandte Seele, Joseph Weigl, unter Leopold II. bereits Dirigent an der k. k. Hofoper in Wien. Franz nahm es dem Dirigenten übel, daß dieser auch komponierte; denn ein Operndirigent sollte sich mehr um sein Orchester kümmern als um eigene Kompositionen. Also ging Weigl an die Scala nach Mailand. Zwei Gelegenheitskompositionen zu Ehren des angekündigten Besuchs Napoleons blieben dem Kaiser der Franzosen erspart, weil er nicht kam. Das Publikum fand mäßigen Gefallen daran. Also kehrte Weigl nach Wien zurück, wo er anno neun bereits einige der von Collin verfaßten Wehrmannslieder vertonte. Auch leitete er jetzt die von Franzens zweiter Gemahlin Maria Theresia ins Leben gerufenen Konzerte bei Hof. Wenn Franz, ans Pult der II. Violine verwiesen, in einer Piece beharrlich F statt Fis griff, konnte es geschehen, daß Weigl verzweifelte:

»Ein Allerhöchstes Fis, Eure Majestät, wenn ich alleruntertänigst bitten darf. Fis – nicht F.«

Und Franz rückte dann, mißmutig geworden, mit dem Zeige-

finger der rechten Hand so weit vom oberen Steg des Instruments ab, wie es den Unterschied in der Tonhöhe zwischen F und Fis ausmacht. Glücklich die Zeit, da man derlei Sottisen über einen Alleinherrscher verbreitete, hoffend, man würde damit sein Ansehen schmälern. Beim Besuch des Kaisers in Mailand bekam Weigl den Auftrag, die Cantate Montis zu vertonen, wie er derlei Gelegenheitskompositionen zu Napoleons Zeiten versucht hat. Um dabei die seinerzeitige Warnung Franzens zum eigenen Nachteil zu übergehen. Während der Aufführung konnte man in der Kaiserloge den erbosten Ausruf eines in einer Nachbarloge plazierten, aus Wien mitgekommenen Opernkenners hören:
»Das Ganze ist ein Schmarrn.«
Obwohl Franz dieses Urteil für richtig hielt, warf er dem vorlauten Höfling einen mißbilligenden Blick zu. Es gehört sich nicht, als Gast das schlechte Essen der Hausfrau schon bei Tisch zu tadeln. Nachher beeilten sich die Gastgeber, der Majestät zu versichern, man habe die Musik des jetzt wieder in Wien bei Hof angestellten Weigl sehr gut gefunden. Und Monti habe doch schon in jungen Jahren dem Heiligen Vater wie dem Kaiser seine Ergebenheit mit allen Kräften seines Könnens bewiesen. Franz erwiderte nur kurz und ohne herabwürdigenden Ton:
»Egli ha lodato tutti.«
Die guten Kollegen Montis hinterbrachten dem Betroffenen sofort diese Äußerung. Achselzuckend erwiderte Monti den Tatsachen gemäß:
»Ich konnte nicht ausweichen.«
Wer hat wirklich der Revolution und Napoleon ausweichen können in Europa? Und so wie Franz am Anfang seiner Regierung vielfach auf die Hilfe von *Josephinern* angewiesen war, die oft eher Verständnis für die Franzosen hatten, war es im zweiten Teil seines Regierens unvermeidlich, die gewissen *Überdauerer* der Revolution und Napoleons um sich zu haben. Nicht bloß in der Kunst, nicht bloß in Österreich, sondern überhaupt in den windigen Zeiten des Übergangs. Dabei waren nicht einmal unter den Siegern über Napoleon alle Streitigkeiten wegen der Neuordnung der Gebietsverhältnisse in Europa beseitigt.

Preußen greinte, weil es nicht ganz Sachsen einstecken hat können. Der von Napoleon zum König gemachte ehemalige Kurfürst von Bayern war ganz und gar nicht geneigt, dem Kaiser zu geben, was er diesem als Verbündeter Napoleons abgenommen hatte. Anfangs 1816 wäre es wegen dieser unentschiedenen Gebietsstreitigkeiten beinahe zu einem Krieg zwischen Österreich und Bayern gekommen. So aber schickte der bayrische König seinen Kronprinzen Ludwig, der sich in Tirol als Platzhalter seines Vaters um das Land bemüht hatte, nach Mailand, um bei Franz zu holen, was noch zu kriegen war. Franz hatte die anhängige Sache längst in die Hände Metternichs gelegt, den er lediglich gegen gewisse Kurbler verteidigen mußte, die in Wien allen Ernstes den Kanzler stürzen wollten, weil er ihnen zu nachgiebig im Umgang mit den Herren in München zu sein schien. Dafür kam der in Mailand erschienene Kronprinz Ludwig nicht gut weg:

»Ös habt's eh' scho' gnua' g'kriagt«, soll Franz zu ihm gesagt haben. Nicht wissend, daß er noch im selben Jahr der Schwager Ludwigs werden sollte. Denn mit der Kaiserin ging es rapid bergab. Anfangs März reiste Franz voraus nach Verona, weil es sein Dienst verlangte. Erst vier Tage später war die Kaiserin einigermaßen transportfähig. In Verona fügte es sich glücklicherweise, daß sie ihre Stieftochter Maria Louise traf, mit der sie an sich nach Parma zu deren Inthronisierung hätte reisen sollen. Da Franz oft abwesend war, fiel es der Stieftochter und gleichaltrigen Kusine Marie Louise zu, Trösterin der sterbenden Kaiserin zu sein. In einer Stunde wie dieser trafen sich zwei Frauen, die als Kaiserinnen höchsten Glanz, als Frauen genug Enttäuschungen mitgemacht hatten. Die Kaiserin von Österreich an der Seite des Mannes, der ihre fragile Persönlichkeit nie in ihrem Charme zu würdigen verstand; der sie mit seinen ausgedehnten Spaziergängen zur Verzweiflung brachte – um die Gesundheit, wie man in Wien munkelte. Die Exkaiserin kam unter Tränen auf die Zeit zu sprechen, da Napoleon ihr einziger Geliebter war, er sie aber in Serien von Ehebrüchen betrog. Um dann wieder der Zeiten seiner großen Liebe zu gedenken, wenn er etwa der gegenüber Pferden

zunächst ängstlichen Österreicherin selbst Reitunterricht gab und sagte:
»Allons Louise! Sois brave, que peux-tu craindre, ne suis je pas là !?«
Immer wird die Exkaiserin der Franzosen ihre späteren Gemahle in Vergleich ziehen mit Napoleon und nicht zögern, in Szenen der Eifersucht diese mit Napoleon – zum Nachteil von dessen Nachfolgern – zu vergleichen. Hinter Maria Ludowika aber wird eine der Habsburgerlegenden her sein. Demnach hätte man nach der Beisetzung in der Kapuzinergruft einen Letzten Willen der verstorbenen Kaiserin gefunden, demzufolge sie einen bestimmten Ring mit ins Grab bekommen wollte. Erst nach Suchen fand man den Ring bei einem Kammermensch. Und da hatte Franz eine Hofcharge beauftragt, mit einem Trupp Handwerker hinunter in die Kapuzinergruft zu steigen, den Sarg zu erbrechen, damit der Höfling der Toten den Ring an den Finger stecke. Es sei schauerlich gewesen, wie das Feuer der Schlosser in der Finsternis flackerte und die Hammerschläge widerhallten. Bis dann der Höfling erkennen mußte, daß er dem mumifizierten Leichnam den Ring nicht an den Finger stecken konnte; er ihn in den Sarg warf und eiligst davonlief. Nun, man liebte nach Kriegszeiten derlei Horrorgeschichten sehr.
Am 2. April 1816, als man in Wien und andernorts in den Kirchen für die sterbende Kaiserin betete, fragte diese ihre wegen der nahenden Katastrophe verängstigten Ärzte eher neugierig:
»Muß ich sterben?«
Da hat Maria Louise denn doch ihren im Land auf Inspektionsreisen befindlichen kaiserlichen Vater endlich allerurgentest ans Sterbebett seiner Gemahlin gebeten. Und Franz kam noch zurecht, ehe Maria Ludowika am Palmsonntag daheim, in Italien, starb. Die für eine zuletzt regierende, verstorbene Kaiserin vorgeschriebenen Trauerzeremonien wurden an Ort buchstabengetreu und bis aufs letzte befolgt. Nach dreitägiger Schaustellung des Leichnams im Palazzo Canossa wurde der Sarg, wie es die Wiener zu lesen bekamen, weggebracht. Das geschah am Karsamstag, so daß das gute Volk der Stadt alle

Fröhlichkeiten des Osterfestes, ungestört von düsterem Prunk, wie gewohnt feiern konnte. In Wien aber geleitete anstatt des kaiserlichen Gemahls der Stiefsohn der Verstorbenen, Kronprinz Ferdinand, die unglückliche Tote (wie es die Wiener sahen) zur Kapuzinergruft. Hinter dem Kondukt wirbelte der Tratsch bei Hof auf, die gaffende Menge wurde damit in ihrer Neugierde gespeist, bald wird eine neue Habsburgerlegende die Stadt durchschwirren.

Franz machte im Rest des April Dienst im Venetianischen, um zuletzt noch einmal Venedig zu besuchen. Er wollte bei der Wiederaufstellung des von Bonaparte der Stadt gestohlenen Löwen, Sinnbild Venedigs, mit dabei sein. Franz ließ allen italienischen Ländern die von den Franzosen in den Kriegen geraubten Kunstschätze zurückgeben. Der Papst hat sich dafür bedankt, die übrigen Italiener haben diesen Umstand später lieber in Vergessenheit gebracht. Mit dieser Aktion hat es sich Franz aber mit den Parisern verdorben. Diese redeten nicht von Raub, sondern von Geschenken, die Napoleon ihrer Stadt zu deren Ausschmückung aus Teilen seines Herrschaftsbereiches heimgebracht hatte. Aus den Tuilerien konnte der k. k. Kommissär die geraubten Gegenstände nur unter Assistenz eines Zugs k. k. Grenadiere holen. Es machte ungeheures Aufsehen in der ganzen Stadt, bei Armen und Reichen, als man auf dem Invalidenplatz besagten Löwen demontierte; um Ähnliches den Parisern als beschämenden Anblick zu ersparen, ließ Franz die auf dem Triumphbogen des Carousselplatzes aufgestellten vergoldeten Rosse von San Marco bei Nacht herunterholen. Nicht nur um den Kunstbesitz, der aus seinem Reich fortgeführt worden war, ist der Kaiser besorgt gewesen. Er holte sich erbitterte Feindschaften in Paris, als er sich auch um das kümmerte, was Italiener in der Toskana, Parma, Sardinien und Modena für sich reklamierten, vor allem um den Großraub beim ersten Feldzug Bonapartes im Kirchenstaat und nachher. Der Papst dankte dafür dem Kaiser, die Italiener vergaßen derlei, so wie sie bald alles Gute, das aus Wien über sie kam, außer Evidenz brachten; das Schlechte aber mit ehernem Griffel in das Buch der Geschichte schrieben.

In Venedig erreichte Franz eine langerwartete gute Nachricht. Endlich war es der Beharrlichkeit Metternichs gelungen, die seit 1813 anstehenden Gebietsstreitigkeiten mit dem König von Bayern zu bereinigen. Auch nachdem der bayerische Kronprinz im Jänner 1816 Franz in Mailand aufgesucht hatte, weigerte sich sein Herr Vater dem Haus Österreich zurückzugeben, was diesem von Napoleon zum Vorteil Bayerns genommen worden war. Nichts davon wollte der König ohne Ersatz hergeben. So gab er Tirol erst heraus, als er dafür das habsburgische Großherzogtum Würzburg bekam. Die in Oberösterreich erworbenen Gebiete und das nach 1805 habsburgisch gewordene Salzburg wollte er erst abtreten, wenn ihm Metternich dafür jene Gebiete am Mittelrhein und am Main verschaffen würde, die er brauchte, um eine Landbrücke zwischen Alt-Bayern und der linksrheinischen Pfalz herzustellen. So wie Preußen zu allen, trotz des Basler Verzichts von 1795, erworbenen linksrheinischen Gebieten noch die Landbrücke dahin wollte. Darin kam Preußen nicht vollends zum Zug, hielt sich aber dort schadlos, wo Bayern am Main und Rhein sogenannte Entschädigungen haben wollte. Derlei Beharrlichkeit gefiel in Wien gar nicht, und Franz mußte zweimal seine Autorität aufbieten, um den geforderten Sturz des in vieler Augen zu konzilianten Metternich zu verhindern. Der Kompromiß, der im April 1816 in München erzielt wurde, gehört zu den staatsmännischen Leistungen Metternichs, die auf Blättern geschrieben stehen, die nachher ungern als Fundstellen benutzt wurden. So ist das Inn- und Traunviertel wieder an Österreich gekommen und dazu Salzburg, den Landesteil ausgenommen, der als Rupertiwinkel jenseits von Salbach und Salzach liegt. Mehr geschah: Die bis in die Babenbergerzeit zurückreichenden Nachbarschaftsstreitigkeiten der Österreicher und Bayern fanden ein Ende. Die 1816 zu Bayern gezogene Grenze wurde die einzige, welche die Katastrophe Altösterreichs und der späteren Republik in den Jahren 1918 und 1945 überdauerte. Daß Franz noch im selben Jahr der Schwager des bayerischen Kronprinzen und späteren Königs Ludwig werden sollte, ahnte in jenen Frühjahrstagen noch niemand.

Von Venedig aus setzte Franz guten Mutes seine Inspektion im Venetianischen fort. Hier lebte ein anderes Volk als im Lombardischen. Hier gab es weder Putschisten noch militante Feinde Österreichs. So schied der Kaiser aus dem Gebiet von Treviso und Belluno mit guten Eindrücken. Die Gerichtsakte über die in Mantua abgeführten Prozesse gegen Putschisten samt den Gutachten der Obersten Justizstelle dazu lagen allerdings noch immer unerledigt im Schriftenwagerl des Reisezugs.

Jetzt bereiste er die von Napoleon seinem Reich anno neun einverleibten Illyrischen Provinzen, mit denen Frankreich Landnachbar der Türkei wurde. Das Küstenland, Triest, Istrien, Krain, Teile der südlichen Steiermark und Kärntens, zuletzt Osttirol.

Die Merkwürdigkeit, daß Tiroler der illyrischen Provinzen Nachbarn der Türkei waren, fand der Kučera schon seltsam; er war halt naiv. Triest, schon seit 1382 habsburgisch, nicht erobert, nicht erheiratet, sondern aus eigener Entscheidung habsburgisch geworden angesichts der Nachbarschaft des übermächtigen Venedig, feierte die Heimkehr großartig. Diese Hafenstadt, der schon unter Franzens Urgroßvater Karl VI. seitens des Kaisers und des Prinzen Eugen mancher Vorzug galt, wurde zu Franzens Zeiten mächtig ausgebaut. Im Jahr nach Franzens Tod war es soweit, daß der Österreichische Lloyd den Seehandel mit der Levante, der schon die Türkenkriege überdauerte, ausdehnen konnte bis Ostasien und Südamerika – bis 1918 diese Größe in der nationalen Befreiung der Stadt zusammensank in einem Winkel des Königreichs Italien.

Innsbruck, das wurde ein krönendes Ereignis der weiten Heimreise aus dem letzten Franzosenkrieg. Noch hatten die Sottisen des zuletzt nach Bayern emigrierten k. k. Hofrats Hormayer nicht die Gemüter vieler Tiroler vergiftet mit den bekannten Histörchen, die in manchem ebenbürtig dem sind, was später Silvio Pellico und Karl Postl in dieser Hinsicht verbreiteten. Die Huldigung an den Kaiser, den Landesherrn, der Tirol den alten Platz in der Gesamtmonarchie einbrachte, blieb Franz unvergessen.

So ist Franz ein ganzes Jahr von seiner Residenzstadt Wien abwesend geblieben. In den bewegten Zeiten dieses Jahres, 1815/16, während dem der Zweite Pariser Frieden mit Frankreich nach den hundert Tagen Napoleons geschlossen, mit Bayern die Grenzstreitigkeiten bereinigt und damit die Voraussetzungen für den Zusammentritt des Bundestags des 1815 in Wien geschaffenen Deutschen Bundes entstanden sind, lagen die Zügel der Regierung fest in den Händen Metternichs. Nicht ohne die nie abreißenden Kurierverbindungen mit dem Reisezug des Monarchen. Was aber nun? Niemand ahnte, daß die vierte und letzte Vermählung des nun verwitweten Kaisers mit einer Wittelsbacherin die jetzt ungetrübte Nachbarschaft zu Bayern besiegeln sollte. Zuerst bemächtigte sich jenes Geschwätz des einschlägigen Problems des Kaisers, das später in Treppenwitzen über Franz verbreitet wurde. Der Kučera, der unverbesserliche Junggeselle, soll nicht verstanden haben, wie es sein Herr ohne eine Frau aushalten kann. Der und der Leibarzt, gleichfalls nachher übel beleumundet, und – natürlich – ein Pfaffe bei Hof, entwarfen einen kuriosen Plan. Demnach hat es im Wallfahrtsort Maria-Enzersdorf eine Hofratstochter gegeben, der dran lag, dem Kaiser in der Trübseligkeit eines Witwerdasein beizustehen. Der Oberstkämmerer, Graf Wrbna, soll so unklug gewesen sein, dieses Ersatzprojekt seinem Kaiser und Herrn unterbreitet zu haben. Es soll den Grafen die Achtung seines Kaisers gekostet haben. Was wohl eine merkwürdige Geschichte ist, bei dem Umstand, daß Wrbna noch bis Mitte der zwanziger Jahre seinen Dienst um die Person des Kaisers ausgeübt hat.

Die Wahrheit ist, daß Franz, wie stets, nicht lange gewartet hat, um sich nach einer Gemahlin umzusehen. Man wird annehmen, daß es Metternich und dessen Münchner Kollege, Graf Montgelas, waren, die den Blick des Kaisers einengten auf eine Kandidatin in nächster Nachbarschaft. So geschah es, daß bei Hof das Gerede aufkam, der Kaiser von Österreich sei daran, eine Frau zu ehelichen, die schon die Frau eines anderen war, des jetzigen Kronprinzen von Württemberg. Richtig ist, daß Napoleon zu seiner Zeit eine Heiratspolitik betrieben hat. Nicht nur seine

Familie sollte mit den alten Dynastien verschwägert werden, sein Rheinbund sollte innerlich verewigt werden durch Heiraten zwischen Angehörigen aus den regierenden Häusern der damaligen französischen Satellitenstaaten. Es machte Napoleon nichts aus, wenn er zu diesem Ziel bestehende Verlöbnisse eigenmächtig trennte und Katholiken mit Protestanten in Mischehen zwängte. So geschah es, daß die blutjunge Schwester des Kronprinzen von Bayern, getauft auf die Namen Karoline Augusta, unter dem französisierten Namen Charlotte dem Württemberger Wilhelm, einem Poltron, angetraut wurde. Wilhelm war fest entschlossen, sich dieser Frau zu entledigen, sowie sich die Zeiten ändern würden, denn er verfiel dem Charme der von Erzherzog Karl vergeblich adorierten Großfürstin Katherina Pavlova. Die von Napoleon anbefohlene Ehe wurde daher nicht vollzogen, die Stellung Charlottens wurde für das Haus Württemberg ein Skandal. 1814, als einige Württemberger noch im Heere Napoleons dienten, der König sich aber rechtzeitig von seinem Mäzen in Paris gelöst hatte, verfügte die Majestät, als Protestant auch oben an der Spitze der Landeskirche, die durch seine Gerichte rechtens vollzogene Trennung des Ehebands zwischen Wilhelm und Charlotte.

Der Protestant Wilhelm war seine Mißlichkeit los, aber nach katholischem Kirchenrecht bestand die fragliche Mischehe weiter für die katholische Charlotte. Sie zog ins bayerisch gewordene Würzburg, wo sich Franzens Bruder Ferdinand, ebenfalls verwitwet, nach einer zweiten Gemahlin umsah, die ihn ins Stammland Toskana begleiten sollte. Die Wahl fiel auf Charlotte. Indessen dauerte deren Prozeß vor dem kirchlichen Gericht in Rom wegen der Trennung des fraglichen Ehebands bis ins Jahr 1816. Es war Zar Alexander, der genug chevaleresk war, seiner Schwester die Fortdauer der Peinlichkeit zu ersparen, einen Gemahl zu haben, der in katholischen Ländern nach wie vor Ehemann einer rechtens angetrauten Frau war. Um 1816 war der Bruch zwischen Alexander und Pius VII. noch nicht vollzogen. Wie immer es war, noch ehe Franzens dritte Gemahlin in Verona verstarb, erließ der Papst an seine geliebte Tochter Karoline Augusta ein Breve, mit

dem diese vom Band der geschlossenen, aber nie vollzogenen Ehe dispensiert wurde. Und nach katholischem Kirchenrecht eine andere – eine sakramentale – Ehe eingehen konnte.
Sowie ein Werben Franzens in Würzburg bemerkbar wurde, zog sich Ferdinand diskret zurück, um schließlich mit einer aus Dresden geholten Gemahlin heimzukehren nach Florenz. Sieben Monate nach dem Tode Maria Ludowikas – nie hat eine Witwerschaft Franzens länger gedauert – wurde Charlotte als Karoline Auguste in München dem Kaiser von Österreich angetraut. Diese in Vertretung des Bräutigams in der bayerischen Hauptstadt gefeierte Verbindung vor dem Altar, erfuhr nachher in der Wiener Hofkirche, bei den Augustinern, eine glanzvolle Überhöhung in imperialen Dimensionen. Die Habsburger Legenden haben nachher Franz das Wort eingegeben, er hätte beim Anblick seiner vierten Gemahlin, des tragischen Ereignisses in Verona eingedenk, gesagt, er sähe mit Vergnügen, daß die Bayerin schon einen gehörigen Puff aushalten würde und man nicht gleich wieder ein Hofbegräbnis haben würde. Franz sagte nur einmal:
»Eine gute Frau für meine alten Täg'.«
Und das wurde die Kaiserin denn auch. Die Fama verbannte ihr Andenken in jene Bereiche, in denen einmal hohe Frauen sich den Werken der Wohltätigkeit hingaben. Daß Kaiserin Karoline, ihrem Bruder Ludwig darin nicht unähnlich, ein Mäzenatentum ausübte, geriet außer Evidenz. Solcher Nachruhm wäre schließlich unerwünscht gewesen, weil er die Legende zerstört hätte, Franz Grillparzer sei am Wiener Hof nur den Sottisen und der Philisterhaftigkeit ausgesetzt gewesen. Daß Karoline Auguste dem seelisch kranken Grillparzer auch in Stunden der Enttäuschung ohne Aufsehen geholfen hat, steht auf den erwähnten, später zugeklebten Seiten der Geschichtsschreibung in Österreich.
Am 9. November 1816, am Tag vor der Trauung in der Wiener Hofkirche bei den Augustinern, hatte Franz viel zu tun in seinem Arbeitssalon im Schweizertrakt. Zu solchen Anlässen waren üblicherweise Gnadenakte der Monarchen fällig. Und Franz

benutzte die Gelegenheit, um sich einer Peinlichkeit zu entledigen, die die Generäle seiner Armee betraf – nämlich die auf ihn vereidigten und mit Rang und Gebühren versehenen k. k. Feldmarschalleutnant Fontanelli und Zucchi sowie die k. k. Stabsoffiziere Varese und Pavoni. Gegen sie sollte jedes weitere Verfahren unterbleiben. Wohl aber die seinerzeit angeordnete besondere Beobachtung nicht aufhören. Die vier Offiziere fanden denn auch allerhöchsten Orts eine außergewöhnliche Beobachtung.

Zucchi wurde auf eigenes Ansuchen alsbald jubiliert, wie man sagte. Was heißt, mit einem Jahresbezug von 4000 Gulden in den Ruhestand versetzt. Als besondere Vergünstigung wurde Zucchi außerdem zugestanden, aus gesundheitlichen Ursachen den Ruhestand im Ausland zu verbringen. Warum das anläßlich der Pensionierung in dem ärztlichen Parere festgestellte Leiden, Hämorrhoiden sowie eine alterarione al destina, nur im Ausland Milderung erfahren konnte, ist nicht überzeugend nachgewiesen. Zucchi wird beim nächsten Schub der Revolution in Europa, 1830, Franzens Tochter, die Herzogin von Parma, beträchtlich alterieren mit seinen kriegerischen Bemühungen im Dienst des dortigen Aufruhrs. Fontanelli, schon immer weniger als Zucchi geneigt, sich in revolutionären Bewegungen hervorzutun – man denke an die Mailänder Paraplui-Schlacht –, kam nur mit 3000 Gulden Pensionsbezug weg: Er konsumierte das Geld im Inland, starb in Mailand, als dort Radetzky Kommandierender war. Und bekam reglementmäßig seine schöne Generalsleich', den Kondukt kommandierte Feldmarschall Radetzky höchstpersönlich anno 1836.

Bei derlei Zuständen fingen gewisse k. k. Veteranen an zu maulen:

»Die werd'n scho' seh'n, wo das hinführt.«

Franz selbst hat es nicht zu sehen brauchen. Und so griff er am Vorabend des Weihnachtsfestes 1816 noch einmal zur Feder, um den Strich, den er unter die G'schicht' in Mailand gezogen hatte, um eine weitere Linie zu verdicken. Demnach wurde unterm 22. Dezember 1816 approbiert und unterm 24. Dezember expe-

diert, es mögen die in der Festung Kufstein einsitzenden verurteilten Zivilisten Latuada und Cavedoni wie Arrestanten des *Offiziersstands* behandelt werden. Das hieß, daß sie *nicht in Eisen* gelegt wurden, wie es in Lesebüchern des Risorgimento regelmäßig stand; daß sie *nicht zur Strafarbeit* herangezogen werden durften; daß sie, nach Maßgabe ihrer Mittel, sich als *Selbstverpfleger* durch die ohnedies bald erlassene Restzeit der Haft bringen konnten. Sollte es den Inhaftierten dazu an eigenen Geldmitteln fehlen, wären sie auf Staatskosten mit einer besseren, jedoch mäßigen Atzung zu versehen. So ist das zugegangen im Völkerkäfig Altösterreichs. Und Typen, wie der Kučera eine war, vermeinten ungehörigerweise:
»Na, denen Vög'ln geht's ja gut.«
Franz hatte nichts dagegen, daß es so geschah. Es nutzte ihm aber gar nichts. Denn schon wuchs in Italien die spätere Fürstin Cristina Belgiojoso-Trivilzio heran. Niemand hat ihre Kriegstagebücher aus der Zeit des Risorgimento in dem übertroffen, wo die Fürstin über die Schandtaten der schwarz-gelb gefleckten Hyäne schrieb. Sie verfiel allerdings nicht den österreichischen Schergen, sondern erst einmal denen des Königs von Piemont-Sardinien, als sie an dem berühmten, völlig fehlgeschlagenen Einfall der Haufen Giuseppe Mazzinis ins Nachbarland Österreich teilnahm. Mazzini, Schöpfer der Idee des Jungen Italien, Vorbild des Jungen Deutschland, Ideal jener, die von einem Jungen Europa in der hohen Zeit des Liberalismus träumten. Zum Tode verurteilt, erlebte die Fürstin dank eines Gnadenerweises bald die Annehmlichkeiten einer reichen Frau, die in Paris einen Salon unterhielt. Sie influenzierte den gewissen Haß gegen Österreich, wie er bei Heine, Thiers, Dumas Vater, Victor Hugo zutage kommt, aber auch bei Künstlern wie Chopin, zu Zeiten auch bei Liszt und dem aus Österreich gekommenen Rossini, der an sich über die Zeit im franziszäischen Österreich, ehe ihn die Rothschilds nach Paris dirigierten, nichts zu klagen hatte.
In der Revolution von 1848 trat die Fürstin als Heroine unter die gegen Österreich ausmarschierenden Kreuzfahrer. Gab in Mailand während der Revolution gleich zwei Zeitungen heraus,

nahm nachher Zuflucht in der Türkei, wo sie mit den aus der ungarischen Revolution geflüchteten Persönlichkeiten in Kontakt kam. Aber schon war der Reiz verflogen, der Reichtum in Österreich nach dem Exzeß von 1848 beschlagnahmt. Gerne wäre die Fürstin auf ihre alten Täg' heim ins franzisko-josephinische Österreich. Sie und ihre Tochter, der im Taufschein der Hinweis auf den Vater versagt war.

Der junge Kaiser Franz Joseph hat, dem Beispiel seines Großvaters Franz folgend, unter alles einen dicken Strich gezogen. Das Gerichtsverfahren gegen die Fürstin wurde niedergeschlagen, die beschlagnahmten Güter der Fürstin zurückgegeben, das Kind bekam einen, wie man sagte, ehrlichen Namen. Die schwarzgelbe Hyäne konnte es eben nie lassen.

2.

Jeder Nation ihren eigenen Staat

Franz genoß die Aussicht über Basteien und das Glacis vor der Stadt, den Blick über die Vorstädte hinaus und über die Vororte, bis sich die Triesterstraße im Süden im Dunst eines heißen Frühjahrstages verlor. Dieses siebzehner Jahr ließ sich nicht schlecht an. Kein gefährlicher internationaler Konflikt war in Sicht. Die drückenden Lasten, die der Staat so lange für ein kriegsbereites Heer zu tragen hatte, konnten gesenkt werden. Die Masse Geld, die der von einigen Militärs verlangte Ausbau der Marine gekostet hätte, hat der Kučera resolut abgebogen. Noch lasteten die Folgen der Wirtschaftskrise vom Vorjahr auf dem Staat. Aber Franz war überzeugt, daß er auch dieses Problem mit Hilfe des Grafen Stadion, der ihm im Vorjahr die Trennung der *Kommerz-* von den *Finanz*angelegenheiten in der Ressortverteilung vorgeschlagen hat, in den Griff bekommen wird. Leute wie den Stadion hat Franz immer wieder herangezogen, auch wenn er sie zu Zeiten in die Reserve versetzen mußte. Stadion hat sich als Botschafter an mehreren Höfen Verdienste erworben, nachher war er die Seele von Österreichs Erneuerung im Neunerjahr, jetzt hat er, sehr zum Ärger der uralten Kameralisten, die Kommerzsachen von denen der Finanz getrennt, weil das, so der Stadion, der Zuwachs der Handelsinteressen verlangte. Statt des alt gewordenen Hofrats Hager verwaltete der böhmische Graf Sedlnitzky die Polizei. A bißl a harte Hand hat er, der Sedlnitzky, klagte der Kučera über seinen Landsmann. Aber der Kučera war nie gut auf die Polizei zu sprechen, seit er wußte, daß sie ihn wegen der amourösen Abenteuer des Generaladjutanten beim Kaiser vernadert hatte.

Merkwürdig, dachte der Franz. Kaum sind die Kriege vorbei, brauchen die Leut' andere Aufregungen. Im Niederösterreichischen machte ein Deserteur der Deutschmeister-Infanterie namens Grasel als Räuberhauptmann die Gegend unsicher. Schon kursierte die Legende, er nähme den Reichen das Geld, um es an die Armen zu verteilen. Im Fünfzehnerjahr ist ihm das Handwerk gelegt worden und jetzt wartete das gute Volk auf den Ausgang der Sache. Kein Zweifel: Der Grasel hatte seine Anhänger. Nicht nur beim G'sindel, auch bei honetten Leuten. Die Kreuzer-Romane über die Liebschaften des Grasel erreichten zwar nicht den literarischen Rang der gängigen Ritter- und Gruselgeschichten, aber der Grasel-Tanz war eine Piece, die man sich beim Heurigen aufspielen lassen konnte, wenn einen das heulende Elend faßte.

Im Augustinergang erfüllt sich, was Franzens Erzieher, Joseph II., dem jungen Franz vorgeworfen hat. Der Onkel nannte seinen Neffen einen *Bücherwurm*. Und zum Kaiser geworden, schuf sich Franz im Augustinergang eine Bibliothek samt anderen Sammlungen, wie sie kein anderer Monarch seiner Zeit hatte. Sozusagen im Schatten der monumentalen k. k. Hof-Bibliothek entstand dieses Kuriosum. An sich war der Augustinergang ursprünglich wirklich nur ein Gang, der die Burg mit der Hofkirche der Augustiner verband. Mehrmals umgebaut, war er jetzt ein mehrgeschossiges Gebäude, mit einem Beobachtungsturm für Astronomie und einem Dachgarten, den Franz sich anlegen ließ, als es ihm zu zeitraubend und strapaziös wurde, seine FLORA AUSTRIACA VIVA im Belvedere zu betreuen. In sieben Zimmern war die Bibliothek des Kaisers aufgestellt: Zuletzt, Hefte und Broschüren abgerechnet, vierzigtausend Bände. Kein Zweig der Wissenschaft war ungenügend vertreten. Aber Herz des Ganzen waren Werke über Geschichte und Geographie und die Sammlung des berühmten Schweizers Lavater, auf dessen Lehre Franz bei seinem Beruf, was die Menschenkenntnis anlangte, viel gab. Lavater hat im Verein mit Goethe und Herder die Ansicht vertreten, wonach der Charakter das Äußere präge und daß man durch »das Äußerliche eines Menschen sein Inneres zu erkennen vermöge«. Zuletzt umfaßte die Bilder- und Porträtsammlung Franzens 130 Bilder und 80 000 kleinere Porträts. Nichts Gleichartiges gab es an einem anderen Hof. Neben den von seinem Großvater Franz I. Stephan hinterlassenen naturwissenschaftlichen Sammlungen schätzte Franz für seinen ständigen Gebrauch vor allem zahlreiche Globen und die vielen Landkarten, die, in Mappen und Atlanten geordnet, für ihn parat sein mußten. Denn zeitlebens hat die Aussage eines Kartenbilds – neben geschichtlich fundierten Erfahrungen – dem Kaiser das meiste für seinen Dienst gegeben. Die inhaltliche Aussagekraft des Kartenbilds nahm die Aufmerksamkeit der Monarchen bis zu dem Punkt in Anspruch, wo er in späteren Jahren immer häufiger nach einschlägigen statistischen Daten verlangte, ehe er sich an Ort das Bild der Lage machte.

In diesem Frühjahr 1817 lag reichlich viel Kartenmaterial betreffs Galizien, die Bukowina, Siebenbürgen, die Militärgrenze und die Steiermark vor. Diese Länder wollte Franz nach den weitausholenden Inspektionsreisen in Italien im heurigen Sommer und Herbst, nun schon in Begleitung seiner Karoline Augusta, visitieren. Seit er im Sechserjahr seine kartographische Landesaufnahme gegen den Widerstand einiger Fachleute durchgesetzt hatte, konnten sich diese Arbeiten neben den von Franz im Vorjahr in Mailand inspizierten einschlägigen Arbeiten sehen lassen.

Von *unten* ist denn auch der Straßenbauadjunkt Christiano gekommen, der »im Bezug der Reise Seiner Majestät« eine Straßenkarte Galiziens angefertigt hatte. Schon waren die Orte der Nachtlager für den Wagenzug des Kaisers eingezeichnet, aber auch die Landwege abseits der Kaiserstraße. Und vor allem die *merkwürdigen Punkte,* die für Franz Anhaltspunkt seiner mit dem Blei während der Fahrt gemachten Beschreibungen des Landes wurden. Ein gewisser Alois Schwarz von der Ober-Waldadministration hatte eine Karte der Fonds-Güter, zumal in der Bukowina, ausgezeichnet. Und unter Anleitung des an Ort kommandierenden Generals Lenk hat man dem Kaiser den auf 500 000 Schritt abgesteckten Kordon gegen die türkische Moldau auf einer gut gezeichneten Spezialkarte aufgezeigt. Gegen ansteckende Krankheiten, unerwünschten Zuzug und Schmuggel stand im Notfall, etwa wenn die Cholera aus dem Osten kam, alle 892 Schritt eine Schildwacht; ansonsten war der Kordon schütter besetzt. Diese Arbeit stammte vom Adjutanten des Generals, dem Fähnrich Elbenstein.

Der k. k. Posthalter im siebenbürgischen Klausenburg, der Ungar Bogianffy, hatte sich eine Art von Werbung für seinen Amtsbereich einfallen lassen: Eine gestochene Karte des Gebiets, sehr präzise und doch nicht mit Details überladen. Man konnte die willkommene Gabe während der Reise benutzen und daheim den Damen als Souvenir schenken. Der Archivdirektor-Adjunkt Johann Heydorfer hat seinem Kaiser ein wahres Gustostück einer Karte gezeichnet und koloriert. Nämlich die Reiseroute im Rayon Temesvar an der Militärgrenze. Nicht nur Städte, Marktflecken und Dörfer waren im Detail herausgezeichnet, sondern neben Wegen, Mauthäusern und Wirtshäusern alle Gewässer, Bewaldungen, Auen, Sümpfe und sehenswerte Gebäude am Horizont. Etwa die Klöster der Orthodoxen, die Franz so gerne in Augenschein nahm auf seinen Reisen. Und – eine künstlerisch ausgeführte Vignette am rechten unteren Rand des Blattes. Als ob der Zeichner gewußt hätte, wie sehr der Kaiser in seinen Reisetagebüchern auf Einzelheiten der Tracht seiner Untertanen einging; auf Merkwürdigkeiten, wie sie gewisse Handwerker an sich hatten, oder auf Anzeichen einer Manufaktur, deren Unternehmer Franz bei einem Treffen stets ermunterte. Alle diese Karten und was Franz, bar aller schriftstellerischen Neigungen, genauestens in das Reisetagebuch eintrug, ist heute eine versunkene Welt. Eine Welt vor Erfindung der Fotografie, beschrieben von einem sehr mit Arbeit überbürdeten Monarchen; als ob er geahnt hätte, daß diese polnischen, ruthenischen, walachischen, siebenbürgischen, slavonischen Landschaften einmal so verschollen sein werden wie des Kaisers Tagebuch im Archiv.

Die Reiseroute war jene, entlang derer einmal die Kaiser-Ferdinand-Nordbahn, die wichtigste Bahnlinie Altösterreichs, verlaufen wird. Also von Wien aus durchs Niederösterreichische und Mährische. Was die Länder der Krone des heiligen Wenzel betraf, so bedurfte es keines Studiums des Kaisers mehr. Dorthin ist er zweimal geflüchtet, als sein späterer Schwiegersohn Napoleon die Residenzstadt Wien eroberte. Bis nach Austerlitz ist er gekommen, der Bonaparte. Freilich: *Böhmen* hat er nicht erobern können. Und von allen Hauptstädten der Erblande des Hauses Österreich war Prag die einzige, die der Kaiser der Franzosen nie in die Gewalt bekam.

Nie im Leben hat Franz die Septembertage des Jahres 1792 vergessen, während der in Prag die Krönung seiner Eltern stattgefunden hat. Nach der Krönung seines Vaters Leopold zum König von Ungarn, im Vorjahr, bei der man sich eher als Gefangener der ungarischen Standesherren gefühlt hat, war man in Prag Österreicher unter sich. Wäre es nach dem Willen des Onkels Joseph gegangen, dann hätte der Mummenschanz solch mittelalterlichen Treibens längst nicht mehr stattgefunden. Nicht, daß Vater Leopold etwa die modernen Ansichten seines Bruders und Vorgängers Joseph II. nicht in vielem geteilt hätte, er war nur klug genug, den Leuten ihren Willen zu lassen, womit er sie für sich gewann, ohne allzuviel von des Monarchen Majestät preisgeben zu müssen. Und so hat er denn damals im Zweiundneunzigerjahr, als in Frankreich schon der Flächenbrand der Revolution über das Land ging, das Mittelalter aufs neue zum Leben erweckt. Die Krone des heiligen Wenzel, die Joseph so wie die des heiligen Stephan nach Wien bringen hat lassen, damit solche Kostbarkeiten zusammen mit anderen Kuriosa in der Schatzkammer aufbewahrt würden, hat Franzens Vater nach Prag, auf den Hradschin, bringen lassen. Dort, wo in der Gruft des Veitsdoms die schon fast vergessenen Gräber der Gründer der Donaumonarchie, Ferdinand I., Maximilian II. und Rudolph II., quasi Statthaltereien des Hauses Österreich blieben; auch in Zeiten, da es in Böhmen wirbelte. Unter Franz hat es dort kaum gewirbelt, obwohl Böhmen durch vier Preußenkriege im achtzehnten Jahrhundert mehr gelitten hat als jedes andere Land der Monarchie. Um anno 1792 in Prag die traditionelle Krönung des hohen Paares überhaupt wie ehedem noch einmal begehen zu können, mußten zuerst einige Neuerungen aus jüngster Zeit abgeschafft, andere zum ersten Mal eingeführt werden. Joseph II.

hat das Stift der Benediktinerinnen zu Sankt Georg in Prag aufgehoben. Einmal war es das Vorrecht der Äbtissin dieses Stiftes, zusammen mit dem Erzbischof von Prag der künftigen Königin von Böhmen die Krone ins Haar zu drücken. Das aufgehobene Stift etwa gar zu restaurieren, wäre Leopold ebensowenig in den Sinn gekommen, wie nachher Franz in den ersten zehn Jahren seiner Regierung keineswegs gleich unterbrochen hat, was sein Onkel Joseph mit dem Klostersturm in der Habsburgermonarchie begonnen hat. Es wird fast dreißig Jahre dauern, bis sich Franz nach seinem eigenen Regierungsantritt entschließen wird, anstatt einer Klosteraufhebung die Statuten der Redemptoristen zu genehmigen; und damit den sogenannten Liguorianern eine Bleibe in Österreich zu eröffnen. Diese reaktionäre Tat wird man ihm noch lange nach seinem Tod in freisinnigen Kreisen arg ankreiden, und die Liguorianer wird man in der Revolution von 1848 mit Schimpf und Schande aus der Stadt Wien jagen.
Da es also 1792 besagtes Kloster der Benediktinerinnen nicht gab und von dort her keine Äbtissin zu holen war, übertrug man das alte Vorrecht an die Äbtissin des von Maria Theresia eingerichteten adeligen Damenstifts. Das war keine Ordensniederlassung, sondern eine Bleibe für Töchter aus adeligen Familien, die bei ihrem Alter keine Aussicht mehr hatten, eine ordentliche Partie zu finden. In diesem beklagenswerten Zustand sah Leopold seit einiger Zeit seine Tochter Maria Anna. Und so kam ihr, zur Äbtissin besagten Damenstifts gemacht, die Ehre zu, der Mutter die Krone aufs Haupt zu setzen. Der kalte Rationalismus jüngster Vergangenheit galt nicht mehr, und so weinten viele, als die unverheiratet gebliebene Tochter der kinderreichen Mutter die Krone aufsetzte, die Mutter sich in Demut beugte.
Für Leopold hatten sich die Freimaurer unter den Ständen Böhmens im Verein mit Brüdern jenseits der Landesgrenze einen Operntext zurechtmachen lassen, der in der Neufassung dem neugekrönten König sinnfällig machen sollte, was eine neue Zeit von ihm erwartete: Einen Herrscher, der verzichtet, mit der ganzen von Gott verliehenen Mächtigkeit zu regieren, der schon

resigniert angesichts von Widerlichkeiten, Untreue, Verrat und Bereitschaft zum Mord verzeiht. Bruder Mozart hatte in aller Eile die Komposition besorgt, und so kam am Tag der Krönung La Clemenza di Tito im Prager Nationaltheater zur Aufführung. Die Bühnenfigur des römischen Kaisers Titus verzichtet auf die geliebte Frau, auch auf eine andere, die in Wahrheit die Geliebte seines eventuellen Mörders ist, er verzeiht allen und alles.
Schon klingt in der Tendenz der Bühnenwerke an, was noch im selben Monat September 1792 in Wien in der Mozartoper Die Zauberflöte vollends zum Ausdruck kommt als vermeintlicher Zeitgeist. In letzterer Oper verkündet die Bühnenfigur Sarastro in einer Baßarie, die in unergründliche Tiefen orgelt, eine neue Gemeinschaft von Gläubigen. In ihren Hallen kennt man die Rache nicht, den Pflichtvergessenen aber führt Liebe zur Pflicht. Wer dem nicht zu folgen versteht oder folgen will, verdient nicht, ein Mensch zu sein.
Wenn es stimmt, was bald Engländer, bald Franzosen den Österreichern vorwerfen, daß diese nämlich zuweilen um eine Idee zu spät kämen, dann kam Die Zauberflöte mit ihrer Tendenz zu spät, mochte auch Mozarts Musikalität zu letzter Höhe gelangen. Schon waren in Paris die Macher der Revolution mit ihrem Aufruf zu ihrer Gemeinschaft der Gläubigen und dem danach gemachten Bild des Menschen um einen letzten Schritt weitergegangen: Freiheit, Brüderlichkeit, ja. Wer aber dem widersagte, sollte in der Revolution den Kopf verlieren. Diese Entschiedenheit ging allerdings den Österreichern ab; wo sie sich darin versuchten, geschah es in Stunden der Niederlage, wenn ein fremder Geist das Land überschwemmte.
Ob die Besucher der Krönungsoper die gedachte Tendenz der Sponsoren der Aufführung verstanden? Die neugekrönte Königin von Böhmen nannte das Werk Mozarts ungeniert eine porcheria tedesca. Keine Schweinerei in politicis, welche die Majestät ihres Gemahls besudelte, sondern: indiskutabel nach den Ansichten der unerschütterlichen Anhänglichkeit an italienische Opernkunst, gegen die aufzubegehren für die Majestät so unerhört war, daß sie diesen einigermaßen verbürgten Ausdruck gebrauchte.

Im übrigen war nicht Sprache, Musik und Tendenz des auf der *Bühne* Gebotenen Ankündigung einer Wende, sondern jene Sprache, die wie durch Zauberschlag auf einmal *alle im Land* zu sprechen schienen: Die tschechische Sprache, bis unlängst nur die böhmische genannt. Seit Jahrhunderten vom Haus Österreich ebenso wie jene der Deutschen gleichgehalten, war sie schließlich fast nur noch die Sprache des gemeinen Volkes, der Dienstboten und Bauern. Und jetzt, im Herbst 1792, versuchte König Leopold die Sprache zu radebrechen und viele Standesherren zeigten ihre Geläufigkeit im Gebrauch des Tschechischen. Franz aber genoß den Vorteil, daß er schon vor Jahren, bei seinem Kommen von Florenz nach Wien, mit seltsamer Instinktsicherheit dieses Sprachfach als Freifach seines ohnedies überlasteten Lehrprogramms von seinem Erzieher Joseph II. erbeten und bewilligt bekommen hatte.

Um 1815 war es soweit, daß einer der sogenannten *Erwecker* des erneuerten Volkstums der Tschechen, der k. k. Oberleutnant Joseph Čech, sich bei der auszeichnungsweise erfolgten Nobilitierung den Zusatz EDLER VON CECHENHERZ erbat und dazu auf dem Wappenschild den Schwertarm, wie dieser vor langer Zeit Symbol des Hussitismus gewesen ist. Jan Hus – unvergessen als Begründer einer Reformation der mittelalterlichen Kirche, zugleich Förderer der tschechischen Sprache, war als Ketzer verbrannt worden. Dafür brannten nachher die Städte der Deutschen weitum in Mitteleuropa, bis das Feuer des Hussitismus ausgebrannt war. Die Sprache aber versank in unerreichbare Tiefen des besiegten Volkes.

Ein Deutscher, Johann Gottfried Herder, hat zu Franzens Zeiten das Volkstum der kleinen slawischen Völker erneut ins Bewußtsein gehoben. Die großen slawischen Völker, Russen und Polen, ließ er bei der Beschreibung des *Taubencharakters* der kleinen aus guten Gründen weg. Denn auf Russen und Polen hätte gewiß nicht gepaßt, was Herder im sogenannten SLAVENKAPITEL seines Lebenswerkes den kleinen zuschrieb: Die Naivität, die Unberührtheit und Ursprünglichkeit waffenloser Hirten- und Bauernvölker, die nur zu oft Opfer der Germanen wurden.

Man versteht, daß die Erwecker unter den Tschechen dieses Slawenkapitel aus dem Zusammenhang rissen, es gleich dreimal übersetzten und damit den Beleg ihrer gegen die Deutschen gerichteten Anklagen hatten. Gegen die Deutschen, die den ERWECKERN damit zugleich erste Wege zeigten und bahnten. Deutsche, die nicht wahrhatten, daß es unter den fraglichen Tauben auch Sperber gab und andere Greifvögel, auch Sturmvögel, die am Himmel sind, wenn Sturm aufkommt über Europa. Herder selbst hat nie in derlei Dimensionen vorausgedacht. Er regte an, das uralte Sagengut der kleinen slawischen Völker, ihre Epen und Mythen, ihre Märchen und Melodien wieder zu beleben und späten Nachkommen zu eigen zu machen. Darüber sollte sich die fällige moderne Rechtschreibung der Sprache, eine Grammatik erheben, eine vom Wort ausgehende kulturelle Erneuerung. VOLK war nach Herder dem Territorialstaat der Moderne vorgegeben, letzten Endes im Metaphysischen und Religiösen verhaftet. Damit aber im Gegensatz zur NATION, wie sie gleichzeitig die Macher der Revolution in Frankreich sehen wollten: Eine cohésion politique, die den Citoyen in der Staatsnation gemütsmäßig erfaßte, um ihn verstandesmäßig zu binden. Franz erschreckte nicht das Erweckertum unter den slawischen Völkern seiner Monarchie. War es doch eine Alternative zum Atheismus und Materialismus der Franzosen, konservativ im Gegensatz zu Ausbrüchen der Revolutionäre seiner Zeit. Noch lag der Nationalismus späterer Jahrzehnte tief unter dem Horizont seiner ersten Regierungszeit. Aber das Recht auf den eigenen Staat, den fortan jedes Volk verwirklichen wollte, war die ungeheure Sprengkraft, die dieser Rechtsidee innewohnte. Denn sie alle, die Tschechen, die Mährer, die Polen, die Ungarn, die Serben und die Kroaten, haben einmal einen quasi übernationalen Staat besessen, den sie verloren haben.

Für die Tschechen war das Reich ihres Königs Przemysl Ottokar II. ein Reich, das Böhmen, Mähren, Österreich, Steiermark, Kärnten und Krain umfaßte, über das hinaus Ottokar bis zur Adria und in den Ostseeraum langte. Wien, in dessen Minoritenkirche man dem bei Dürnkrut erschlagenen König Ottokar erste

Ruhe als Toter einräumte, verdankte diesem König viel. Franz Grillparzer war schlecht beraten, als er mit seiner an das Haus Österreich gedachten Huldigung, im Bühnenwerk König Ottokars Glück und Ende, den Böhmenkönig als die dunkle Bühnenfigur schuf, als den, der im Kampf gegen das Recht unterlag und gegen die hell aufragt die Gestalt Rudolfs von Habsburg; den Grillparzer lieber als Kaiser denn – was er war – als König sah. Metternich sah, was Grillparzer nicht sah: Daß für Erwachende in Böhmen die Bühnenfigur des Ottokar eine Herausforderung war; daß aber die schon zuweilen zur Resignation neigenden Deutschen sich nicht mehr identifizieren konnten mit einer Kaisergestalt, die mehr habsburgisch als deutsch war. Franz hat die Volksbildung, die seine Großmutter Maria Theresia einer *Deutschen Volksschule* anvertraute, dem tschechischen Volk gegeben. Zu seiner Zeit wurde an der Universität Prag Tschechisch Vorlesungsgegenstand. Schon wuchs im Mährischen, über dem Boden des verschollenen Großmährischen Reichs, der protestantische František Palacky heran; ihn werden die böhmischen Standesherren beauftragen, eine Allgemeine Landeskunde zu schreiben. Palacky aber wird 1848 den berühmten Absagebrief aus dem bestandenen Kurfürstentum Böhmen an die in Frankfurt zusammengetretene Nationalversammlung der Deutschen schreiben. Nichts davon zu Franzens Zeiten. Der *Bohemismus* fügte sich ins Österreichische seiner Zeit. Mehr noch. Im Existenzkampf Franzens gegen die Franzosen wurde Böhmen die *nie* vom Feind eroberte Zitadelle des Reiches. Und Palacky wird noch eine Generation nach dem Tod Franzens, als der Nationalitätenkampf im alten Österreich schon aufflammte, in einer Rede vor der Kaiserlichen Akademie in Wien bekennen:

»Ich habe zeit meines Lebens deutsche Kultur, Kunst und Wissenschaft hochgehalten und das Beste, das ich vermöge ... ich bekenne es, habe ich deutschem Geist und Studium zu verdanken.«

Als Franz im Sommer 1817 von Wien über Mähren nach Galizien reiste, erkannte er beim Übertritt ins Gebiet des bestandenen

Königreiches Polen mit erschreckender Deutlichkeit, das dort auftretende west-östliche Kulturgefälle. Noch war das erst später österreichisch gewordene Krakau ein winziger Freistaat oder, wie Metternich es sah, der Ort, wo man »das heilige Feuer des Polentums, sollte dasselbe auch zur unsichtbaren Flamme herabsinken, erhalten wird können«.
In Österreich-Ungarn wurde Krakau das, was ihm der Kanzler des Kaisers Franz zugedacht hat. Anders als in Russisch- oder Preußisch-Polen wurden innerhalb der schwarz-gelben Grenzpfähle besagte Feuer erhalten; hier entstanden 1914 die ersten Freiwilligenverbände der Polen.
Der Teil des früheren Königreichs Polen, der an Österreich fiel und nach 1815 erhalten blieb, demonstrierte Franz freilich, was Jahrhunderte habsburgische Herrschaft in Böhmen und Mähren hinterließen und was Rückstand des untergegangenen Königreichs Polen war. Eines Königreichs, das weniger unter den Anschlägen fremder Mächtigkeiten zerbrach, sondern als Folge eines zur Anarchie neigenden inneren Zwiespalts, des Zerfalls einer Adelsoligarchie, eines Spiels um die Macht im Lande mit Hilfe auswärtiger Mächte.
Franz fand überall in Galizien Achtung und Respekt. Der ihm vom Ballhausplatz beigegebene Observateur Graf Bombelles richtete nur inhaltsschwache Relationen über die Reisegeschehnisse an seine Zentrale. Noch war das Polentum nicht durchtränkt von jenem Haß gegen Österreich, den der große polnische Dichter Adam Mickiewicz seinen Landsleuten einträpfelte; wenn er ihnen etwa so die Polenpolitik Maria Theresias und ihres Sohnes Joseph II. in biblischer Manier verdeutlichte:
»Maria Theresia ... trug den Namen der demütigen und unbefleckten Mutter des Erlösers, um die Demut und die Heiligkeit zu verspotten. Denn sie war eine hochmütige Teufelin und führte Krieg, um fremde Länder zu unterwerfen. Sie war gottlos ... Sie hatte wiederum einen Sohn Joseph, der den Namen des (jüdischen) Patriarchen trug, des Patriarchen, der sich von der Frau des (ägyptischen) Pharao nicht verführen ließ ... Dieser österreichische Joseph aber verführte die eigene Mutter zum Bösen und

seine polnischen Brüder, die (1683 vor Wien) sein Reich vor der türkischen Sklaverei verteidigt hatten, machte er zu Sklaven.« Mieckiewicz schrieb derlei als Untertan des Zaren, gegen den er als Freiwilliger in den Krieg ziehen wollte, den Franzosen und Engländer als Verbündete des Sultans auf der Krim führten. Man muß derlei frühe Haßergüsse und deren geistigen Wurzelboden kennen und erkennen, um verstehen zu lernen, wenn später auf dem Höhepunkt des Nationalismus in Europa junge Menschen es sich zur Pflicht machten, Österreicher heimtückisch zu ermorden, um der Welt ihr Recht und das Unrecht Altösterreichs sinnfällig zu machen.

So wie die Tschechen hatten auch die Polen im Mittelalter einen Vielvölkerstaat, ein *Reich*. Und so wie im Jahrhundert des Nationalismus die Nationalitäten Altösterreichs sich dieser versunkenen Reiche erinnerten, stieß die *Reichsidee eines* Volkes mit jener eines *anderen* zusammen; keiner der gedachten Nationalstaaten konnte im Donauraum entstehen, ohne daß eine Nation Teile einer anderen sich unterwarf. Die Ukrainer haben einmal so ein Reich besessen, das allerdings längst von Polen und Russen zerstört war, als Franz nach Galizien kam. In Galizien wurden die Ukrainer, die Ruthenen, von den polnischen Herren seit jeher in Beengtheiten gezwängt, wo nur die Priester der orthodoxen Kirche dem Unterdrückten neben dem Glauben auch das Volkstum, vor allem die Sprache, retten konnten. Noch am Vorabend der nationalen und sozialen Revolution von 1848, in der vor allem Polen in Österreich eine gewisse Rolle spielten, haben die polnischen Herren in Galizien dem damaligen k. k. Statthalter, Graf Stadion, allen Ernstes den Vorwurf gemacht, dieser habe von sich aus das Ruthenentum quasi erfunden.

Franz kam in Ostgalizien durch viele Dörfer, in denen schon Elementarunterricht nach dem Muster der maria-theresianischen Volksschule gehalten wurde; aber kaum in ein Dorf, wo der Unterricht in der Sprache der ruthenischen Dorfbevölkerung stattfand. Und doch hatte schon Joseph II. an der von ihm zum Lyzeum degradierten Universität Lemberg erste Vorlesungen in ruthenischer Sprache halten lassen. So sah die zumal auch von

Polen gerügte Diskriminierung der angeblichen Germanisierung des Onkels Franzens zuweilen aus. 1809, als das polnische Großherzogtum Warschau im Bündnis mit Rußland Krieg führte gegen Österreich und Ostgalizien an den Zaren verlorenging, setzten es die polnischen Herren in Galizien durch, daß in Lemberg besagte Vorlesungen in ruthenischer Sprache abgesetzt wurden. Im Osten war das vielfach vom JIDDISCHEN getragene DEUTSCH die Verständigungssprache unter den verschiedenen Völkern. Eine Generation nach Josephs mißlungener sogenannte Germanisierung ereignete sich in Lemberg und Brody ein merkwürdiger Rückgriff: An den dortigen k. k. Wechselgerichten wurde auf deutsch amtiert. Aber erst zu Franzens Zeiten wurde auch Ruthenen in Galizien der Zugang zum Staatsdienst eröffnet, als anstelle der polnischen Sprache *eine* der slawischen Sprachen Anstellungserfordernis wurde. Allerdings geschah es dann, daß viele Tschechen ins Land kamen, deren Hang zur Härte im Dienst, deren Unbestechlichkeit und Diszipliniertheit den Ost- und Südslawen der Monarchie zuweilen nicht gefallen hat. Soweit Franz zu seiner Zeit die Hochbürokratie selbst unter Kontrolle hatte, schickte er nach Galizien seine besten Verwaltungsfachleute. Galizien war nicht bloß Versuchsstätte für Neueinführungen, wie etwa eines Bürgerlichen Gesetzbuches. Hier getrauten sich Männer, die sich des Vertrauens ihres Kaisers sicher wußten, etwas zu tun, was andernorts schon in Routine erstarrt war. Es gab nach der polnischen Wirtschaft größten Nachholbedarf; den einigermaßen aufgeholt zu haben blieb als dauernde Leistung – auch dann noch erkennbar, wenn man nach dem Zerfall der Monarchie die alte Grenze zu Russisch-Polen überschritt.

Franz sah das weite Land im Osten im Frieden. Die Natur, kaum geschändet durch Kahlschlag, Regulierungen oder Industrialisierung, deckte mit ihrem Reichtum manche Ärmlichkeit zu. So war es in vielen Landesteilen. Und jene, die in die Residenzstadt Wien zogen, erfuhren oft nur zu rasch, daß Beengtheiten des Dorfes bei weitem leichter zu ertragen waren als krasse Armut in überfüllten Tagwerkerbehausungen am Stadtrand, Proletarierviertel, wie man bald sagte. Das Reisetagebuch des Kaisers beschönigt nichts. Obwohl keine Amtserinnerung, also für den Dienstgebrauch geschrieben, erfaßt es doch immer wieder die Qualität der Menschen, denen der Monarch das *Amt an Ort* aufgetragen hat. Sie inspiziert er und sie kommen schlecht weg, wenn ihre Arbeit sichtlich schlecht gerät. Das Tagebuch ist kein Versuch einer Prosa der Majestät. Keine Poesie. Freilich auch keine Landesbeschreibung vom Gesichtspunkt eines Militärs, der sich sagt: Hier könnte man eine Kampfanlage herstellen, dort eine Batterie postieren, an jener Waldlisière eine Kompanie legen und dergleichen mehr. Das Wienerisch des Kaisers, nachher als Teil seiner heimtückischen Theatralik herabgewürdigt, fließt leicht aus der Feder. Im allgemeinen gab es zum Willkomm der Majestät Brot und Salz. Die Altgläubigen im Land boten Franz ein Backwerk an, das er, ganz Wienerisch, Striezel nannte, geflochtenes Weißbrot. Beschrieb der Kaiser eine Anhöhe, so nannte er den höchsten Punkt einen Gupf. Und was an der klerikalen Tracht jeweils violett war, beschrieb er als veigerlfarben ins Tagebuch. Das wurde die Sprache, die Ferdinand Raimund, noch mehr Johann Nestroy zu einer Bühnensprache machten; zu einer, in der das Österreichische zuweilen ergreifender zum Ausdruck kam als in Grillparzers berühmtem Lobspruch an Österreich.

Franzens Tagebücher sind keine Bücher. Er verwendete für seine Reiseaufzeichnungen Briefpapier der mindersten Qualität, das er bald im Oktav-, bald im Quartformat faltete. Während der Fahrt machte er Notizen mit dem Blei; genügten sie ihm, blieben sie Endfassung. Ansonsten übertrug er am Ende eines Tages nach einem Reiseabschnitt das Notierte mit der Kielfeder ins reine. Es ist jene Schrift, die damals in den Schulen neben der lateinischen in jeder Dorfschule gelernt wurde, heute aber unlesbar ist für die Epigonen.

Je älter Franz wurde, desto häufiger schloß die Tagesübersicht: »Abends speiste ich mit F. M. Lt. Kutschera allein.«

Beilagen zu den Konvoluten der Reisetagebücher bringen einige Farbe in die äußerst nüchtern gehaltenen Beschreibungen. Etwa Listen von Audienzwerbern. Zuweilen Eingaben, die Franz nicht dem Amtswege überantwortete. Vor allem Landkarten, die von den Kreisamtsvorstehern oder Militärkommandanten an Ort überreicht wurden, sauber gezeichnete Details, meistens koloriert, auch auf Seidenstoff aufgezogen oder gar in einem Umschlag aus Marokkinleder. So blieb das weite Land im Wort erhalten, als es längst untergegangen war in den umstürzenden Ereignissen der folgenden einhundertundfünfzig Jahren. Als nationale und soziale Revolutionen darüber hinweggingen; und zwei Weltkriege der mechanisierten Vernichtungswut alles übertraf, was einmal im Osten von Generation zu Generation von den Schrecken der Tatareneinfälle überliefert wurde.

1945 aber wurde die Vielschichtigkeit des Nationalitätenproblems im Bereich der Donaumonarchie so gelöst, daß ganze Volksgruppen aus ihrem in Jahrhunderten gehegten Siedlungsraum namens einer neuen Freiheit vertrieben wurden; daß andere vor den Gefahren einer angesagten Freiheit lieber auswichen in den Westen Europas; oder Millionen Menschen einfach getötet wurden, um neue Grenzen von Territorialstaaten zu bekommen, deren Zentralismus nur die *eine,* die *Staatsnation* kannte und anerkannte.

Man hat in der Spätkrise der Monarchie Galizien in Wien zuweilen Skandalizien genannt und die Hauptstadt der Bukowina das scheinbar unerschöpfliche Reservoir eines auf der Wanderung begriffenen Ostjudentums; welch letzteres auch dann nach Wien auswich, als diese Stadt längst nicht mehr die k. k. Reichshaupt- und Residenzstadt war. Zu Franzens Zeiten blieben auch die Ärmsten im Osten lieber in ihrer Dorfgemeinschaft, Juden in ihrem Städtle, wie sie sagten. Noch waren in diesen ärmsten, weil zuletzt erworbenen Gebieten Österreichs nicht die Werber unterwegs, die von dort herkamen, wo man Indianern ihr Land nahm, um Einwanderer anzusiedeln; oder wo man mit der Verschiffung der Auswanderer ins Land der unbegrenzten Möglichkeiten das große Geschäft machte. Europamüde, wie Herr von Goethe in Weimar, trafen sich halbwegs mit Amerikamüden; um deren Strom aufzuhalten, wird der aus Mähren stammende Karl Postl alias Sealsfield bald seine Broschüren schreiben.

Franz beschreibt die Bukowina mit großer Genauigkeit. Er kommt zu dem Schluß, daß es ein schönes Land ist. Wer in Wien würde das hundert Jahre nachher, 1918, geschrieben haben?! Der Kaiser schrieb sein Urteil nicht bloß angesichts jener, die ihn in Feiertagstracht ehrenvoll empfingen. Und er vermerkt, daß auch die Leute in der Bukowina schön sind. Nicht bloß die als Beamte oder Militärs oder Fachleute zugewanderten Deutschen. Deren Häuser findet er – wörtlich – *regulair;* die Holzhäuser der Einheimischen bald *schön,* bald *hübsch.* Hundert und mehr Jahre später sollten Männer, die in Hechtgrau oder Feldgrau ins Land kommenden Soldaten nur mehr armselige Holzbehausungen, die zu schonen es sich wohl nicht mehr lohnte, vorfinden.
Die Deutschen tragen sich deutsch, schreibt Franz. Die ›Hungarn‹ haben weiße Westen und Hosen aus Tuch, braune Röcke, wie die Goralen in den Hochkarpathen, aber dunkel. Von gutem Tuch. Dazu Stiefel. Die Hüte sind rund. Die Weiber (was weiblich war, hieß noch Weib) tragen sich wie die in Ungarn. Franz übersieht nicht die im Gefolge der Ungarn gekommenen Slowaken, ihre Weiber tragen Kopftücher statt Hauben. Die Moldauer, also die Rumänen, haben weiße Hosen oder Pumphosen, weiße, lange Röcke, darüber einen kurzen Kaftan mit Pelzzeug. Auf dem Kopf einen Tschako, wie man im Wienerischen diese Kopfbedeckung nannte. Die Weiber haben viel Färbiges an sich, fliegende Haare oder geflochtene Zöpfe. Das Tanzen der Moldauer ist nicht ganz nach dem Geschmack Franzens, ihre Musik hält keinen Vergleich mit jener der Ungarn, so verwandt sie klingt. So vergißt Franz in seinem Tagebuch keine Volksgruppe seines östlichsten Appartements des Kaiserreichs. Auch nicht die Huzulen, von denen später die Kaiserlichen spotten werden, sie leben zu beiden Ufern des Pruths und sind zu nix nutz.
Und da waren die Lippowaner. Beim nächsten Besuch im Land, beim Treffen mit Alexander I., wird der Zar diese Typen als Ketzer bezeichnen, die aus der Moskauer Gegend zu stammen schienen. Es waren tatsächlich Ketzer in den Augen der russisch-orthodoxen Kirche und nicht immer wohlgelitten in Rußland. So kamen viele herüber ins Österreichische. Dort wird man ihnen im

Dorf Belaia Krinica den kirchlichen Mittelpunkt für ihren uralten Glauben schaffen. Ein aus der Türkei kommender orthodoxer Bischof wird den Lippowanern Priester weihen und ihnen so den Glauben wahren helfen, den sie als Priesterlose in Rußland sich selbst hüten mußten. Mehr als sechs verschiedene Volksgruppen gab es in der Bukowina und ebensoviel Konfessionen: Katholiken und mit ihnen unierte Ukrainer, andere Orthodoxe, die mit Rom in Unfrieden lebten. Protestanten beider Bekenntnisse, dann jene Altgläubigen, Armenier. Jeder Sonntag beginnt für den Kaiser mit dem Kirchgang, nachher fängt die Arbeit an, freilich keine knechtische Verrichtung und also nicht sündhaft. Allen Geistlichen kommt Franz freundlich entgegen. Die Bischöfe begrüßt er ehrfürchtig. In Czernowitz wird ihm ein orthodoxer Bischof vorgestellt, der aus Slawonien gekommen ist. Ein Archimandrit spricht Franz auf deutsch an, er unterhält sich mit ihm über das Consistorium an Ort. Dem Kaiser imponieren die in ernstes Schwarz gekleideten Priester der Ostkirchen, ihre Kopfbedekkung, die er, wieder auf wienerisch, Tschako nennt. Im Kloster Putna, noch ist die alte Wehranlage zu erkennen, unterhält er sich mit dem Archimandriten und vermeint, daß dieser artig spricht. Noch war das nicht schulmeisterlich gemeint, eher die Art, in der man sich gegenseitig schätzte in einer Zeit, da man noch bitte und danke sagte, wie Franz einmal an einer Stelle des Reisebuchs mit Genugtuung festhält. Derlei Umgangsarten erleichtern das Zusammenleben trotz vieler Unterschiedlichkeiten.
Nichts gegen die Verheiratung der Popen im Dorf. Ihr langes Haar und die Barttracht geben ihnen einen ehrwürdigen Charakter. In diesem Land überlebten das Volkstum und die Religion verschiedener Völker die gewiß harten Zeiten unter dem Sultan; Zeiten, die freilich, verglichen mit den vom Bolschewismus gebrachten neuesten Freiheiten, erträglich waren. Franz sieht nicht nur auf die Weiber der Popen, mehrmals erwähnt er: Die Weiber sind schön. Ein Kompliment für die Damen seiner Militärs und Zivilisten findet sich nicht.
Was in der Bukowina in Vielfalt und Farbenpracht hervortrat, galt für alle Länder der Monarchie. Die Volkstracht war nicht

geschönt, wie sie heute im Zeitalter der Fremdenverkehrsindustrie und der Folkloristik geschönt wird. Färben war teuer, wo Farbe sparsam aufgetragen war, leuchtete sie hervor aus einer Kleidung, die nicht von folkloristisch geschulten Lehrern, Studenten oder Postangestellten getragen wurde, sondern von einer bäuerlichen Bevölkerung, die weit mehr als neunzig Prozent der Bevölkerung der Monarchie ausmachte. Das Leben in den Dörfern war zuweilen, je nach Ernteertrag oder Viehsterben, sehr bescheiden. Die Österreicher brachten mit der Zeit Annehmlichkeiten mit sich, die einen Aufschwung der Lebensverhältnisse erwarten ließen. Wem es gelang, der kam über die Kordonlinie aus dem Russischen oder der Moldau herüber ins Land. Zumal Juden. Franz sieht ihre ärmlichen Behausungen. Er denkt an die Juden in seiner Residenz. Viele von ihnen sind so reich, daß sie dem Staat, also dem Kaiser, nicht nur in Krisenzeiten Geld leihen, sondern einmal einfach das Geld schenkten, weil ihnen daran gelegen war, daß es beim Kaiser Franz und seiner Monarchie verbleibt. Es wird Generationen dauern, bis Juden zur Vorhut jener zählen werden, die aus waren, dieses Reich zu zerstören. Aber auch dann noch werden ungleich mehr bei den Kaiserlichen für den Fortbestand der Monarchie ihr Leben hergeben.

War es ein Paradies, dieses östlichste Appartement der Monarchie? Es wurde 1775, anders als polnisches Gebiet, auf die friedlichste Weise vom Sultan erworben. Nicht erheiratet, nicht erkämpft, nicht bei der Zerstückelung eines Landes gewonnen. So lag ein Segen darauf. Als wäre die Bukowina in dieser Welt im Osten wirklich ein Paradies, haben im Ersten Weltkrieg Gendarmen unter ihrem Landeskommandanten zusammen mit kargen Beständen regulärer Truppen, vor allem Landstürmer, oft in Zivil, nur mit schwarz-gelber Binde als Kombattanten nach dem Völkerrecht bezeichnet, immer wieder gegen die mit ungeheurer Übermacht angreifenden Russen gekämpft.

Und dann verließ Franz das Land, südostwärts, ins Siebenbürgische. Immer höher türmen sich die Bergketten, ehe der Paß erreicht ist. Das tiefe Schweigen des Urwalds umgibt den Reisezug, später werden nur noch die Jagdwagen hochherr-

schaftlicher Jagdgesellschaften derlei Beschwerlichkeiten auf sich nehmen, um etwa Bären zu jagen im Gebirge. Auf dem Rücken des Pietrile Rusz, im kahlen Gestein, ist eine Dreiländerecke: Bukowina, Siebenbürgen und die türkisch gebliebene Moldau treffen mit ihren Grenzen zusammen.
Siebenbürgen ist wieder eine EINHEIT IN VERSCHIEDENHEIT. Walachen, Nachfahren aus der Bevölkerung zur Römerzeit, daher die Sprache, Magyaren seit der Landnahme am Ende der Völkerwanderung; und Deutsche, einmal ins Land gebeten. *Drei* Völker, *drei* Konfessionen: Katholiken, Orthodoxe und Protestanten. Die Protestanten schicken ihre Söhne nach Jena, zuerst um dort Theologie zu studieren und das Predigeramt in der Heimat zu besorgen. Metternich gefiel das nicht mehr, als Jenas Ruf sich mit dem der Radikalen unter den Burschenschaftern verband. Er wird eine Lehranstalt in Wien ins Leben rufen, den Kern der künftigen evangelisch-theologischen Lehranstalt, der fünften Fakultät der Alma Mater Rudolphina.
In Siebenbürgen hat sich einmal die Monarchie den Keim einer gefährlichen Krankheit geholt. Als 1515 im Wiener Stephansdom die legendär gewordene Doppelhochzeit der Enkel des Kaisers Maximilian, des Letzten Ritters, und des Königs von Ungarn und Böhmen, vor dem Altar geschlossen wurde, vertrat der alt gewordene Letzte Ritter in einem Fall den Bräutigam, weil noch nicht feststand, ob sein Enkel Karl oder Ferdiand einmal die Braut heimführen sollte. Damals entstand ein dümmlicher Singsang, wonach andere Kriege führen mögen, um Länder zu erwerben, die in Österreich erheiraten sie. Das Schlagwort von der *zusammengeheirateten* Ländermasse des Hauses Österreich hatte einen Urgrund. Die Wahrheit war, daß dieser Heirat mehr als zweihundertundfünfzig Jahre folgten, in denen die Türkenkriege Österreich noch mehr Opfer abverlangten als die Verteidigung der Westgrenze gegen Frankreich. 1526 fiel der in Wien verheiratete König Ludwig II. im Kampf gegen die mit ungeheurer Übermacht angreifenden Türken, ohne einen leiblichen Erben zu hinterlassen. Das Erbe seines Schwagers, Ferdinand von Österreich, fiel schmal aus, nur ein enger Landstrich in Westungarn; das

Großfürstentum Siebenbürgen blieb Zapolya Janos, der im Kampf um die Krone Ungarns die Türken zu Hilfe gerufen hatte und Parteigänger des Sultans blieb; der Löwenanteil fiel als ein Paschalik an die Türkei. Zapolya tat sich leicht gegen Ferdinand. Ihn, nicht den Habsburger, hatten schon im Kampf um die Krone Frankreich, England, Polen und die Republik Venedig als den rechtmäßigen Nachfolger Ludwigs II. anerkannt. Er tat gut, auf der Seite der Türken auszuhalten, er und seine Nachfolger in Siebenbürgen. Ferdinand aber und seine Nachfolger hatten in Ostösterreich die Türken zum Nachbarn. Kamen sie *ohne Kanonen* ins Land, um es zu plündern, dann rechneten es die Türken nicht als Friedensbruch. Zeitweise konnte sich der Kaiser nur mittels schlecht getarnter Tributzahlungen der türkischen Aggressionen erwehren.

Wann immer die Habsburgermonarchie in eine Krise geriet, durfte ihr Feind auf die in Ungarn existierende ständische, besser: ständige Opposition im Land rechnen. Nach Zapolya gaben sich für derlei Hilfen gegen Habsburg Grafen der Familien Bathory, Bokskay, Bethlen und Tököly her, vor allem aber der großartige Rebellenfürst Rakoczy, der schlankerhand den habsburgischen König des Thrones samt des Erbrechts verlustig erklären ließ durch einen dem Fürsten gefügigen ungarischen Landtag. Mehrmals wurde ein aus dem Hause Österreich stammender König für abgesetzt erklärt. Zuletzt 1849. Aber noch 1866 ließ der preußische Ministerpräsident aus den Reihen ungarischer Emigranten, Deserteure und Gefangenen des Krieges dieses Jahres eine Legion gegen Österreich aufstellen. Sie sollte ausmarschieren, um in Ungarn noch einmal das Feuer der 1849 gelöschten Revolution zu entfachen. Man nannte das bei Preußens: Stoß ins Herz Österreichs. So taten es vorher Herrscher Frankreichs, Polens, Schwedens zu Zeiten ebenfalls.

In Ungarn ging alles anders zu als in Böhmen. Wenn Franz sich an die Krönung seines Vaters in Prag, 1791, erinnerte, fiel ihm die so ganz andere in Preßburg ein. Nur mit Mühe ist es Leopold gelungen, die von seinem Bruder Joseph II. in eine fast offene Rebellion getriebene Opposition der ungarischen Standesherren zu befrieden. Erst als die ungarischen Herren ihren Beschützer, den König von Preußen, nicht mehr für sich hatten, gaben sie bei. Aber für welchen Preis! In dem berühmten Artikel 10 des Landtagsbeschlusses der Session 1790/91 ist statuiert, was praktisch schon die Sezession Ungarns aus der Gesamtmonarchie bedeutete. Nämlich, daß Ungarn

»... samt den mit demselben verbundenen Theilen ein freies Land und hinsichtlich seiner ganzen gesetzlichen Verwaltung ... unabhängig, das heißt keinem anderen Reiche oder Volke unterworfen ist, sondern seinen eigenen staatlichen Bestand und seine eigene Verfassung besitzt, folglich durch seinen regelmäßig gekrönten König ... nach seinen eigenen Gesetzen und Gewohnheiten, nicht aber nach den übrigen Provinzen [des Hauses Österreich] ... zu beherrschen und zu verwalten ist.«

Während also die magyarischen Herren im Land die Sezession von Wien vollzogen, banden sie die in ihrem Land ansässigen anderen Volksgruppen umso fester an sich; nicht bloß an das Land, sondern an das zitierte System. So hieß es 1790, was die Serben betraf, schon folgendermaßen:

»wir halten sie gleichfalls für Ungarn ... Wir halten sie sowohl als die anderen Nationalitäten, welche das Königreich Ungarn und die damit verbundenen Theile bewohnen, für Ungarn, für unsere Conpatrioten.«

Dieser anfangs mehr landsmannschaftlich gedachte Patriotismus entwickelte sich im Verlauf des Übergangs zum Nationalismus der Magyaren zu einem Chauvinismus, der sich um die Zeit des endgültigen Zerfalls der österreichisch-ungarischen Monarchie in Magyarisierungsbestrebungen übersteigert, die alle anderen Volksgruppen im Land zuerst gegen Budapest, letzthin gegen Wien aufbrachten. So haben sich denn auch Serben und Kroaten, die so lange zu den treuesten Vorposten Österreichs im Südosten zählten, von Österreich abgewandt, um gemeinsame Sache mit denen im Königreich Serbien zu machen. Ebenso die Rumänen. Und auch die Slowaken, wenngleich diese nach der Vorherrschaft der Ungarn schließlich unter den in Prag betriebenen Zentralismus der von den Tschechen geschaffenen Republik gerieten.

Franz hatte während der Franzosenkriege mit Gefahren, die ihm von jenseits der Leitha drohten, zu rechnen. Das gute Volk hatte dort nichts zu reden, umso mehr die Stände und deren Parteigänger. In der Spätkrise des Ersten Koalitionskrieges fanden sich ungarische Adelige, welche die Krone des Königreichs einem Prinzen aus dem Hause Sachsen-Weimar übertragen wollten. Napoleons Botschafter am Hof zu Wien betrieben unter den Augen Franzens eine Propaganda gegen Österreich unter den ungarischen Herren, die ihre Früchte zeitigte. 1809 versagte die ungarische Insurrektion, wie dort das Landesaufgebot hieß, völlig im Kampf gegen die Franzosen; nur die Kroaten leisteten etwas. Unter solchen Umständen den ungarischen Landtag einzuberufen, hätte für Franz bedeutet, die Abfallbewegung in aller Öffentlichkeit anfeuern zu lassen, die Distanz zu Wien und Österreich zu vergrößern. Das zeigte sich denn auch, als Franz 1811 den Landtag einberief, weil es die Durchführung der damaligen Währungsreform und deren Folgen verlangte. Indessen wollten die Stände nichts reformieren, sondern mit Franz polemisieren und zu dem, was schon Leopold konzidiert hatte, noch einiges hinzugewinnen. Franz tat sich schwer. Sein Bruder Joseph, Stellvertreter und Palatin in Ungarn, ging auf weiten Strecken mit den Standesherren. Und Franzens damalige Gemahlin, Maria Ludowika, wurde bei politischen Korrespondenzen mit ihrem Schwager Joseph von Metternich ertappt. Maria Ludowika verfiel ebenso dem Charme und der bezaubernden Fremdartigkeit des Landes, wie ihre Nachfolgerin, die Kaiserin und Königin Elisabeth. Elisabeth, Gemahlin des Enkels Franzens, Franz Joseph I., steht in der Erinnerung vieler Menschen in Ungarn, auch noch nach Zeiten umstürzender Veränderungen. Dieses Erinnern ist seltsam angesichts dessen, daß in Beziehung zu Österreich nur jene Heroen in Ungarn ein gutes Andenken bewahrten, die sich ganz besonders im Kampf gegen das Haus Österreich hervorgetan haben.

Den 1811 einberufenen ungarischen Landtag hat Franz nach Hause geschickt. Von ihm durfte er nicht erhoffen, was es damals brauchte: Die Zustimmung zur Abwertung der Währung auf ein

Fünftel, Erhöhung der Steuern und Bewilligung weiterer Rekruten. Um das dennoch für den Endkampf gegen Napoleon aus dem Land zu holen, ließ Franz Administratoren ins Amt berufen, die nicht bloß den Hofstellen in Wien völlig ergeben waren, sondern ihrerseits Beamte der gleichen Richtung ernannten. Die stets in Wien mit Unmut vermerkte Dickschädeligkeit der Ungarn fand sich nicht ab damit. In manchen Komitaten äußerte sie sich in passiver Untätigkeit, in anderen in Aktionen, welche die aus Wien herabkommenden Anordnungen undurchführbar machen sollten. Dagegen wurde andererseits ein Teil des niederen Adels mobil gemacht, jene, die mehr unter der Mächtigkeit der Großen im Land als unter jener aus Wien litten. Zu diesem politischen Konflikt kam erneut eine Auseinandersetzung zwischen den Konfessionen. Es erwies sich nämlich, daß der Widerstand gegen Wien dort am stärksten zutage kam, wo der protestantische Bevölkerungsanteil groß war. Die spätere Revolution in Ungarn und der Abfall von Österreich wurde denn auch von letzteren Kreisen mehr und mehr getragen. Immerhin dauerte es nach 1811 zehn Jahre, bis man in Ungarn geheime Gesellschaften am Werk sah. Meistens handelte es sich um Kreise der – anders als in den Erblanden – intakt gebliebenen Freimaurerlogen. Sehr früh ist zwischen diesen Kreisen und denen des Risorgimento in Italien ein Kontakt entstanden, den Franz zu spüren bekommen sollte. Erst 1825 wird Franz auf Drängen Metternichs den ungarischen Landtag noch einmal einberufen. Das Experiment wird sich als einigermaßen kostspielig erweisen. Der Versuch Franzens aber, mit der Krönung seiner vierten und letzten Gemahlin, Karoline Auguste, zur Königin von Ungarn den Unfrieden im Land mit eindrucksvollen mittelalterlichen Zeremonien zu überdecken, ist nicht gelungen. Die Herren im Land machten das Prunkgepränge mit, aber sie vergaßen nicht einen Augenblick, was zwischen ihnen und ihrem König stand: Sie wollten so viel Macht in Händen haben, als es brauchte, um den Rest einer Beziehung zu Wien und Österreich, wo dieser Ungarn von Nutzen war, auf das entsprechende Minimum zu reduzieren. Da nun einmal die Dinge auf solche Entscheidungen zutrieben, hat Franz im Herbst 1817 nicht die Konfrontation an Ort, im ungarischen Kernland, gesucht. Er setzte von Siebenbürgen aus die Rundreise im Süden fort, wo entlang der Militärgrenze Kroaten und Serben von alters her einen Kordon zum Herd der Unruhen im Südwesten Europas bewachten.

Längst kamen solche Gefahren nicht mehr von den Türken. Das Osmanische Reich war von sich aus keine Gefahr mehr für die Monarchie; Gefahr drohte eher von den Bemühungen Rußlands und den Westmächten, die schon *vor* dem Absterben des sogenannten »Kranken Mannes am Bosporus« ihr erwartetes Erbteil vorwegzunehmen versuchten.

Noch war die von der dalmatinischen Küste bis zum Oitopaß gezogene Militärgrenze des Kaisertums Österreich intakt als ein unerschöpflicher Ergänzungsrayon einer Truppe, die als die *Grenzer* dem Kaiser in Wien dienten. Nicht gegen Sold dienten die Grenzer, sondern für den Ertrag von Grund und Boden, der ihnen zur Bewirtschaftung gegeben war. Der Militärdienst war auf die Wintermonate konzentriert, im Rest des Jahres fanden regelmäßig wiederkehrende Einberufungen zu den Bataillonen und Kompanien statt. Die siebzehn Militärgrenzabschnitte stellten jene Truppen, ohne die Radetzky 1848/49 seine Feldzüge in Italien nicht bestehen hätte können. Aber auch die damals im Land gebliebenen Reservebataillone waren nicht ohne. Im Herbst 1848 wurden sie mobil gemacht, ihr Erscheinen vor Wien entschied den Kampf um die Stadt und das Schicksal der blutigen Oktoberrevolution in Österreich. Was folgte, war tragisch: Nicht diese Getreuesten des Kaisers, Kroaten und Serben, bekamen den Lohn der Freiheit, sondern die Ungarn, die 1848/49 schon die Monarchie zerstören wollten und das Haus Österreich absetzten.

Seit 1690 sind das Banat und Syrmien von Serben bewohnt. Sie kamen ins Land, als der siegreichen Verfolgung der 1683 vor Wien geschlagenen Türken südlich der Donau, bis Niš, durch merkwürdige Verkettungen der europäischen Politik Halt geboten wurde. In einer Stunde wie dieser rettete der natürliche Verbündete des Sultans, der Allerchristlichste König von Frankreich, das immer wieder geschlagene osmanische Heer vor der

Katastrophe, indem er über die von Truppen entblößte Westgrenze des Reiches einbrach. Dieser Raubkrieg des Königs, es war schon der dritte, wurde dadurch ein bemerkenswertes Ereignis in der Kriegsgeschichte, daß die Franzosen jene Strategie betrieben, die später als die der VERBRANNTEN ERDE eine schauerliche Praxis neuester Methoden des Kriegführens wurde: Man legt gegen den Feind hin eine völlig verwüstete Zone, die während der Kriegshandlungen eine gefährliche Verfolgung der eigenen Truppen verhindert oder verzögert; und die, in Friedenszeiten erhalten, einen unruhigen Nachbarn vor neuen Aggressionen abhält. Der Vergleich dieser französischen Strategie mit der von Österreich im Bereich der Militärgrenze fällt ins Auge: Dort Verwüstung einer Grenzregion, hier Wehrbauern, die das Land bebauen. Vor 1914, als englische Historiker sich sehr um die Aufhellung des Geschicks der Südslawen bemühten und Österreich anklagten, es trage Schuld an den unablässigen Balkanunruhen jener Vorkriegszeit, nannten sie den Rückzug der Kaiserlichen im Jahre 1690 eine *unverständliche Planlosigkeit,* welche die im Stich gelassenen Serben der Rache der nachstoßenden Türken auslieferte. Noch gibt es an bemerkenswerter Stelle ein Dokument der Wahrheit dessen, was sich damals ereignete:
Als der König von Frankreich dem Sultan, wie gesagt, zu Hilfe kam, mußten der Kaiser und seine Verbündeten im Reich Truppen von der Balkanfront an den Rhein verlegen, um dort dem einbrechenden Feind zu wehren. Der dadurch notwendige Rückzug im Südosten erfolgte nicht planlos; was geschah, wäre auch um 1914 für englische Historiker verständlich gewesen, wenn sie es nicht auf Polemiken gegen Österreich angelegt hätten, sondern auf die Erforschung von Tatsachen. Und Tatsache ist, daß 1690 40.000 serbische Familien unter ihrem Patriarchen Arsenie Crnoiević dem kaiserlichen Heer folgten. Im heutigen Palais des Patriarchen von Belgrad findet sich ein Kolossalgemälde dieses Serbenzugs: Die Spitze der von ihren Dorfpopen angeführten Dorfschaften unter den Kirchenfahnen und voran Offiziere, die – es ist nicht zu verkennen – die Uniform der Kaiserlichen tragen und die Plan und Ordnung in das gewagte

Unternehmen brachten. So entstand um den Metropoliten, später Patriarchen von Karlovac, der Mittelpunkt, um den sich später die kulturelle und politische Erneuerung der Serbentums vollziehen konnte. Hier entstand, wie *oben* die Matice český, die MATICA SRPSKA, deren Bücher, in der Cyrillca gesetzt, in Wien gedruckt wurden. Siege und Niederlagen der Kaiserlichen wurde Schicksal dieses Kerns einer ILLYRISCHEN NATION.

Dieses Bild der Lage paßte vor 1914 freilich nicht mehr in jenes, das schon 1880 während einer Balkankrise der liberalistische Premierminister Englands, Gladstone, vom alten Österreich geprägt hat:

»Auf der ganzen Welt gibt es keinen Fleck, auf den ihr Eueren Finger legen und sagen könntet: hier hat Österreich Gutes getan.«

Noch heute zeugen dagegen die Denkmäler der Serbischen Abteilung des Wiener Friedhofs von Sankt Marx. 1848 und 1945 ging der Krieg über verschollene Gräber hinweg. Er hat aber die Ruhe der Toten nie dermaßen und für immer stören können wie das, was die Industriestätten der Moderne, vor allem der unablässige Verkehrslärm der nahen Autobahn, mit sich brachten. Manche alte Grabstätten sind heute leer, weil die Serben die für sie heiligen Gebeine der Großen ihrer Geschichte heimholten ins zuletzt siegreiche Serbien:

Leer ist die Grabstätte des Mitglieds der Kaiserlichen Akademie der Wissenschaften in Wien, Vuk Stefanovic Karadžić. Karadžić wuchs ohne jede Schuldbildung als Schafhirte im Türkischen auf, bekam nachher in Belgrad einiges Wissen mit, ehe er zusammen mit dem berühmt-berüchtigten Schwarzen Georg, Karaḍorḍe, nach dem Aufstand der Serben gegen den Sultan ins Österreichische flüchtete. Karadžić hat dem Berliner Historiker Leopold von Ranke das Epos vom Freiheitskampf des Karaḍorḍe und seiner Partisanen erzählt. Karaḍorḍe war, wie später Tito, zuerst Unteroffizier bei den Kaiserlichen, ehe er in den Freiheitskampf zog; Karaḍorḍe gegen die Türken, Tito gegen die Deutschen. Aus dem Türkenkrieg kehrte Karaḍorḍe heim in sein Dorf im Türkischen, um mit Bauern und zwischendurch mit einem Haufen Bewaffneter auf Streifzüge zu gehen; gegen die Türken,

sagen die einen, andere aber: zuweilen auch gegen eigene Landsleute, bei denen etwas zu holen war. So hielt er den Haufen beisammen.
Nie verlor der Schwarze Georg aber den Feind aus dem Auge. Feind war für ihn, wer seinem unbändigen Freiheitsdrang entgegenstand.
Dafür suchte er Hilfe, bald beim Kaiser in Wien, bald beim Zaren in Petersburg. Um 1810 hielt er es mit dem Zaren, als dieser in Freundschaft mit Napoleon lebte und so freie Hand bekam, um, ungestört von Frankreich, über die Türkei herzufallen. Daß der Kaiser in Wien sich nach dem mißglückten Feldzug Josephs II., den Franz als Oberst beim Stab mitgemacht hatte, nicht mehr an der Bekämpfung der Türken, seines Nachbarn, beteiligte, hat man nachher in der Kritik des franziszäischen Österreich mit schlechten Zensuren vermerkt. Daß aber Alexander I. 1812 mit dem Sultan Frieden schloß, weil der Rußlandfeldzug Napoleons bedrohlich wurde und er ohnedies schon weiteres Gebiet zwischen Dniestr und Pruth seinem Reich einverleibt hatte, wird in solchen Zusammenhängen seltener erwähnt.
In serbischen Schulbüchern las man nachher die Version, der Zar hätte eben 1812 erst dann den Frieden vom Sultan bekommen, als er blutenden Herzens die Serben, die er mit in seinen Krieg gegen die Türkei aufgeboten hatte, im Stich ließ. In Serbien aber trat anstelle des unter diesen Umständen aus dem Land geflüchteten Schwarzen Georg ein gewisser Miloš Todorović, der sich um 1810 Obrenović nannte, an die Spitze der führerlosen Partisanen. In der Grausamkeit der Kampfesführung stand er Karađorđe nicht nach, im politischen Taktieren übertraf er ihn bei weitem. Bald schlug er türkische Truppen, bald paktierte er mit örtlichen Machthabern des Sultans, bald arbeitete er mit Bestechungen. Im Resultat gelang ihm, was dem Schwarzen Georg nicht gelungen ist: Der Sultan räumte seiner Herrschaft im Umkreis von Belgrad um 1817 eine gewisse Autonomie ein. Um dafür dem Sultan die vollste Loyalität zu bezeigen, ließ Obrenović den unvorsichtigerweise wieder ins Land gekommenen Karađorđe ermorden; das

dem Toten abgeschnittene und präparierte Haupt schickte Obrenović nach Istanbul. So fing der mörderische Kampf derer von Karađorđević mit jenen von Obrenović um die Herrschaft um Serbien an; bis er 1903 mit der grausamen Ermordung des letzten Obrenović und seiner Gemahlin, einer früheren Offiziershure, ein Ende fand.
Die jeweils ins Exil verjagten Angehörigen beider Dynastien fanden ihre Bleibe in Österreich. Starben sie im Exil, wie der Sohn des Karađorđe, Fürst Alexander I., so begrub man sie in der serbischen Abteilung des Sankt Marxer Friedhofs, ehe dieser geschlossen wurde. Noch heute ist dort aber auch das Grab der Prinzessin Catherina Obrenović unberührt. Die Gruft der Karađorđević ist leer. Ihnen bereitete man im befreiten Vaterland um das Monument für Karađorđe eine prunkvolle Begräbnisstätte.
Miloš Obrenović schickte zu seiner Zeit nicht bloß Botschaften zum Sultan, 1814 kam in seinem Auftrag unter Führung des Erzpriesters Mathias Nenadović eine Delegation nach Wien, um dort den Zaren aufzusuchen. Was geschah, hat Nenadović in seinen später gereinigten Erinnerungen hinterlassen:
Anstatt beim Zaren kamen die Serben bei Kaiser Franz vor, der sie fragte:
»Waren Sie schon beim Kaiser Alexander?«
»Wir haben um Audienz gebeten«, antwortete der Erzpriester beschämt, »aber wir wurden nicht empfangen.«
»Ach, die teuflische Politik«, tröstete sie Franz. »Er glaubt, es weiß niemand, was die russische Regierung mit den Serben treibt ...«
Er, also der Zar, mit den Serben treibt: Sie in den Krieg jagt und sie nachher im Stich läßt. Aber was nutzte derlei Einsicht den Serben und den anderen christlichen Völkern auf dem Balkan? Letzter Ausweg ihrer Selbstbehauptung gegen die Mächtigen war die uralte Volksweisheit:
»Tief mußt du dich vor dem Türken verneigen, um ihm von unten her das Messer in die Weichteile stoßen zu können.«
Noch war unter den Kroaten jener Illyrismus wach, den Liudewik

Gay anfangs so *poetisch* formulierte: Europa, ein sitzendes Mädchen, das in grauer Vorzeit eine dreieckige Lyra in Händen hält. Liebliche Weisen entströmen dem Instrument, bis grausame Ereignisse über die Lyra kommen und ihren Wohlklang zerstören. Und wörtlich:

»Die Lyra heißt Illyrien mit seinen drei äußersten Ecken: SKUTARI, VARNA, VILLACH. Die gelockerten Saiten auf der Lyra bedeuten: Kärnten, Görz, Steiermark, Kroatien, Slavonien, Dalmatien, Ragusa, Bosnien, Montenegro, Herzegowina, Serbien, Bulgarien und Südungarn ...«

Es erwachten die Südslawen der Monarchie aus Träumen von ihrem REICH, das Serben und Kroaten aufs neue für sich verlangten, sogar um den Preis der Zerstörung des Kommunikationsraums der Donaumonarchie. In Serbien, in Belgrad, haben Offiziere der königlich serbischen Armee unter den Augen der Regierung jene Mörder ausgebildet und bewaffnet, die 1914 den österreichischen Erzherzog-Thronfolger Franz Ferdinand ermordeten. Einige Attentäter haben das Ziel ihres Tuns, die Zerstörung Österreichs, nicht erlebt. Aber schon vor dem Mord zeigte im Belgrader Parlament ein vorlauter Politiker auf, worum es in Serbien ging:

»Zwischen uns und Österreich, zwischen den Balkanstaaten und der Monarchie, kann es nur dann einen Frieden und eine gute Nachbarschaft geben, wenn Österreich-Ungarn darauf verzichtet, eine Großmacht zu sein, wenn man sich entschließt, die Rolle einer östlichen Schweiz anzunehmen ...«

In Wien hat man sich nach 1918 in etwa dem gefügt. Im ersten Jahresbericht der Hauptstadt des republikanisch gewordenen Landes heißt es, nicht ohne den Ausdruck der Genugtuung, am 12. November 1918 sei die Stadt aus der Reichshaupt- und Residenzstadt »die Hauptstadt des zwar kleinen, aber national einheitlichen und demokratischen Österreich geworden«. Die Hauptstadt des späteren tatsächlich neutral gewordenen Österreich. Und Winston Churchill irrte wahrscheinlich, als er nach 1945 das Los dieser Stadt am Ende des Ersten Weltkriegs rückschauend so hinstellte:

»Die edle Hauptstadt Wien, die Heimstätte so großer, langverteidigter Kultur und Tradition, der Knotenpunkt so vieler Straßen und Wasserwege und Bahnlinien, blieb elend und hungernd liegen wie ein mächtiges Kaufhaus in einem verarmten Viertel, dessen Bewohner zum größten Teil fortgezogen sind.«

Fortgezogen als nunmehrige Bewohner der Nachfolgestaaten Altösterreichs, aber auch fortgezogen aus ihrer Stadt Wien, die in den ersten Jahren nach 1918 Hunderttausende Bewohner verlor; ein Verlust, der noch nie analysiert und in seinen eigentlichen Folgen erkannt worden ist. Recht bekam Churchill nach 1945 nur in dem, was er besagten Nachfolgestaaten bescheinigte:

»Es gibt keine einzige Völkerschaft oder Provinz des Habsburgischen Reiches, der das Erlangen der Unabhängigkeit nicht die Qualen gebracht hätte, wie sie von alten Dichtern und Theologen für die *Verdammten der Hölle* vorgesehen sind.«

Tief unter dem Horizont seiner Zeit lag das Kommen dieser Katastrophe, als Franz im Herbst 1817 nach einem schönen Aufenthalt in der Stadt Graz die Heimreise nach Wien antrat. Soweit er es auf der Rundreise im Osten und Südosten seines Reiches sehen konnte, bestand dort bei seinen Untertanen weder Furcht vor des Kaisers Majestät noch ein Wunsch, das Experiment einer Hölle zu versuchen.

3.

Manufakturen, Unternehmer, Proletarier

Franz wartete auf der letzten Post von Neudorf nach Wien auf den Anblick, der ihm besonders am Herzen lag. Nicht jenen auf die Stadt, sondern auf das neuerbaute Gebäude des Polytechnischen Instituts auf der Wieden. Schon näherte sich der Leibreisewagen dem Wienfluß, die Kaiserin holte ein Flacon aus dem Ridicul, um den unausstehlichen Gestank zu überstehen, der von dem Gerinne ausging. Wie in alter Zeit floß die Wien durch eine Wiesenlandschaft, Weiden und Gebüsch umsäumten den Fluß, aber alle Schönheit des Anblicks war vergessen, sowie sich die scheußliche Erinnerung an die Abwässer, die der Fluß aus Vororten und Vorstädten der Donau zuschwemmte, in die Nase drängte. Der Kučera sagte in einem Moment wie diesem:
»Die Cholera wird uns die Drecklack'n no bringen.«
Franz achtete nicht auf die Abwehrreaktionen seiner Mitreisenden. Die ganze Aufmerksamkeit des Kaisers galt dem Gebäude, das in den ersten Jahren nach den Kriegen neben dem Monumentalbau der Karlskirche, Votivgabe eines Kaisers für Erlösung von der Pest, emporwuchs. Das Gotteshaus, wohl das eindrucksvollste Barockbauwerk der Residenzstadt, und daneben der Tempel des neuen, des industriellen Zeitalters und der Ingenieurwissenschaften. Zentrum der Technisierung im unersetzlichen Kommunikationsraum der Donaumonarchie, zugleich aber auch die hohe Schule zur Heranbildung des modernen Menschen nach einem ganz anderen Bild, als es ehedem gültig war. Jetzt war der Mitteltrakt fertig. Die darin ausgedrückte Baugesinnung entsprach ganz und gar der Mentalität des Monarchen. Sparsamkeit in allem, freilich keine josephinische Unansehnlichkeit. Einmal wird man sagen, die Wiener Technik sei eines der Relikte eines fragwürdigen *Beamten-Klassizismus*. Klassizismus in Händen

von Beamten, wie konnte das gedeihen. Das 1818 eröffnete Institutsgebäude war tatsächlich Produkt bürokratischen Tuns. Im Frühjahr 1805, knapp vor Austerlitz, ist der Plan für ein Technisches Institut in Prag auf den Schreibtisch des Kaisers gekommen. Und die unter Franz geschaffene Prager Technik ist tatsächlich die erste im damaligen Deutschland geworden.
»Die oben sind halt in diesen Dingen immer voraus«,
ging die Rede. Und Franz akzeptierte diese Version, denn Böhmen wurde eben mehr und mehr Motor in einer Entwicklung, die man einmal die industrielle Revolution nannte. Eine aus England kommende Revolution, scheinbar so ganz verschieden von der, die sich in Frankreich ausgetobt hatte und daher Franz schließlich keineswegs verdächtig, sondern wünschenswert. Daher: eine Reichshaupt- und Residenzstadt ohne ein solches Technologisches Institut war für Franz unvorstellbar. Und so unterfertigte er denn auch unterm 4. April 1805 ein Handbillett an seinen böhmischen obersten und österreichischen ersten Kanzler von damals, Graf Ugarte, in dem er kurz und bündig verlangte, man möge doch prüfen, ob es nicht
»... nothwendig und nützlich wäre, etwas ähnliches hier in Wien zu errichten.«
Das Ergebnis dieser Prüfung *gewärtigte* der Kaiser, was hieß: Man möge dazuschauen. Aber dann kam es knüppeldick über Österreich. Wagram, nachher die Währungskatastrophe im Elferjahr, nach dem nächsten Jahr bis in den Hochsommer 1815 immer wieder große internationale Konflikte, Rüstungen, die noch einmal die Währung ruinierten. Vier Kriegsjahre: 1812, 1813, 1814 und 1815. Franz aber *gewärtigte*. Im Vierzehnerjahr, sieben Wochen vor Leipzig, konnte die niederösterreichische Regierung berichten, es sei gelungen, das Haus Auf der Wieden Numero 1 für den Anfang zu erwerben. In solchen Beengtheiten hat damals der gewesene Direktor der bestandenen k. k. Navigationskunde in Triest, der aus Franken stammende Physiker Prechtl einen Lehr- und Übungsbetrieb aufgenommen.
»Selten a Schad'n, bei dem ka Nutz' dabei is'«
wiederholte Franz die alte Volksweisheit, als er jetzt den Neubau

stolzen Blicks betrachtete, der sich jenseits des Wienflusses, über schüchterne Baumanpflanzungen in voller Größe erhob. Ohne den Verlust der Seestadt Triest an Napoleon, Folge der Niederlage bei Wagram und des Diktats Napoleons von Schönbrunn, wäre der Prechtl nie nach Wien gekommen. Nie vazierend und für eine neue Aufgabe in der Reichshaupt- und Residenzstadt disponibel geworden. Denn die Franzosen haben ihre eigenen Marineure gehabt, um im Norden der Illyrischen Provinzen des Kaiserreichs ihre Marinestützpunkte zu besetzen. Man sagt, sie hätten zwar dem Prechtl ausnahmsweise den Verbleib angeboten, aber der war einer jener merkwürdigen Österreicher, die von Geburt eigentlich landesfremd sind, im Land aber österreichischer geraten als die Eingeborenen. Um es dann ganz und gar zu bleiben.

Lästig ist er schon gewesen, der Prechtl, erinnerte sich Franz. Immerhin waren es Kriegszeiten, aber der Prechtl dachte nur an sein Vorhaben, den Neubau eines Gebäudes für das Polytechnische Institut in Wien. An den Planentwürfen des in Dienstesverwendung des k. k. Hofbauamtes Josef Dscherml – wie rundlich diese Verkleinerungsform einem Beamten anstand – hatte der Prechtl immer wieder etwas auszusetzen, neu hinzuzuverlangen. Erst mit dem Endentwurf des Akademieprofessors Fischer, immerhin ein Architekt, war der Prechtl schließlich und endlich zufrieden. Prechtl verlangte technische Details, von denen die Regierungsbauleute unter sich sagten: Wenn da nur nix passiert. Etwa ein Bohlendach nach einer noch nicht erprobten Konstruktionsmethode. Eine Zentralheizung und die Beleuchtung der Institutsräume mit Leuchtgaslichtern, wie es sie nicht einmal in den besseren Häusern der Inneren Stadt noch gab. Alles hat er durchgesetzt, dieser Zuag'raste. Im Sechzehnerjahr, Franz hatte gerade in Verona die letzten Stunden seiner dritten Gemahlin erlebt, auch bangte er um den Ausgang der Grenzstreitigkeiten mit Bayern, hat der Kaiser sich die Sach' angesehen und den Resolutionsentwurf genehmigt. Was wird es denn kosten, hat der Kaiser nach Erteilung der Genehmigung scheinbar beiläufig gefragt:

»Mehr als eine Million Gulden. Und das nur fürs erste«,
hat der Kabinettsdirektor Hofrat von Neuberg gesagt. Franz hätte aufseufzen müssen und angesichts der leeren Kassen sagen müssen: Ja, hab'n ma' denn das Geld? Aber er sagte nur:
»A Massa Geld«
und schob das Geschäftsstück von sich weg, als wollte er sich der Versuchung entziehen, bei leeren Kassen und vielen Schulden auf derlei Aufwendigkeiten zu verzichten. Das Jahr darauf wurde schon mit einer – heute würde man sagen – irren Geschwindigkeit gebaut. Werkstätten für das Fach Mechanik wurden fertig, dazu die Unterrichtsräumlichkeiten, Administrationsräume, Gänge und Amtslokalitäten. Noch war aber nicht in gehöriger Form der Grundstein des Neubaus gelegt. Den zu legen hat sich Franz vorbehalten. Das tat er denn auch an einem Spätsommertag des Jahres 1816, nach seiner Rückkehr von der ausgedehnten Inspektionsreise im Italienischen. Und da die Bauausführung längst bis in die Nähe der Dachgleiche gediehen war, wurde dieser Stein in Anwesenheit des Hofes und aller Persönlichkeiten von Rang, die Franz allerurgentest aufgeboten hatte, in eine Säule der Aula eingemauert.
Die Motive für die Figurengruppe über dem Mittelrisalit nach einem Entwurf des Direktors der Graveurschule Klieber, eines Tirolers, hat sich Franz vorbehalten. Was daraus wurde, entsprach seinen Vorstellungen. Später hat man beim Bau des Hauptmünzamtes gespart und einfach in goldenen Lettern darüber geschrieben: RES MONETARIAE. Aber Münzstätten gab es seit urdenklichen Zeiten, und wer letzteren Text las, wußte auch ohne Lateinkenntnisse, daß es sich in diesem Fall um Moneten handelte. Ein Polytechnisches Institut war für die Wiener eine ausgesprochene Novität, man mußte ihnen bildlich beibringen, was es war. Und so hat es denn auch der Klieber hingekriegt:
Mittelpunkt des Ganzen ist der Genius Österreichs. Nebenbei erst rangiert die Göttin der Wissenschaften. Zwei weibliche Gestalten, Verkörperungen von Manufakturen und Fabriken, bringen der Göttin die Produkte dar. Diese wieder verweist die

beiden Frauen an den Genius, dessen Schutz sie den Fortschritt verdanken. Ein Vater führt seine Söhne heran, empfiehlt sie dem Genius, sie und ihr Studium. Umlagert ist die Szenerie von Symbolen einzelner Lehrgegenstände, auch von Hinweisen auf den Nutzen des Ganzen. Etwa für Schiffahrt und Handel. Dazu ist gleich zu sagen, daß die Wiener trotz derlei Mythologisierungen und Verschönerungen den Einzug des industriellen Zeitalters in ihre Stadt mit Raunzen und bald mit groben Mißmutsäußerungen quittierten. Sie genossen die Vorteile beim Bezug wohlfeiler Produkte, aber ihnen paßte nicht der Rauch, der Gestank und das Getöse, die aus Manufakturen und Fabriken herauskamen und gegen die man sich nicht zur Wehr setzen konnte. Man hat sich jahrhundertelang mit dem Lärmen der Kesselschmiede und Schlosser abgefunden, mit dem üblen Geruch in der Umgebung von Gerbereien und Färbereien und mit sonstigem Geräusch, das eben zum Handwerk gehörte. Derlei Mißlichkeiten überfielen einen für eine Weile in den Gassen der Stadt, aber dann war wieder eine Zeitlang a' Ruah'. Aber diese Manufakturen, neuerdings sagte man und schrieb man auf französisch Fabriquen, arbeiteten ja wie ein Perpetuum mobile, ohne Aufhören, waren sie einmal den Tag über in Gang gesetzt. Und so wie das Wort Fabrique französischen Ursprungs war, kam von dort auch das Modewort nervös, für die Zustände, in die man geriet, wenn einem Rauch, Gestank und Getöse auf die Nerven gingen.

Franzens Großmutter selig hat schon zu ihrer Zeit Manufakturen gefördert. So wie ihr Herr Vater Karl VI., dessen Namenspatron, dem Pestheiligen Karl Borromäus, die Kirche neben der Wiener Technik geweiht war. In dem von ihrem Gemahl Franz Stephan privilegierten Conversations-Lexicon aus dem Jahre 1759 ist verhältnismäßig, im Vergleich zu anderen Gegenständen, wenig unter dem Stichwort Manufactur gesagt: Ein Ort halt, wo *viele Arbeiter* sich finden, welche allesamt *einerley Waaren* verfertigen zum Exempel: Stoffzeug, Strümpfe, Hüte. Was sonst noch steht, ging nur die Lateiner und deren Sprachinteressen an. Und die Fundstelle mit dem Stichwort Fabrique sagte nichts anderes, außer daß sie verschwieg, was unter Manufactur stand und besondere Bedeutung bekam: Viele Arbeiter an einem Ort, eine Ware, das Einerlei.

Zu Maria Theresias Zeiten war das Schulhalten anfangs noch immer bloß Aufgabe der Kirche, ihrer Klöster und Kleriker. Das kostete den Staat nichts und Steuern mußte die Kirche trotz des Privilegiums der Steuerfreiheit in Form hoher Abgaben an den Staat zahlen. Auch jenes in Prag entstandene Polytechnikum, das für Franz Vorbild für das Wiener wurde, verdankt seine Entstehung einem Geistlichen, der sich mehr mit der Naturwissenschaft als mit der Gottesgelehrtheit beschäftigte. Die Kaiserin ließ derlei anstehen, dann aber, mitten im Siebenjährigen Krieg, 1760, hat Maria Theresia verfügt, was nirgendwo aktenkundig gemacht wurde; und wahrscheinlich später der Geschichtsschreiber Baron Helfert besser formulierte, als es zu Lebzeiten der Kaiserin ihre Beamten hingekriegt hätten:

»Das Schulwesen ist und bleibt allzeit *ein Politikum.*«

Kein Politikum, wie es später deren unzählige im Parteienstaat geben sollte, eben Anliegen des Staates, nicht mehr der Kirche. Und die Kaiserin selbst hinterließ ihrer Monarchie das Fundament einer *Volksbildung,* die schließlich im Bereich der Monarchie das ansonsten in Europa kraß spürbare Kulturgefälle zu begradigen anfing: die österreichische Nationalerziehung auf der Grundlage der Elementarbildung für alle. Die Kaiserin war den Philosophen ihrer Zeit nicht zugeneigt, mochte sie auch für die Hohen Schulen viel geleistet haben. Ihr Sohn aber, Joseph II., zwängte das ganze Schulwesen, vor allem die Universitäten, in jenes Korsett, als dessen Macher später Kaiser Franz hingestellt worden ist.

»Muß nichts den jungen Leuten gelehrt werden, was sie nachher entweder sehr seltsam oder gar nicht zum Besten des Staates gebrauchen und anwenden können, da die wesentlichen Studien in Universitäten für die Bildung der Staatsbeamten nur dienen, nicht aber bloß zu Erziehung Gelehrter gewidmet sein müssen.«

Um ein übriges zu tun, hat Joseph die Universitäten in Graz und Innsbruck zu Lyzeen degradiert, und der König von Bayern hat nach der Eroberung Salzburgs das gleiche mit der dortigen

Universität getan. Um sicherzugehen, daß nicht etwa an den Hochschulen trotz des erwähnten Grundsatzerlasses der Majestät die Lehrer im Unterricht Unfug treiben, hinterließ Joseph noch die Anweisung:
»... daß es keinem Professor gestattet sei, an verschiedenen [approbierten] Lehrbüchern das Geringste abzuändern oder das Geringste hinzuzusetzen, ohne Genehmigung der Studien-Hofkommission.«
Wer weiß, ob die Industrielle Revolution in der Monarchie nicht zum Stillstand gekommen wäre, hätte nicht Maria Theresia nolens volens nach dem Vorbild der bourbonischen Höfe, und als es auch der Papst schließlich im kirchlichen Bereich verfügte, den Jesuitenorden aufgehoben. Es entstand durch den Abzug der Patres dieses Ordens zunächst ein Mangel an Lehrern auf allen Stufen des öffentlichen Unterrichts. Für die Gymnasien bot sich ein dankenswerter Ausweg dadurch, daß der Piaristenorden längst begonnen hatte, Gymnasien zu errichten, die offenbar ungleich besser den Notwendigkeiten der Zeit entsprachen:
Bei den Piaristen wurde großes Gewicht auf die *Realien* gelegt: Mathematik, Naturkunde, Geographie und in diesen Zusammenhängen Geschichte. Der einstens berühmte Cursus philosophicus der Universitäten wäre ohne die Vorbildung an den Jesuitengymnasien gar nicht möglich gewesen: Metaphysik, Logik, Ethik, Dialektik, aber auch Mathematik und Physik in diesem Zusammenhang. Dazu die sprachlich-humanistischen Fächer: neben Latein und Griechisch als Voraussetzung, Hebräisch, Rhetorik, Poesie. Was die Piaristen anlangt, so hat Franz bald die gewissen Exzesse, die sich einige Patres zu Beginn seiner Regierungszeit im Umgang mit aufrührerischen Schustern und dergleichen Volk seiner Hauptstadt leisteten, bald vergessen. Er besuchte gerne den Unterricht an ihrer Schule.
Als noch an den Zentralstellen das FÜR UND WIDER zum Problem der Industrialisierung heiß umstritten war, konnte Franz bereits im Niederösterreichischen wahrnehmen, daß man in den Gymnasien dieses Ordens im Unterricht viel weiter war, als in actis entschieden gewesen ist. Einmal hat Franz den Unterricht im Fach

Religion in Form der Katechese genossen. Katechismusglauben und Katechismuslehre, also Herausholen des Wissens des Schülers in Form bestimmter Fragen und Antworten, schien am geeignetsten, ein Thema knapp und faßlich darzustellen. Seit in Frankreich die Enzyklopädisten diesem Glauben energisch zu Leibe gerückt sind, wurde der Glaube in den katholischen Ländern schwächlicher, zuletzt so schwach, daß ihn die Republik in Frankreich ersetzen konnte durch den von Staats wegen vorgeschriebenen Glauben an ein Höchstes Wesen. Den *Katechismusunterricht* aber benutzte man weiterhin, um sich mit dem Neuen Glauben und Wissen an das Volk zu wenden. Seit 1758 in Paris der *Catechisme poissard* erschienen war, der die Kraftausdrücke der Fischweiber in den Hallen den Damen und Kavalieren faßbar machte, gab es bald keinen Lebensbereich mehr, den nicht irgendein Katechismus erfaßt hätte: Solche für Wundärzte und Chirurgen, aber auch solche für erfahrene und angehende Lumpen; einen für Viehfederzucht und einen für Pulslosigkeit; einen zum Gebrauch eines jungen Fürsten und einen anderen für Dienstboten.

Atheisten und Revolutionäre hatten ihren Katechismus zur Hand; die zeitoffene Kirche ebenso wie ihre Gegner; die Republik und die Kämpfer der vaterländischen Erneuerung zu Napoleons Zeiten. Das Gesetz des Sozialismus kam lange vor Marx unter die Massen. Die Piaristen haben die der Kirche entwendete Katechese für den Unterricht in ihren Schulen zurückgeholt. Die »Vaterländische Geschichte Niederösterreichs für die Jugend dieses Erzherzogtums – Zur leichteren Fassung in Fragen und Antworten entworfen und bearbeitet«, hat schon 1803, also auf dem Höhepunkt des Konflikts, in Behördenkreisen wegen der in Gang befindlichen Industrialisierung, ein gewisser Kajetan Geist hinterlassen.

Geist war Präfekt am Löwenburgischen Konvikt der Piaristen in Wien. Joseph hat diese Einrichtung aufgehoben, die Schüler an die Militärakademie in Wiener Neustadt oder ins Theresianum geschickt. Franz hat 1802 die Einrichtungen, wie sie früher bestanden, aufs neue ins Leben gerufen. Das war, als der Kaiser auch die Stifte der Benediktiner ermunterte, ihre Gymnasien auf die Höhe der Zeit zu bringen.

Die Schule war ohne Zweifel der Praxis voraus. Es wurde als feststehend und wohltätig in der Wirkung hingestellt, was im Staat und in der Wirtschaft noch längst keine entschiedene Sache war.

Franz tat in dem weiter, was seine Großmutter angefangen hat. Es entstand kein staatliches Manufakturwesen, sondern eine planvolle Förderung entstehender Manufacturen und Fabriquen durch den Staat. Geld war nie viel da, aber noch war die Zeit, in der Herren von Adel, aber auch Bürger mit einigem Besitz, ihr *eigenes Geld* bei Fabriksgründungen riskierten. Der Kaiser ermutigte solche Unternehmer, und bei Inspektionen im Land sah er sich um, wie und wo die Industrialisierung Fortschritte machte. Er belohnte erfolgreiche Unternehmer, sein Bruder Karl zog solche Unternehmer mit Vorzug heran für Lieferungen an die k. k. Armee. Als 1792 Frankreich an Franz den Krieg erklärte, gab der Kaiser den in Frankreich einmarschierenden k. k. Truppen seinen Directorial-Hofkanzler Graf Rottenhan als Observateur bei.

Nicht daß etwa Franz vorweggenommen hätte, was später Buonaparte einführte, nämlich eroberte Länder zu überplündern und das Schönste und Beste mitzunehmen nach Frankreich. Rottenhan war Unternehmer, kein Militär, Praktiker mit Erfahrungen im Fabrikswesen. Er und sein Standesgenosse Graf Canal haben schon vor Anfang der Franzosenkriege oben in Böhmen aus dem Ausland importierte Spinnmaschinen in ihren Betrieben eingestellt. In Frankreich sollte der Graf sich umsehen, ob es dort bemerkenswerte neue Fabrikationsmethoden gab, Maschinen, die man spranzen, also abzeichnen konnte, um sie, wenn möglich, im eigenen Land herzustellen. Ein Patentrecht, insbesondere ein internationales, gab es ja nicht. Wer den Fachmann, noch sagte man: den *Künstler,* hatte, hatte den Vorteil, der sich aus der Entwicklung neuer Maschinen und Fabrikationsmethoden ergab. Noch waren die Zeiten nicht dermaßen fortschrittlich wie etwa einhundertundfünfzig Jahre später, da man im eroberten Land

die dort gefundenen Maschinen demontieren, Konkurrenzunternehmungen zerstören, Fachleute aber zwangsweise ins eigene Land holen wird, um dort zwangsweise ihr Wissen und Können auszunutzen.
Lange vor Franzens Regierungszeit sind katholische Engländer, Iren und Schotten, um ihres Glaubens willen aus England fortgezogen, um des Schutzes der katholischen Majestät in Wien teilhaftig zu werden. Sie haben dafür ihre Art des Dankes erwiesen, in Kriegs- und Friedenszeiten, später viele als Pioniere des industriellen Zeitalters, als Lehrer, überhaupt als vorbildliche Österreicher. Unter Joseph II. hat ein Zustrom von draußen, aus dem Reich, eingesetzt; nicht um des Glaubens willen, sondern wegen der Konkurrenzlosigkeit, die anfangs der Vorteil der Ersten eines Fabrikationszweiges war.
In Paris haben die Revolutionäre dem späteren Kaiser Napoleon das Vorbild für das geschaffen, was 1806 als die berüchtigte Kontinentalsperre den Handel mit England tödlich treffen sollte. Wer gegen Napoleon einen Krieg verlor, büßte darnach die möglichen Handelsbeziehungen mit England zwangsweise ein. Österreich im Frieden von Schönbrunn 1809. Das war eine Kriegsmaßnahme, die einmal mehr bewies, daß Herodot in dem recht hatte, was er, oft heiß umstritten, behauptet hat:
»Der Krieg ist der Vater aller Dinge und der König aller.«
Die darum entstandene Polemik kommt wohl deswegen immer aufs neue auf, weil der Nachsatz des Zitats nie oder nie richtig ins Gespräch kommt:
»Die einen macht er zu Göttern, die anderen zu Menschen, die einen zu Sklaven, die anderen zu Freien.«
Oder, wie es einmal der marxistisch-leninistische Philosoph Ernst Bloch gehalten haben wollte: *Menschenfreundlicher Kampf* gemäß einer sozial-humanistischen Vernunft hat sich aktiv und ohne Ausrede zu beweisen, er ist *geburtshelferisch,* progressiv. Anders der *Krieg, der destruktiv ist,* ohne die antagonistische Gesellschaft von gestern zu zerstören.
England verstand sich auf das Herodotsche Zitat. Während auf dem Kontinent die mit seinem Geld gespeisten Kriege tobten,

legte es das Fundament zu seiner späteren Mächtigkeit als imperialistische Kolonialmacht; während es in Spanien den Kampf der Spanier gegen die ins Land gekommenen Franzosen unterstützte, raubte es dem Land die Kolonien in Südamerika, deren Abfall von der Krone Spaniens England vom Fleck weg unterstützt hat. Nie haben die von anderen geführten Kriege Englands eigenen Fortschritt, der geschützt vom Meer vor sich ging, gestört. Während des Kampfes gegen die nordamerikanischen Kolonien der Krone Englands brach im Mutterland die industrielle Revolution aus. Die Erfindung der Spinnmaschine, der Dampfmaschine sowie anderer Maschinen und Fabrikationsmethoden gedieh umso besser, als der Rohstoffreichtum des eigenen Landes – Kohle und Eisen – ins Gigantische gesteigert wurde durch die Eroberung von Rohstoffvorkommen in Übersee, wo Eingeborene, auf Generationen hinaus bar aller sozialkritischen Gesinnung, zu schuften hatten oder als Sklaven nach Nordamerika exportiert worden sind.
Erst als die Ausdehnung des Kaiserreichs Frankreich bei Travemünde die Ostsee erreichte, hörten sich für Österreich, meerabgeschnitten wie es nach 1809 war, die Maschinenimporte aus England auf. Schon zu Zeiten Maria Theresias hat sich oben in Böhmen die Familie Leitenberger bei der Modernisierung ihrer Betriebe das Lob der Kaiserin erworben. 1799, knapp vor Ausbruch des verhängnisvollen Zweiten Koalitionskriegs, schafften es die Gebrüder Franz und Ignaz ein letztes Mal für lange Zeit, in ihren Betrieben aus England importierte Maschinen aufzustellen. Die Leitenberger gehörten zu den ersten in Österreich, die für Erfindungen im eigenen Betrieb einiges riskierten. Oben ging es rascher als unten, an der Donau, wo zu oft der Feind ins Land kam, ein Unternehmerrisiko ungleich größer war. Oben haben vor allem adelige Familien den Grundstock zur Industrialisierung gelegt: Auersperg, Bouquoi, Chotek, Dietrichstein, Haugwitz, Nostitz, Rottenhan(n), Salm, Schwarzenberg, Sternberg, Waldstein. Bald zeichneten sich Zentren des Neuen ab: Brünn, Hohenelbe, Iglau, Prag und manche Orte, die man in Wien einmal *behmische Dörfer* nannte, also unbekannte und unan-

sehnliche Stätten, »fern von Europa«, wie ein Witzwort lautete. Böhmen wurde der starke Antriebsmotor der Industrialisierung der Monarchie, die Zitadelle, die uneinnehmbar wurde in den Kriegen, das unerschöpfliche Arsenal für die Neuausrüstung einer Armee, wenn man wieder einmal im Feld alles verloren hatte. Nach oben mußte nicht das Rohmaterial für die Fertigung angekarrt werden, im Krieg nicht die Ausrüstungs- und Bekleidungsstücke, die meistens oben verkauft wurden. Juden, die sich auf herrschaftlichen Gütern als Faktoten bewährten, wurden vom Gutsherrn, so dieser bei den Kaiserlichen kommandierte, mit der Versorgung der Truppe im Feld beauftragt.

Oben entstand eine neue Klasse aus Adeligen und Bürgern; geeint nicht durch Herkunft und traditionelle Anschauungen, sondern durch gemeinsame wirtschaftliche Interessen, die es gemeinsam politisch zu vertreten gab. Gegen einen Staat, der noch nicht vollends die Ziehung ins industrielle Zeitalter mitmachen konnte; wo doch mehr als neunzig Prozent der Bevölkerung im Agrarsektor lebten, arbeiteten und versorgt wurden. Der Unterschied zwischen Unternehmern, die, wie man bald sagte, zur »besitzenden Classe« gehörten, und Taglöhnern oder Proletariern, die der »besitzlosen Classe« zugerechnet wurden, bahnte sich mit dem Beginn der Industrialisierung mit unabweisbarer Folgerichtigkeit an.

Franz hielt diese Vorgänge unter Kontrolle, tat nie den zweiten Schritt vor dem ersten, wie das sein genialischer Onkel Joseph II. zu oft getan hat. Inspizierte er die Schulen, dann hörte er, wie im Geschichtsunterricht die Wirtschaftskunde einen (nie mehr erreichten) breiten Raum einnahm. Dort wuchs die Schichte heran, die eine Generation nach seinem Tod, um 1860, die Macht im Staat ergreifen wird. In Wien stemmten sich die Nachhuten des Rokoko vergebens gegen Lärm, Rauch und Getöse. Das anfängliche Verbot, Fabriken oder gewisse Fabriken in der Stadt anzulegen, erwies sich als unhaltbar. Auch wenn gewisse ganz anders geartete Erfahrungen und Warnungen der Polizei den Kaiser erschrecken sollten und davor warnen, der Industrialisierung die Zügel schießen zu lassen. Schob man aber die Fabriks-

ansiedlung auf das flache Land ab, dann gerieten Gutsherren, die sich als Industrielle versuchten, in Konflikt mit den Anschauungen jener Behörden, die vermeldeten, mit den Fabriken ziehe ein böser Geist in die Dörfer. Und Dörfler, die in die Fabrik gingen, brächten ihn von dort ins Dorf heim.
Nicht alle, die während der Revolution in Frankreich von dort als Emigranten kamen, waren Flüchtlinge, die in Österreich Schutz suchten. Es gab unter ihnen nicht bloß *gejagte,* sondern auch *geschickte* Emissäre der Revolutionäre, die ihr Feuer auch im feindlichen Österreich anzünden und schüren wollten. Das hat schon Franzens Vater Leopold, sonst eher mit Verstehen für die Vorgänge in Paris begabt, gesehen und nicht zulassen wollen. In Kreisen, wo der Josephinismus bodenständig war, lehnte man den Terror mittels der Guillotine ab; die Proletarier aber als künftige Verbündete beim Sturz der Feudalherrschaft und der absoluten Monarchie einzusetzen, das wollten schon in den ersten Regierungsjahren Franzens die Jakobiner von Wien.
Nicht zu kontrollieren waren die vielen weichenden Söhne aus den Dörfern und Herrschaften, denen Joseph die Freizügigkeit geschenkt hat. Jene, die auch unternehmungslustig waren, denen das Leben als Tagwerker nicht genügte, die sich in der Stadt eine erzählte, noch nicht selbst erlebte Glückseligkeit versprachen. Noch lebte die Masse der Landarbeiter mehr oder weniger freiwillig im geschlossenen Hausstand, wo man an einem Tisch saß und nie so viel Überfluß im Haus war, daß Bauer und Bäuerin groß auftischen konnten. Jene, die in die Fabrik gingen, verachteten die Daheimgebliebenen. Gerieten sie in der Stadt als nunmehrige Angehörige der »besitzlosen Classe« in Notzeiten, dann schauten sie dennoch mit Verachtung auf jene, die es noch immer vorzogen, auf dem »weichen Grund«, im geschlossenen Hausstand zusammen mit dem Bauern zu leben. Und sie trugen lieber die Mißlichkeiten eines langwährenden Konkubinats, die Last, für ledige Kinder zu sorgen, als sich in das zu bequemen, was sie einmal im Religionsunterricht gelernt hatten puncto Sechstem Gebot. Denn es dauerte lang, oft zu lang, bis zwei Leute genug verdienten, um sich vom Pfarrer den Segen für ihre Eheschließung

zu erbitten und den Kindern einen »ehrlichen Namen« zu geben. Schon wurde da und dort in fortschrittlich orientierten Kreisen, wo der Mann sich die Mätresse, die Gemahlin den Cicisbeo hielt, gelacht über die Spießbürgerlichkeit dessen, was man später als »bürgerliche Ehe« noch mehr diskriminiert hat. Um 1845, am Vorabend der ersten Revolution in Österreich, war es denn soweit, daß in der Stadt Wien 9950 eheliche und fast ebenso viele – nämlich 9234 – uneheliche Geburten erfolgten. Und schon hatte in der Stadt der Sargtischler eine bessere Auftragslage als jener, der Wiegen herstellte.

Längst gab es einen Katechismus für Dienstmädchen, der vieles vorwegnahm, was später in Zeiten einer Pornokultur schamlos vorgetragen wurde. Schon gingen unzählige Mädchen in die Stadt, um nicht bloß der Herrin an die Hand zu gehen, sondern den gewissen Umgang mit Männern nicht scheuen zu müssen, den es im Dorf nicht gab. Sie gingen von Hand zu Hand, und ehe sie in aller Herren Hände kamen, balanzierten sie noch im Prater dort, wo in Kriegszeiten aller Herren Militär zu haben war. Und trotz solcher Sittenbilder, wie man sagte, wirkte die Stadt mit unwiderstehlicher Anziehungskraft. Mädchen bekamen in der Fabrik zum ersten Mal in der Geschichte *ihr* Verdienstgeld. Klar, daß junge Männer und Frauen gegen Autoritäten aufbegehrten, die ihnen dabei im Weg standen. Eines Tages werden diese Typen in die Hände der Macher von Revolutionen fallen.

Franz bekam genug Votalausführungen auf seinen Schreibtisch, in denen solche Möglichkeiten und Gefahren der Zukunft aufgezeigt wurden und aktuelle Mißstände nachgewiesen werden konnten. Die Pioniere des Industriezeitalters liebten nicht derlei Informationen. Sie hatten ihre Sachwalter in der Hochbürokratie, und diese sorgten dafür, daß der Kaiser etwa eine andere Version erfuhr, wonach

». . . wahres Elend unter den armen Klassen der Stadtbewohner entstehen und dann erst . . . die Volksmenge wirklich fürchterlich werden . . .«

könnte, würde man die Fabriksbeschäftigung in den Städten erschweren oder gar unterbinden. Denn

»... kein Meister, kein Fabriksunternehmer [nimmt] Leute zum Müßiggang auf. Der fleißige Mann aber, so anstößig sein Benehmen sonst sein mag ... [wird] nie wider den Staat noch die Sittlichkeit gefährlich werden.«

Nannte man im Dorf Knechte und Mägde des Bauern GESINDE, so geschah es trotz derlei Beschönigungen, daß man »unter sich« in gewissen besseren Häusern ungeniert vom G'SINDEL sprach, wenn die Rede war von Menschen mit *anstößigem Benehmen* und *Unsittlichkeit* der Besitzlosen. Die Verkleinerungsform des Wortes Gesinde verniedlichte nicht ein Problem, es verschärfte es. Und einmal werden die Proletarier ihrerseits vom ADELIGEN GESINDEL reden und vom GESINDEL DER AUSBEUTER. Man schoß sich, zuerst verbal, aufeinander ein.

Übrigens eroberte die Maschine auch das bebaute Feld. Bezeigte Joseph II. noch den Respekt für den Bauernstand, indem er mit eigener Hand den Pflug führte, so gab es zu seiner Zeit schon oben auf einzelnen Gütern die Sämaschinen. Wo einmal die breite Schwarmlinie der Säer über den Acker ging, zogen jetzt zwei Ackergäule, angetrieben von *einem* Knecht, die Maschine hinter sich her. Der Fabrikslärm übertönt jeden Versuch, die alten Handwerkerlieder in den Fabriken zu singen. Der Gesang blieb dem Beisammensein im Beisel vorbehalten, bis er herausbrach im Gleichschritt der Aufständischen. Schon um 1819 hielt es das Mitglied der »Berliner Gesellschaft für Deutsche Sprache« Julius Max Schottky für angemessen, *österreichische* Volkslieder mit ihren Singweisen zu sammeln und in der *ungarischen* Hauptstadt herauszubringen. Dankenswerterweise. Denn nach einigem Verstummen werden die Epigonen, längst keine Dörfler oder Handwerker mehr, diese Lieder in der Freizeit singen. Und eine in dürrer Folkloristik erstarrte Betulichkeit wird sich früherer Volksbräuche annehmen, um damit für die Fremdenverkehrsindustrie das Ambiente zu schaffen, das der Mensch um das Jahr 2000 sucht.

Langsam bekam der Kampf um die Entfaltungsmöglichkeit der Industrialisierung die Verfestigung in Grundsätzen. Schon las Franz in Votalausführungen etwa, es sei an der Zeit, das

»... gotische Gebäude der Zunftverfassung [des Handwerkswesens], welches sich noch aus finsteren Zeiten des Mittelalters herschreibt«,
zu beseitigen, weil
»... die Zünfte, so wie alle Konfraternitäten, einen Staat im Staat bilden ... der Ansicht des Staates entgegenarbeiten, ihr eigenes Korporationsinteresse auf Kosten des allgemeinen zu fördern suchen«.
Auch sei erwiesen, wurde Franz belehrt, daß der Handel NUR DER FREIHEIT sein Gedeihen verdankt. Und daß die
»... gesetzlich vorgeschriebene Industrialfreiheit zur unabweichlichen Grundlage der Commerzialisierung gehört«.
Es gab Rückschläge. In Kriegszeiten stockten Handel und Wandel, wie die Formel lautete. Um 1800 nahm die Zahl der Bewohner Wiens ab. Nach Kriegsschluß überfluteten andererseits die abgerüsteten Veteranen wieder das, was man später Ballungsräume nannte. In England warnte ein protestantischer Geistlicher namens Malthus, der sich eher mit dem Elend der aufkommenden Massengesellschaft im Mutterland der Industrialisierung beschäftigte, vor dem, was man lange den *Kindersegen* nannte:
»An der großen Tafel der Natur ist kein Gedeck für jeden aufgelegt. Die Natur empfiehlt ihm, zu gehen, und sie säumt nicht, diesen Befehl zu vollziehen.«
Noch mehr. Dieser seltsame Geistliche empfahl nur eine auf das *Notwendige* beschränkte Armenunterstützung. Die Grausamkeit des nach der englischen Stadt Manchester genannten Liberalismus hatte ihre quasi-weltanschauliche Rechtfertigung. Es kamen aber auch andere Lehren aus England ins Land, zuweilen auch ihre Praktiker. So ein gewisser Benjamin Thomas Rumford, der in der amerikanischen Revolution gegen die Amerikaner gekämpft hat, nachher nach Europa ging. Hier trat er in bayerische Dienste, nahm er teil an einer Reform der Armee des Kurfürsten von Bayern. Er tat mehr: Rumford hat in Bayern das erste Arbeitshaus geschaffen, keine Strafvollzugsanstalt, sondern eine vom Staat unterhaltene Arbeitsmöglichkeit, die Gefährdete vor

der Straffälligkeit bewahren sollte. Und das lange bevor in Frankreich utopische Sozialisten derlei en masse versuchten. Weniger Ruhm verschaffte sich Rumford mit der nach ihm benannten Suppe, zumal unter den Wienern seiner Zeit:
Im Hochwinter 1802 wurde in der Wipplingerstraße eine sogenannte Probeanstalt eingerichtet. Dort bekam man für einen Kreuzer ein Seidel Rumfordsuppe. Der Umstand, daß das sonst für Dünnbier übliche Flüssigkeitsmaß verwendet wurde, mag einen Schluß auf den Gehalt der Suppe zulassen. Tatsache ist, daß in zwei Monaten insgesamt nur 462 Seidel Rumfordsuppe ausgeschenkt wurden. Sichtlich schätzten unsere Vorfahren die Suppe des nach Bayern gekommenen Rumford ebensowenig wie die im März 1938, nach dem Anschluß Österreichs an das Reich, vom Hilfszug Bayern ausgegebene Notverpflegung. So kehrten viele der Probeanstalt in der Wipplingerstraße den Rücken, weil die Qualität der unlängst noch arg verschimpfierten Klostersupp'n besser mundete. Die Zeiten waren darnach, daß selbst überzeugte Josephiner derlei Rückfälle in gotische Zustände nicht von Amts wegen abriegelten.
Die Wohlfahrtstätigkeit der aufkommenden industriellen Gesellschaft blieb beschränkt auf die natürliche Wohltätigkeitsgesinnung einzelner Industrieller und ihrer Gemahlinnen. Das System hielt es vorerst mit der Härte des Gesetzes, wie sie Malthus gerechtfertigt hat. Und der Staat hat sich in der Hochzeit des Industriezeitalters erst dann dem Wohlfahrtswesen zugewandt, als schon die ersten Schüsse im Kampf der Classen fielen.
Fürs erste war man froh, daß mit dem josephinischen Klostersturm nicht noch mehr Unheil angerichtet wurde. Zwar liebten es Autoren von Bestsellern jener Zeiten, in ihren Schauerromanen vor allem auch die Untaten und Unzuchtshandlungen hinter Klostermauern zu beschreiben; die Notigen aber suchten diese Stätten auf. Man war froh, daß es derlei Stätten gab, die sich elternloser Kinder, Findelkinder und Soldatenkinder annahmen; Frauen suchten dort Zuflucht als Hochschwangere, viele der Not wegen, nicht wenige, um nicht die gesellschaftliche Diskriminierung zu erleben, die auf einer ledigen Mutter lag; und das nicht

nur in Kreisen der Bigottischen. Bresthafte und Sterbende, wer hätte sich ihrer sonst angenommen, hätte es nicht Klöster gegeben, die mit dem, was ihnen der josephinische Staat ließ, die Caritas übten? Noch immer gab es Männer und Frauen, die sich der bereits vielfach verspotteten klerikalen Tracht nicht schämten und auf ihre Weise dem Staat Aufwendigkeiten ersparten, für die Geld ohnedies nicht zur Hand war, weil Geld andernorts vonnöten war.

Schon in der Frühgründerzeit des Industriesystems zeigte sich in den Ballungsräumen die Geißel *der Wohnungsnot*. Wachsende Kriminalität in überbevölkerten Tagwerkervierteln war die Folge. Noch glaubte man, mehr Beschäftigungsmöglichkeiten und mehr Lohn würden die Rate der Kriminalität senken. Die folgende geschichtliche Erfahrung hat diese These des Manchesterliberalismus widerlegt. Franz erfuhr in einem dieser Winter zu Jahrhundertbeginn, daß ein Fiaker den Winter nur überstehen konnte, weil er mit seiner Familie das Winterquartier in seinem Fahrzeug bezog; nachdem er das Zugpferd verkaufen hat müssen, um nicht zu verhungern. Man erfuhr derlei auf dem flachen Land. Und doch zogen immer mehr Menschen weg aus der dortigen Gemeinschaft, hoffend, daß das Unheil, das anderen in der Stadt widerfuhr, ihnen erspart bleiben würde. Schon klagten Gutsherren ihre ins Industriesystem übersiedelten Standesgenossen an, diese würden der Landwirtschaft die Arbeitskräfte entziehen. Dabei war der große *Exodus aus der Alten Welt* noch kaum im Gange.

Bald werden Agenten in die Elendsquartiere kommen und dort, aber nicht nur dort, vom Land der unbegrenzten Möglichkeiten in Nordamerika ein Bild vormachen. Die Lesebuchgeschichten vom Glück derer, die es drüben vom Schuhputzer zum Millionär gebracht haben, sind en vogue geblieben; nie ist aber die Zahl derer erhoben worden, die drüben zugrunde gingen, verhungerten, auf dem Zug in den Westen massakriert wurden oder in der Einsamkeit der Wildnis als Pioniere elendiglich verstarben. Herr von Goethe hat seiner EUROPAMÜDIGKEIT Ausdruck gegeben; aber noch zu Franzens Zeiten schrieb ein aus Mähren stammender abgefallener Priester namens Karl Postl unter dem Dichternamen Charles Sidons – noch nicht Charles Sealsfield – ein Pamphlet, das der Gefahr einer AMERIKAMÜDIGKEIT vorbeugen sollte.

Die Polizei machte Franz rücksichtslos auf eine schwindende Popularität des Kaisers aufmerksam, die um 1800 vor sich ging. Es war nicht so, daß Franz die Spinne inmitten des Netzes war, das seine Agenten unentwegt webten; er war nüchtern genug veranlagt, um die Folgen aus den ihm zukommenden Stimmungsberichten zu ziehen. Indem er 1801 eine k. k Hofkommission für Armenanstalten schuf, war er Regierungskreisen in London samt dem dortigen Hof hierin voraus. Dankbar begrüßte Franz den in dänischen Staatsdiensten stehenden Etatrat Kaspar Vogt. An sich ein Gutsbesitzer in Norddeutschland, der, obwohl im ausländischen Staatsdienst stehend, den Sitzungen der neugegründeten Hofkommission zugezogen wurde. Nicht nur Industrielle und Militärs zeichnete Franz aus. Er war dem Etatrat Vogt zeitlebens dankbar, zog ihn einheimischen, in der Sache weniger bewanderten Ratgebern vor, zeichnete Vogt mit einer Adelsverleihung aus. 1803 berief Franz den Regenten des Hauses Schwarzenberg, Fürst Johann, an die Spitze aller Einrichtungen zur Betreuung der Notstandsfälle. Der Fürst, dem kein Denkmal gesetzt wurde, machte sich jahrelang in Krieg und Frieden verdient; und was der Etat des Staates ihm nicht vorstreckte, das gab er aus eigenen Mitteln hin. Nach dem Ende der Franzosenkriege richtete der Fürst in seinem Stadtpalais auf dem damaligen Mehlmarkt ein Pensionsinstitut für Witwen und Waisen ein. Viele Damen und Herren aus Kreisen des Adels und dem begüterten Bürgertum folgten solchen Beispielen. Was aber die Pioniere der Industrialisierung versäumten, das war die vom Fleck weg gebotene *Gerechtigkeit* gegenüber dem Produktionsfaktor ARBEITER und eine darauf gegründete Einrichtung in Gesellschaft und Staat. Vielmehr wurde Franz immer wieder mit der anderen Mentalität konfrontiert:

»Durch die Fabriken findet das in allen Städten notwendigerweise befindliche Gesindel Beschäftigung, so daß dieselben [die

Fabriken] die besten, zweckmäßigsten und nützlichsten Einrichtungen . . . sind«,
um Gefahren, die vom Gesindel drohten, in Grenzen zu halten. Der Krieg erwies sich einmal mehr als Vater; nicht *aller* Dinge, sondern *einer* schon unaufschiebbaren Regelung im Interesse der Industrialisierung. Im Frühjahr 1809, Franz weilte bei der Armee, gaben die k. k. Hofkammer und die böhmisch-österreichische Hofkanzlei – also Finanzverwaltung im Verein mit dem Inneren – die für alle Zeiten entscheidende Weisung an die Landesstellen der Monarchie hinaus:
». . . die gesetzlich vorgeschriebene *Industriefreiheit* [gehört] zur unabweichlichen Grundlage der Commerzialisierung.«
Um dieses notwendige Paßstück zwischen Industrie und Handel praktikabel zu erhalten, stieß die Staatsverwaltung mit einer weiteren, sehr drastisch gehaltenen Vollzugsanweisung nach:
». . . die *freie Konkurrenz* [ist] mit Entfernung aller ängstlichen Nebenrücksichten standhaft zu behaupten.«
Wo Freiheit gegeben wird, bleibt die unerwünschte Nebenwirkung von derlei Freiheitlichkeit oft dem übrig, der sich auf die Nutzung der Freiheit aus freien Stücken einläßt. Der Satz, wonach das hohe Unternehmerrisiko auch einen höheren Unternehmergewinn als gerechtfertigt zeitigt und damit dem Abstand im Erwerbsleben zum Arbeiter vergrößert, hatte Folgen: Viele Unternehmer, die zu den Pionieren der Industrialisierung in Österreich gehörten, machten Faillite, also Konkurs; kamen, wie man sagte, von den Federn aufs Stroh. Die Dichter Ferdinand Raimund und Johann Nestroy heben in ihren später als sozialkritisch gewerteten Bühnendichtungen solches Unglück auch beschrieben; es wird heute weniger bei der Würdigung dieser großen Dichter aus Österreich herausgestrichen.
Viele gingen nicht bloß in Konkurs, sondern rechtzeitig vorher unter Hinterlassung eines Schuldenstands durch. Amerika war die Rettung für solche Typen. Zu diesen Typen gehörten Kassiere, die den Chef betrogen hatten, andere, die Schwindelunternehmungen gründeten und dergleichen mehr. Einige von ihnen sollen es drüben besser getroffen haben als hierzulande.

Schon war zu Zeiten der Glanz des Landes der unbegrenzten Möglichkeiten dermaßen stark, daß er in Miserabilitäten der Franzosenkriege selbst den Glanz der Majestät überstrahlte. Etwa wenn Franz, dem Vernehmen nach, einmal sagte:
»Mir is' all's z'wider. I' hab' meine Schuldigkeit 'tan... Wenn alles verloren geht, geh' i' nach Amerika.«
Ein Kaiser von Gottes Gnaden konnte nicht abdanken. Oder auch nur resignieren, wie das Franzens Bruder Karl zuweilen unter der Last, die seine Seele knebelte, tat. Nie hat Franz nach verlorenen Schlachten etwa an Selbstmord gedacht, wie dies Friedrich dem Großen und Napoleon I. als Zeichen antiker Größe angerechnet wird. Durchgegangen sind Habsburger erst viel später; und auch dann nur Typen, die keine typischen Habsburger waren, sondern vermeinten, sich mit dem gerade herrschenden Zeitgeist einlassen zu müssen und mit diesem Zeitgeist zusammen untergegangen sind.
Franz hatte in der Frühgründerzeit einen jener Zweifrontenkriege zu bestreiten, die der Mann an der Spitze eines Staates in Zeiten einer Wendung der allgemeinen Richtung bestehen muß, läßt er sich nicht einfach von dieser oder jener Strömung treiben. Die Monarchie war nun nicht wie ein Ruderboot mit einigen Ruderschlägen auf neuen Kurs zu bringen. Wie ein großes Schiff konnte es nur mit vorsichtigem Manövrieren den fälligen Kurswechsel ins Industriezeitalter vollziehen. Alte Eliten, verdienstvoll um den jahrhundertelangen Zusammenhalt des Vielvölkerstaates, hatten Bedenken gegen den Kurswechsel; neue Eliten traten nicht immer gleich mit ihren besten Vertretern hervor. Der Adel in Altösterreich war österreichisch in seiner Art, dennoch in ganz Europa beheimatet. Er war frei von der späteren Fadesse eines bourgeoisen Kosmopolitismus und er hat aus ganz Europa gerade die fortschrittlich gesinnten wertvollen Typen ins Land geholt. Die Grafen Haugwitz und Tschoffen riefen die Pouthons ins Land, zuerst nach Böhmen. Nach Mähren rief Metternich höchstpersönlich seine Landsleute aus dem Rheinland, die protestantischen Gebrüder Schoeller. Und Franz selbst hat letztere gegen einen unangebrachten Konkurrenzneid Einheimi-

scher in Schutz genommen, wo diese im Falle der Schoeller meinten:
»... es [ist] traurig, daß ein Vorteil, den Seiner Majestät ihren Untertanen gnädigst zugedacht hat [nämlich die Industriefreiheit], ihnen entzogen und ausländischen Manufakturisten in die Hände gegeben wird.«
So hat Franz gewiß nicht über besagten Vorteil gedacht. Und es kamen denn – nicht nur als Emigranten – ins Land: die Brevilliers, die du Bois, die Vauchers, die du Paquiers; und nicht zuletzt die aus England stammenden Thorntons, die in Pottendorf die später berühmt gewordene k. k. privilegierte Manufakturgesellschaft gründeten und mit ihrer Anwendung von Technologie und Management weltberühmt wurden in der Baumwollfabrikation. Aus dem französischen Elsaß kamen die Fries, die in Teesdorf bei Wien anfingen und später in der Seidenbranche einen Namen bekamen. Entlang der Triesterstraße entstanden Ballungsräume, wenn auch nicht mit der später beängstigenden Dichte. Aber auch etwa in Vorarlberg, wo Familiennamen nicht bloß spätere Bestandteile von Firmennamen wurden: Ganahl, Rhomberg. In der Steiermark, in Tirol, im Land ob der Enns, in Kärnten ganz besonders, im Küstenland war es so. Nur nicht in Ungarn, wo die Herren eisern die bloße Agrarkultur verteidigten und erst nach Erfindung der Rübenzuckeraufbereitung – so wie in Galizien – mit der Zulieferung dieses Rohstoffes auch Geschmack am System als Ganzes bekamen.
Am Ende der Triesterstraße aber profitierte die nach Jahrhunderten zur FIDELISSIMA gewordene Stadt Triest, bis 1918 von der weitausschauenden Politik, die Prinz Eugen von Savoyen seinem Kaiser, Karl VI., einriet. Noch bekriegten sich die Türkei und Österreich, sichtlich schon ermattet, da profitierte die Monarchie vom Orienthandel. Triest wurde zur großartigen Handelsstadt des Wirtschaftsraumes an der Donau ausgebaut. Hier entstand der Österreichische Lloyd, er betrieb in der Levante eigene Postämter, zuletzt unterhielt er einen ausgedehnten Handelsverkehr, etwa mit Ostasien oder Südamerika. Nach 1918 verdorrte dieser Baum im geeinigten Königreich Italien.

Die Industrielandschaft veränderte mehr und mehr uralte Gegebenheiten des Siedlungsraums. Einmal war Vöslau bei Wien ein Dorf, das seine Kinder in die Schule schicken mußte, die Benediktiner im benachbarten Ort Gainfarn eingerichtet haben. Der aus der Schweiz gekommene, hier in Österreich zu Reichtum gelangte Bankier Geymüller erwarb die Herrschaft Vöslau, schuf dort eine Kammgarnfabrik. In Konkurs gegangen, mußte Geymüller den Betrieb seinem Konkursverwalter, dem Rechtsanwalt und späteren Bürgermeister von Wien, Andreas Zelinka, als Verwalter überlassen. Zelinka, ein Achtundvierziger in der Revolution, verwandelte das Unternehmen in eine Aktiengesellschaft und so überdauerte die Fabrik auch das Jahr 1945 und ging erst in der späteren Wohlstandsgesellschaft zugrunde. Vöslau aber wurde Haltestelle der späteren Südbahn, der moderne Verkehr rauschte weitab von dem am Waldesrand der unvergleichlichen Schwarzföhrenwälder in dörflicher Abgeschiedenheit versinkenden Gainfarn vorbei. Nach Bad Vöslau kam aus Wien die Haute Juiverie der Ringstraßenära, so wie in Baden bei Wien seit Franzens Zeiten der Hof in Ferien ging.
Alles, was irgendwo im franziszäischen Österreich zur Industrialisierung geschah, wurde von dem übertroffen, was *oben,* zumal in Böhmen, geschah. Wie groß die Lüge des späteren Staatspräsidenten der ČSR, Eduard Beneš, war, als er sagte, Wien hätte Böhmen ausgebeutet und davon gelebt, ergab sich nach 1948, als Beneš das Land den Kommunisten überlassen mußte; und das reiche Land unter die Tristesse der marxistischen Kommandowirtschaft kam. Viele sind von oben herunter gekommen an die Donau. Der Bierbrauer Adolf Mauthner zum Beispiel, der einmal das Bier-Imperium der Dynastie Dreher übernehmen sollte. Mauthner überwand mit seinem untergärigen Bier das Dilemma, wonach in der Stadt just dann das Bier ausging, wenn die Temperatur nach »Krügeln Bier« gemessen wurde. Weil das bisher erzeugte Bier schon vor Anfang des Sommers schal wurde in den Kellern. So miserabel war um 1815 dieses Bier, daß ein ergrimmter Beamter der niederösterreichischen Regierung seinen Akten anvertraute:

»Die notorisch schlechte Qualität des hierländischen Biers, dessen Verbesserung zu bewirken den Behörden zur Pflicht gemacht ist und schon aus Sanitätsrücksichten geboten wird, macht eine Vermehrung der Brauhäuser und – dadurch – eine lebhafte Konkurrenz unter den Biererzeugern hervorzubringen höchst notwendig.«

Ob Sanitätsrücksichten diesen Ausbruch provoziert haben, ist nicht feststellbar. Fest steht, daß die Dynastie Mauthner zuerst in Sankt Marx, nachher in Simmering, zuletzt in Schwechat recht bekommen hat mit ihren Produktionsmethoden. Von oben kamen jene Mayer, die sich in Guntramsdorf ansiedelten und von dort einen Teil ihres späteren Prädikats von Gunthof mitnahmen – nach Vöslau.

Dem Mayer haben 1848 seine Arbeiter die Fabrik niedergebrannt, auch dem Granichstätten seine in Sechshaus; und in der Gumpendorfer Fabrik für Kleider- und Möbelstoffe des Eduard Haas, nachher Firma Blum & Haas, schwelte 1848 die Unruhe, die im Oktober zur Meuterei des in der Gumpendorfer Kaserne dislozierten Grenadierbataillons Richter und damit zur blutigen Oktober-Revolution des Jahres in Wien führte. Aber, aus eben diesem Besitzbürgertum gingen auch jene Achtundvierziger-Politiker hervor, die im Bündnis mit den später von ihnen den Repressalien des Bürgermilitärs überlassenen Proletariern das System Metternich erfolgreich aus der Stellung schossen:

Der Sohn des Seidenfabrikanten Hornbostel, Theodor, wurde 1848 k. k. Handelsminister, nachher im franzisko-josephinischen Österreich führend in eben jenem Handelskammerwesen, dessen erste provisorische Neuordnung von ihm stammt. Vorgänger Hornbostels im Regime des Achtundvierzigerjahrs war der aus Görz stammende spätere Baron Doblhoff-Dier, der im Sturmjahr gleich drei Ministerien verwaltete: Handel, Inneres und Kultus. Von oben ist der Großgrundbesitzer Pillersdorf gekommen, der sich 1848 mit seinem ersten Entwurf einer Verfassung einen Namen, seiner Karriere aber das Grab schuf in der Politik. Überhaupt hätte ohne die von oben die Revolution dieses Jahres in Wien gar nicht stattgefunden. Da oben die Industrialisierung am weitesten voraus war, waren dort auch die Kader der bürgerlichen Politiker, die sich der Macht der Feudalen bemächtigen wollten. Deren Liste wäre hier zu umfangreich, es würde genügen, die Liste der nach der Revolution abgeurteilten Revolutionäre zu überfliegen, um zu erkennen, was dort oben für ein enormes Kräftereservoir vorhanden war. Einer, der später nach Amerika flüchtete, beschreibt, ihm wäre die Unruhe in Brünn nicht genug; also ließ er sein Studium, er war schon Doctorand der Rechte, stehen, stieg in die Eisenbahn und fuhr nach Wien. Viele taten es so.

Oben waren die Juden voran. Sie haben in Brünn, vor allem in Prag, deutsche Kultiviertheit auch noch verteidigt und unvergessene Werke hinterlassen, als es tunlicher gewesen wäre, sich mehr der tschechischen Sprache zu bedienen. Schon in seiner ersten Regierungszeit konzedierte Franz einem oben tätigen jüdischen Handwerksmeister namens Lazarsfeld, dessen späterer Nachfahre eher bescheidene Sympathien für das alte Österreich entwickelte, die Freiheit eines Industriebetriebs; obwohl die Landesstelle darauf hinwies, Lazarsfeld hätte nicht einmal ein Dutzend Arbeitskräfte. Viel großartiger gerieten die Unternehmungen anderer Juden von oben: In Brünn fingen die Auspitz mit einem Wollhandel an, der bis England ging. Auch die Gomperz, später Stamm einer Gelehrtenfamilie, stammten aus der dortigen Textilbranche. Königswarter, Chef eines Wiener Bankhauses, stammte aus der böhmischen Stadt, deren Name Teil seines Namens wurde. Lämel kam aus Pilsen, er war unter Fürst Schwarzenberg Armeekommissar, er, untadelig in k. k. Diensten, zog nach sich die Eskeles, Arnsteins und Herz' nach Wien. Aus Prag kamen die Todesco, deren Ringstraßenpalais zuletzt Sitz einer christlich orientierten Volkspartei in der Republik wurde. Ebenfalls aus Prag kamen die Welten, von denen einer Präsident der von Franz ins Leben gerufenen Donau-Dampfschiffahrts-Gesellschaft wurde. Winterstein, groß geworden im Speditionsgeschäft, wurde Vizepräsident der Credit-Anstalt. Die Privilegierte Österreichische Nationalbank, Instrument zur Steuerung der 1816 entstandenen Krise, fand in Sigmund, Chef des Hauses

Wertheimstein, einen Direktor. Aus dem heutigen Gebiet der ČSR kam der Preßburger Graveur Biedermann; er bekam das Privilegium, die kaiserlichen Siegel zu schneiden, wurde k. k. Hof- und Kammerjuwelier.

In vielen dieser Familien blieb noch die Orthodoxie der Vorväter, wenigstens aber ein Konservativismus in religiöser Hinsicht präsent; erst in der nächstfolgenden Generation glitten sie meistens in jenen Liberalismus ab, dem Religion gegenstandslos, Religionsgemeinschaften widerlich waren. Franz vertraute diesen Familien zu seiner Zeit. Sie waren ja mehr als Geldleute, die etwa die derangierte Finanzlage Metternichs sanierten oder Herrn von Gentz das Geld für seine kostspieligen Lebensgewohnheiten und seine noch kostspieligeren Liebschaften gaben. Den gesellschaftlichen Rang verlieh Franz durch Nobilitierungen; nachdem er Benachteiligungen, die auch nach der Zeit Josephs II. bestanden, in zahlreichen begünstigenden Einzelbegünstigungen abbaute. Im staatlichen und zwischenstaatlichen Bereich bekamen diese Familien erste echte Funktionen dadurch, daß sie als Konsuln ausländische Mächte in Österreich repräsentierten: Etwa Arnstein für Schweden, Henikstein für die Niederlande, das Haus Wodianer nahm sich 1848 der internationalen Finanzbeziehung der ungarischen Regierung unter Kossuth Lajos an. Erst bei den Epigonen und in späteren Schüben trat jene Einstellung zutage, aus der dann ein erheblicher Beitrag zur Zerstörung des alten Österreich und der von ihm hinterlassenen Kultur erfloß. In der Familie Henikstein, deren einer als Stabschef Benedeks 1866 alle militärische Reputation verlor, blieb die kaisertreue und dem Militärdienst ergebene Haltung bis zuletzt unangetastet. Niemand hat Österreichs Wesen in der Dämmerung des Zusammenbruchs Altösterreichs um 1918 getreulicher interpretiert als Hugo von Hofmannsthal, dessen Vorfahren in verschollenen Gräbern hinter dem Ersten Tor des Wiener Zentralfriedhofs ruhen. Auf deren einem ein Grabstein steht, der das Ganze sinnfällig macht: Das Volk hat den Toten ins Parlament gewählt, Kaisers Gnade verdankte er die Berufung ins Herrenhaus dieses Parlaments.

Das war, als das von den Grafen Waldstein in Pilsen geschaffene

Eisenwerk schon Besitz der Nachkommen des tschechischen Schlossers Skoda war; der Fabrikant wurde, als ein Onkel schon Baron und Ordinarius an der Wiener medizinischen Fakultät war. *Oben* haben sich auch Habsburger um die Industrialisierung verdient gemacht. Etwa wie der in der Steiermark unvergessene Erzherzog Johann. Franzens Bruder Rudolf war nicht bloß Schüler, Förderer und stets verständnisvoller Freund Beethovens; als Erzbischof von Olmütz schuf er in Witkowitz jenes moderne Eisenwerk, das sein Nachfolger dem Grafen Chotek verpachtete, bis es unter den Rothschilds Mittelpunkt eines großartigen Industriekombinats wurde. Wien aber, beim Untergang der Monarchie nicht etwa Industriezentrum, war es zu Franzens Zeiten in vielen Branchen: Baumwolle, Leinen, Seide, Leder, Handschuhe, Papier, Eisen, Graphit, Ton, Parfum, Seife, Kerzen, Zucker, dann auch Maschinen, Instrumente, Uhren, Wachsleinwand, Hüte; und schließlich jener Wagenbau, dessen Höhepunkte und Untergang bis ins Zeitalter des Automobils reichten. Linz wurde nicht bloß von Wiener Lustspieldichtern als Reimwort für die geschmähte Provinz mißbraucht; es fing an mit einem Aufschwung, der die Industriestadt an der Donau im Ostösterreichischen in der Republik hoch im Rang über Wien stellte. Das galt und gilt auch für die Steiermark, nicht zuletzt für Kärnten und dort für jene Teile, die 1918 verlorengingen. Und da war das Küstenland, dem die Meernähe und die zu Triest zugute kamen. Im Westen, wie angedeutet, Vorarlberg, das zuweilen in der und jener Branche der Textilindustrie mit oben gleichzog. In Tirol fing es mit *ordinärem* Glas, wie man sagte, an, als der Bergbau in den Alpen versiegte. In Kramsach wurde bald Qualität gehegt. Porzellan war in der Zeit des Wiener Kongresses das Material, auf dem die Miniaturen den unvergleichlichen Glanz jener Ära für die Nachwelt erhielten, da man derlei Porzellan nur noch in Vitrinen stellt.

Ja – der Blei. Für Franz ein so unersetzliches Ding für die Arbeit am Schreibtisch und in der Reisekutsche, ist er eine Erfindung des gelernten Maurers Joseph Hartmuth; dieser Name wird nur deswegen selten als der des Erfinders der spezifischen Graphitmischung genannt, weil gleichzeitig einem Franzosen das nämliche gelungen ist. Die Nähmaschine des Tirolers Madersperger bekam unter Franz Privilegien, also Patente. Aber die Industrieherren kümmerten sich nicht um die Neuerung. Eine Generation später erfand sie in den USA ein Farmersohn buchstäblich zum zweiten Mal, hatte aber auch nichts davon. Denn der Mechaniker Isaac Singer erst verbesserte das an sich taugliche Modell dermaßen, daß er damit nicht eine Fabrik für Bekleidungswaren eröffnete, sondern in der weltbekannten Firma Singer & Co. Nähmaschinen erzeugte. Das war der Sprung vom Maschinenbau zum Betrieb von Maschinenbau-Fabriken.

Lange war auf diesem Gebiet Österreich vom Ausland abhängig. Ein gewisser Eichmann brachte aus Sachsen die erste Maschine zur Papierfabrikation ins Land. Das Zeitalter der maschinellen Herstellung der öffentlichen Meinung mittels Papier- und Druckmaschinen hatte schon begonnen. 1806 baute man an der Prager Technik die erste im Land erzeugte Dampfmaschine und wieder hat oben, 1825, ein gewisser Heinrich Lutz die erste für den Fabriksbetrieb hergestellte Dampfmaschine ausgeliefert. Als Franz 1835 starb, gab es in der Monarchie 35 Maschinenfabriken, in manchem Jahr wurden mehr Dampfmaschinen im Land erzeugt als eingeführt. Und in Triest betrieb der Lloyd nicht bloß Schiffahrt, sondern die Erzeugung von Dampfschiffen in eigener Regie.

Ressels Denkmal steht vor Franzens Wiener Technik. Ihn umstrahlt die Legende von der Verständnislosigkeit, mit der man in Österreich Erfinder verfolgt. Das Unglück wollte es aber, daß bei einer Probefahrt eines Schiffes, das mit der Ressel-Schraube bestückt war, ein Betriebsunfall geschah. Es waren diesmal keine Wiener, sondern Triestiner, die sich derlei gefährliche Experimente in ihrem Hafengelände verbeten haben. Gewiß, die Firma Voigtländer ging einmal nach Braunschweig ab; den Namen bekam sie im franziszäischen Österreich, und zwar einen so guten, daß die französische Besatzungsmacht in Wien hinter diesen Produkten her war. Im Wiener Botanischen Garten machte man erste Versuche zur Aufzucht der Runkelrübe, deren

Verwertungsmöglichkeit für die Zuckerindustrie längst ein Berliner aufgezeigt hat. Napoleons Kontinentalsperre schloß das ohnedies meerferne Österreich vom Bezug des Rohzuckers ab. In Časlau entstand die erste österreichische Fabrikationsstätte für die Herstellung von Rübenzucker. Franzens Bruder Joseph, Palatin in Ungarn, erkannte die Chance und begann mit dem Rübenanbau auf Staatsgütern im Ungarischen; Mähren folgte darin, später Galizien, das zuletzt den Löwenanteil der Rübenproduktion für die industrielle Verwertung entlang der k. k. Ferdinand-Nordbahn lieferte.

Von *oben* kamen aber auch in Massen die Rekruten der besitzlosen Classe, wie es bald in Lexika zu lesen war. Wien betraten sie bei der Tabor-Linie des Linienwalls. Daher der Gesang:

»Je, je, je / Der Karel is' a Behm / I' hab' eahm bei der Taborlina / Eine'renna g'seh'n.«

Die Integrierung, wie man später sagte, dieser Behm ins Wienerische gelang vorzüglich. Einige nur verkamen in den Kreisen, die Karl Marx später dem Lumpenproletariat zurechnete, andere wurden die Kader der Ziegeleiarbeiter im Süden der Stadt. Nicht wenige aber bildeten die Elite jener Meister, die eine Eleganz der Kleidung und des Schuhwerkes herstellten, das dann die Kavaliere gekonnt zu tragen verstanden haben. Viele wurden, wie Skoda, Universitätsprofessoren und geadelt, nicht wenige gelangten bis in die Hochbürokratie, wurden unter Franzens Enkel k. k. Minister. Und die Musikanten, die von *oben* kamen, wurden unentbehrlich in allen kleineren und größeren Orchestern, mochte dieses im Prater beim Svoboda aufspielen oder Orchester der k. k. Hofoper sein. Die Gefahr, mit dem Fortschritt des Industriesystems nicht Schritt halten zu können, bei Verteilung seiner Erträge zu kurz zu kommen oder sich gar zu verplempern, wie man in Wien sagte, blieb keiner Nation erspart, die ihren Bevölkerungsüberschuß noch nicht nach Übersee, sondern in die k. k. Reichshaupt- und Residenzstadt Wien oder in eine andere der rasch aufblühenden Hauptstädte der Erblande abfließen ließ. Wie es mit Fabrikanten geschah, die dasig dahergehen, weil sie alles verloren haben, hat zuerst Nestroy beschrieben, zuletzt Weinheber. Von dem Schicksal der um alles gekommenen Proletarier wußte aber ein Volkslied, das bald nach dem Tode Franzens bei den Heurigen der Stadt gesungen wurde. Das Lied vom Lebensschicksal des Schenille-Madls. Eine der unverheirateten Frauen, die in die Fabrik gingen, in diesem Fall in eine, wo nach dem Chenille-Schuß gearbeitet wurde. Und so fing das Elend an:

»Endlich geht s' um halber neune / In d' Schenillewerkstatt hin. / Laßt s' da Herr beim Haus net eini, / Steht s' und schaut s', die Karolin'.«

Alle Madeln hießen so wie die damaligen Kaiserinnen: Maria, Theres', Anna, Leopoldin', Karolin', Josefin' und Sopherl, nach der Schwiegertochter des Kaisers Franz. Wohin hat aber die besungene Karolin' g'schaut? Sie hat sich einen Schneider angelacht, eine Schneidergas, also Geißbock, wie man sagte:

»Schneider, willst d' mi' a' kuriern, / Muaßt du mi' ins Wirtshaus führ'n. / Leben will i' jetzt mit dir / In Fünfhaus beim Lagerbier.«

Lagerbier gab es damals schon, Adolf Mauthner sei Dank. Auf den Segen des Pfarrers beim Sichzusammentun, wie man sagte, haben die Karolin' und ihre Schneidergas keinen Wert gelegt. Und so werden am Vorabend der Sechsundvierziger Revolution in Wien fast ebenso viele Kinder unehelich wie ehelich auf die Welt kommen. In Fünfhaus aber, auch in Sechshaus, auf dem Braunerschen Grund und überall in den »entern Gründ'«, werden die Proletarier dagegen aufbegehren, daß sie zuerst von den Herren in die Herrengasse und auf den Ballhausplatz geholt wurden; um den Metternich ein bißl zu erschrecken und zu vertreiben; um dann aber in die Elendsquartiere zurückgejagt zu werden. Das haben sie gar nicht gerne gehabt. So haben sie ihren Fabriksherren die Fabriken angezündet. Und das Bürgermilitär hat fest hineingefeuert in das »Gesindel«. So sind die meisten der legendär gewordenen Märzgefallenen in Wien, die vom 13. März 1848, nicht vom k. k. Militär erschossen worden, sondern von der Bürgerwehr und der Polizei des Magistrats der Stadt. Das und alles Weitere steht aber auf einem anderen Blatt.

4.

Nur net bigottisch werd'n

Die Rauscherin betrat tiefgebeugt das Audienzzimmer des Kaisers, setzte eben zu einem Kniefall an, als sie eine ärgerliche Stimme hört:

»Nix da. Steh'n S' auf. Knien tut man nur vor'm Herrgott.«

Indem sie einigermaßen erschrocken auffuhr, erschrak die Rauscherin erst recht, da sie vor sich ein schmalschulteriges, engbrüstiges Manderl in einer schmucklosen hechtgrauen Uniform sah. Das also war der Kaiser von Österreich. Ehe sie zu einer Betrachtung über Größe und Mächtigkeit menschlichen Daseins kam, überfiel sie schon die Frage:

»Hab'n S' was Schriftliches bei der Hand?«

Nein, das hatte sie nicht, und so mußte sich der Kaiser die ganze G'schicht von der Rauscherin anhören. Daß ihr Ältester, der Joseph, schon in der Volksschule bei Sankt Anna ein guter Schüler war. Daß er die sechs Klassen des Gymnasiums im Akademischen Gymnasium anstandslos bewältigen konnte. Und daß er nachher den vorgeschriebenen zweijährigen Kurs an der Wiener Universität einigermaßen flott hinter sich gebracht hat. Wie er aber, als er daran war, sein juristisches Fachstudium zu beginnen, plötzlich krank 'worden ist, zeitweise gar nix g'seh'n hat und er ang'fangen hat, in die Kirch'n zu laufen. Mehr noch. Jede Woch'n ist er beichten 'gangen und kommunizieren, wo man doch eigentlich nur zu den heiligen Zeiten abspeisen geht. Und da ist die Mutter dahinter gekommen, daß ihr Pepi, ihr ganzer Stolz und ihre Hoffnung, in die Händ' des Pater Hofbauer gefallen ist. Von dem man unter den Leuten Unterschiedliches zu hören bekam. Es hat nicht lang' dauert und der Bub ist dahergekommen und hat g'sagt, er will Pfarrer werden und nicht Jus studieren.

»Na, so lassen Sie ihn halt dabei«,
wollte der Kaiser den Redestrom unterbrechen. Aber die Hofbauerin hat nasse Aug'n bekommen und plazerde Weiber konnte der Kaiser nicht ausstehen, weil sie ihn öfters dazu brachten, aus Mitleid Dinge zu konzedieren, die ihnen nicht zustanden. Die Hofbauerin hat sich aber derfangt und gesagt, es ginge nicht an, daß der Pepi Pfarrer wird. Denn wozu haben ihr Mann, Beamter der k. k. Kameralbuchhaltung, und sie alles geopfert? Damit einmal der Älteste, wenn den Eltern was passieren sollte und die Jüngeren auf dem Pepi seinen Verdienst ang'wiesen wären, für die Geschwister sorgen könnte.
Jetzt hätte die Rauscherin dem Kaiser bekennen müssen, daß es eigentlich Sache ihres Mannes gewesen wäre, seinem Allerobersten Dienstherrn in der Sache anzugehen. Aber ihr Mann war ein Latsch, wie man in Wien sagt; das nun gab sie nicht preis. Sie sagte dafür, ihr Mann sei dienstlich nach Salzburg abgeordnet, um dort bei der Einrichtung der österreichischen Verwaltung mitzutun. Sie hätte ihm aber geschrieben, leider aber von ihm nicht Rat noch Hilfe bekommen. Franz überlegte, ob er nicht die Frau ins fürsterzbischöfliche Ordinariat schicken sollte, wo man auf den Pater Hofbauer und die Art seines Seelenfangs eh nicht immer gut zu sprechen war. Vielleicht wollte er seinem alten Lehrer Graf Hohenwarth, jetzt Kardinal-Erzbischof, die Sach' ersparen, vielleicht wollte er wirklich der Frau helfen. Jedenfalls sagte er, um zu einem End' zu kommen:
»Ja, liebe Frau – wenn S' woll'n, laß' i die Sach' von der Polizei untersuchen.«
Da ist die Rauscherin erschrocken. Bei sich hat sie ein Stoßgebet gesprochen: Um Gott's Christi willen. Nur das nicht. Wenn davon was in die Personalakten, gar in die Conduitliste ihres Mannes käm', wär es um die Karriere des Rauscher vorbei gewesen. Sie bedankte sich also und bat, die Sache noch einmal mit ihrem Mann bereden zu dürfen. Der Kaiser war froh, als er so die Sache hinter sich und die Frau beim Tempel draußen hatte. Dem diensthabenden Hofsekretär aber trug er auf, ihm die Bezugsakten zum Fall Hofbauer zu asservieren.

Beim Aktenstudium, nichts lieber tat der Kaiser als das, kam zutage, daß in dem Konvolut allerlei durcheinandergekommen war. Da war die unangenehme Geschichte mit dem Rhetorikprofessor des jungen Rauscher am Gymnasium, einem gewissen Weintritt, eh ein Geistlicher, den man unlängst zur Anzeige gebracht hat, daß er Studenten weniger mit Predigten in der Kirche, sondern beim Umtrunk in Bierhäusern zu Ansichten über den christkatholischen Glauben bringen wollte, die unzukömmlich waren. Einmal hat die Polizei die ganze Clique ausgehoben und bei der Perlustrierung ist auch der Name Franz Schubert aufgefallen, an dessen Meßkompositionen bemerkenswert war, daß sie dem CREDO einen Text unterlegten, der nicht wortwörtlich dem Glaubensbekenntnis, wie es im Katechismus stand, entsprach. Den Schubert hat man unbehelligt gelassen, obwohl er sich in g'scherter Weise an Amtsstelle betragen hat; einen gewissen Senn aber hat man abgeschoben nach Tirol, wo er herkam. Wie aber ist der Hofbauerin ihr Pepi aus diesem lustigen Kreis unter die Buben des Hofbauer gekommen? Vielleicht damals, als er fast blind war und der Hofbauer mit seinem Zuspruch bei dem Armen gut angekommen ist. Für diesmal ließ es der Kaiser bei diesem Punkt des Studiums der Priora sein; er nahm sich aber vor, mit seinem alten Lehrer, dem Kardinal Hohenwarth, über die Sachen zu reden.

Nichts störte den Kaiser mehr als Streitigkeiten unter den Geistlichen, in Wien sagte man verallgemeinernd Pfarrer – als ob jeder Geweihte ein Pfarrherr sei! Da war sein Hof- und Burgpfarrer, seit dem Zehnerjahr auch Bischof, der von oben gekommene Universitätsprofessor Jakob Frint auf der einen Seite; und auf der anderen Seite der Hofbauer. Wo deren Ansichten ins Extreme und auseinandergingen, wollte sich Franz nicht in diese Unterschiedlichkeiten einlassen. Lieber redete er mit dem Kardinal. Der ist sein Lehrer gewesen, war im Grunde so wie der Kaiser, ein Josephiner und hatte etwas von der Frömmigkeit an sich, die dem Kaiser eher zusagte, ihn nicht im Inneren inquietierte. Nicht ohne Grund hat er den aus Krain gebürtigen ehemaligen Jesuiten von Sankt Pölten nach Wien berufen. Sein Onkel selig, Joseph II., hat zu seiner Zeit genug Ärger mit dem Amtsvorgänger des Grafen, dem Kardinal Migazzi, einem Tiroler, gehabt. Weder die Großmutter Maria Theresia noch deren beiden Söhne und Nachfolger Joseph und Leopold haben die absolute Gegnerschaft dieses Tirolerschädels gegen das, was man nachher Josephinismus nannte, brechen können. Franz hat nachher dem alten Mann ein bißl nachgegeben, aber von der Kirchenpolitik, wie sie Franz von seinem Onkel Joseph gelernt hat, ist er als Kaiser nie mehr abgegangen.

Und deswegen hat er im Dreierjahr den Hohenwarth nach Wien berufen. Wenn der Kaiser an die Ernennung des Grafen zum Erzbischof von Wien dachte, mußte er immer innerlich lächeln. Er hat den Bischof aus der Provinz an die Wand des Besuchersalons geführt, wo Miniaturen hingen – jeweils die aktuellen –, und dann auf eine Miniatur gezeigt. Ob der hochwürdigste Herr den Abgebildeten erkennen könne, hat Franz scheinheilig gefragt.

»Ja«, antwortete der hochwürdigste Herr, »das ist Sigismund Hohenwarth, Euer Majestät gehorsamster Bischof von Sankt Pölten«.

»Ich hab's ja g'wußt, daß Sie ihn nicht kennen«, erwiderte da der Kaiser, »das ist nämlich der neue Erzbischof von Wien.«

Und da nach uraltem Privilegium in Österreich die Präsentation der Bischöfe und damit deren endgültige Auswahl dem Landesherrn zustand, war mit diesem Satz der Diözesanbischof schon auf den Sitz des Fürstbischofs von Wien gehoben. Mochte die folgende Prozedur nach dem Kirchen- wie nach dem Staatsrecht noch so lang dauern und gewisse Probleme aufwerfen. Nicht daß Franz mit der Ernennung seines alten Lehrers eine Protektionswirtschaft bei Ernennungen hätte einreißen lassen. Es hatte andere Gründe, warum er diesen bereits in Triest, nachher als Feldbischof und zuletzt als Bischof von Sankt Pölten tätig gewesenen hochwürdigsten Herrn nach Wien berief. Die alten Josephiner im Staatsdienst bescheinigten dem Grafen längst die absolute Verläßlichkeit bei der Intimierung der von den Hofstellen zu ihm herabkommenden Amtsverfügungen. Wie ein Beamter bei einer k. k. Statthalterei amtiere der Hohenwarth seine Pfarrer,

ging die Rede. Es sollten in Wien nicht länger Dinge im fürsterzbischöflichen Ordinariat passieren, die gute Sitten und eingewöhnte Bräuche stören.
Schon Maria Theresia hat zu ihrer Zeit beim Ableben eines Papstes verboten, daß nachher in Österreich für den Verstorbenen die gewöhnlichen kirchlichen Exequien stattfinden. Das war fortan die Regel. Als Papst Pius VI. in französischer Gefangenschaft verstorben ist, hat ein Pfarrer der Diözese Sankt Pölten im dortigen Consistorium angefragt, ob man nicht in diesem Fall des Märtyrers gebührend gedenken sollte. Ob er denn nicht wisse, was die Regel sei, fuhr man ihn in Sankt Pölten an. Der Pfarrer erwiderte, ihm sei bekannt, daß in der Nachbardiözese, der Wiener, derlei stattfände. Der damalige Bischof von Sankt Pölten war gerade abwesend, auf Visitation, und so schloß sein Consistorial-Direktor das unerfreuliche Gespräch mit der Feststellung:
»Wir dürfen nicht dawider handeln.«
Nämlich gegen die Allerhöchste Intention. Nicht nur hierin hat Hohenwarth schon in Sankt Pölten ganz auf die josephinische Art regiert. Pfarrvisitationen auf dem Land waren frohe Feste für die Pfarrbevölkerung. Da konnte man sich austoben in den Volksbräuchen, die später als *Barockkatholizismus* der Österreicher draußen, etwa im Rheinland, nur noch belächelt wurden. Und Hohenwarth, der als Jesuit lieber als Missionar nach Indien gegangen wäre und alle Mißlichkeiten in einem solchen Land auf sich genommen hätte als Bischof und Exzellenzherr daheim zu werden, hat denn auch, so wie er nach Sankt Pölten kam, die guten Leut' im Land arg erschreckt. Der sonntägliche Gottesdienst anläßlich einer Pfarrvisitation war vorher Anlaß dazu, daß der Regens-Chori beweisen konnte, daß man auch auf dem Land eine Messe, wie sie der Haydn geschrieben hat, gut zur Aufführung bringen kann. Mit anderen Worten, es wurde die Einfachheit des gewöhnlichen sonntäglichen Gottesdienstes nicht bloß durch musikalische, sondern auch durch sonstige Darbietungen und Formen der Anteilnahme des Volkes gestört. Hohenwarth ließ ein für allemal anordnen:

»Die canonische Visitation wird den sonntägigen Gottesdienst nicht stören.« Basta.
Nicht genug damit, kam aus dem Ordinariat herab:
»In Speis' und Trank ist der Bischof nicht heikel und liebt er weder das eine noch das andere.«
Kein Wunder, daß in Klerus und Volk die Rede ging, es wäre besser gewesen, der hochwürdigste Herr wäre seinerzeit zu den Wilden gegangen, die auch nicht heikel sind in dem, was Speis und Trank anlangt; jedenfalls nicht Eß- und Trinkgewohnheiten haben, wie sie die unterderennsischen Österreicher nach ihren bajuvarischen Ureigenschaften im größeren Ausmaße besitzen. Die Rieden, in denen der Wachauer Wein wächst, gehören zur Diözese Sankt Pölten. Der hochwürdigste Herr ließ aber vor seinem Kommen jeweils durchsagen, ihm genüge der gewöhnliche Tischwein. Und der war nicht viel besser als der saure Meßwein. Nachdem einmal ein Pfarrherr dennoch in diesem Punkt beim alten Brauch verharrte, bekam der nächste im voraus zu hören:
»Alles Mehrere macht nämlich den Bischof *unlustig.«*
Das war eine glatte Drohung. Denn wo die gewisse Lustigkeit in der Kirche aufhört, wird es düster. Nicht genug damit, mußten die Pfarrköchinnen, darunter nicht wenige von außergewöhnlichen Fähigkeiten im Zubereiten von Suppen, Braten, Mehlspeisen und Geflügel, auch Fischspeisen, hören:
»Abends nimmt der Bischof bei Visitationen und überhaupt stets – nichts mehr als eine Suppe oder grüne Speise ...«
Das war peinlich. Man konnte doch nicht den Grafen oder Baron, der die Herrschaft in der Gegend hatte, am Abend, so wie dem hochwürdigsten Herrn, eine Brotsuppe oder einen Kochsalat vorsetzen. Viele dieser Herren Grafen und Barone waren nicht die frömmsten. Und wenn auch das adelige Landleben noch kultiviert verlief und nicht so luxuriös wie später in Wien – wo viele Herren bald Hab und Gut vertan haben –, so sollte man doch als Gastgeber nicht notig dastehen vor einer Erlaucht. Es ließ sich nicht vermeiden, daß man dem hochwürdigsten Herrn bald nachsagte, er sei ein Nudeldrucker, ein Knauser. In Wien, wo

man schon einige Brocken des Jiddischen aufgeschnappt hatte, wird man ihn einen Schnorrer nennen. Seine Kutsche, die ihm als Erzbischof der Residenzstadt zustand, ist mit der Zeit so miserabel im Aussehen geworden, daß die Portiere schon von weitem das Kommen der Eminenz an der Miserabilität der angespannten Zugpferde der Kutsche erkannten. Schon in Sankt Pölten aber hat sich der hochwürdigste Herr bei den Kutschern einen schlechten Ruf eingewirtschaftet:

»Der Landkutscher«, ordnete er an, »muß sich und seine Pferde selbst verköstigen, er ist dafür bezahlt; folglich soll ihm von niemand ohne Bezahlung etwas gereicht werden.«

Das war die verkehrte Welt. Bisher holten sich die Bedienten bei Visitationen den einen oder anderen Silberzwanziger, jetzt bekamen sie nix, sie mußten zahlen und alles auf Heller und Pfennig mit der bischöflichen Kammer verrechnen. Es ist aber umstritten, ob Hohenwarth, sei es in Sankt Pölten oder in Wien, die Sitte des Trinkgeldgebens und -nehmens unterdrücken konnte. Nicht einmal Kaiser Joseph, der auch derlei haßte, hat es zuwege gebracht. Da und dort wurde bezweifelt, ob derlei strenge Bräuche, wie sie dem Hohenwarth gefielen, mehr Leute in die Kirche locken oder noch mehr hinausdrängen werden.

Was an Dingen dieser Welt abging, das machte der mit dem Bischof kommende Aktuarius – er und ein Bedienter machten dessen Gefolge bei einer Visitation aus – mit seinen Schnüffeleien wett. Es gab ernorme Beanstandungen betreffs der Matrikelführung. Das pfarrliche Pfründenvermögen wurde mit einer josephinischen, wohl auch franziszäischen Akuratesse geprüft. Und was anstellig zu bemerken war, das mußte sich ein Pfarrherr vom Bischof in Worten anhören, welche die hinter der Türe lauschende Köchin zutiefst erschreckten. Wo die Dinge dermaßen gerieten, brauchte es nicht erst kirchlicher Verbote, um das Böllerschießen beim Kommen des Visitators fortan zu unterlassen. Man schickte Späher aus, die atemlos ins Dorf liefen, wenn sie zu melden hatten:

»Er kummt scho'.«

Prozessionen und Wallfahrten hatten seit Urzeiten einen teils dem

Himmel zugewandten, teils einen recht weltlichen Zweck. Was sollte man auf den langen Wegstrecken tun, wenn wieder ein Rosenkranz bis aufs letzte G'sätzl gebetet war? Wann und wo sollten die Bäuerinnen ihren Tratsch abwickeln, Bauern über die Ernte reden, als bei solchen Gelegenheiten? Seine Erlaucht, der nach Sankt Pölten gekommene Graf Hohenwarth, ließ sagen, man wisse, daß bei verschiedenen Prozessionen und dergleichen eine wenig gottgefällige Andacht gepflegt werde. Da sei es besser, statt tratschenderweise über Land zu gehen, in der Kirche eine Andacht zu führen. Auch in letzterer Hinsicht war der Bischof fürs Wenigere. An Samstagen, wenn selbst beim Fleischhauer ein Lamperl vor dem Kreuz oder Muttergottesbild in der Ecke des Geschäfts brannte, man sich also auch bei der Arbeit zu dem bekannte, was der Tag gebot, sollte fortan nur dann in der Kirche eine Andacht stattfinden, wenn mehr als zwanzig Kirchenbesucher zur Stelle waren. Da lachten die Josephiner darüber, daß jetzt die Pfarrer selbst gegen die gewissen Kerzlschlickerinnen, Weihwasseranten und Sakristeiwanzen einschritten. Typen, denen man, man war doch auch ein Christ, nur Heuchelei zubilligte, wenn sie, wie die Rede ging, in der Kirche auf den Knien 'rumrutschen und dem Herrgott die Zehen abschlecken.
Ganz arg wurde es, als herauskam, Hochzeiten dürften nie mehr *nach* zehn Uhr vormittags stattfinden. Wo war da Zeit dazu, sich vor dem Gang oder der Fahrt zur Kirche noch hinreichend zu stärken mit Speis' und Trank? Wo doch eh der Bräutigam eine Stärkung brauchte bei dem traurigen Abschied von seiner Jungfernschaft? Während eines der Franzosenkriege, als den Leuten in Niederösterreich eh die Grausbirn' aufstiegen beim Kommen des Bonaparte, hat der Hohenwarth nichts anderes zu tun gewußt, als sich mit einem bedrohlichen Rundschreiben an die Geistlichen seiner Diözese zu wenden. Absenzen von der Pfarre durften, ohne Genehmigung, nur einen Tag, nicht die Nacht über dauern. Mit dem Tanzen der jungen Kooperatoren war es vorbei. Blieben letztere über Nacht aus, so war darüber vom Pfarrer genau Evidenz über das Wo und Warum zu führen. Starke geistige Getränke waren den Geweihten verboten.

»Kein Wunder«, murrten die bajuvarischen Trinksitten verhafteten Betroffenen, »wo er selbst doch nur den sauren Wein schmecken möchte.«

Die Tonsur, mit deren Schneiden das klerikale Dasein anfängt und nie mehr aufhört, mußte stets fein säuberlich ausrasiert sein. Das Kollar mußten die hochwürdigen Herren anlegen, gewisse Kleidungsstücke aber ablegen. Etwa solche, die Weiber vergessen ließen, daß sie es mit einem Geweihten zu tun haben. Schon gar farbige Strümpfe, gestrickte Westen, Beinkleider à la mode, überhaupt das, was in der Stadt ein Abbé trägt, um zu zeigen, daß er ein gebildeter Mensch ist und kein Zelot. Das am Karfreitag aufgestellte Heilige Grab, einmal Vorlage für künstlerische Leistungen von hoher Qualität, mußte ohne Aufputz zur Schau gestellt werden. Die gern gesungenen alten Kirchenlieder wurden gesichtet, einige verboten; vor allem die larmoyanten Totenlieder, die gesungen wurden, während der Verstorbene in seiner Stube auf dem Schragen lag. Würden schon Kranke durch das gewisse unnötige Getue beim Versehgang verschreckt, so seien die kläglichen Melodien zur Totenwache nicht geeignet, den Hinterbliebenen deutlich zu machen, daß das Sterben Anlaß zur Freude sei, nämlich zur Himmelsfreude.

Die im Bereich der Diözese liegenden Wirtshäuser an der Straße nach Mariazell fingen an, wegen des schwindenden Umsatzes derlei Neuerungen zu beklagen. Die Wiener zogen gerne und oft in ihrem Leben nach Mariazell. Und sie schämten sich nicht, auf dem Weg dahin, selbst während der Fastenzeit, in den Dorfwirtshäusern entlang des Weges Backhendl zu verzehren, die Reichen gleich dreierlei Fleisch zu Mittag. Auch immer etwas zum Hinunterschwemmen der Fettigkeiten. Was sie aber nicht liebten, das waren die endlosen Messen, die manche Pfarrer zelebrierten, als ob nicht schon in den josephinischen Generalseminaren gesagt worden wäre, man könne über alles reden, nur nicht über eine halbe Stunde hinaus. In Wien gab es hochberühmte Kooperatoren, Schluderer, wie man sagte, die brachten die Sonntagsmesse in 8, sage und schreibe acht, Minuten hin.

Es gab Priester und Pfarrherren, die den guten Kern des Neuen bejahten, wenngleich der bischöfliche Rigorismus auch ihnen zu denken gab. Einer von ihnen hinterließ einen höchst bezeichnenden Hinweis:

»Hätte ich den bisherigen Kooperatoren alles angehen lassen, so wäre in der Pfarre kein Rosenkranz mehr zu finden; Bildnisse und Statuen wären aus der Kirche [entfernt] und einige Sakramente wären verschwunden.«

Soweit war Franz mit seinem nach Wien gekommenen alten Lehrer und den strengen Bräuchen des hochwürdigsten Herrn einverstanden. Und dennoch gab es gleich bei der Inthronisation der Grafen Hohenwarth Probleme, zu deren Bewältigung es des ganzen Geschicks der Beamten und einer gewissen Toleranz des neuen Erzbischofs bedurfte. Nachdem Franz angesichts besagter Miniaturen dessen Transferierung von Sankt Pölten nach Wien eröffnet hatte, ließen die Beamten der zuständigen niederösterreichischen Regierung die in Rom gewähren mit dem ganzen Kram der aus dem finsteren Mittelalter stammenden kirchlichen Rechtsvorschriften. Sie wußten, daß diese Prozedur in ihre Gasse kommen mußte; nämlich in dem, daß der neue Erzbischof am Tage seiner Inthronisation in Wien den Eid auf den Papst zu leisten haben wird. Oberster Hofkanzler war damals ein Graf Ugarte, ein beinharter Bürokrat, josephinisch bis auf die Knochen. Der schrieb seinem gräflichen Standesgenossen mit ausgesuchtester Höflichkeit

»... inwieweit dieselben [fürstbischöfliche Gnaden] diesen *päpstlichen* Eid schwören zu können, mit dem Eid der Treue, welchen dieselben bereits bei Antritt des Bistums von Triest dem *Landesherren* abgelegt ... *vereinbarlich finden*«,

das überließ Graf Ugarte dem Erzbischof. Natürlich wußte der Graf Ugarte, daß in der päpstlichen Ernennungsurkunde für den neuen Fürsterzbischof von Wien von der PLENITUDO POTESTATIS die Rede war, die der Nachfolger des heiligen Petrus für sich in Anspruch nahm; eine volle Machtbefugnis, die im Machtbereich der Erblande nicht galt. Der eben für diesmal aus dem Amt geschiedene Graf Saurau, erzogen in bester maurerischer Gesinnung, als autokratischer Bürokrat aber immer wieder in schweren Zeiten ins Amt berufen, hatte eine liberale Rechtsauffassung für diesen Fall hinterlassen:

»Leute von Einsicht und Kenntnis werden die dort (PLENITUDO POTESTATIS) für das ansehen, für was sie anzusehen sind, nämlich für bloße Formalitäten, von welchen die römische Kurie schon einmal nicht abgeht; welche an sich selbst keine Wirksamkeit haben können und überdies auch durch die Verwahrungsklausel des (landesherrlichen) PLACETUM REGII unwirksam erklärt werden.«

Im übrigen baute der Präsident der niederösterreichischen Regierung, Baron Summerau, dem künftigen Erzbischof von Wien in dieser heiklen Sache mit großem Geschick eine Brücke, über die Hohenwarth ohne Gesinnungswandel gehen konnte. Er über setzte die beiden fatalen Worte PLENITUDO POTESTATIS mit *Amtsgewalt des Papstes;* und eine Amtsgewalt kann weltbeherrschend sein, aber auch weniger an sich haben als nix.

So war es, so blieb es auch, als die Rauscherin mit ihrem Problem daherkam, Hohenwarth war schon steinalt, Franz eisern in seinem Josephinismus. Daß seine Residenzstadt Wien eben daran war, Stätte einer kirchlichen Erneuerungsbewegung zu werden, der Glanz des Aufklärungszeitalters selbst in Kreisen mit Besitz und Bildung verblaßte, bekam Franz zeitlebens nicht ganz mit. Herz und Motor der Erneuerung der unter dem Kirchensturm des Josephinismus darniedergelegenen Kirche war kein Kirchenfürst, sondern ein unansehnlicher Ordensmann aus Mähren. Sein Vater war Tscheche, der aber seinen tschechischen Namen Dvořak in Hofbauer verdeutschte. Die Mutter, Tochter des Richters, also Dorfoberen in Taßwitz, war aber eine Deutsche. Hofbauer rechnete sich später den Deutschen zu. Als er im Achterjahr, aus dem zeitweise preußisch gewordenen Warschau ausgewiesen, nach Wien kam, hatte er schon ein abenteuerliches Leben hinter sich gebracht: Gelernter Bäcker, bald da, bald dort Eremit, bald in Italien, bald in Österreich, dann in den Redemptoristenorden eingetreten und als Priester mit dessen Verbreitung nördlich der Alpen betraut. Kaum in Wien angekommen, lief die erste Polizeiaktion gegen den kurrendierten Hofbauer:

Er soll vorher in Warschau Kircheneigentum widerrechtlich an sich genommen haben. Hätte nicht der päpstliche Nuntius am Hofe Franzens eine Bescheinigung des Bischofs von Warschau erwirkt, wonach der Verdacht unbegründet war, die Polizei hätte sich viel Ärger mit diesem Geistlichen erspart, indem sie ihn gleich abschubierte. Nicht nur die Polizei, sondern auch die alt gewordenen Josephiner in der Umgebung des Wiener Erzbischofs.

Viele Zeitgenossen Hofbauers konnten nicht verstehen, woher es kam, daß dieses höckerige Mannsbild, mit seiner spitzen, wohl gar vom Wein geröteten Nase auf Menschen Eindruck zu machen verstand, die ihm doch in puncto Wissen und Kultiviertheit turmhoch überlegen zu sein schienen. Natürlich hatte er jene gegen sich, deren Ideen noch aus der jüngst vergangenen vernunft-stolzen Zeit herrührten. Sie hielten seine Gläubigkeit für pfäffische Heuchelei, seine im Beichtstuhl ausgeübte Bekehrungstätigkeit für einen Skandal, einen Rückfall in gotische Zustände. Herr von Gentz hat den Hofbauer zeitlebens nicht riechen können.

Um den Hofbauer, schon billigten ihm viele Wiener bei der Namensnennung den auszeichnungsweise gebrauchten Artikel *der* zu, um den Hofbauer also entstand ein religiöses Klima, dessen geistigen Gehalt Männer schufen, die *von draußen* nach Wien kamen. Von draußen, sogar aus Norddeutschland, aus rein protestantischer Umgebung. Sie alle überragte der aus Hannover gebürtige Friedrich von Schlegel, zu Zeiten in Diensten der k. k. Hof- und Staatskanzlei, einer der Männer, die den Geist von Österreichs Erhebung anno neun gegen Napoleon entfachten. Er redigierte den nach ihm arg heruntergekommenen, halbamtlichen »Österreichischen Beobachter«, er hielt in den düsteren Jahren 1810/12 Vorlesungen. Und seine Zeitschrift »Concordia« wurde Ausdruck einer Spätromantik, bis er jenes ZUSPÄT erkannte, das sein in Wien begonnenes Werk überfiel und das Land ihm fremd machte. Schlegel trat als gläubiger Evangelischer über zum Katholizismus; das war kein Akt des von Franz wenig geschätzten Proselytentums, eher ein Bekenntnis zu einem Katho-

lizismus, der zur Ursprünglichkeit des ALLUMFASSENDEN im Christentum zurückfinden sollte. Neben Schlegel stand Zacharias Werner. Einmal, als er noch als Bohemien ein wüstes Leben führte, nannte man seinen Namen zusammen mit den Namen Goethes und Schillers und anderer. Sein Übertritt zum Katholizismus vernichtete mit einem Schlag diesen Ruf.
Und da war der aus Berlin gebürtige Adam Müller. Zuerst Student der evangelischen Theologie, 1809 in Österreich, dazwischen immer auch draußen publizistisch tätig, ab 1811 in Diensten der Staatskanzlei. Es zeugt gegen die Metternich vorgeworfene Intoleranz, wenn der Kanzler Männer wie Müller oder Schlegel in Diensten des Ballhausplatzes versorgte und mit wichtigen Aufgaben betraute; auch wenn der Kanzler nicht das gleiche zu denken vermochte, wie diese Männer, die – wie er selbst – keine gebürtigen Österreicher waren. Müller wurde zum Hauptvertreter einer *politischen* Romantik. Alle Schmach, die man nachher über diese Richtung ausgoß, galt ihm, er hat am Beginn des industriellen Zeitalters die Frühdiagnose einer drohenden Erkrankung des kaum geschaffenen modernen Staates erstellt, indem er dem Staat, den er erlebte, vorwarf:
»Der Staat ist nicht eine bloße Manufaktur, Meierei, Assekuranzanstalt oder merkantile Sozietät. Er ist ... eine sittliche Gemeinschaft, die als Einheit entsteht ... durch (ein) unmittelbares Verhältnis zum Weltganzen, zu Gott ...«
Zu diesem Kreis, an dem für viele nur ein Konfessionswechsel das Auffallende war, gehörte der aus Pommern stammende Klinkowström. Er erlebte die Zeitwende als Offizier bei Preußens, er lernte nachher das Schauen bei Malern wie Louis David in Paris, nachher bei Overbeck in Rom, bis er in Wien in den Kreis um Hofbauer, Schlegel und Müller geriet; er gründete gegen heftige Widerstände eine Erziehungsanstalt, aus der bis 1834 die Männer hervorgingen, die nach 1848 als Katholiken am Anfang des demokratischen Zeitalters standen, und schrieb für die Jugend, zeitweise auch im Österreichischen Beobachter. Zu solchen Männern konnten Eichendorff, Clemens Brentano und Franz von Baader stoßen, die just nicht im Beichstuhl des Hofbauer

knieten. Ja selbst der Sohn eines von oben kommenden Sohnes eines jüdischen Trafikanten, Emanuel Veith, der schon Direktor des Wiener Tierarzneiinstituts gewesen ist, ehe er zu Hofbauer stieß – und zuletzt Domprediger bei Sankt Stephan wurde.
Als Sterbender hat Hofbauer zuletzt doch noch durchgesetzt, was die Josephiner erschütterte und Franz bei vielen Freisinnigen um den Rest der Popularität brachte. Der Kaiser genehmigt nämlich die Statuten der Redemptoristen, die als Liguorianer von der Wiener Kirche Maria am Gestade aus einen Eifer entfalteten, der ihnen 1848 den stärksten Haß aller Revolutionäre eintrug. Nach dem Tod Hofbauers kam auch eine *innere* Spannung in die von ihm hinterlassene Erneuerungsbewegung. Der aus Norddeutschland nach Wien gekommene Privatsekretär Metternichs, Karl Ernst von Jarcke, übertraf Hofbauer in dem, was letzterem später bei der Heiligsprechung nicht eben zum Guten angerechnet wurde. Eine gewisse Unversöhnlichkeit, die im Falle der Frömmlichkeit des alternden Metternich Ausdruck fand in jener Allianz von Thron und Altar, die Kirche und Staat in Österreich in einer Linie sah. Um Jarcke sammelten sich Vorhuten derer, die nachher im liberalistischen Zeitalter als Ultramontane für mehr gescholten wurden, als Papsttreue an sich gewesen wäre.
Auf der anderen Seite entstand um den von Hofbauer zum Glaubensleben zurückgeholten, aus Böhmen gebürtigen Anton Günther eine von vielen als ganz neuartig, ja andersartig aufgefaßte Theologie in ihrer Beziehung zum modernen Menschen. Günther gewann zeitlebens auf hervorragende Kirchenfürsten der Umbruchszeit um 1848 Einfluß. So auf den Primas Germaniae Fürst Schwarzenberg und die Kardinäle von Breslau, Köln, München und die Lehrmeinungen, wie sie in vielen Priesterseminarien vertreten wurden. Allein schon die Gefahr, von Rom indiziert zu werden, brachte ihm zu Lebzeiten einen Ruf im Liberal-Katholizismus ein; daß er sich zuletzt Rom unterwarf, brachte ihn um den seltenen Ruhm, daß das ihm zugedachte Denkmal in der liberalen Ära im Arkadengang der Wiener Universität zur Aufstellung kam.
Was aber einmal unter Hofbauer jenes Spannungsfeld erzeugte,

in dem sich oft verschiedene geistige Elemente in geistigen Kraftströmen entladen konnten, wurde zu fruchtloser Polarität: Hofbauers Kreis zerfiel in Kreise. Etwa: Hie Anhänger Jarckes, hie Güntherianer.

So standen sich in anbrechenden Zeiten schwerer religiös-weltanschaulicher Auseinandersetzungen in Österreich Fürst Schwarzenberg, zuletzt Fürsterzbischof von Prag, und Fürsterzbischof Joseph Othmar Rauscher in etwa gegenüber. Die Berufung ihres Pepi zum Priestertum hat die Rauscherin weder mit Bitten und Beten noch mit Vorhaltungen und Ermahnungen aufhalten können.

Franz fühlte sich zeitlebens inmitten von Streitigkeiten innerhalb der Kirche unbehaglich. Er teilte nie die zuletzt von Metternich untermauerte Allianz von Thron und Altar, er war Majestät von Gottes Gnaden und übte seine Herrschaft mit Hilfe weltlicher wie geistlicher Funktionäre aus. Sein Weisungsrecht ließ er sich von niemandem einschränken, wie er denn auch seine auferlegte Verantwortung nie auf jene abwälzte, die er unter sich hatte. Franzens Verhältnis zu Hofbauer erklärt die Einstellung des Kaisers zur priesterlichen Existenz an sich. Nie hat er eine der Predigten des Hofbauer gehört, nie hat er ihn etwa zum Hofbeichtiger gemacht; aber der Kaiser hörte sich an, was man über Hofbauer zu Zeiten geredet hat. Wahrscheinlich auch vom Kučera, der wohl bestimmt nicht zu den Schäflein Hofbauers gehörte. In der Musikstadt Wien, in dieser Stadt der Theaternarren, war auf einmal ein neues, ein anderes Gesprächsthema im Laufen:

»Wo waren Sie in der Predigt? Wie hat Ihnen die Predigt gefallen?«

So geriet Hofbauers Erneuerung da und dort an den Rand einer Modetorheit, die verschwand, als die Mode von gestern schon am übernächsten Tag unmodern wurde. Franz ließ aber nicht zu, daß sich die Josephiner in der k. k. Obersten Polizei- und Zensurhofstelle auf ihre Art hinter den Hofbauer hermachten. Um den Hofbauer, wenigstens in der Öffentlichkeit, mundtot zu machen, wurde gegen ihn ein Predigtverbot erlassen. Nachher wollte man auf die gleiche Weise Hofbauer aus Wien wegbringen. Als Redemptorist gehörte er die längste Zeit einer Kongregation an, die in Österreich nicht von Staats wegen genehmigt war. Man stellte ihn also vor die Alternative, entweder das als Redemptorist abgelegte Gelöbnis zu brechen, aufzuhören, ein Liguorianer zu sein, oder aber andernfalls Wien zu verlassen. Ersteres hätte den Hofbauer um den Ruf der Unbedingtheit gebracht, letzteres hat ihm die Wiener Polizei in Hinkunft erspart.

Derlei gefiel Franz nicht, auch nicht im Falle von Andersgläubigen. Er erließ ein Kabinettschreiben, in dem er einen »gutächtlichen Vortrag« zu dem Fall verlangte; bis dahin konnte der Hofbauer in Wien bleiben. Er bezog Stellung im Beichtstuhl bei den Ursulinerinnen in der Annagasse, um alsbald auch wieder die Kanzel betreten zu dürfen. Das war um die Zeit, als Franz seinen längst vom Papst ersehnten Rom-Besuch, den letzten eines Kaisers, machte. Der Hofpostzug, zweiunddreißig Wagen und einhundertsechsundfünfzig Pferde, machte allein schon ein Gepränge beim Einzug in die Ewige Stadt aus. Zweiundzwanzig Wagen waren vorausgefahren. Für Franz war vorher das Wiedersehen mit Florenz ein eindrucksvolles Ereignis, die Erinnerung an seine in der Toskana verbrachte Jugend bewegte ihn zuweilen sichtlich. In Rom war er seit den Tagen seines Vorfahren Kaiser Karl V. der erste Kaiser, der einen dermaßen feierlichen Einzug in Rom hielt. Der Besuch fiel in die Karwoche des Jahres 1819.

Wie einstens, mit weniger Pomp, Maria Theresia, Joseph II. und Leopold II. besuchte auch Franz die Akademie der Schönen Künste; noch eindrucksvoller verlief aber die Begegnung mit den in Rom weilenden deutschen Künstlern: Schadow und Veit, Overbeck und Cornelius, zu denen unter anderen auch Thorwaldsen stieß. Von Rom aus ging die Reise nach Neapel. Das war, als Grillparzer den Fürsten Esterhazy und den Grafen Karoly auf den Vesuv begleitete. Man stieg nicht auf die Spitze des Vulkans, man ließ sich von Eseln hochtragen, der Dichter hatte Mühe, sein Tier an dem der talwärts reitenden Kaiserin vorbei zu bringen. Nachher hatte Grillparzer seine Italienreise als die *Pandorabüchse* all seines Unglücks bezeichnet; freilich verschwiegen, daß er ungeschickt genug war, die Büchse der Pandora selbst zu öffnen. Mehr als Franz schwelgte Metternich auf klassischen Gefilden. Erst der Mord an Kotzebue rief ihn hervor aus einer nie gekannten romantischen Verzückung. Das nun konnte sich Franz nicht gestatten. Ihm stand auf der Rückreise der nochmalige Besuch in Rom bevor; und wenngleich der Kaiser nicht zu fürchten brauchte, daß etwa der Papst ihm eine Pandorabüchse überreichen würde, so rechnete Franz dennoch damit, daß er, der Neffe Josephs II., ausbaden wird müssen, was ihm in kirchenpolitischer Hinsicht sein verehrter Onkel hinterlassen hat. Und so ist es gekommen.

Die Lesebuchgeschichte vom Abschied Franzens von Pius VII. macht sinnfällig, was in actis ohnedies nachzulesen wäre. Demnach soll der Heilige Vater bei der letzten Umarmung des Kaisers diesem ein umfangreiches Dokument zugesteckt haben. Dieses sogleich in Augenschein zu nehmen, blieb nicht die Zeit. Der Kaiser stieg in die Leibreisekutsche, die Pferde zogen an und Franz hatte eine Unannehmlichkeit am Hals. Im Moment konnte er weder JA noch NEIN zu dem sagen, was in dem fraglichen Papier propagiert wurde, um die josephinischen Zustände in der Monarchie nach den Wünschen des Vatikans zu sanieren.

Metternich lag einiges daran, diesen Vorgang unter seine Kontrolle zu bringen. Die Prüfung des kirchlichen Vorbringens auf dem Ballhausplatz sollte einige Zeit dauern. Dem Kanzler lag daran, daß sein unter den Eindrücken der Italienreise stehender Kaiser und Herr nicht gleich jetzt eine Erklärung in der Sache machte. Als der kaiserliche Wagenzug die österreichische Grenze im Venetianischen überfuhr, hatte Metternich schon das auf französisch verfaßte Dankschreiben seines Kaisers für die Gastfreundschaft des Papstes bereit. Ins Italienische übersetzt, wurde es aus Sta bei Padua expediert. Ansonsten verblieb es bei einem Versprechen des Kaisers, das schon vor der Romreise vom Botschafter des Heiligen Stuhls überbracht wurde; nämlich wegen einer Abmachung zwischen Kaiser und Papst, einem Konkordat, zu verhandeln. Dazu ist es bei Lebzeiten Franzens nie gekommen. Gleich nach dem Rom-Besuch gingen neue Querelen mit dem Vatikan los, und der nächste Brief Franzens an den Papst betraf wieder Bischofsernennungen im Italienischen. In Rom bestritt man nicht mehr das Präsentationsrecht des Kaisers, diesmal, es ging um das Bistum Treviso und das Erzbistum Mantua, legte man sich in Rom Einwände gegen die Person der Ausgewählten zurecht. Dem für Treviso vorgesehenen Japelli sagte man in Rom eine unwürdige Lebensweise nach, dem für Mantua die Verbreitung von Irrlehren.

Mit tiefster Bestürzung hatte man in Rom zur Kenntnis genommen, daß im österreichisch gewordenen Venedig 1817 von Protestanten der dreihundertste Jahrestag des Hervortretens Martin Luthers gefeiert werden konnte. Schon war in vatikanischen Kreisen die Ansicht verbreitet, im österreichischen Oberitalien sei weniger la dottrina cattolica verbreitet als eine dei protestanti. In Wien wollten alte Josephiner den Kaiser scharf machen, in Rom päpstliche Diplomaten, die seit ihrer Teilnahme am Wiener Kongreß eher bescheidenes Lob für den Katholizismus der Wiener übrig hatten. Franz ließ sich nicht auf derlei ein, ließ in Rom verlauten, der Einwand gegen die von ihm genehm gehaltenen Kandidaten für die fraglichen Bischofssitze täte ihm *weh*. Pius VII., als Exhäftling Napoleons aus einem anderen Holz als der seinerzeit im josephinischen Österreich kurz abgefertigte Pius VI., beharrte, trotz des Schmerzempfindens der Majestät in Wien.

Darauf präsentierte Franz für Laibach seinen Referenten in der Hofkanzlei für kirchliche und geistliche Angelegenheit, den im Geruch eines argen Josephinismus stehenden hochwürdigen Herrn Augustin Gruber, und dieser Fall rührte noch einmal den an sich geschlichteten Streit wegen der Ausdehnung des in den Erblanden geübten Präsentationsrechts des Landesherrn für die zurückeroberten Länder Venetien und Lombardei auf. Wer weiß, wie weit die Dinge gediehen wären, hätte sich nicht Gruber seine Sache selbst in Rom gerichtet. Er erwirkte die kirchliche Ernennung für Laibach, um später sogar in Salzburg den Rang eines Metropoliten und Primas Germaniae zu erlangen. Es waren die

Ereignisse in Deutschland nach dem Mord des Burschenschafters Sand an dem Dichter Kotzebue, die doch noch im Jahre 1819 eine Annäherung zwischen Kaiser und Papst in der Konkordatsfrage brachten; als nämlich am 26. November des Jahres der Botschafter Franzens die grundsätzliche Bereitwilligkeit Franzens, in Konkordatsverhandlungen einzutreten, überreichte. Doch trug dieser Akt eher den Charakter einer Reaktion auf die *politische* Entwicklung in Deutschland; der dort aufkeimende Liberalismus wurde ausdrücklich in der von Metternich konzipierten Note zum Anlaß des Entgegenkommens erklärt. Es war eine *Demonstration* vor der internationalen Öffentlichkeit in politicis. Das Konkordat blieb, wie gesagt, zu Franzens Zeiten aus; auch zu Zeiten seines Nachfolgers Ferdinand; eben so lang, als auch nach 1848 noch ein Nachhall metternichscher Kirchenpolitik am Ballhausplatz blieb: Die Kirche als nützliches *Instrument* der Staatspolitik, nicht aber vorgegebener *Partner* im Staat oder Vertragspartner auf internationaler Ebene.
Und dann kam es zu Feierlichkeiten und friedsamen Begegnungen in Rom. Etwa als Franzens Bruder, der gewählte Fürsterzbischof von Olmütz, Erzherzog Rudolf, in die Ewige Stadt kam, um die Ernennung zum Kardinal entgegenzunehmen. Es ist für den Charakter dieses Bruders, Beethovens Freund, bezeichnend, daß er damals schon seit vierzehn Jahren Koadjutor in Olmütz war, die Wahl zum Erzbischof aber erst annahm, als er sich alt und gereift genug fühlte, um das hohe Amt zu übernehmen.
1820, im Todesjahr Hofbauers, ging die zweite Welle der Revolution über die alte Welt. Selbst im zaristischen Rußland geschah im folgenden Jahrzehnt jenes erste Beben in der Tiefe, das einen unheilbaren Riß im Gefüge des Reichs erzeugte, jenen Riß, durch den schon das Ferment emporkam, das hundert Jahre später das schauerliche Experiment des Stalinismus erzeugte; einen Absolutismus, wie er nie so drückend und mörderisch in Zeiten des Zaren auf dem Land gelegen ist. In Österreich aber gingen die Uhren weiter nach der Zeitangabe, die Metternich für die angemessene hielt. Andere ängstigten sich vor dem unheimlichen Ticken eines vermeintlichen Perpetuum mobile im System.

Sie verließen das Land. Auch Friedrich von Schlegel gab den Glauben an eine Zukunft auf, die er selbst einmal in Wien von anno neun erfaßt zu haben hoffte. Und am Ende dieses Jahrzehnts starb Adam Müller; nie zu Lebzeiten erkannt in der Bedeutung seiner Lehren von den ELEMENTEN DER STAATSKUNST.
Am Andenken Hofbauers aber vollzogen seine Feinde das ihm längst zugedachte Urteil: Nicht genannt sollte er werden. Noch generationenlang wurde er in Darstellungen der Geschichte Wiens nicht einmal im Hinweis auf eine Fußnote im Namensregister erwähnt. Seine Erscheinung gilt in solchen Zusammenhängen als Urbegriff dessen, was bald als Klerikalismus, Ultramontanismus, Unwissenheit und starrer Konservativismus in jene finstere Ecke gekehrt wurde, hinter der nur noch das Tor zur Leblosigkeit ist. Erst nach dem Ende der Ringstraßenära in Wien, im Wien des Doktor Lueger, widerfuhr Hofbauer einige Gerechtigkeit. Der Heiliggesprochene wurde zum Schutzpatron Wiens, bis eine neue Welle auch dieses Erinnern überdeckte. Das war, als man in den Protokollen der Staatskanzleien das Stichwort Österreich für sieben Jahre löschte, weil es überhaupt keinen Staat gab, der diesen Namen trug. Nur romantische Gemüter suchten zuweilen noch eine Denkmalstätte auf:
Es ist das der sogenannte Romantiker-Friedhof von Maria-Enzersdorf, Wallfahrtsort bei Wien. Längst ist das Grab Hofbauers, wie erzählt, leer. Aber unweit davon gibt es eine mit allerlei Grün überwachsene Grabplatte, der zu entnehmen wäre, daß hier Zacharias Werner begraben wurde. Werner, einmal die große Hoffnung derer, die ihn nach seinem Abschwenken in den Hofbauer-Kreis mit der härtesten Strafe belegten: Nicht genannt soll er sein; höchstens in Exzessen seiner dramatischen Kunst als Kanzelredner mit Histörchen, die dem Priester noch einmal das Nassushemd des originellen Wüstlings seiner Jugend überwerfen. Und da ist das Grab Adam Müllers. Sein Andenken verschüttet mit dem Gerümpel der Polemiken, die sich, bejahend und verneinend, in ihren Ideologien der ELEMENTE DER STAATSKUNST, Müllers Werk aus 1809, bemächtigten. Die Grabstätte derer von Klinkowström ist da und andere, über denen schon endgültig

jenes GEWESEN zu sein scheint, das wohl die stärkste Verneinung in dieser Welt ist.

Im Jahrzehnt, das anfing mit dem Tod Hofbauers, ist der böhmische Graf Kolowrat-Liebsteinsky in den Kreis der Staatsminister aufgerückt. Sohn jenes Grafen Franz Joseph, der zu den Standesherren gehörte, die 1791 die Krönungsfeier Leopolds in Prag ausrichteten. Dessen Sohn Franz Anton brachte es nach Franzens Tod zum Symbol einer *freisinnigen Alternative* im System Metternich. 1848 schien er und kein anderer geeignet, bei Ausbruch der Revolution der erste k. k. Ministerpräsident im Zeitalter der Kavalkade der Verfassungsexperimente in der Monarchie zu sein. Kolowrat, der längst dem Josephinismus seines Kaisers – unbestimmt, wie darin das System zu sein schien – entgegenhielt:

»Ich begreife nicht, wie ein Staat bestehen könnte, wenn allen Forderungen der römischen Kurie Genüge getan wird.«

Franz hat dem nicht Genüge getan, solange er lebte; hat aber auch nicht den von seiner Großmutter aufgelösten, 1814 wiedererrichteten Jesuitenorden in der Monarchie zugelassen.

Der Staat aber, von dem Adam Müller warnte, geriet zu einem Absolutismus, der alle Mächtigkeiten eines absoluten Monarchen übertrifft. Der Staat, dem es genügt, Manufaktur, Meierei, Assekuranz und merkantile Sozietät zu gewährleisten.

5.

Das Schwert des Theologen

Unentwegt besangen die Studenten an Deutschlands Universitäten ihren Traum vom Reich:
»Wir woll'n das Wort nicht brechen / Nicht Buben werden gleich / Woll'n predigen und sprechen / Vom Kaiser und vom Reich.«
Kaiser, das war nicht der regierende Kaiser von Österreich, Franz I. Und das besungene Reich war nicht das Kaiserreich Österreich. Buben aber waren jene Fürsten in Deutschland, die 1806 dabei waren, als das Tausendjährige Reich zerstört wurde; und die nach den gegen Napoleon geführten Befreiungskriegen sichtlich nicht willens waren, ihre unter dem Kaiser der Franzosen endlich errungene volle Souveränität aufs neue einzutauschen gegen eine, und sei sich noch so vage gehaltene Untertänigkeit unter einen Oberherrn, einen Kaiser. Und ein Reich, das mehr wäre, als der 1815 geschaffene Staatenbund der unabhängigen deutschen Staaten, der Deutsche Bund. Und die Studenten beschimpften nicht nur die Buben, sie besangen nicht nur ihren Traum, sie klagten an; nämlich die Urheber und Ursachen des jämmerlichen Zustands in Deutschland:
»Es haben wohl gerungen / Die Helden dieser Frist / Und nun der Sieg gelungen / Übt Satan neue List.«
Die Helden, das waren die Helden im Kampf um die äußere Freiheit – satanische List aber übten jene, die nach errungener *äußerer* Freiheit die im *Inneren* versagten. Dunkelmänner, die in Staatskanzleien hausten und vermeinten, man könnte wieder in *dem* weitermachen, was schon vor der Erschüttung des napoleonischen Zeitalters altersschwach und müde war. Nicht nur Studenten hörten nicht auf, vom Kaiser zu reden. Als Franz im November 1818, stürmisch umjubelt, das Rheinland abwärts

nach Aachen reiste, erlebte er Huldigungen, wie sie ehedem lange kein Kaiser im bestandenen Reiche gehört hat. Aus Aachen schrieb damals ein freisinniger Professor seinem Gesinnungsfreund Generalfeldmarschall Gneisenau, dermalen nur Stadtkommandant von Berlin:
Wie zwei Weiber am Stadttor von Aachen das Kommen des Kaiserpaars aus Wien kommentiert hätten:
»Hast du unser'n Kaiser gesehen?«
»Jo, um den Prüß zu sehen, wär ech nit vor die Thür gegan'.«
»Ich auch nit. Da Kaiser es hier in seine' Land, de Prüß aber es fremd.«
Eine andere Frau, die man nach dem Verbleib ihres Sohnes fragte, gab verärgert zur Auskunft:
»Je, de muß bei de Prüß' sei.«
Also bei Preußens dienen. Das Grundübel solchen Geredes in den 1815 von Preußen neuerworbenen linksrheinischen Gebieten wollte der Professor, sonst der Polizei nicht eben grün, in der *politischen Feigheit der Polizei* sehen. Und so fing der Liberalismus im Rheinland an: Schmach und Schande über den Polizeistaat, es sei denn – er schützt eigenen Besitz und eigene Gesinnung gegen andere. Das Reich war für den Herrn Professor ohne Belang. Für ihn und für viele Männer, die nachher jene Reputation bekamen, die man Franz beharrlich absprach, etwa für den Reichsfreiherrn von und zu Stein oder für Metternichs preußischen Kollegen Fürst Hardenberg. Beides Staatsmänner von großartigem Format, die den Deutschen Bund von 1815 als ein durchaus gelungenes Werk ansahen; und nicht daran dachten, Preußen aufs neue unter den Rang Österreichs und eines Kaisers in einem erneuerten Reich zu stellen. Und so dachten auch die Könige von Württemberg und Bayern, die ihre volle Souveränität, Erbschaftsanteil aus der Hinterlassenschaft Napoleons, mit Zähnen und Klauen gegen andere, zumal die Österreicher, verteidigten. Ludwig, der so viel Ruhm als ein deutscher Fürst empfangen hat, ehe sein Königsein unterging in der Schmach einer Mätressenwirtschaft am Hof zu München, deren sich die Studenten schämten. Wie leicht wurde es da später, Franzens

ohnedies schlechte Nachrede noch mit der Lüge zuzudecken, er hätte das Reich 1806 vertan und 1814 nicht wieder erstehen lassen.
Wenig haben Deutschlands Fürstlichkeiten auch für den Deutschen Bund von 1815 beigetragen, um ihn wenigstens existent zu machen. Nach den Wiener Bundesakten vom 8. Juni 1815 sollte der Bundestag am 1. September des Jahres in Frankfurt am Main zusammentreten. Die Hundert Tage Napoleons und die Verhandlungen über den Zweiten Pariser Frieden verzögerten das Zusammentreten. Dann waren es die bayerisch-österreichischen Grenzstreitigkeiten, die ein Hinausschieben des fraglichen Termins zur Folge hatten. Endlich, am 11. November 1815, konnte der Gesandte der Präsidialmacht Österreich, Graf Buol, zusammen mit den beamteten Vertretern der anderen Fürsten Deutschlands den vorgeschriebenen Akt vollziehen.
Hätten nicht die Österreicher das von ihnen in Frankfurt gemietete Palais Thurn und Taxis in der Großen Eschenbachgasse auch für Tagungen dieses Diplomatenkongresses zur Verfügung gestellt, die anderen Mächte Deutschlands hätten ihrerseits nichts getan. Und so amtierte man einundfünfzig Jahre als Aftermieter der Österreicher. Für den Erwerb eines Tagungsgebäudes riskierte man keinen Pfennig in Deutschland, noch weniger dachte man an einen Neubau. Die Bundestagsgesandten, beamtete Vertreter der deutschen Fürsten, waren Aftermieter ehrsamer Frankfurter Bürger; ihr Logis war ihr Büro und damit hatte es sich. Man tagte hinter verschlossenen Türen, beförderte die Tagungsprotokolle zum Druck, schloß aber die Öffentlichkeit von dem aus, was in den Protokollen schwarz auf weiß stand. Es konnte nicht ausbleiben, daß derlei Miserabilität wenig Ansehen unter den Deutschen erzeugte, die Studenten aber anfingen zu rebellieren; gegen die *Buben,* die sie um die Erfüllung ihres Traums vom Reich der Freiheit in Deutschland betrogen. Am 12. Juni 1815, Waterloo wurde erst sechs Tage später geschlagen, liefen die Bürger der Universitätsstadt Jena auf dem Marktplatz zusammen. Die Landsmannschaften der Studenten zogen mit ihren Fahnen auf und hinaus zum »Gasthof zur

Tanne«. Der Theologiestudent Carl Horn aus Mecklenburg, Senior der Landsmannschaft »Vandalia«, trat hervor und erklärte in knappen Worten Sinn und Ziele einer *allgemeinen* »Deutschen Burschenschaft«. Einhundertunddreißig Studenten traten dem *neuen* Bund bei. Die Fahnen der Landsmannschaften senkten sich, statt der vielen Burschenbünde sollte es *einen* geben. Oft genug waren derlei Auflösungen und Neuzusammenschlüsse geschehen. Noch öfter sollten sie sich in Zukunft ereignen. Aber die »Deutsche Burschenschaft« war das einmalige Ereignis in der Geschichte der deutschen Studenten. Kein neuer Bund, ein ganz anderer als je zuvor. Die Tracht sollte anzeigen, was ein Bursch wollte: Es war eine ernste Tracht, ohne den früheren Firlefanz der Landsmannschafter; sie war einfach, nicht der Luxus derer mit viel Geld von daheim; sie sollte dem deutschen Jüngling geziemen. Die Haare ließ man so lang wachsen, daß man in manchen Gasthäusern ihre Träger deswegen wie »Wegwurf« behandelte. Diese gewollte Provokation der Burschen zog also, und das gefiel den Burschen. Manche vermeinten, die neue studentische Tracht könnte so etwas wie eine deutsche Volkstracht werden. Mochten die Unentwegten von gestern über das Keuschheitsprinzip der Burschenschafter lachen und ihm eine schmutzige Deutung geben; mochte die kirchlich-protestantisch ausgerichtete Gläubigkeit von den bierehrlichen Seelen anderer als Heuchelei hingestellt werden. Was zog, wog etwas: *Ehre,* nicht im Duell verfochten, sondern dem Vaterland bezeigt; *Freiheit,* nicht im studentischen Unfug betätigt, sondern für das ganze Deutschland zu erstreiten; *Vaterland,* nicht in einem der fast drei Dutzend deutschen Staaten, sondern im ganzen Deutschland von der Maas bis an die Memel, von der Etsch bis an den Belt, wie es später einer umschreiben sollte.

In Gießen wollten die Söhne des Universitätsamtsmannes Follen nicht nur anders als die anderen sein, sondern anders als schwärmerische Burschenschafter in Jena und andernorts. Sie wollten *Politik machen.* Adolf Follen sammelte um sich einen engeren Kreis, der sich absonderte vom großen Schwarm; er lehrte, daß große Dinge nie im großen Haufen gedeihen, sondern

dort, wo die Entschiedenen zusammenstehen; jene, die wissen, was sie wollen, und die um jeden Preis verwirklichen wollen, was ihr Verstand einmal erfaßt hat. Adolf verstand um sich die Aura des Geheimnisvollen zu verbreiten. Nachts, in der schwach beleuchteten Stube, saß er im Armstuhl, auf dem Kopf einen alten Eisenhelm, vor sich ein Schwert, das er zuweilen um den Kopf schwang. Die Jungen zerfetzten sich bei Kerzenlicht beim Fechten Wämse und Wangen. Dann wieder gebot Adolf Stille, etwa um aus einer Übersetzung von Torquato Tassos BEFREITEM JERUSALEM vorzulesen. Unter sich nannte man ihn Bauer; manche Brüder aber sahen in Adolf nicht nur den Propheten eines künftigen Kaisers, sondern mehr.
Sein Geld verteilte Adolf an die Jungen, denn es sollte auch Fröhlichkeit geben. War bei den Studikern für Wein kein Geld in Bänken, dann sagte Adolf:
»Wenn ihr trinken wollt – da steht Wein.«
Es stand ein großer Steinkrug auf dem Tisch. Der ging von Mund zu Mund. Wollte einer Moos haben, dann zeigte Adolf lässig auf eine Schublade und ermunterte:
»Zieh' die Lade auf. Nimm dir Geld.«
Für Adolfs Bruder Karl, der Dozent werden wollte, war das Gehaben Adolfs Mumpitz. Er wollte um sich die siebenmal Gesiebten in seiner Schar der »Schwarzen«. Dort sprach man aus, wovor viele in der Öffentlichkeit erschrocken wären. Die im alten Athen mit Standbildern geehrten Tyrannen-Mörder Hamodius und Aristogeiton gerieten den Schwarzen zu Vorbildern. Auch der Mörder Cäsars, Brutus. Was einmal Friedrich von Schiller in seiner ersten Rage auf das Titelblatt des Schauspiels DIE RÄUBER geschrieben hat, nämlich IN TYRANNOS, das hatte im Kreis der Gießner Schwarzen nach Jahrzehnten ein bedrohliches Echo: NIEDER MIT DEN TYRANNEN UND DEN TYRANNENKNECHTEN. Letzten Endes aber: TOD DEN TYRANNEN. Karl ging nach Jena und damit fing das Unglück an für den Studiosus Theologiae Karl Ludwig Sand. Sands Stubenbursch, wie man damals sagte, der spätere evangelische Pfarrer Heinrich Cloeter, erlebte Sand noch, ehe dieser in die Hände Follens fiel. Sand war 1815 als

Freiwilliger gegen Napoleon ausgerückt, aber nicht ins Feuer gekommen. Im Studium bemerkte Cloeter, daß dem Sand die Ruhe zum Denken abging. Lehrer wollen nachher, als man dem Mörder Sand den Kopf abhackte, längst vorher schon vermeint haben, es hätte in diesem Kopf wenig Klarheit geherrscht. Ein gutes Zusammenwohnen mit dem Sand gab es nicht. Und Cloeter wollte öfters aus der gemeinsam bewohnten Bude ausziehen, um seine Muße zu haben. Aber Sand wehrte dem, wie ein Ertrinkender sich an den letzten Halt klammert, ehe er untergeht. Die österreichische Romanschriftstellerin Enrica von Handel-Mazetti, die einen eher katholisierenden Sand-Roman schrieb, erging sich dabei in Ansichten über das Studententum in Jena zu Sands Zeiten, die sie zu sehr verherrlicht, wobei sie Sand zuschreibt, was diesem auch Cloeter nicht abspricht: Sand hatte nichts Gemeines an sich, nichts Unreines. Für den nach Jena gekommenen Karl Follen waren Typen wie Sand höchst willkommen. Nämlich Menschen, die mit sich selbst nie ins reine kommen, ewig Suchende, wohl seelisch kranke Menschen, die dann blindlings hinter einer Idee herlaufen, die man ihnen eingibt. Sand war bestens geeignet, der Tyrannenmörder im Deutschland seiner Zeit zu sein:

Denn er war ein Einzelgänger bei seinem geheimen Tun. Griff man ihn, so war es unmöglich, die geheimen Verführer zu entdecken, die hinter solchen Typen stecken. Weil im letzten Tun so ein Einzelgänger ein Einsamer ist, der niemandem gestattet, an seiner Tat irgendwie teilzunehmen. Denn: So ein Mensch ist an sich irdischer Gerechtigkeit entzogen. Solche Mörder sind es, die die großen Katastrophen auslösen, ohne selbst zu ahnen, daß sie derlei verschulden.

Die Aura in Jena war nicht jene, die Karl Follen gefiel. Der Landesfürst Karl August von Sachsen-Weimar war kein Tyrann, nicht einmal ein Philister. Bei der Gründung der Burschenschaft glaubte er einen Akt der Selbstreinigung in der vorher sehr dem Suff, dem Duellieren und der Hurerei verhafteten studici zu erblicken. Er war auch den bierherrlichen Seelen, die vor der Burschenschaft ins Dorf Lichtenhein auswichen, wohl gesinnt. In

Lichtenhein gab es einmal einen *Bierstaat,* dessen Fürst Tus XXXVII. gerne auf die Jagd ging und dabei die Gehege des Landesherrn nicht verschonte. Obwohl ihn die Förster beim Jagdfrevel ertappten, ließ Karl August ihn eine Zeitlang gewähren, um schließlich aber doch ausrichten zu lassen:
»Eine Empfehlung vom Herrn Großherzog an Seine Liebden, den Fürsten Tus XXXVII. von Lichtenhein. Serenissmus hätten beschlossen, künftig nur im eigenen Revier zu pirschen und bäten, daß der Fürst von Lichtenhein auch auf seinem eigentümlichen Revier bleibe, wenn sie wieder zu jagen geruhten.«
Karl August hatte also auch *Bierverstand,* so viel, daß er einen Dichterfürsten wie Goethe in allem ertrug; ihn freilich nicht, wie sein Vorgänger, zum Sachsen-Weimarischen Geheimen Rat und Cabinettsminister machte. Was nach Goethes Ansichten vom Wesen des Politischen, wo er es in Zusammenhang mit garstigen Dingen erwähnt, gut und verständlich war. Metternich sah Karl August in einem anderen Licht. Er behielt die Tatsache in Erinnerung, daß die ständisch-feudale, wohl auch ständige Opposition in Ungarn just diesen Hohen Herrn in Weimar während der unter Joseph II. ausgebrochenen Konflikte zum König haben wollte. Und dem Kanzler gefiel auch nicht der Umgang Karl Augusts mit »seinen Studenten«; Metternich nannte der Großherzog einen *Altburschen,* ein Rang, der im Studentischen einem höheren Semester zukommt, das in die Mißlichkeiten der Examen verheddert ist.
Nicht alle Studenten folgten den burschenschaftlichen Bestrebungen. Der Typ der Landsmannschafter überdauerte. Etwa jene, die sangen:
Wenn alles knackt, was in Jena die Ehe bricht / Man hörte vor Knacken das Reden nicht.
Sie tuschelten, hinter dem Keuschheitsprinzip der Burschenschaft stünde ein viel gefährlicheres Laster als die Hurerei. Auch gelänge es der Burschenschaft nicht, in den eigenen Reihen Säufer und Raufer, Kindermacher und Bummelanten auszumerzen. Und der spätere Vorwurf, die Burschenschafter wären Wurzelboden für heranwachsende DEMAGOGEN geworden, stammte nicht von der

Polizei; vielmehr aus jenen Kreisen der Landsmannschafter, die nach 1819 die von staatlicher Seite verfügte Auflösung der Burschenschaft erlebten; und in die Constitutionen ihrer Corps das Prinzip aufnahmen: Politische Bestrebungen liegen dem Corps fern. Was freilich nicht ausschloß, daß die bedeutendsten Politiker, die um die Jahrhundertmitte ein ganz anderes Deutschland heranzwangen, einmal als Studenten Corpsiers waren. Nicht nur Otto von Bismarck, der Baumeister des Zweiten Reichs, auch der einmal höchst aktiv gewesene ehemalige Corpsbursche Wilhelm Liebknecht, dessen Sozialdemokratische Partei 1918 Bismarcks Reich begraben hat. Und nicht zu vergessen: Karl Marx, der sich in Bonn als Aktiver der Landsmannschaft der Trierer jenes zeitlebens nicht mehr aufgegebene Saufen und Bummeln angewöhnte und jenes ordinäre Beschimpfen der Gegner, in dem er allen überlegen blieb. Hochoffiziell freilich ehrten die Corps die Landesherren ihrer Universitätsstädte; rieben sie ihnen zu Ehren ihren Salamander und durchstießen sie bei der Zeremonie zu Ehren des Landesvaters die Mützen mit der an Ort üblichen commentmäßigen Waffe. Als es soweit war, hat die insgeheim nach 1819 weiter bestehende Burschenschaft in ihrer germanistischen Richtung anno 1827 auf der Tagung in Bamberg das anfangs so ernst gehandhabte CHRISTLICHE PRINZIP aufgegeben. Bald sprangen Juden bei Burschenschaften ein; Napoleons Untaten an Deutschland wurden vergessen und die französischen Liberalen als Vorkämpfer der Republik zu Vorbildern gewählt. So wurde Heinrich Heine nicht der letzte Burschenschafter, der dorthin vergebens seine Ideale trug, um sie nachher in Paris zu bergen in einem von Tragik erfüllten Leben. Wer weiß, wie gut und ungleich besser alles tatsächlich gediehen wäre, hätte die Burschenschaft nicht anno 1817 ein unerwartetes und unverdientes Schicksal überfallen. Im Oktober dieses Jahres feierten sie nämlich auf der Wartburg bei Eisenach die dreihundertste Wiederkehr des Tages, an dem Martin Luther ans Tor der Schloßkirche zu Wittenberg seine Thesen anschlug; neben diesem Hochfest des deutschen Protestantismus war es auch der Jahrestag der Völkerschlacht bei Leipzig, der Burschenschaftern aus

vielen Teilen Deutschlands die feierliche Zusammenkunft auf der Burg angelegen sein ließ. Die Bürger von Eisenach empfingen die Burschenschafter, deren Gehaben sich so sehr von dem übel beleumundeten der früheren Landsmannschafter unterschied, mit ehrlicher Freude. Die Landstürmer von anno 1815 hatten sich etwas Besonderes ausgedacht, nämlich Höhenfeuer für den Abend des Festes auf der Burg.
Die aus Jena gekommenen Burschen brachten die Fahne mit, die für sie die Mädchen der Stadt, noch sagte man ohne Scheu: Jungfrauen, genäht und bestickt hatten. Ein Fahnenblatt in den Farben Schwarz und Rot, darauf goldgestickt ein Kranz mit Eichenblättern. Insgesamt also schwarz – rot – gold, nicht erst für den Anlaß erfunden, sondern in Erinnerung an die Uniform der Lützower Jäger: schwarz mit roten Biesen. Am eigentlichen Jahrestag, am 18. Oktober, zogen die Burschen in langer Reihe, jeweils zu zweit, aber nie zwei aus der gleichen Hochschulstadt nebeneinander, aus der Stadt, den Berg hinan zur Burg. Vier Professoren waren gekommen. Sie werden ihr Kommen nie vergessen und das nicht etwa deswegen, weil ihr Kommen ihnen Unzukömmlichkeiten seitens des Heimatstaates eingetragen hat. Im Rittersaal der Burg hielt der Theologiestudent Riemann, ein Mecklenburger, der in Jena studierte, die Ansprache. Seit Waterloo trug er das Eiserne Kreuz. Was später in unzähligen Kommersphrasen gestammelt wurde, kam in seiner Rede urtümlich aus gläubiger, reiner Gesinnung. Niemand dachte daran, daß diese Feier zu Ehren Luthers, die Rede des evangelischen Theologen und das ganze Wollen Riemanns eine unsichtbare Wand quer durch die Deutschen zog; die der Mecklenburger nicht ahnte, die aber die Katholiken in Deutschland von einem Beginnen ausschloß, von dessen Allgemeinbedeutung niemand mehr überzeugt war als Riemann. Der Mecklenburger rief Gott an. Gott, der auf der Burg den Teufel bezwang, als dieser Luther umgeisterte. Gott, dem er das Gelübde der Burschen weihen wollte. Was Riemann sprach, das richtete sich an jene, die nicht mehr ausgerückt sind, also an die erste Generation nach den Franzosenkriegen an Deutschlands Hohen Schulen. Sie beschwor

er namens der Toten, die im Kampf gegen die Franzosen fielen: Major Schill, der vor Stralsund blieb, dem die holländischen Soldaten Napoleons den Kopf vom Leib trennten, um ein Souvenir heimzubringen. Scharnhorst, tödlich vor dem Feind verwundet, der sterbend nach Prag eilte, um die Österreicher zu Hilfe zu holen. Körner, der in Wien seine Braut zurückließ, ausmarschierte und fiel. Friesen, den in den Ardennen französische Franctireurs erschossen. Und der Herzog von Braunschweig, der bei Waterloo fiel und auslöschte, was ein anderer Braunschweig einmal bei Valmy tat. Kein Wort über Andreas Hofer. Die Namen, noch waren sie in vieler Munde, rief Riemann zu Zeugen für das Gelübde der Burschen auf, das er abverlangte: Verderben und Haß denen, die in niedriger Selbstsucht das Gemeinwohl vergessen und ein knechtisches Leben einem Grab in freier Erde vorziehen.

Es waren wirklich erhebende Worte. Aber sie fielen jenen schwer auf die Seele, in denen nicht Begeisterung glühte, sondern Haß, wie ihn etwa die Schwarzen säten. Und diese, so auch Sand, hörten nicht mehr hin, als der aus Jena gekommene Professor der Philosophie und Physik, Fries, die Jungen ermutigte, bei ihrem, wörtlich, Jugendtraum einer deutschen Gemeinschaft zu bleiben. Der Physiker redete nicht von dem, was sein Nominalfach ausmachte, also vom großartigen Beginnen des Maschinenzeitalters, er schwelgte in Gefühlen, über die man einmal lachen sollte, wenn in Deutschland Gemüt eher mit Gemütlichkeit in Verbindung gebracht werden wird:

»... sei uns gegrüßt, du geisteswarmer, jünglingsfrischer Lebensatem, von dem ich durchhaucht fühle mein Volk ... Laßt euch den Freundschaftsbund eurer Jugend, den *Jugendbundesstaat*, ein Bild werden des *väterlichen Staates*, dessen Dienst ihr bald ein ganzes Leben weihen sollt.«

Stille. Gebet. Segenspruch. Nachher Mahl und Rundgesang. Als es hinab ging ins Tal, dämmerte es, und als es finster war, flammten die Höhenfeuer auf. Achtzehn Feuerbrände sollten die Bedeutung dieses achtzehnten Tages im Oktober in religiöser und nationaler Hinsicht sinnfällig machen. Um die Feuer standen

Studenten und die Alten der Landwehr. Bürger und Bürgerinnen von Eisenach. Der Oktoberwind ließ die Flammen hoch emporlodern, er verfing sich im Haar, gab den Burschen einen verwegenen Ausdruck. Trieb Wolken am Himmel vor sich her, so daß die Sterne, zu denen die Jungen aufsehen wollten, zuweilen unsichtbar wurden. Niemand ahnte, was dieser Feierstunde für Unheil folgen sollte, als die Brände erloschen und die Menschen voll Ergriffenheit zu Tal schritten.

Nicht alle hatten genug, und die blieben, fachten einen Feuerstoß aufs neue an, um ihrem Sinnen und Trachten Ausdruck zu geben im Licht des Feuers, das alles Unreine und Unwürdige fressen sollte. Und so wie Luther vor dreihundert Jahren das papierene Zeichen der Autorität des Papstes ins Feuer geworfen hat, wollten auch diese jungen Menschen von 1817 ihrer Zeit ein Zeichen setzen. In Körben hatte man Packen Papier heraufgeschleppt, die aussahen wie zerlesene Bücher und auf die man die Namen der Verfasser mit klotziger Schrift gemalt hatte. Ein Student aus Berlin namens Maßmann trat hervor, um in dem Regie zu führen, was die Brüder Follen, Adolf, Karl und Paul, auf der Bühne des Politischen haben wollten. Ein Junger faßte eine Mistgabel an und Maßmann intonierte:

»So treten wir heran zum zehrenden Feuer. Schauet, wie Gericht gehalten wird über die Schandschriften ...«

Das war die Uraufführung eines Dramas, das nur zu oft im Land noch aufgeführt werden wird, wenn die Narren und Verführer ans Volk herankommen. Als erstes wurden Symbole der Bücher des ehemaligen Universitätsrektors in Berlin und Kriminalisten Schmalz ins Feuer geworfen. Der Chor rief wie geprobt:

»Ein Wisch Gänse-, Schweine- und Hundeschmalz. / Alles aber ohne Salz. Ins Feuer.«

Nachher wurde das Ritual der Bücherverbrennung am Werk des preußischen Polizeidirektors von Kamptz vollzogen. Und, jetzt tat der Teufel mit, an den Büchern des aus Weimar gebürtigen, nun in russischen Diensten stehenden Dichters August von Kotzebue; dessen DEUTSCHE GESCHICHTE kaum einer der Jungen zu Gesicht bekommen hatte, dessen vielgespielte Lustspiele

Herrn von Goethe arg verdrossen, weil sie mehr Bühnenpopularität hatten als jene des Dichterfürsten der Deutschen.
Der Jenenser Studiosus theologiae Carl Ludwig Sand, Sohn einer Witwe, deren Mann in preußischen Diensten gestanden hat, sah nicht nur zu, auch er hielt einen Feuer-Spruch, eine jener unseligen Reden, von denen eine oft mehr Unheil anrichten kann als die Lebensweisheit eines Weisen heilen kann. Sand kam aus der Schule Karl Follens und die Augen des Dozenten ruhten mit Vergnügen auf dem jungen Burschenschafter. Sand hat die meisten Werke, die dem Feuer-Ritual unterworfen wurden, nie gelesen. Ein Werk Kotzebues hat er auf der Bühne gesehen und dazu in seinem Tagebuch vermerkt, es sei sehr schön gewesen und es seien ihm dabei nicht böse Gedanken gekommen. Gemeint waren nicht böse Gedanken in politicis, denn Sand war darauf aus, sich keiner Unreinheit bei der Vorbereitung auf sein Predigeramt schuldig zu machen. Er nahm das Keuschheitsprinzip so ernst, wie Koetzbue es verstand, im Biedermeier darin die Sinne zu reizen. So karg war die damalige Andeutung von Erotik im Bühnengeschehen.
Nach der Bücherverbrennung kam ein derber Jux. Man warf einen Schnürleib, wie ihn Gardereiter zum Dienst trugen, ins Feuer; einen Zopf, wie ihn bis unlängst Militärs und Zivilisten à la mode trugen, und einen Korporalstock, Haslinger sagte man dazu bei den Kaiserlichen. Und wieder ging es laut vorbereitetem Text weiter im Chor:
»Es hat so mancher Kraft-Ulan / Sich einen Schnürleib angetan / Damit das Herz des braven Mann' / Nicht in die Hosen fallen kann.«
Das gehörte zum Mythos, die Frei-Scharen hätten Napoleon aus Deutschland vertrieben, nicht das reguläre Militär. Also wurde das Militär als die Schande am deutschen Wehrstand hingestellt. Auch das ging vorbei. Berauscht verließen Sand und seine Gesinnungsfreunde den Berg. In der Stadt soffen sich andere einen gewaltigen Rausch an und richteten am nächsten Morgen, als die Burschen das heilige Abendmahl nahmen, mit ihrem unehrerbietigen Gehaben Unheil an. Die Eisenacher Bürger

hätten es vergessen, denn die Burschenschafter behandelten die Philister in der Stadt doch bei weitem besser als ehedem die wilden Landsmannschafter, die mit der Hetzpeitsche um sich schlugen oder den Bürger vom Breiten Stein in die Gosse stießen. Es dauerte nicht lang, und man hörte, das Wartburgfest beschäftige den österreichischen Kanzler Metternich. Obwohl keine Österreicher daran teilnahmen. Die sechsklassigen Gymnasien der Monarchie und die dortigen Hochschulen hatten daußen ein mäßiges Renommee; und Landsmannschaften, studentische Orden und dermalen Burschenschaften gab es in Österreich erst eine Generation später in dieser oder jener Form. Fürstlichkeiten mit einiger Bildung, wie etwa der bayerische König oder Karl August von Sachsen-Weimar, teilten die Bedenken des österreichischen Kanzlers nicht. Sie hielten für derben Ulk oder anstößige Provokation der Studenten als Teil dessen, was man abtat mit der Volksweisheit, wonach junger Wein gären muß. Daß Akteure, wie die Gebrüder Follen, keinen Wein in Fässern gären lassen wollten, sondern einen gärenden Volkszorn probten, nahmen besagte gebildete Menschen erst wahr, als in Deutschland geschossen wurde; nicht auf den Feind, der von außen kam.

Metternich und sein preußischer Kollege Fürst Hardenberg schickten den Sonderbotschafter Graf Zichy nach Weimar, um Karl August dazu zu bringen, das an der Hochschule seines Landes, in Jena, brennende Feuerchen zu löschen. Der Großherzog empfing Zichy mit der ausgesuchtesten Höflichkeit, ging aber gar nicht auf den politischen Anlaß ein. Er lobte nur die Burschenschaft, weil sie üble Trinksitten und das Duellieren der Vergangenheit eingeschränkt hat und man im übrigen Ulk und Derbheiten der Jungen nicht über die Maßen verurteilen soll. Das übel angebrachte Wort, in Eisenach sei ein jakobinischer Geist zutage getreten, konnte er entkräften; denn Zichy operierte mit einer Anschauung vom revolutionären Prinzip, die von vorgestern stammte. Im übrigen versprach der Großherzog, nicht zuzulassen, daß in Jena eine Burschenzeitung entstand.

Vielleicht wäre das Feuer verglommen, hätte sich nicht der in russischen Diensten stehende, als sehr geistreich beschriebene

Staatsrat Stourdza, landfremd wie er in Deutschland war, herausgenommen, den im Herbst 1818 in Aachen versammelten Monarchen und Diplomaten eine Denkschrift zu verfassen. Er vermischte viel Ungereimtes, traf aber die Burschenschaft ins Herz, als er sie als Brutstätte ererbter Anmaßung hinstellte; aufrührerischen Geistes bezichtigte und von verrotteten Herzen der Jugend redete. Schon war die Zeit da, in der nichts in Staatskanzleien bei den Akten sein konnte, was nicht bald im Land bekannt wurde. So auch Stourdzas Memorandum. Zwei Jenenser Burschenschafter forderten den Autor zum Duell, der Geforderte kniff aber und ging eilends außer Landes. Kotzebue unternahm es unnützerweise, die Ansichten seines flüchtigen Kollegen in Diensten des Zaren in seinem »Literarischen Wochenblatt« zu verteidigen. Er war ja Observateur der Kulturszene in Deutschland für den Zaren, besoldeter russischer Staatsrat.
Der Verdacht kam auf, Stourdza hätte seine Ansichten über die Burschenschaft von Kotzebue eingeblasen bekommen. Man bekam auch einen Bericht Kotzebues zu Gesicht, an sich bestimmt für die Behörde in der russischen Hauptstadt. Obwohl darin vom *Kultur*leben, nicht vom *politischen* Leben in Deutschland die Rede war, stand jetzt Kotzebue am Pranger. Kotzebue wehrte sich publizistisch, griff die Vorbilder der Burschenschaft, etwa Turnvater Jahn, aber auch die Burschenschaft selbst an. Daraufhin wollte man ihm die Fenster einschlagen. Kotzebue bekam es mit der Angst zu tun. Seine deutsche Heimat schien ihm ein fremdes, unheimliches Land zu sein. Er kam in Petersburg um die Versetzung nach Reval ein, dann um die Pensionierung. Letztere wurde ihm mit einem Bezug von 1875 Rubel pro Jahr gewährt. Bis zur Heimreise übersiedelte er unter dem Gelächter seiner Feinde in Deutschland von Weimar nach Mannheim. Das sah wie Flucht aus.
Die Gebrüder Follen und ihre Freunde hatten ein Problem. Für einen Tyrannenmord in Deutschland gab es keine Type unter den Fürsten, die taugte. Kaiser Franz war fernab; der König von Preußen gut gelitten beim Volk, der von Bayern noch als Mäzen geschätzt, andere hatten bereits versprochen, eine Verfassung

zu geben. Und das Bemühen, etwa den Kurfürsten von Hessen, eine üble Type, als einen Esel hinzustellen, schlug fehl. Das mit dem Schimpf bekannt gemachte hessische Bäuerlein belehrte den Sprecher:
»Mag er ein *Esel* sein, er ist wenigstens *unser* Esel.«
Das gab kein Feindbild ab. Kotzebue war dazu ausersehen. Und Sand ergab sich selbst dem Dienst, dieses Urteil zu vollziehen. Als Einzeltäter. Der als Einzelgänger auch seinen geheimen Auftraggebern geeignet zu sein schien. Zwei Dolche ließ er sich präparieren. Einen nannte er sein »Teutsches Schwert«. Um dieses dem Kotzebue, dem Schänder des Vaterlandes und Verderber der Jugend ins Herz zu stoßen, reiste Sand nach Mannheim. Bis zuletzt konnte sich Karl Follen vom Verdacht reinigen, er hätte das Geld für das Unternehmen aufgebracht. Einen Fürsten inmitten seines Hofs, abgeschirmt von seinen Garden zu ermorden, wäre eine Tat gewesen; den im Kinderzimmer mitspielenden Kotzebue zu ermorden, war nicht schwer. Kotzebue starb an der Stichwunde, Sand versuchte vergeblich den Selbstmord. Man pflegte ihn gesund, machte ihm den Prozeß und schlug ihm in Mannheim den Kopf ab. Deutschlands Freiheit hatte ihren Freiheitsmärtyrer, die Hinrichtungsstätte hieß Sands Himmelfahrtswiese, das an Universitäten ungelöschte Feuer des Hasses flackerte unruhig.
Auf dem Wiener Ballhausplatz unternahm es Adam Müller, seinem in Italien weilenden Chef, Metternich, ein Bild der Lage zu geben. Dabei vermeint der frühere Student der evangelischen Theologie in dem jetzigen Geschehen in Deutschland ein altes Motiv zu erkennen. Nämlich jenen Geist des Widerspruchs und der Absage an gottgegebene Autoritäten, wie er schon im Reformationszeitalter zutage gekommen ist und in diesem seltsamen Volk der Deutschen steckt: Bald Unterwürfigkeit bis zur Niedertracht, bald zügellose Autoritätsfeindlichkeit um jeden Preis und unter allen Umständen. Dabei war Müller nicht auf die Diskriminierung der Protestanten aus, sondern auf eine erneute Gemeinschaft aller Christen jenseits bloßer Begrenzungen durch Konfessionen und ihre äußere Formen.

Metternich erfuhr derlei in Rom, vermeinte in einem Brief an Gentz, Rom sei nur nicht just der Ort, um rebus sic stantibus dem deutschen Protestantismus eine Lehre zu erteilen. Er beauftragte seinen Präsidialgesandten beim Deutschen Bund in Frankfurt, eine – wörtlich – Rehabilitierung der Universitäten Deutschlands in die Wege zu leiten. Um das im Bundestag zum Beschluß zu bringen, brauchte Metternich das Zusammengehen Österreichs mit Preußen, also eine ganz andere Kommunität, als sie Müller im Auge hatte.

Zugleich dämpfte Metternich den Übereifer, den in Wien der gebürtige Berliner Herr von Gentz nach dem Mord an Kotzebue entwickelte. Für Gentz war die lässige Reaktion seines Chefs unverständlich, ihm schrieb daher Metternich, er werde sich eines LIBERALISMUS bedienen, um den ULTRALIBERALISMUS in die Schranken zu weisen. Gentz aber betete, Metternich möge seine Italienreise abbrechen; seinem Chef schrieb er diesmal, ohne diesen könnte nichts Ernstliches auf dem Ballhausplatz unternommen werden. Keine Spur vom sonstigen Kritizismus, der Metternich gegenüber so oft im Tagebuch des Herrn von Gentz aufscheint. Wenn Kotzebue das Messer in den Leib gerannt bekam, wer garantierte Herrn von Gentz, daß man ihm nicht auch eins verpaßte? Darnach sah die Zeit aus: In Paris wurde der Thronfolger, der Herzog von Barry, ermordet. In Petersburg brach in einem der berühmten Garderegimenter des Zaren eine Meuterei aus; die Untersuchung ergab, daß nicht die Mannschaften aufbegehrt hatten, sondern Offiziere, die aus der Besatzungszeit in Frankreich gewisse Ideen heimgebracht hatten und die braven Soldaten zu verführen trachteten. Aber die Geliebte des Fürsten Metternich lachte sich fast zu Tode, als auf ihrem Gut junge Leute ein komisches Ballett mit dem Titel: ›Der Mörder Kotzebues‹ aufführten. Große Kälber haben immer das Privilegium, ihre Metzger selber zu suchen.

In Italien aber wäre inzwischen Franz beinahe von Menschenräubern in Neapel erpreßt worden. Der dortige Kommandierende, einer der Generäle Zucchi, hatte vor, die zur Parade vor dem Kaiser von Österreich ausrückenden Truppen zu benutzen, um

sich der Person Franzens zu bemächtigen und mit dieser Geisel in Händen den König von Neapel zu zwingen, eine Verfassung zu erlassen. Zucchi erschrak zuletzt über den eigenen Mut, sagte die Parade ab, weil angeblich der schlechte Zustand der Straßen im Lande die Versammlung der Truppen unmöglich gemacht hat.
In Preußen warnte der Regierungspräsident in Frankfurt an der Oder die Regierung in Berlin davor, daß nicht bloß unreife Studenten gefährlichen Neigungen folgen täten, sondern Generäle wie Gneisenau und Grolmann, an sich zwei der verdientesten im Krieg gegen Napoleon. Auch gäbe es Spuren davon, daß Vorhuten der Verschwörer in staatlichen Diensten tätig seien, denn schon sei man in dieser Hinsicht Spuren des Erbrechens von Briefen fündig geworden. Es sei kein – wörtlich – kindischer Wahnsinn am Werk, sondern weitaus mehr.
Da war es im Sommer 1819 höchste Zeit, daß Metternich seinem Kaiser Vortrag im Gegenstand hielt. Der Kanzler war sich über entstandene Notwendigkeiten des Handels mit seinem Kaiser einig. Seinen Operationskalender genehmigte Franz, und der Fürst machte sich auf die Reise. Im österreichischen Teplitz traf er sich mit dem Preußenkönig. Der Österreicher erlebte die Genugtuung, daß Friedrich Wilhelm, der im Siebzehnerjahr, nach dem Wartburgfest, eher halben Herzens die Demarche beim Großherzog von Weimar unterstützt hatte, jetzt freiweg dem Fürsten bekannte:
»Alles, was Sie vorhergesehen haben, ist leider eingetroffen ...«
Wie immer der Wortlaut des Gesprächs unter vier Augen gewesen sein mag, Tatsache ist, daß nachher der preußische Kollege Metternichs, Fürst Hardenberg, Auftrag von seinem König bekam, Metternichs Vorschläge mit zu befolgen. Und wie es der Teufel wollte, geschah es just um diese Zeit, daß auf einen nassauischen Senatsrat, Herrn von Ibell, ein lebensgefährliches Attentat versucht wurde. Es gehörte viel Naivität dazu, anzunehmen, dieses gehäufte Zusammentreffen von derlei Anschlägen sei bloßes Werk des Zufalls. Ob dahinter der Operationskalender der Feinde der Ordnung von 1815 stand, wurde noch zuweilen heftig bestritten. Metternich gehörte jedenfalls nicht zu den

Leuten, die vermeinten, in einem Gebüsch, aus dem schon mehrere Male auf ihn geschossen wurde, sei der Nikolo am Werk, um die Guten zu belohnen. Er ging resolut auf das Gestrüpp los. Auf dem Weg dahin traf er sich in Karlsbad mit seinen Gewährsleuten aus dem Deutschen Bund; mit ihnen zusammen wollte er bestehende Pläne in Übereinstimmung bringen, um nicht etwa auf dem Bundestag des langen und breiten herumreden zu müssen, währenddem die Anschläge weitergingen. Karlsbad, das war später, im Zeitalter des Liberalismus, Signet für den Gebrauch von Gesundheitskuren unter großartigen Verhältnissen gesellschaftlichen Lebens; zugleich aber Stichwort für den ewigen Vorwurf, Metternich hätte dort Beschlüsse vorbereitet, die Deutschlands Hohe Schulen in Abhängigkeiten gebracht haben sollen wie nie zuvor.

Es dauerte lang, bis auch nur ein Historiker erhellte, daß in der böhmischen Bäderstadt zwar tatsächlich eine »Regulierung« der Zustände an den deutschen Universitäten in die Wege geleitet wurde; daß das Erreichte aber bei weitem hinter dem zurückblieb, was in Österreich Joseph II., in deutschen Staaten andere Fürstlichkeiten des Aufklärungszeitalters ihren Hohen Schulen abverlangten. Es war eine Re-action, Reaktion, so wie in der Chemie das Zusammentreffen verschiedener Stoffe einen oder den anderen Stoff richtig identifiziert. Karlsbad 1819 war, niemand ahnte es in diesem Jahr, das vorbereitete Reagens auf die Ereignisse des Revolutionsjahres 1820 in Europa, das Metternich kommen sah.

Freilich – mit der aufgrund dieser Beschlüsse in Frankfurt angeordneten Auflösung der Burschenschaften, geschah denen Unrecht, die das Wartburgfest gefeiert hatten. Öl wurde ins Feuer derer gegossen, die damals den Feuerzauber der Bücherverbrennung begangen haben und die, davon ausgehend, weit mehr anzünden wollten als Bücher.

Haben schon Joseph II. und Leopold II. in Österreich nach der anfangs gewährten Pressefreiheit erkannt, daß eine gewisse Pamphletistenliteratur nicht die Freiheit auf die Spitze, sondern das Geschäft der Schmierer zum Blühen bringt, so ging man auch

jetzt aufs neue derlei zu Leibe. Die billigen, wenig umfangreichen Schriftchen, solche mit weniger als zwanzig Seiten Druck, wurden einer Vorzensur unterworfen. Wer dem nicht als Redakteur entsprach, machte sich strafbar. Daß man diese Typen mit der Härte der Strafen zu Märtyrern für die Sache der Freiheit machte, war der Fehler. Karl Marx sollte sich bald bei solchem Schreiben in Diensten des rheinländischen Kapitalismus bewähren und dann folgerichtig nach links hin abschwenken.
Was wirklich wog, war, daß der Deutsche Bund fortan eine *Zentralbehörde mit Exekutivgewalt* hatte. In der Bundesfestung Mainz entstand eine Kommission, die legendär wurde in der Revolutionsgeschichte. Eine solche bestand schon vorher in Preußen, und Wien war ohnehin im schlechten Ruf wegen seiner Hof-Polizei- und Censurstelle aus alten Zeiten, ehe noch Franz regierte.
Andererseits lieferten die Beschlüsse von Karlsbad und Frankfurt den davon Betroffenen ein *Feindbild,* wie es sich nicht besser an weitere Interessenten verkaufen ließ. Das Gesetz der Aktion ging aus den Händen idealistisch gesinnter Burschenschafter in die von Berufsrevolutionären über, die Macht bekämpften, wo diese nicht ihre *eigene* war. Sie bekamen in Deutschland, aber auch im Ausland publizistische Schützenhilfe. Aus Frankreich, wo sich aus Deutschland gekommene Radikale in Bereitstellungen sammelten; vor allem aus England, wo in liberalistischen Kreisen ein gezieltes Feuer der Kritik gegen Metternich abgegeben wurde, das nicht mehr aufhörte, bis der gestürzte Metternich auf den Inseln am Feuer seiner bisherigen Feinde ein Lager im Exil bekam.
Die Kritik aus London kam nicht aus konservativen Regierungskreisen. Diese hatten den ersten und einzigen Aufstand der Massen im Land, eine Massendemonstration in Manchester, einfach mit Kavallerie niedergeritten. Und nicht einmal Karl Marx, der in Anschauung der Mängel des Manchester-Liberalismus seine Schießlehre gegen den Kapitalismus schrieb, war imstande, die dortige besitzlose Classe zu seiner Zeit aufzustacheln. Die Konservativen aber bewiesen ihre Feigheit während der Revolution von 1820. Während sie sich auf den Kongressen,

mittels deren Metternich die Ordnung von 1815 abstützen wollte, verschwiegen, nachher distanzierten, zuletzt öffentlich dagegen aussprachen, ließ Castlereagh Metternich hinter vorgehaltener Hand wissen, er und seine Freunde seien

»... immer erfreut ... wenn wir sehen, wie böse Keime erstickt werden ... ohne daß wir aber unsere Zustimmung ausdrücken können.«

Es war diese doppelbödige angelsächsische Moral in England und den USA, die nacheinander die Alte Welt in Trümmer legte, die ganze Welt des Atomzeitalters und der Atombombe aber an den Rand der Katastrophe trieb. Wie aber hätte England 1820 die Revolution in Europa bekriegen sollen, da es selbst seit Jahren jene in Südamerika unterstützte im Abfall von Spanien?

Die Burschenschaft löste sich auf. Nicht wenige Burschen beeilten sich, in die neuerblühenden Landsmannschaften, bald nannte man sie Corps, einzuspringen. Die es aber ernst gemeint hatten und in diesem Ernst verbleiben wollten, sangen:

»Das Band ist zerschnitten / War schwarz rot und gold / Und Gott hat es gelitten / Wer weiß, was er gewollt.«

Nicht in Resignation klang das Lied aus, sondern im Hoffen:

»Das Haus mag zerfallen / Was hat es für Not? / Der Geist lebt in uns allen / Und unsre Burg ist Gott.«

Der das Lied zuerst sang, August Binzer, tauchte bald auf den Besitzungen der früheren Geliebten des Fürsten Metternich, nun schon in anderer Männer Gunst, auf. Er machte unter den jungen Leuten schon mit seinem Äußeren Furore: schulterlanges Haar über dem deutschen Rock, dazu die Laute. Und erst recht mit seiner weichen Baritonstimme. Das also war die Revolution, sagte man sich und es verliebte sich eine Nichte der Hausfrau dermaßen in den armen Sänger des Aufruhrs der Herzen, daß es zur Heirat der jungen Leute kam. Das war nicht standesgemäß, wohl aber Beweis dafür, daß auch auf Schlössern fürstlicher Häuser der Freiheit die Gasse gebahnt wurde. Die Hausfrau, die im Verlauf ihres Lebens nicht nur einige Liebhaber wechselte, sondern auch mehrmals die Gesinnung, zuletzt gar katholisch wurde, sagte kurz und bündig:

»Ich beurteile die Menschen nach dem, was sie sind.«
So endete nicht jedes fernere Dasein eines Burschenschafters tragisch, wie das derer, die auf Festung kamen. Nicht in Österreich, denn hier gab es keine Burschenschaft. Die Getreuen gingen in den Untergrund, gaben sich mehr und mehr der republikanischen Gesinnung hin. Wollten etwa den König von Preußen mit einer Jahrespension von wenigen hundert Mark in den Ruhestand versetzen. Von Guillotine oder Laterne oder dergleichen war vor Fürstenthronen in Deutschland lange nicht die Rede, wenn man als Republikaner redete.
Einige Richtstrahlen gingen von Jena und seiner Burschenschaft auch in die österreichische Vielvölkermonarchie: Am Wartburgfest 1817 hatte der aus der Slowakei stammende Student der evangelischen Theologie, Jan Kolar, teilgenommen. Kolar, der Dichter des ersten panslawistischen Epos, der durchaus im Herderschen Sinne in seinem Volk, in Ungarn, tätig wurde. In Wien hatte um diese Zeit der k. k. Polizei-Oberkommissär von Ferstl eine Runde von Musensöhnen ausfindig gemacht, die sich beim Umtrunk burschikos gaben. Bei ihrer Perlustrierung tat sich ein Individuum mit seinem – wörtlich – »störrischen und insultanten« Benehmen hervor. Er war aber, wie es im Polizeijargon hieß, nur goschert, also mundfertig und sohin politisch harmlos. Man wußte in Wirtshäusern, daß er zu tief ins Glas schaute. Anders als Mozart oder Beethoven war dieses musikalische Genie überhaupt nicht auf das Mäzenatentum hochfürstlicher Persönlichkeiten oder gar von Erzherzogen und Kaiserinnen aus. Man ließ Schubert laufen. Einen Tiroler, der auftrumpfte: ». . . ich habe mich um die Polizei nicht zu kümmern«, schob man zum weiteren Studium nach Innsbruck ab. Ersterer war schon allerlei gewesen: Offizier, Schriftsteller, Lyriker. Der Goscherte aber, in Paris hätte man ihn schon einen Bohemien genannt, geriet zum Klassiker der Musik seiner Zeit. Wissend um die unheilbare Krankheit, die ihn bald befiel, hinterließ er den großartigsten musikalischen Schatz der Romantik: Sein Liedwerk, die Vertonung der Lyrik seiner Zeit. Franz Schubert war eines der mehr als zwei Dutzend Kinder eines Schulmeisters aus

der Rossau. Im übrigen aber bekam nach dem Ende Alt-Österreichs der Dichter Hugo von Hofmannsthal recht, wenn er behauptete:
»Österreich ist zuerst *Geist* geworden *in seiner Musik* und in dieser Form hat es die Welt erobert.«

6.

Revolutionäre, Drahtzieher, Nutzniesser

Für das Jahr 1820 befürchteten oder erhofften viele Menschen in Europa umstürzende Ereignisse.

Schon im Vorjahr war es in *England* zu dramatischen Ereignissen gekommen. In London, in der Cato-Street, wurde eine militante Verschwörergruppe ausgehoben, die auf die Ermordung aller Mitglieder der Regierung und die Besetzung der Bank von England aus war. In Birmingham, einem Zentrum der Industrialisierung, kam es zu einer Massendemonstration. Die städtischen Behörden ließen die Miliz ausrücken, die in die Menge schoß, die Fliehenden mit Berittenen zerstreute. Das Parlament beschloß drastische Maßnahmen für die Zukunft: Die Magistrate wurden ermächtigt, öffentliche Versammlungen zu verbieten, aufrührerische Schriften zu beschlagnahmen, die Ausbildung paramilitärischer Formationen zu unterbinden. Die Presse wurde mit hohen Steuern belegt, um vor allem die Verbreitung radikaler Druckschriften zu verhindern. Die Anklageerhebung, ja schon die Erteilung von Haftbefehlen wurde erleichtert. In Wien, wo man in fortschrittlich orientierten Kreisen eher die umgekehrte Entwicklung erwartete, war man peinlich überrascht über derlei Ereignisse im Mutterland der parlamentarischen Demokratie. Es ergab sich, jedenfalls auch im Mutterland der parlamentarischen Demokratie, daß die Masse der besitzlosen Classe ohne den Beistand und die Vorhut militärischer Formationen nicht in der Lage war, gegen die bewaffnete Macht, Infanterie, Kavallerie und Artillerie etwas auszurichten. Erst 1830 und dann 1848 war die Kampftaktik der Revolutionäre so weit entwickelt, daß man es verstand, hinter Barrikaden der Kavallerie und Artillerie Widerstand zu leisten, Infanterieangriffe aber durch das Feuer aus Gewehren aller Arten und Herkunft abzuschlagen. Ohne die

Hilfe des regulären Militärs oder eines Teiles desselben ist nie eine Revolution geglückt. Nach den 1819 in England gewonnenen Erfahrungen entschlossen sich gewisse Aktionsgruppen, das revolutionäre Prinzip erst einmal in Staaten des Kontinents zu exportieren. Dies umso mehr, als die konservative Regierung in London das, was sie im eigenen Land mit Gewalt unterdrückte, in Kontinentalstaaten dadurch unterstützte, daß sie den Versuch der Betroffenen, sich dagegen mit kollektiven Maßnahmen zu wehren, aus unterschiedlichen Interessenserwägungen erschwerte oder doch vor der Öffentlichkeit diskriminierte. Am Neujahrstag 1820 ging es auf dem Kontinent los. In der spanischen Stadt Cadiz meuterten die zur Verschiffung in die spanischen Kolonien Südamerikas bereitgestellten Elitetruppen. Die Mannschaften waren von sich aus dagegen, das Garnisonsleben in der Heimat gegen gefahrvolle Kämpfe mit aufständischen Spaniern in Übersee zu vertauschen. Richtig aufgeputscht haben die Mannschaften aber erst die eigenen Offiziere unter dem General Rafaele Riego y Nunez. Dieser und seine politischen Freunde hingen wiederum an Fäden, die von politisch und wirtschaftlich interessierten Kreisen in London gezogen wurden. Dort hoffte man, daß nach dem Ende der spanischen Kolonialherrschaft in Südamerika der Rohstoff- und Absatzmarkt in dem riesigen Halbkontinent unter englische Kontrolle kommen wird.

Frankreich, das ebenso auf derlei Einflußmöglichkeiten jenseits des Atlantiks hoffte und von wo her einmal die Aufständischen die *ersten* Anregungen zum Abfall vom Mutterland bezogen haben, wurde sogleich von London energisch in die Schranken verwiesen. In *Spanien* hatte England Vorhand. Schon während der Kriege gegen Napoleon haben dort jene, die sich *los liberalos* nannten, im Verein mit Angehörigen der Militär-Logen der verbündeten englischen Truppen geputscht und den elenden König Ferdinand VII. gezwungen, im Jahre 1812 eine Verfassung zu erlassen. Das geschah mitten im Krieg, ohne daß das gute Volk viel gefragt worden wäre; vielmehr wurde nach dem Erfolg des Putsches den Menschen in Spanien mitgeteilt, daß sie jetzt selbst die Macht in Händen hätten. Kaum waren die Franzosen und die englischen Truppen aus dem Land, da widerrief der König aus derselben Feigheit heraus, mit der er einmal die Verfassung widerstandslos gegeben hatte, die einmal gegebene Zusage. Nun griffen in Südamerika die anfangs gegen die französische Herrschaft in Madrid begonnenen Kämpfe gegen das europäische Spanien über; auch hier im Land fanden los liberalos erheblichen Zustrom.

Der spanische Freiheitskämpfer Riego, dem zu Ehren jener Marsch komponiert wurde, der zur Nationalhymne der spanischen Republik von 1931 wurde, hielt seinerseits eher wenig von Demokratie und Parlament. Der von ihm einberufene Kongreß bestand aus seinen verläßlichsten Parteigängern und deren Nutznießern. Er selbst übernahm die Präsidentschaft dieses seltsamen Gremiums. Nachdem man sich der Person des Königs bemächtigt hatte, war Riego das, was man später einen Junta-Chef nannte, damals hieß es Oberhaupt einer Säbelherrschaft.

In Wien hatte sich die Überraschung über das, was in Spanien geschehen war, kaum gelegt, da traf die Nachricht ein, in *Portugal* hätten die dortigen Kameraden des Generals Riego unter der Anführung des königlichen Obersten Sepulveda gleichfalls erfolgreich geputscht. Dort war das noch leichter gelungen als im Nachbarland Spanien. Portugal war ja seit dem Verfall seiner Kolonialmacht nicht mehr als ein Begleitschiff Englands in den Gewässern internationaler Politik. König Johann VI. war ein noch größerer Feigling als sein Zeitgenosse Ferdinand VII. in Spanien. Als 1807 französische Truppen ins Land kamen, floh er in die Kolonie Brasilien, wo er in Rio de Janeiro residierte. Von dort aus genehmigte er die 1820 von den Putschisten verlangte Verfassung, um erst nachher, 1827, wieder ins Land zu kommen. Auch in Portugal hatten Angehörige englischer Militär-Logen während der Franzosenkriege ihre Ideen verbreitet und ungeniert ihre Symbole in der Öffentlichkeit gezeigt.

Auf die Nachricht des in Spanien erfolgreich verlaufenen Militärputsches folgten die Militärs im *Königreich beider Sizilien* dem Beispiel ihrer spanischen Kameraden. Ihnen kamen die seit der Franzosenzeit im Land tätigen Carbonari zu Hilfe, die den anfangs gegen die Fremdherrschaft gerichteten Kampf jetzt gegen das kehrten, was man nach einem Fremdwort aus dem Französischen im Jargon der Revolutionäre die Reaktion nannte. In Neapel hatte schon anläßlich eines jüngst erfolgten Besuchs des Kaisers von Österreich der dortige General Guglielmo Pepe mit der Absicht getragen, die Person des erlauchten Gastes als Geisel zu benutzen und so vom König Ferdinand III. – einem Verwandten des spanischen Ferdinand – die Gewährung einer Verfassung zu erpressen. Indessen ließ sich Pepe dann doch nicht mit den Österreichern ein; er tat gut daran, wie man sehen wird. Nach dem aber, was 1820 auf der Pyrenäenhalbinsel geschehen war, leistete der König in Neapel seiner bewaffneten Macht keinen Widerstand. Die Zeit drängte und so schrieb man einfach für den eigenen Bedarf die Verfassung des Königreichs Spaniens ab.

In Österreich rührte sich nix, absolut nix. Später nannte man das die *Friedhofsruhe* unter dem guten Kaiser Franz. Der demnach keineswegs so gut gewesen sein soll, als daß er solche Ruhe verdient hätte, da sich andernorts das gute Volk gegen seine absoluten Monarchen erhob. Tatsache ist, daß die Kaiserlichen nie geputscht haben gegen ihren obersten Kriegsherrn. Generalissimus Wallenstein, ihr Schöpfer, mag unterschiedliche Aktivitäten entfaltet haben; dermaßen, wie man es bei Schiller nachlesen kann, hat er das Haus Österreich an die Schweden nicht verraten.

Während sich angesichts der auf dem Kontinent angezettelten Umsturzereignisse in den meisten Staatskanzleien große Unruhe verbreitete, tagte auf dem Wiener Ballhausplatz völlig ungestört die im November 1819 dahin einberufene *Wiener Konferenz* der Vertreter aller Staaten des Deutschen Bundes. Im Mai 1820 wurde man sich unter dem Vorsitz Metternichs einig, daß die Zustände in Europa gewisse vorbeugende Maßnahmen in Deutschland erforderten, sollte dort nicht auch der Import der Revolution aus dem Westen die gewissen Folgen haben. Unter dem Eindruck der üblen Begleiterscheinungen revolutionären Geschehens im Süden und Südosten Europas einigte man sich in Wien, dem Bundestag in Frankfurt folgende Möglichkeiten einzuräumen: Herrscher deutscher Staaten, die sich durch revolutionäre Bewegungen im

Lande bedroht fühlten, sollten das Recht haben, dagegen die Hilfe des Deutschen Bundes zu verlangen. In den Parlamenten, die es in einigen deutschen Staaten gab, sollten keine Debatten über die öffentliche Sicherheit stattfinden, nachdem die Erfahrung bestand, daß durch derlei Reden nicht die Sicherheit, sondern die Unruhe im Land gefördert wurde. Metternich hätte gerne mehr Kompetenzen des Deutschen Bundes gegenüber den Staaten dieses Staatenbundes gehabt, indessen sollte es sich erweisen, daß schon die in Wien beantragten, nachher im Sommer 1820 in Frankfurt beschlossenen Möglichkeiten an einzelnen Höfen Deutschlands auf Widerspruch stießen. Metternichs Ansicht auf dem damaligen Höhepunkt seiner Macht:

»Ein Wort, von Österreich gesprochen, wird in ganz Deutschland ein unverbrüchliches Gesetz«,

war sicher in diesem Wortlaut eine Übertreibung. Zu sehr erinnerte man sich noch in den ehemaligen Rheinbundstaaten der Zeiten, da man in Paris bei Napoleon jederzeit Hilfe bekam, wenn einem die Österreicher zu nahe kamen mit ihren Ansprüchen. Was für den damaligen König von Württemberg sein Schirmherr Napoleon I. war, sollte jetzt für dessen Nachfolger Wilhelm I. dessen Schwager Zar Alexander von Rußland sein. In Petersburg fanden die Einwände des Württembergers gegen die bedrohliche Vormacht Österreichs in Deutschland das volle Verständnis des Griechen Kapodistria, der nach wie vor viel Einfluß auf den Zaren hatte und der hoffte, sich dieser Mächtigkeit auch demnächst im Falle des bevorstehenden Aufstands der Griechen gegen den Sultan bedienen zu können. Metternich hat während der Wiener Konferenz 1819/20 mehrmals gezittert, der Zar würde eher anderen Einflüssen nachgeben und dann womöglich ein Heer quer durch Europa nach Spanien marschieren lassen, um dort die Revolution zu unterdrücken. So sehr Metternich darauf aus war, ein Umsichgreifen des revolutionären Prinzips in Europa zu verhindern, so wenig war er geneigt, dies um den Preis einer Präsenz Rußlands in Mittel- oder gar Westeuropa hinzunehmen. Er war also froh, daß Alexander vorerst sein Pulver trocken hielt. Immerhin gab es Stimmen, die darauf hinwiesen, daß nicht nur

Österreich Signatarstaat der Wiener Schlußakten von 1815 war, sondern auch andere Staaten, neben Rußland auch England. 1820 leitete in London noch Castlereagh, Metternichs Achsenpartner aus 1813, die Außenpolitik: Er ersparte dem Österreicher die Geltendmachung der Rechte, die England als Signatarstaat der Wiener Schlußakte und also auch der diesen anhängenden *Deutschen Bundesakte* von 1815 zustanden. Das sollte sich ändern, sobald Castlereagh nicht mehr im Amt sein und die Regierungspolitik in London aber auf einen liberalistischen Kurs einschwenken wird. Ludwig I. von Bayern, Franzens Schwager, sonst als deutscher Fürst in Kreisen der Intelligenz sehr geachtet, vermißte sehr dieses Eingreifen der nichtdeutschen Signatarmächte. Wo diese doch in der Lage gewesen wären, die volle Souveränität der deutschen Fürsten, wie sie diese einmal unter Napoleon erlangt hatten, neuerdings gegen die jetzige Ordnungsmacht Österreich in Schutz zu nehmen.
Für Metternich war im Jahr 1820 seine internationale Politik ein Spiel mit drei Bällen, wobei er achten mußte, daß ihm nicht der Ball Rußland oder England entglitt. Schon fing er an, mit dem Druck beider übermächtiger Flankenmächte Europas gegen die Mitte zu rechnen. Es mußte ihm also daran liegen, eine Machtbalance zwischen den beiden Mächten, Rußland im Osten, England im Westen, zum Vorteil der Mitte zu erhalten. Wie sehr Franz gerade in diesem Jahr gefährlicher Krisen seinem Kanzler vertraute, ergab sich nicht zuletzt daraus, daß er seine Inspektionsreisen in Länder seiner Monarchie fortsetzte. Über die Beziehungen zwischen Kaiser und Kanzler gibt ein Wort Franzens aus dieser Zeit Aufschluß:
»Ja – von der Außenpolitik versteht er scho' was, der Metternich . . .«
Und dann, nach einer Pause:
»Aber von allem anderen soll er die Finger lassen.«
Später hat man derlei nicht als Beweis eines Selbstbewußtseins des Kaisers gelten lassen, sondern als Hinweis darauf, daß diesem Monarchen das wache und rege Interesse an der Politik abging. Daß Franz nicht mit seiner *Beständigkeit* Krisen überdauerte,

sondern in der *Dumpfheit seines Wesens*. Daß er bei dem Mangel der notwendigen Empfindungskraft gar nicht verspürte, wo und wie der Zeitgeist wehte. Daß aber Franz diesen Zeitgeist für sich überhaupt nicht gelten lassen wollte, wohl aber ahnte, daß die Monarchie mit dem Erlöschen des damals herrschenden Zeitgeistes ihrerseits untergehen würde, durfte später nicht im Bild der Persönlichkeit des vielgeschmähten guten Kaisers Franz aufscheinen. Es entstand das Bild eines Monarchen, der die geistigen Regungen seiner Zeit in dem ertränkte, was man später bei der Kritik der kleinen, runden und heiteren Welt im Schwäbischen als *Biedermeier* abtun wollte. Daß der Charakter des Biedermeier in Wien ganz anders war, als ihn sich die Intelligenz in Deutschland nach 1848 ausmalte, blieb lange unentdeckt. So geriet auch außer Evidenz, daß Franz während seiner Regierungszeit nicht nur den *Napoleon* überstand, sondern auch der *Revolution* widerstand, die erst Jahre nach seinem Tod, 1848, in der Monarchie ausgebrochen ist.

Im Oktober 1820 verfügte sich Franz nach *Troppau* zum dortigen Fürstenkongreß. England und Frankreich waren bezeichnenderweise nur durch Diplomaten vertreten. In Berlin hatte Fürst Hardenberg dafür gesorgt, daß sein König nicht etwa in Troppau wieder der Politik Metternichs zum Opfer fiele, wie im Vorjahr, nach dem Mord an Kotzebue in Teplitz. Der österreichische Kanzler verhielt sich in Troppau defensiv, angesichts der Lage in Europa. Er wollte die Ordnung von 1815 gegen die Revolution verteidigen. Ein neues Motiv für die Solidarität der Großmächte brachte er nicht ins Spiel. Und er begnügte sich mit einem sogenannten vorläufigen Protokoll der Tagung, für das er die Zustimmung Rußlands und Preußens bekam. England distanzierte sich in der Öffentlichkeit von diesem Protokollergebnis, weil es Maßnahmen gegen revolutionäre »Umtriebe« in Spanien und Neapel vorsah, die es nach der in England herrschenden Ansicht nicht geben durfte. Wie hätte die englische Regierung in Troppau sich gegen revolutionäre Umtriebe aussprechen können, da sie selbst in den spanischen Kolonien Lateinamerikas solche Umtriebe seit Jahren unterstützte und hoffte, so zum baldigen Ende der dortigen Kolonialmacht des spanischen Mutterlandes beizutragen. Jenes Mutterland, wo Riego und seine Junta sehr zum Vorteil englischer Interessen die Macht in Händen hatte.

Frankreich wieder konnte es nicht auf sich nehmen, daß in Spanien, wo so wie in Frankreich eine Bourbonendynastie regierte, eine andere Macht die Revolution unterdrückte als jene des Königs von Frankreich und seiner Armee.

Nachdem Castlereagh schon im Hinblick auf den Kongreß in Troppau verlautet hatte, es widerspräche der englischen Vorstellung vom internationalen Recht, wenn das erwähnte provisorische Protokoll

»... eine moralische Verantwortung für die Ausübung einer allgemeinen europäischen Polizeigewalt«

annehme. Polizeigewalt, ausgeübt in einem Fremdstaat, nahm offenbar England nur für sich in Anspruch, und dann unter Ausschluß einer Beteiligung anderer Mächte an dieser Machtausübung. So wie London derlei im Moment in Spanien, Portugal und Südamerika praktizierte. Einmal wird ein Nachfolger Castlereaghs ungeniert sagen, England habe die Revolution in *Südamerika* zu Hilfe gerufen, um der in *Europa* eine Gasse zu bahnen.

Metternich wurde vom k. k. Botschafter in London schlecht informiert, als dieser glauben machen wollte, Castlereagh sei noch immer *für* die Politik Metternichs, er getraue sich bloß nicht, wegen der innenpolitischen Lage in England dies auch öffentlich zu bekunden. Oder wie besagter Botschafter Fürst Esterhazy, es, vermeintlich geistreich, formulierte:

»Castlereagh ist ein großer Liebhaber von Kirchenmusik. Er möchte der (Politik des Ballhausplatzes) applaudieren, aber er wagt es nicht.«

Genau das Gegenteil traf schon zu. Nicht es zu wagen, versäumte Castlereagh, er wollte nicht mehr applaudieren, weil er längst nicht mehr mit Metternich eins sein konnte, da man in London jene Revolutionen unterstützte, die Metternich bekämpfen wollte.

Nach dem *provisorischen* Protokoll von Troppau wurde es Zeit, *endgültige* Beschlüsse zu fassen und darnach zu handeln. Mitte November war in Troppau Schluß, Ende Jänner 1821

gingen die Kongreßberatungen in Laibach in Krain weiter. Man sagte, es wäre Franzens Wunsch gewesen, die Arbeit unter den bescheidenen Vergnügungsmöglichkeiten, die Laibach bot, fortzusetzen. In Österreich fehlte es einfach an Geld, um so wie einmal 1814/15 in Wien ein spendiöser Gastgeber zu sein. Typen wie der Kučera sagten:
»In Laibach is's kalt. Da werd'n die Herrn Diplomaten bei Tag lieber im warmen Zimmer beraten und in der Nacht im Logis unter die Tuchent kräul'n.«
Metternich war in Laibach Hausherr. Kapodistria versuchte ein letztes Mal, mit der Autorität des Zaren Metternich in die Quere zu kommen, ehe er seine ganze Kraft dem Aufstand der Griechen gegen den Sultan zur Verfügung stellte. In Laibach mußte sich der Grieche aber damit begnügen, daß der im März 1821 ausgebrochene Aufstand der Griechen kein Punkt der Tagesordnung wurde. Dafür kamen die Zustände in Neapel und Piemont/Sardinien auf die Scherbank. Was Neapel und seine Juntaregierung betraf, so ließ Metternich deren diplomatischen Vertreter in Görz dunsten und gar nicht zu den Verhandlungen zu. Er hatte aus Wien den noch in der Zeit *vor* Erlassung der Verfassung für das Königreich beider Sizilien akkreditierten Gesandten mitgebracht, und dieser, ein gewisser Ruffo, war zwar ein mauvais sujet, aber im Moment tanzte er nach der Pfeife des österreichischen Kanzlers. Jedenfalls machte er ihm keine ernsten Schwierigkeiten. Metternich kam zugute, daß während der Konferenz in Laibach im benachbarten Königreich Piemont/Sardinien ein Militärputsch ausbrach, bei dem ein naher Verwandter des regierenden Königs Viktor Emanuel I., nämlich Herzog Karl Albrecht, mitmachte. Der Prinz wurde in seinen Erwartungen arg enttäuscht. Zunächst erhielt aber Österreich von der Konferenz den Auftrag, in Neapel die Ordnung wiederherzustellen. General Pepe erlebte, daß es leichter ist, in Neapel einen Putsch zu machen, als die Neapolitaner dann bei der Stange zu halten. Vor den einrückenden Kaiserlichen nahmen die Truppen Pepes Reißaus und die in Nepael einrückenden k. k. Truppen wurden jubelnd als Befreier und gute Freunde gefeiert. Der Kučera hatte

einige Mühe, die k. k. Marine davon abzuhalten, eine Eskadron in die Bucht von Neapel zu entsenden. Die Kaiserlichen kamen auch ohne dieses Geleit der Flotte über die Straße von Messina nach Sizilien. Was aber die Ambitionen der Marineure betraf, so vermeinte der Kučera:

»Das braucht's nicht mehr. Die Sache ist entschieden. Mir selber hab'n ka Geld und für d'Marine gibt uns der Rothschild kans.«

Das war die Wahrheit, denn ohne das Geld des Bankhauses Rothschild hätten die Kaiserlichen überhaupt nicht ausmarschieren können. Dazu ergab sich bei Ausbruch der Revolution in Piemont/Sardinien noch die Notwendigkeit, auch dort zu intervenieren. Was die k. k. Truppen anstandslos erledigten. Karl Albert ging ins Exil, der Bruder des abgedankten Königs übernahm die Regierung. Wer nicht rechtzeitig nach Frankreich oder in die Schweiz fliehen konnte, bekam es mit der einheimischen Justiz zu tun. Und die benahm sich weit weniger gentil als die der Österreicher anläßlich des Putschversuchs in Mailand vom Jahre 1814. Unter den in Turin abgeurteilten Hochverrätern befand sich auch Giuseppe Mazzini. Er saß seine Strafe in Savona ab, dort, wo einmal Papst Pius VI. als Häftling der Franzosen gestorben ist. Indessen kam Mazzini bald frei. Im benachbarten Frankreich verfaßte er sein Konzept für ein JUNGES ITALIEN, das Modell für ein JUNGES DEUTSCHLAND wurde und als umfassendes JUNGES EUROPA des liberalistischen Zeitalters Krönung des Ganzen hätte sein sollen.

Da nun die Dinge so weit gediehen waren, wußte Franz, was er seinem Kanzler schuldig war, dafür, daß dieser die schweren Krisen der Zeiten von 1820/21 unter Kontrolle bekam. Zwei Tage nach dem Einmarsch der k. k. Truppen in Turin ernannte er den Fürsten zum Haus-, Hof- und Staatskanzler. Es war dies ein Rang, den zuletzt Maria Theresia ihrem Kanzler Kaunitz verliehen hat.

Das Ende in Neapel und Turin ließ weiter die Frage offen, was im Falle der Junta Riegos in Spanien geschehen sollte und wie man den von seinen Putschoffizieren in Haft gehaltenen dortigen König befreien könnte. Wie in Troppau, hatten sich auch in

Laibach die Vertreter Englands und Frankreichs noch vor der Beschlußfassung absentiert; es ergab sich für Metternich die Tatsache, daß für die von *Konservativen* gebildeten Regierungen in London und Paris nicht die Solidarität bei der Verteidigung des Legitimitätsprinzips von 1815 maßgebend war, sondern das Machtinteresse des eigenen Staates. Im Falle Englands der bestehende Einfluß auf die Junta des Generals Riego, im Falle Frankreichs die Entschlossenheit, jede gedachte Intervention gegen die Revolution in Spanien keinem anderen Land zu überlassen als dem Königreich Frankreich. Darüber konnten auch die Sprüche Castlereaghs nicht mehr hinwegtäuschen. Oder wenn Metternich etwa im Oktober 1827 bei seiner Begegnung mit Castlereagh in Hannover aus dem Mund des englischen Königs erfuhr, dieser halte den österreichischen Kanzler für einen Minos, Themistokles, Cato, Cäsar, Gustav Adolf, Marlborough, Pitt und Wellington – zugleich. Denn Castlereagh verlangte in der deutschen Residenz der Britischen Majestät von Österreich nicht weniger als 20 Millionen Pfund, samt Zinsen und Zinseszinsen für das Geld, das England in den Jahren 1795/96 Österreich gegeben hat, damit dieses den Krieg gegen die französischen Revolutionsheere durchstehen konnte. Das dafür von den Kaiserlichen, sehr zum Vorteil Englands, auf den Schlachtfeldern verspritzte Blut ließ sich eben nicht kapitalisieren und mit der Endsumme England zur Aufrechnung bringen. Insgeheim mußte Castlereagh seinem österreichischen Kollegen anvertrauen, nicht er selbst sei auf den Gedanken gekommen, nach fünfundzwanzig Jahren jene alte Forderung zu stellen. Vielmehr sei das ein Trick der immer stärker werdenden liberalistischen Opposition im Londoner Parlament, der es nur darum ginge, den ihr verhaßten konservativen Außenminister in Schwierigkeiten zu bringen mit Wien. Mit Wien, wo schon für englische Liberale der Feind stand, den es jetzt zu bekriegen galt.

Hannover 1821 war die letzte Begegnung von Metternich mit Castlereagh. Das Jahr darauf wollte der Engländer selbst zur Konferenz nach Verona reisen. Metternich hatte ihn allerurgentest gebeten:

»Wenn Sie mich im Stich lassen, bin ich allein ... ich finde daß der Kampf (gegen die Revolution) unmöglich ist, wenn ich allein das aushalten soll, was von (unseren) zwei Kabinetten verfochten werden sollte ...«

Schon stand die Route der Anreise Castlereaghs nach Verona fest: Am 15. August 1822 wollte er von London aufbrechen, zuerst in Paris die Lage peilen, nachher nach Wien reisen. In Wien sollten er und Metternich die Lage erkunden, ehe die Preußen und die Russen zur Stelle waren. Aber anstelle Castelreaghs kam eine entsetzliche Nachricht aus London: Drei Tage vor der beabsichtigten Abreise Castlereaghs aus England hatte sich dieser mit seinem Federmesser die Halsader durchschnitten.

»Der Mann ist nicht zu ersetzen ... nicht für mich«,

urteilte Metternich bei Erhalt der Unglücksnachricht. Die Liberalen aller Länder aber waren hoch erfreut. Die Achse zwischen Metternich und Castlereagh, der Spannbogen, über den die Ordnung in Europa 1815 entstanden ist und auf dem sie ruhte, war zerborsten. Mehr noch: Anstatt Castlereaghs übernahm inmitten der Konservativen, die noch immer die Regierung bildeten, George Canning das Außenressort. Canning war die große Hoffnung der Liberalen. Nicht nur weil er sich ihnen gegenüber verständnisvoll zeigte; Canning erwies sich als ein Sprengkörper in der konservativen Regierung Wellingtons, des Siegers von Waterloo. König Georg IV. sträubte sich daher anfangs beharrlich, Canning das Portefeuille für die auswärtigen Angelegenheiten zu geben. Was dieser unwürdigen Figur eines Königs an Grundsätzen abging, das ersetzte tatsächlich sein politischer Instinkt.

Canning, zu Lebzeiten Castlereaghs immer dessen Rivale auf gleicher Höhe, hat als einer der ersten in London den Abfall der spanischen Kolonien vom Mutterland zu einem Anliegen Englands erklärt und als Minister jeweils unterstützt; er wird Metternichs Stellung auf dem Kontinent durch die Unterstützung des Aufstands der Griechen untergraben; und er wird eine Entente mit Rußland herstellen, der Metternich, in der Klemme zwischen den Flankenmächten, nicht gewachsen sein konnte.

Einmal hat sich Canning, seit Jugendtagen Angehöriger der Loge »Prince of Wales«, mit Castlereagh duelliert. Was damals nicht der Waffe des Duellanten gelang, das tat zuletzt das Federmesser in der Hand Castlereaghs. Mit Canning gegen sich, die Gelder der Brüder Rothschild für sich, ging Metternich im Oktober in die Verhandlungen von Verona.
Am Vorabend des Kongresses konnte Metternich mit einem Darlehen des Bankhauses Rothschild – 900.000 Gulden für 12 Jahre mit 6 Prozent Zinsen – seine prekäre Finanzlage in die Balance bringen. Das war am 23. September 1822. Drei Tage später bekamen die fünf Gebrüder Rothschild den österreichischen Adel. Als Konsul reiste der Wiener Vertreter des Hauses mit nach Verona. Herr von Gentz erfreute sich, anders als sein von ihm insgeheim kritisierter Chef, der Munifizenz des besagten Wiener Bankherrn. Er bezog einfach ein Salär in einer Höhe, daß er seine kostspieligen Liebhabereien und Liebschaften sich weiterhin leisten konnte bis zum Tod. Herr von Gentz war für solche Geldgaben dankbar: Er schrieb den ersten Aufsatz zum Stichwort ROTHSCHILD, der in einem deutschsprachigen Lexikon abgedruckt wurde. Das war Jahrzehnte vor Aufkommen der Bezeichnung ANTISEMITISMUS eine Sensation, deren Ursprung der Verfasser noch geheim zu halten versuchte.
In Verona wurden zuerst einmal den beiden Königen von Neapel und Piemont/Sardinien die Leviten gelesen. In vielen Kreisen Italiens schämte man sich schon solcher Könige. Und was dort nicht offen gesagt werden konnte, das durfte der in England unerwünschte, in Italien zum großartigen Dichter gewordene Lord Byron ausdrücken, indem er auf seine Weise die Konferenz von Verona charakterisierte: Nicht die *Fürsten* aggredierte er, denn diese seien gewöhnliches Geld, wie es das Münzamt schlägt. Aber die eigentlichen Drahtzieher des Kongresses in Verona zeigte er dem erstaunten Publikum ausdrücklich auf: *Juden,* die der Lord lange vor der Zeit des Antisemitismus der Deutschen nicht mochte; *Scharlatane* und *Generale*. Dazu die *Hampelmänner:* «Hier schmeichelt Metternich, der größte Parasit. / Dort denkt Wellington an Kampf nicht mehr. / Hier schreibt Chateaubriand

neue Märtyrerbücher. / Und schlaue Griechen handeln die (russischen) Tataren.«
Das war ein gut geschriebenes Chanson für die politischen Kabaretts der Liberalen aller Zeiten. Der edle Lord, der Dulder, aber mußte sich nach solchen stolzen Anklagen durch Flucht der Verfolgung durch die schwarz-gelbe Hyäne entziehen. Er zog dann ins Land des Bruders des Kaisers von Österreich, nach Toskana, wo der lätscherte Großherzog Ferdinand sich ewigen Ruhm in dem erwarb, was er nicht tat im Zeitalter der Revolutionen. Auf solcher Flucht mußte der Lord unausstehliche Strapazen auf sich nehmen, um das nackte Leben zu retten. Etwa wenn er ein Gefolge von 20 Bedienten mitnahm, dazu acht Zugpferde für die Postkutsche als Zuspann oder für eigene Fahrzeuge; denn Seine Lordschaft nahm auf der Flucht zuweilen acht Hunde, fünf Katzen, zwei Affen und einige große Volieren mit exotischen Vögeln mit in die harten Zeiten des Exils. Manchmal ließ er sich auf der Flucht erschöpft nieder; im jeweils nobelsten Hotel der Stadt, wenn ihm nicht ein gräflicher Standesgenosse italienischer Nationalität Gastfreundschaft gewährte. Wie es Christenpflicht eines jeden Menschen gegenüber einem Verfolgten ist.
Ja – Chateaubriand schrieb in Verona tatsächlich ein neues Kapitel seines Lebens. Als ein vom System der Restauration in Frankreich enttäuschter Konservativer war der Dichter in Paris Ludwig XVIII. dermaßen lästig geworden, daß dieser sich der Anwesenheit des Dichters entledigte, indem er Chateaubriand als seinen Botschafter an den Hof in London schickte. Der Dichter genoß den Vergleich zwischen den Umständen, unter denen er während der Französischen Revolution die Elendigkeiten eines Exils in London verlebte und dem Glanz seiner Rückkehr als Botschafter der Allerchristlichsten Majestät. Demnach war es seine Absicht:
»Die französische Botschaft, die in diesem Land so lange vergessen war, muß wieder an die Spitze der Geselligkeit wie der Geschäfte kommen.«
Dem neuen Lenker der englischen Außenpolitik, George Can-

ning, hätte dieser Botschafter gestohlen werden können. Dieser Dichter mischte sich in die spanischen Verhältnisse, wollte England in Südamerika Konkurrenz machen und sah in Verona den Schauplatz für eine mögliche Rückkehr der bei Waterloo verlorenen GLOIRE der französischen Armee. Ludwig XVIII. gab in einem Moment der Schwäche einer der Damen des Dichters nach und schickte seinen Botschafter in London tatsächlich nach Verona. Es gab an der Stätte von Romeo und Julia der Erinnerungen genug, um als Dichter zwei Bände zu schreiben. Der Zar, klüger als der König von Frankreich, hielt sich die Politik Chateaubriands mit einer Flut von Komplimenten vom Leib. Denn der Dichter war entschlossen, die unter Napoleon in Spanien verlorene GLOIRE unter dem Lilienbanner wieder heimzuholen. Noch war er aber bloß Botschafter in London und seine Damen in Paris taten sich schwer, bei Hof seine Berufung zum Außenminister durchzusetzen. Die schon wieder ermüdeten Konservativen in Paris fürchteten, mit einer französischen Intervention in Spanien die eigenen Liberalen, lästig wie sie ohnedies waren, an den Hals zu kriegen. Aber die Damen erwiesen sich als entschiedener im Handeln als die Männer im Zuwarten und so kam die Führung der Außenpolitik des Königreiches Frankreich in die Hände des großen Dichters.

Und Frankreich stürzte sich in den Feldzug nach Spanien. Metternich ließ derlei angehen, denn die Russen als Intervenienten im revolutionären Spanien wären für die Interessen des Ballhausplatzes auf die Dauer noch schädlicher geworden. Canning wurde von Chateaubriand mit einer Flut von Papier bedrängt, um zu verstehen, warum es auch für England gut war, daß er, Chateaubriand, nach Spanien ging. Und mit ihm 100.000 Mann, die wirklich marschierten, während dem Dichter, in Paris, das Marschtempo der Intervention des Franzosen zu langsam schien. Alles das geschah im Frühjahr 1823, nachdem in Verona im Dezember 1822 dahin entschieden worden war. Was Napoleon versagt blieb, das errang der Dichter spielend. Die Spanier empfingen die Franzosen nicht mit Überfällen kampfgeschulter Partisanen, sondern mit den Rufen:

»Nieder mit der Verfassung! Es lebe die absolute Monarchie . . .« Sichtlich sind Spanier für alles zu haben, was extrem ist. Die Truppen des Generals Riego wichen nach Süden aus, leisteten in Cadiz, wo am Neujahrstag 1820 dieser Schub der Revolution in Europa begonnen hatte, letzten Widerstand. Die alten napoleonischen Militärs, verärgert wie sie über den Erfolg dieses nichtsnutzigen Dichters im Vergleich zu ihrem Kaiser waren, taten langsam. Chateaubriand ließ sie antreiben. Cadiz mußte fallen, Ferdinand VII. die Freiheit wiedererlangen. Als das Fort Trocadero von Cadiz fiel, kapitulierte Riego. Ferdinand VII., kaum in Freiheit, macht alles, was Riego verfügte, rückgängig. Riego wurde gefangen genommen. Wie Spanier aller Couleurs zuweilen sind, haben sich die dortigen Sieger etwas einfallen lassen. Ein eidbrüchiger General, der seine Truppe zur Meuterei verleitet, wie das General Riego tat, wäre in jedem Staat zum Tode verurteilt und erschossen worden; in Spanien aber dachten sich die Feinde Riegos etwas Besonderes aus. Er sollte gevierteilt werden und je ein Leichenteil in einer der vier größten Städte Spaniens zur Schau gestellt werden. Wie so oft waren es Offiziere des äußeren Feindes, also Franzosen, welche auch in diesem Fall den Grausamkeiten unter Landsleuten eine Grenze setzten und Riego vor dem ihm zugedachten Schicksal retteten. Es ging so zu wie nach 1945, als in Böhmen und Mähren Offiziere der Roten Armee wehrlose Deutsche vor der Barbarei gewisser Tschechen bewahrten.

Chateaubriand aber erfährt den Dank des Hauses Bourbon. Es geziemte sich, sich nach dem Krieg der Erbauung der Muße zu widmen. Am Pfingstsonntag des Jahres größter staatsmännischer Erfolge besuchte er in der Hofkapelle zu Paris die während einer Messe aufgeführte Musikdarbietung. Ein Diener bat die Exzellenz aus dem Gottesdienst und war so gut, noch im Gehen den Minister vor dem Erschrecken mit den Worten zu bewahren:

»Der Herr Minister sind nicht mehr Minister.«

Der ausgefolgte Brief des Direktors der politischen Abteilung seines Ministeriums überzeugte den Minister, daß dem so war. Für Ludwig XVIII. war es zu spät, wenn er nachträglich sagte:

»Machen Sie ja keinen Dichter zum Minister.«
Metternich reiste zusammen mit dem Zaren von Verona nach München. Dort trennten sich die beiden, um sich nie mehr in dieser Welt zu sehen. Der Zar aber tat gut, sich in Petersburg umzusehen, was in der orientalischen Frage zu tun war, nachdem das Wagnis seines gewesenen Adjutanten, des Fürsten Ypsilanti, gescheitert war und die von Türken und Griechen angerichteten Massaker kein Ende nahmen. Metternich dem Zaren aber nicht dabei helfen konnte, in London Verständnis dafür zu bekommen, daß in solchen Krisen Rußland seit urdenklichen Zeiten gewohnt war und ist, auf seinem Drängen gegen die Meerengen bei Konstantinopel ein Stück weiter zu kommen.
Ob Franz ahnte, daß der damalige KRANKE MANN AM BOSPORUS, der Sultan, einmal mit seiner Todeskrankheit auch Österreich, das man hundert Jahre später den KRANKEN MANN AN DER DONAU nennen wird, anstecken wird? Metternich geriet jedenfalls in eine Situation, die er drei Jahre lang dermaßen quälend zu spüren bekam, daß er zuletzt seinem Sohn bekannte:
»Meine Lage ist die eines Gekreuzigten; der eine Arm ist in Konstantinopel und der andere in Lissabon geheftet, die Angelegenheiten des Inneren füllen die Mitte aus. Herr Canning ist mein Kreuziger und der ungarische Landtag der Schwamm, getaucht in Essig.«
Wäre er nicht Metternich gewesen, hätte er diese Klage nicht mit dem Nachsatz bereinigt:
»Ich hoffe, daß dieser letzte auf eine ganz günstige Weise noch erledigt werden wird ...«
Das bezog sich primär auf die Malaise des ungarischen Landtags von 1825/26. Im Hintergedanken wohl auf das Ganze der zweifellos unangenehm gewordenen Situation des Herrn auf dem Ballhausplatz.
Es dauerte einige Zeit, bis Metternich davon überzeugt war, daß am Ausbruch des Aufstands der Griechen gegen den Sultan im Jahre 1821 der Zar *nicht* beteiligt war. Das war deswegen schwer zu glauben, weil an der Spitze des bewaffneten Haufens von Griechen, der damals von russischem Territorium in die Türkei

einfiel, der frühere Adjutant des Zaren, Fürst Ypsilanti, stand. Er und andere Griechen, die gegen Napoleon im russischen Heere gedient hatten, brachten aus Paris Ideen heim, wie sie damals in allen sogenannten Geheimen Gesellschaften zirkulierten, nicht nur in den Logen, in deren einer der Fürst Angehöriger war. Er und viele Griechen, die 1814 in der südrussischen Stadt Odessa die PHILIKE HETAIREIA gründeten, deren Ziel die Befreiung Griechenlands von der türkischen Herrschaft war. Die Ereignisse in Spanien und Neapel haben wohl im Jahre 1821 mehr zum Aufbruch dieses militanten Haufens in den Krieg gegen die Türken beigetragen als ein geordneter Willensentschluß oder der starke Wille des Fürsten. Er trieb mit im großen Haufen, ihm aber ging der Ruf voraus, hinter ihm stünden der Zar und das große Rußland. Der Husarenstreich des Fürsten war auch für die Griechen auf dem Peloponnes ein Zeichen zum Losschlagen. Und Kapodistria fing an, als commis voyageur in Diensten dieses Aufstands die europäischen Staatskanzleien aufzusuchen, wo man ihn längst als den einflußreichsten Berater des Zaren kannte. Es galt, die aufflammende allgemeine Sympathie für die Sache der Griechen, die viele als eine Renaissance der Antike ansahen, politisch auszuwerten. Ypsilanti profitierte auf seinem Raid zuerst noch von der Revolution in Spanien und Neapel. Diese zogen Kräfte der Großmächte an sich, ermunterten seine Freiheitskämpfer. Er verschwieg, daß er dem Zaren kein Wort zu irgendeinem Zeitpunkt von seinem Vorhaben gesagt hatte. Denn der Zar hätte ihm das Marschieren verboten. In der Hauptstadt der Moldau, Jassy, begrüßte die orthodoxe Geistlichkeit die einmarschierenden Griechen in der Meinung, sie kämen mit Unterstützung des Zaren und brächten dessen Mächtigkeit über die Türkei.

In der Türkei gab es aber zweierlei Griechen: Jene, die das traurige Los eines unterworfenen Volkes der Türken erlebten; und andere, deren unterschiedliche Fähigkeiten sich die Sultane seit alten Zeiten zunutze machten. In der Moldau hatten letztere Typen die Verwaltung in Händen, sie genossen gute Zeiten, denn sie sorgten dafür, daß die im Land eingehobenen Steuern pünktlich an die Hauptstadt der Türkei abgeführt wurden; sie selbst aber aus derlei Quellen überreich an Geldeinnahmen verdienten. Diese Griechen wußten bald, daß Ypsilanti nicht der Mann des Zaren war, sondern ein Abenteurer, den sie zum Teufel wünschten. Man trennte sich von ihm mehr und mehr. Der Fürst aber eroberte auch noch die Walachei. In Bukarest feierte er ein Wiedersehen mit seinem Waffenbruder aus der Armee des Zaren, Todor Vladimirescu. Auch der hatte einen Haufen beisammen, keine Griechen und keine Männer besserer Herkunft, sondern arme walachische Bauern, die ihren Grundherren feindlicher waren als dem Türken. Die alte Waffenbrüderschaft des Fürsten und des Bauernführers hielt den politischen Belastungen der Lage, hie Arme, dort Reiche, hie Griechen, dort Rumänen, nicht stand. Ypsilanti tat, was im nahen Serbien Obrenović an seinem Konkurrenten Karađorđe vollzogen hat: Er ließ Vladimiresco ermorden. Dann kamen die Türken mit Militär ins Land. Der Haufen Ypsilantis wurde geschlagen. Der Fürst floh nach Österreich, wo er auf Festungen in Ehrenhaft kam und die üblichen Vorteile einer offiziersmäßigen Behandlung hatte, die Franz nicht einmal den Mailänder Hochverrätern von 1814 vorenthalten hat. In Lesebüchern aber erschien ein anderes Bild des Fürsten: in Eisenketten, im finsteren unterirdischen Verlies, der Todeskrankheit ausgeliefert. Der Fürst war an sich Metternich dankbar, daß er ihn nicht dem Zorn des Zaren Alexander auslieferte und ihn nach Rußland heimschickte. Das war, als man in Wien mit der nächsten Welle des Aufruhrs im lombardovenetianischen Königreich konfrontiert war.

Dort hatte Graf Bellegarde ein Douceur für die Gebildeten hinterlassen, das in Mailand erschien, solange diese Stadt österreichisch war: Eine von Staats wegen erhaltene Kulturzeitschrift von Rang, die BIBLIOTECA ITALIANA OSSIA GIORNALE DI LETTERA, SCIENZE ED ARTI. Sie wurde vor allem für die Gemahlin des Nachfolgers Bellegardes im Amt des Kommandierenden Generals in Mailand, Feldzeugmeister Graf Bubna, ein Anliegen. Es schmeichelte der Gräfin, daß ihr Salon Treffpunkt aller Persönlichkeiten Mailands war, die Rang und Bildung, wohl auch Reichtum auszeichneten. Daß darunter die Führer der im Untergrund gegen Österreich kämpfenden Vorhuten des Risorgimento waren, hat die Gräfin wohl nicht geahnt; hätte sie es gewußt, dann wären ihr derlei Umstände weniger interessant gewesen als Menschen, die Benehmität, Geist und Kultiviertheit auszeichneten oder die wenigstens interessante Causeurs waren. Die Redaktion der BIBLIOTECA hat Bellegarde in die Hände der beiden Typen Ugo Foscolo und Vincenzo Monti gelegt. Diese konnten oder wollten es nicht verhindern, daß sich in der Redaktion die Geister schieden, als bloße Schöngeister weniger, handfeste italienische Nationalisten aber sehr gefragt waren in gewissen Mailänder Kreisen, wo Politik immer mehr das Anliegen des Tages wurde. Graf Bubna wollte den Schöngeistern auf seine Weise helfen und rief die Zeitschrift IL CONCILIATORE ins Leben, besser, ließ den reichen Grafen Lamberthenghi das mit Wissen der Regierung im Lande tun. In Wien wußte der neue Präsident der Obersten Polizei-Censurhofstelle, Graf Sedlnitzky, besser Bescheid über Herkunft und Ansichten, vor allem über *Absichten* dieses Grafen. Und man trug sich mit dem Gedanken, das Unternehmen zu verbieten, ehe dessen unterschwellig betriebene Propaganda gegen Österreich Schaden anrichtete. Gegen derlei Absichten wandte sich der durchaus loyale Gouverneur von Mailand Graf Strassasoldo. Er hielt dem böhmischen Grafen entgegen, es sei doch gut, wenn gewisse Elemente in der Zeitschrift CONCILIATORE zu Wort kämen. Besser jedenfalls, als wenn im geheimen – so wörtlich – Liberale, Independisten und Konstitutionelle gegen das System wühlten. Mitarbeiter in der Zeitschrift war der Privatsekretär Lamberthenghis, der später als Märtyrer des Risorgimento verehrte Silvio Pellico. Weil Pellico in seinen Hafterinnerungen es nicht erwähnt, warum er in den Kerker kam, sei es hier kurz vorweg angedeutet: Er betätigte sich in dem, was in jedem Staat, der sich nicht selbst aufgibt, als Hochverrat und Landesverrat verfolgt und damals fast überall mit dem Tode bestraft wurde. Was so im Garten des Publizisten Pellico als Blüten der politischen Publizistik gedieh, ahnte man, fand es aber bestätigt in dem, was bei Beschlagnahme und

Einstellung des CONCILIATORE sich druckreif vorfand. Etwa eine Beschreibung der grausamen Unterdrückung der Negerbevölkerung Haitis während der französischen Kolonialherrschaft auf der Insel. Selbst der Blinde konnte es mit dem Stock greifen, daß mit den Negern die nunmehrigen Opfer der schwarz-gelben Hyäne in Italien gemeint waren, mit den mörderischen Methoden französischer Kolonialherrschaft der Polizeistaat Österreich. Lamberthenghi entzog sich der Verfolgung durch die Flucht. Pellico geriet in Untersuchung. Es stellte sich heraus, daß es Pellicos Plan war, in Mailand Unruhen zu erzeugen, die Truppen des Nachbarstaates Piemont/Sardinien ins Land kommen zu lassen und die Tedesci in ihren barbarischen Norden heimzujagen.

Während die BIBLIOTECA unter Typen wie Monti und Foscolo ihr Erscheinen fortsetzte, weitete sich während der unruhigen Zeiten der Jahre 1820/21 der Kreis der Verhafteten. Der junge Graf Confalonieri tat sich, wie 1814, durch seine Auslandsbeziehungen aufs neue hervor. Ihm und seinen Freunden ging es um die *Internationalisierung* der im eigenen Land auf eine kleine, selbstausgewählte revolutionäre Elite beschränkten Aufstandsbewegung. Gräfin Bubna, die wußte, daß dem Grafen wegen Hoch- und Landesverrat, so wie Pellico, die Todesstrafe drohte, wollte Confaloniere zur Flucht verhelfen. Confalonieri zögerte und geriet in die Hände der Polizei.

Der gegen die Verschwörer jahrelang geführte Prozeß gehört zu den besten Fundstellen für Mythen des Risorgimento. Obwohl vom Anfang an feststand, daß der Kaiser, wie 1814/16, kein Bluturteil bestätigen wird. Confalonieri und sein französischer Agent wurden vom Gericht zum Tode verurteilt. Sofort setzten in Wien die Interventionen zugunsten des Grafen beim Kaiser ein: Zunächst tat es die Kaiserin selbst, dann der aus Passau gekommene Erzbischof von Mailand, Graf Gaisruck, sowie der Vizekönig in Mailand, Franzens Bruder Rainer. Am Heiligen Abend des Jahres 1823 erschien die Familie Confalonieri, angeführt vom alten Grafen, der zu diesem Zweck die Zeichen seiner 1790 erworbenen Würde eines k. k. Kämmerers angelegt hatte, in

Audienz beim Kaiser in Wien. Die Auskunft fiel beruhigend aus, und im Jänner 1824 erging der kaiserliche Gnadenakt. Confalonieri und sein französischer Handlanger wurden zu lebenslanger Haft begnadigt. Sie kamen freilich nicht in die oft beschriebenen unterirdischen Verliese des Spielbergs in Brünn; sie wurden auch nicht angekettet, sondern, wie die Verschwörer von 1814, offiziersmäßig behandelt. Silvio Pellico hat sein weniger günstiges Schicksal während der Haft nachher selbst beschrieben. Auch der aufmerksame Leser wird nichts von unterirdischen Zellen oder schweren Eisenketten erfahren. Confalonieri, der bei der Überstellung nach Brünn in Wien auch noch einer Unterredung mit Metternich hatte, erfreute sich solcher Freiheiten, daß es seiner mutigen Gemahlin beinahe gelungen wäre, ihn aus der Haft zu befreien. Hätte nicht die Regierung in Turin die lätscherten Österreicher in deren Lässigkeit rechtzeitig gewarnt, so hätte der Graf nicht erst die Begnadigung durch Franz abwarten müssen. So aber ging er nachher ins Ausland und schrieb seine politischen Erinnerungen. Sie fanden freilich nicht jenes Echo, das der schreibgewandte Pellico mit seiner larmoyanten Beschreibung seiner österreichischen Gefängnisse erzielte. Als Franzens Sohn Ferdinand in Mailand mit der Eisernen Krone der Lombarden gekrönt wurde, war Confalonieri wieder im Land. Nachher reiste er. Andernorts ging die Revolution weiter.

7.

Austria as it is

»Heuer hat aber die Durchlaucht den Urlaub scho' sehr notwendig g'habt ...«, sagte der Kučera zum Kaiser. Nicht eben aus einem Verständnis der Lage des Kanzlers oder gar einem Mitgefühl heraus. Eher in einem Sinn, dem man entnehmen konnte, daß es dem Kučera recht war, den Kanzler im Moment weit weg und den Kaiser allein für sich zu haben. Franz erwiderte ein wenig sarkastisch: »Ja, ja. Zuletzt ist er scho' so grantig gewesen, daß er manchmal seinen Grant an mir aus'lass'n hat.«
Der Kaiser hatte seinen Kučera, an dem er seinen Grant ausließ; nicht seinen Mißmut oder seinen Zorn, sondern alles, womit er sich bei *einem* Menschen ausreden konnte, ohne daß sich der gleich mit dem Gehörten an die bekannten Hof-Tratschen mit seinem Wissen heranmachte. Und am nächsten Tag der Hof und bald die Stadt wußte, was es für ein neues Histörchen vom guten Kaiser Franz gab. Im Umgang mit Metternich konnte und wollte der Kaiser nicht seinen Grant auslassen. Das schickte sich nicht. Die Beziehungen zwischen Kaiser und Kanzler ereigneten sich auf einer anderen Ebene als auf der, wo der Umgang der Majestät mit dem Kučera stattfand. Metternich und Franz dachten in den Dingen des Staates – nicht in rein menschlichen Beziehungen – tatsächlich *das gleiche*. Der eine war der Kaiser, der Gedanken die autoritas gab, der gemäß Metternich agierte; Metternich verstand sich auf das Politische, die Kunst des Möglichen, wie kein anderer es je in Österreich verstanden hat.
Der Kaiser seufzte. Auch er hatte in diesem Jahr seinen Urlaub in Baden dringend notwendig. Nach vierundzwanzig Regierungsjahren, Feldzügen, ausgedehnten Inspektionsreisen und genug Aufregungen im Leben hat es ihn im heurigen Frühjahr erwischt. Aber arg. Es ist so arg gewesen, daß in Wien die Rede ging:

»Sie hab'n Eahm scho' verseh'n ...«
Mit einer solchen bedeutungsvollen Bemerkung deutete man in dieser Stadt an, daß ein Todkranker schon mehr drüben als herüben im Leben war. Denn meistens holte man den »Pfarrer« erst dann, wenn der Sterbende schon in den letzten Zügen lag und ihn das Kommen des Priesters nicht mehr erschreckte vor dem nahen Tod. Als der Kaiser im heurigen März schwer erkrankte, war sein Leibarzt Baron Stifft am Ende mit seiner Kunst. Weit war es mit ihm in dieser Kunst ohnedies nicht und noch weniger weit mit der Befähigung, sich in Universitätssachen von Amts wegen einzumischen. Metternich hielt gar nix vom Stifft. Und das Personal bei Hof sagte vom Leibarzt des Kaisers:
»Er is' halt a Stift. A Nag'l ohne Kopf.«
Es war Metternich, der veranlaßte, den in der ganzen Stadt bekannten und gesuchten Doktor Staudenheimer ans Krankenbett des Kaisers zu holen. Das alarmierte die Wiener noch mehr als das Kommen des Burgpfarrers mit den Sterbesakramenten. Den Doktor Staudenheimer konnten sich nur Leut' leisten, die Geld hatten. War er nicht gerade der Hausarzt eines Patienten, so bedeutete sein Kommen, daß man ein letztes versuchte, nachdem man dem Sterbenden schon mit Champagner die Herztätigkeit verbessert hatte und so viel Blut abgezapft hatte, daß man sehr gesund sein mußte, um so krank sein zu können. Der Doktor Staudenheimer hat den Kaiser wieder auf die Füße gebracht. Der in seiner Berufsehre gekränkte Doktor Stifft quittierte sein offensichtliches Versagen mit der herausfordernden Bemerkung:
»Na und? Irr'n wird ma' sich no' dürf'n?!«
Nicht so selbstverständlich fand die Genesung des Kaisers der k. k. Hofkonzipist Franz Grillparzer. Obwohl ein ewiger Raunzer wegen der Behandlung seiner Bühnenwerke durch die Direktion der k. k. Hofburgtheater und die Zensoren, im Vorjahr neuerdings vor den Kopf gestoßen bei seiner Bewerbung um einen Posten in der Privatbibliothek des Kaisers – nicht er, sondern ein gewisser Leopold Kloyber, hat auf Vorschlag des Hofrats und Bibliothekvorstandes Young den Posten gekriegt –, erwachte angesicht der Tragik des vermeintlichen Sterbens und der

wundersamen Heilung seines Kaisers sein schwarz-gelber Loyalismus und erhob sich siegreich über seinen klandestinen Freisinn. Er setzte sich hin, folgte einer Vision und so entstand sein Gedicht VISION:

Wie schon der Engel des Todes durch die Massa Leut geht, die in den Höfen der Hofburg auf das neueste Bulletin vom Krankenbett des sterbenden Kaisers warten. Wie der Engel, sonst nicht eben rührselig, sondern pflichtbewußt, Rührung, Trauer und das Leid bei den Leuten sieht. Wie er sich – ganz wienerisch – denkt,

»Dös kann ma' do' net mach'n«,

und er umkehrt, ohne sich die Seel' des Kaisers zu holen und sie hinüber zu geleiten in die Ewigkeit. Was sich so ein pflichtvergessener Todesengel in so einem Fall denkt, weiß nur ein Dichter. Und Grillparzer hat es in Verse gebracht, obwohl er auch nix wußte und ohnedies nicht an den ganzen Pfaffentrug vom Jenseits glaubte:

»Nicht über meinen Auftrag geht die Pflicht. / Ich ward' gesandt, *ein* Herz zu brechen. / So viele *tausend Herzen* brech' ich nicht.«

Das Gedicht gehört zu jenen, die zuweilen dem Ansehen Grillparzers bei den politischen Raunzern und Freisinnigen sehr geschadet hat. Aber nicht lang. Denn so wie die Gefahr für den Kaiser vorbei war, hat man sich hinter vorgehaltener Hand in eben diesen Kreisen höhnisch lachend einen jener Aphorismen erzählt, die in der depressiven Phase der Seelenkrankheit des Dichters entstanden und sich in den Ohren eines Schwarzgelben grauslich anhören.

Jetzt, im Sommer 1826, war Franz wieder pumperlg'sund. Trotzdem sagte er zum Kučera:

»Uns tut ein Urlaub a' gut.«

Uns, das bedeutet auf Wienerisch eher »mir«, war jedenfalls kein Pluralis majestatis, sondern eher der Brauch, das eigene Ich in der Redeweise nicht zu sehr hervortreten zu lassen. Und dabei den Angesprochenen mit seiner Lage allein zu lassen. Nicht daß der Kaiser undankbar gewesen und dem Kučera den Urlaub nicht auch gegönnt hätte. Der ihm nachher angehängte Neidkomplex

ist eine gute Erfindung jener Historiker in Österreich, denen die historische Aufgabe zukam, den Ruf, den der Gute Kaiser Franz zu Lebzeiten hatte, nach seinem Tod, in einer anderen Zeit, bis aufs letzte zu zerstören.
Daher kein Wort darüber, wozu etwa der Kaiser seine Privatschatulle und deren Inhalt verwendete. Verschwender wie Metternich oder Leute, die das Geld zum Fenster hinauswarfen und sich kostspielige Liebschaften hielten, wie der Herr von Gentz einer war, hatten keinen spendiösen Kaiser. Spendiös war Franz gegenüber jenen, die es arg im Leben erwischt hat. Und die von den Federn aufs Stroh gekommen waren. Etwa der unglückliche General Mack, der im Fünferjahr die Katastrophe bei Ulm, wohl den Verlust des Feldzugs mit allen Folgen von Austerlitz, verursacht hat. Dem hat man nachher alles genommen: Rang, Gebühr, Orden und ihn für einige Jahre auf eine Festung geschickt. Schon damals hat der Kaiser dem Mack geholfen und sehr zum Mißvergnügen des Kučera einmal über das Mißgeschick des Mack gesagt:
»Wer weiß, wie mir's bei Ulm gegangen wär'.«
Und Franz hat angefangen, dem Abgeurteilten ohne lange Prozeduren aus der Privatschatulle ein Adjutum anzuweisen. Wie dann alles vorbei war, der Mack aber als Baron Mack in Sankt Pölten lebte, hat der dortige Bischof den Kaiser gebeten, etwas mit dem alten Herrn zu tun, dem auf seine alten Täg' eine Blessur aus dem letzten Türkenkrieg zu schaffen machte. Franz hat sich ein Gutachten des Hof-Kriegsrats kommen lassen, aber die Mehrzahl der Herren war überzeugt, daß der Mack bei Ulm nicht bloß kapituliert, sondern mit dem Feind konspiriert hat. Das hat Franz zuletzt nicht glauben wollen. Und so hat der Mack dann alles zurück'kriegt: Rang, Gebühren und Orden. Aber der im Status der Wiedergutmachung befindliche Mack hat fortwährend gebenzt, es stünde ihm auch eine gewisse Remuneration, eine im Türkenkrieg verdiente und noch vom Kaiser Joseph selig gewährte Verwundeten-Zulage zu. Franz hat dreimal abgelehnt. Dann aber zu seinem Kabinettssekretär gesagt:
»Passen S' auf, der setzt si' no' durch bei mir.«

Und der Mack bekam die Zulage. Dem Fürsten Metternich ist Franz nicht mit dem legendären Dank des Hauses Österreich gekommen, welch letzteren Herr von Schiller unzähligen Gymnasiasten als das Image dieser Dynastie in der Geschichte angehängt hat. Nach Leipzig, 1813, hat Franz den Grafen Metternich zum Fürsten gemacht; im Sechzehnerjahr hat er dem Fürsten das im Rheingau liegende Gut und Schloß Johannesberg geschenkt; und nach der Revolutionskrise des Jahres 1821 ist der Fürst Haus-, Hof- und Staatskanzler geworden, nach Kaunitz der einzige Beamte dieses Ranges und zugleich der letzte. Den Militär-Maria-Theresien-Orden hat der Zivilist Metternich, sehr zu seinem Leidwesen, neben einem halben hundert Großkreuzen nicht bekommen können. Aber dafür hat ihm Franz die Funktion des Kanzlers dieses Ordens verliehen, was Ansehen und Einkünfte zugleich mit sich brachte. Das alles ist in Österreich vergessen gemacht worden, als im März 1848 der Fürst bei Nacht und Nebel vor der Revolution flüchten mußte. Hätte ihn nicht hundert Jahre nach seinem Tod der Professor der hochberühmten Harvard-Universität in den USA, Henry Kissinger, noch dazu ein aus Deutschland geflüchteter Glaubensjude, ein neues Image in der Geschichtsschreibung verliehen, wer weiß, ob man nicht bei der Bewältigung der Geschichte im republikanischen Österreich die Un-Person des Metternich ganz außer Evidenz gebracht hätte. Ein Denkmal hat er eh nie bekommen in Österreich, man war zuletzt froh, daß er, wie viele gute Österreicher, nicht im Land, sondern oben in Pleß, jetzt recte Plasy, bestattet wurde nach dem Tod. Im Palais Metternich, am Wiener Rennweg, ist die Botschaft der Republik Italien untergebracht, und es war für viele eine gelungene Rache eines gerechten Schicksals, daß ausgerechnet jener Staat im Palais Metternich Hausherr ist, dessen Land der Fürst zu seiner Zeit nur als einen geographischen Begriff zur Kenntnis nehmen wollte. Das schöne neue Palais, in dem die Metternichs zuletzt in Wien residierten, ums Eck vom Rennweg in der Jacquingasse, haben im Zweiten Weltkrieg US-Bomber zerstört und so die Rache am Erzfeind der Freiheit und des Fortschritts dermaßen vollständig vollzogen, daß von letzterem

Palais nur noch ein Wirtschaftsgebäude übrig blieb. Signet für: SIC TRANSIT GLORIA MUNDI.

Im August 1826 reiste Metternich nach Johannesberg. Leider hat ihn im bayerisch gewordenen Aschaffenburg König Ludwig von Bayern aufgehalten. Im Moment schätzte der Kanzler den Bayernkönig nicht sehr. Ludwig war in Deutschland der Großprotektor der Schwärmerei für das Neu-Griechentum und den Freiheitskampf der Griechen; deren unter Moslems angerichtete Massaker der Kanzler ebensowenig schätzte wie andere Massaker, die er mit einer *Konferenzpolitik* nicht entstehen lassen wollte. Und Ludwig hatte einen nahen Verwandten namens Otto, den er für sehr geeignet hielt, im künftigen selbständigen Staat der Griechen deren Monarch zu werden. Sehr zum Ärger des immer noch betulichen Kapodistria, der sich schmeichelte, das erste republikanische Staatsoberhaupt des erneuerten Staates seines Volkes zu werden.

Bei der Abreise aus Aschaffenburg Richtung Frankfurt erkannte der Kanzler einmal mehr, daß in der Orientfrage nicht einmal auf den Schwager des Kaisers von Österreich ein Verlaß war. Man war isoliert in Europa. Im vorigen Jahr ist Zar Alexander, zuletzt ein guter Freund des Kanzlers, aus dieser Welt geschieden. Und gleich nach seinem Tod haben wieder einmal Gardeoffiziere in Petersburg geputscht. Die Zeiten, in denen bei einer Palastrevolution bloß der Zar und einige Lakaien ums Leben kamen, waren vorbei. Die Herren Offiziere wollten einen Volksaufstand des russischen Volkes auf der Bühne der politischen Verschwörung mimen. Hochadelige Offiziere der Garderegimenter haben einmal den Vater Alexanders, Paul I., ermordet. Nach Alexanders Tod im Dezember 1825 haben es solche Typen wieder versucht, ihre Adelsoligarchie anstatt der Majestät eines Zaren an die Macht zu bringen. Weil der Putschversuch im Monat Dezember stattfand, bekamen die Teilnehmer in der Geschichte den Namen Dekabristen, obwohl die Sache gemäß dem im Westen gültigen Kalender schon im November losging. Ursprung des Ganzen war die Arbeit in den Logen, wo hochfürstliche Persönlichkeiten eingeweiht wurden in den aus Frankreich importierten Humanismus.

So Graf Muravév, Prinz Trubetskoi, die in engster Verbindung standen mit den Urhebern des Putsches; General Graf Orlov und Graf Dmitriev-Momanov. Dazu kamen Offiziere, teils brennende Idealisten, teils solche, die um ihre Karriere sich betrogen sahen und unter die Intellektuellen in den Logen flüchteten. So der politische Anführer der Dekabristen, Pavel Ivanovic Pestel, und andere, deren maurerische Herkunft erst nach der blutigen Unterdrückung des Militärputsches durch Alexanders Bruder und Nachfolger Paul I. nach und nach ins Licht der Anerkennung gerückt wurde.
Bezeichnend war, wie die Putschoffiziere ihre Mannschaften zur Meuterei bewegten. Es entstand an Allerhöchster Stelle eine Verwirrung, weil nach Alexander, der kinderlos verstarb, dessen nächstälterer Bruder Konstantin zur Thronfolge berufen schien. Der aber gab sein Leben in Warschau, wo er mit einer katholischen Polin lebte, nicht auf, die Erbfolge ging also an den nächsten, jüngeren, Großherzog Nikolaus über. Die Putschisten verbreiteten unter den nichtsahnenden Soldaten das Gerücht, Nikolaus wolle seinen Bruder Konstantin um die von Gott gewollte Erbfolge bringen. Und so zogen die meuternden Truppen unter dem Ruf:
»Es lebe die Konstitution!«
vor den Winterpalast, vermeinend, ihr Ruf gelte dem Großfürsten Konstantin und nicht der von den Putschisten gewollten Verfassung, also einer auf ihre Machtausübung zugeschnittenen Verfassung in Rußland. Zar Nikolaus zögerte, Gewalt gegen Gewalt zu setzen. Er hatte 8000 Mann zur Hand, die Putschisten 3000. Er schickte den Gouverneur der Hauptstadt als Vermittler auf den Platz, aber den schossen die Putschisten hinterrücks vom Pferd; nachher kam der hochwürdigste Metropolit der Hauptstadt auch nicht an mit seiner Mahnung zum Frieden; immerhin kam er mit dem Leben davon. Da ließ der Zar einer aufgefahrenen Batterie den Feuerbefehl geben. Die Meuterer liefen, so wie die ersten gefallen waren, auseinander, die gaffende Menge ging heim. Die Anführer verdufteten, Fürst Trubetskoi begab sich unter den

Schutz der Immunität des Botschafters des Kaisers von Österreich.
Die Krönung Nikolaus' wurde Anlaß dazu, daß die europäischen Höfe sehr repräsentative Vertretungen nach Moskau schickten. Aus London kam Wellington, weil Nikolaus nun einmal eine besondere Schwäche für berühmte Militärs hatte. So sagte Nikolaus unter anderem dem Sieger von Waterloo auch, sehr zum Erstaunen der Regierung in London, er, der Zar, hätte keine Sympathien für die Aufstandsbewegung der orthodoxen Griechen gegen die muselmanischen Türken. Natürlich ohne Hinweis auf die konfessionellen Verschiedenheiten, nur so, als Politikum gemeint. Es kam anders. Im Frühjahr 1827 schickte aber Nikolaus I. seinen bei der Hohen Pforte in Konstantinopel akkreditierten Botschafter mit einer *Begehrnote* los. Demnach sollte der Sultan seine Truppen aus den türkischen Provinzen Moldau und Walachei zurückziehen, beiden sogenannten Donaufürstentümern aber die volle Autonomie unter ihrer Elite, meistens griechischer Herkunft, geben.
Das erweckte in London das Erstaunen des Nachfolgers Castlereaghs, George Canning, der im Zerfall der konservativen Tory-Partei schon zur Ziehung halblinks, zu den Whigs, jetzt schon Liberale genannt, ansetzte. Für alle guten Liberalen Europas war der Kampf der Griechen längst nicht mehr ein Kampf von *Christen* gegen *muselmanische* Unterdrücker, sondern die Chance, als ersten absoluten Herrscher den Sultan um seine Macht zu bringen. Diesem sogenannten Kranken Mann am Bosporus sollte später einmal der Kranke Mann an der Donau, der Kaiser in Wien, folgen.
Es gehört zu Cannings diplomatischen Höchstleistungen, daß es ihm im Frühjahr 1826 gelang, mit dem streng absolutistisch regierenden Zaren Nikolaus zu einem Arrangement in der Orientfrage zu kommen. Metternich erkannte zu spät, daß er diesmal von London und Petersburg umgangen, besser: hintergangen, worden war. Mehr noch: Vom Sultan wurde seitens Englands und Rußlands verlangt, er solle den Griechen einen, wie man sagte, *souzernen,* also nicht voll souveränen Staat einräumen

im Verband des Türkischen Reiches. Diesem Verlangen trat Frankreich bei, Preußen, dessen König der Schwiegervater Nikolaus' I. war, hielt still. Die gewollte Isolierung Österreichs unter den Großmächten war von Canning meisterhaft zustande gebracht worden. Das geschah, als Franz krank darnieder lag und Metternich den Doktor Staudenheimer ans Krankenbett seines Kaisers holen ließ. Weil der Tod Franzens den Kanzler um jene Autorität gebracht hätte, die er bedurfte, um Europa »vierspännig vom Bock zu kutschieren«. Als Franz genesen, Metternich aber in den Urlaub auf den Johannesberg fuhr, belastete eine weitere Frage den Kanzler. Canning hatte in der unverschämtesten Weise den angeblichen Grundsatz der Nichteinmischung seines Landes in fremder Staaten Probleme gebrochen und in Portugal den Liberalen insgeheim Unterstützung zugesagt, als diese daran waren, König Pedro I. zum Thronverzicht zu bringen. Es entsprach durchaus der Räson der Politik Londons, daß nachher die minderjährige Tochter des Gestürzten, Maria II. da Gloria, auf den Thron kam. Für sie sollte der Bruder des früheren Königs, Don Miguel, die Regentschaft führen. Ihn davon auszuschließen war Ziel eines Manövers, bei dem Canning Methoden anwandte, die ansonsten in englischen Gazetten nur dem intriganten Metternich zugeschrieben wurden. Wie zu erwarten, trennten sich in der Frage der Thronfolge die Geister in Portugal. Es brach ein Bürgerkrieg aus, ein Freiheitskampf, wie die Engländer zu lesen bekamen, ein Widerstand gegen das Wühlen Landfremder, wie andere Portugiesen sagten. England, ohnedies auf Söldnertruppen im Landkrieg angewiesen, ließ eine sogenannte Portugiesische Legion aufstellen, für die allerlei Volk in Sold genommen wurde. In dieser Legion erwarb sich auch ein Richard Esquire Goynon Meriten. Er wird nachher überall in Europa zu sehen sein, wo man Pulverdampf im Bürgerkrieg riechen konnte, so auch 1849 als Korpskommandant des gegen die Kaiserlichen kämpfenden ungarischen Revolutionsheeres. Und zuletzt in türkischen Diensten und als Mohammedaner dem Sultan seine militärischen Qualitäten bei der Unterdrückung aufsässiger Muselmanen zur Verfügung stellen und als Kurschid

Pascha das Zeitliche segnen. Bald gab es einen Markt für solche Militär-Fachleute. Auskünfte konnten sich Berufsrevolutionäre, die eher der Macht der Gewehre vertrauten, jeweils in Paris beschaffen. Es konnte in diesem Jahr 1826 nicht ausbleiben, daß sich gewisse Aktivitäten dort in Ungarn zeigten, wo man möglichst weitab von Wien und Österreich samt deren Mächtigkeiten nach eigener Façon einen Vielvölkerstaat unter magyarischer Führung haben wollte.

Metternichs Unterredung in Aschaffenburg verzögert die Reise auf den Johannesberg. Der Kanzler mußte in Frankfurt Station machen. Dort muß ihn wohl der Schreiber eines merkwürdigen Briefes ausgemacht haben, der den Fürsten kurz nach dessen Eintreffen in seinem Sommerdomizil erreichte. Wer weiß, ob Metternich diesem Brief seine vollste Aufmerksamkeit zugewendet hätte, wäre er mit seiner Politik nicht in jener Isolierung gewesen, die er am Ende dieses europäischen Schicksalsjahres so schmerzlich bewegt seinem Sohn Viktor beschrieben hat. Als er sich in der Politik wie Christus der Gekreuzigte vorkam, seine Arme festgenagelt und unbeweglich gemacht, einerseits in Lissabon und andererseits in Konstantinopel. Wobei George Canning von London aus genüßlich diese Kreuzigungsszene des Österreichers betrachtete – wie die ständische, auch ständige Opposition in Ungarn dem Kanzler des Kaisers von Österreich den in Essig getauchten Schwamm, anstelle eines durstlöschenden Tranks, reicht.

Der fragliche Brief streute in die blutigen Wunden Metternichs sozusagen zuerst einmal einigen Pfeffer, um den Kanzler nur ja nicht auf die Idee kommen zu lassen, es stünde nicht dafür, den Brief ernst zu nehmen. Der mit H. Sidons unterschriebene Brief traf tatsächlich die momentane Lage, wie sie auch Metternich betrachtete, mit großer Genauigkeit. Insbesondere mußte es den Kanzler frappieren, daß der Briefschreiber von der *Lage in England* ausging. Von einem, wie geschrieben stand, volkstümlichen Minister an der Spitze. Volkstümlich war George Canning, nicht bloß bei den Liberalen im eigenen Land, sondern bei allen Freisinnigen in Europa. Er hatte damit, was Fürst Metternich abging. Und Canning hatte, so der Briefschreiber, eine mächtige Partei im eigenen Land für sich, eine, in der man Österreich – wieder eine Prise Pfeffer – haßte. Und eben gewissen Kreisen dieser mächtigen Partei in England schrieb Mr. Sidons Aktivitäten zu, die sich in Ungarn zum Nachteil des Kaisers von Österreich auswirken sollten. Als Emissäre schicke man dahin nicht Engländer, sondern deutschsprachige Untertanen des Königs von England, nämlich Hannoveraner. Einen dieser Herren aus Hannover wollte Mr. Sidons auf der Reise getroffen haben. Dem gegenüber gab er sich als Bürger der Vereinigten Staaten aus, und dem Bürger eines dermaßen freien Landes gegenüber vertraute der Herr aus Hannover Dinge an, die er einem Europäer wohl nie gesagt hätte. Der Briefschreiber bekannte sich nicht nur als Amerikaner, er bot dem österreichischen Kanzler seine genaue Kenntnis der Zustände in Amerika und England an. Kurz gesagt kam Mr. Sidons zu dem Offert, im

»... Interesse Seiner österreichischen Majestät Euerer Durchlaucht dienlich zu sein«.

Daß dieses Offert von der Hand eines Menschen stammte, der selbst einmal Untertan des Kaisers von Österreich war, als abgefallener Geistlicher und wegen Unterschlagung kirchlicher Gelder aus Österreich hatte flüchten müssen, stand nicht in dem Brief. Auch stimmte der als Unterschrift gewählte Name nicht, der Briefschreiber war auf den Namen Karl getauft, und zwar in der Kirche eines mährischen Ortes. Sein Vater hieß Postl, war Weinhauer und Bauer. Und der Dichtername, zugleich der nom de guerre des abgefallenen Geistlichen, lautete Charles Sealsfield. Es war erst drei Jahre her, seit die k. k. Behörden den flüchtigen Kleriker Postl kurrendierten. Sehr zum Mißvergnügen seines Ordensoberen, der den Skandal der Affäre vermeiden wollte und lieber auf das von Postl veruntreute Geld verzichtet hätte, als lachenden Dritten ein schlechtes Bild der Lage in kirchlichen Kreisen zu liefern.

Jetzt, 1826, reizte der hochwürdige Herr die Neugierde Metternichs. Am liebsten hätte er dem Kanzler höchstpersönlich seine Spionage- und Agententätigkeit angeboten. Aber der wollte zuerst mit einer Vertrauensperson des Kanzlers reden. Postl erbat sich nach Frankfurt, Poste restante, Nachricht unter: H. Sidons. Zeit zu warten hätte er nicht viel, denn nach erfolgter Genesung werde er alsbald nach England reisen und dort in Privatgeschäften einige Jahre bleiben.

Metternich empfing den Brief auf dem Johannesberg, als er eben mit *seinem* englischen Gewährsmann über Zustände in der Ära Cannings konferierte. Bei dieser Gelegenheit nannte er Canning eine Weltgeißel. Aber auch andere Geißeln wurden gegen Österreich geschwungen. In Paris gaben der reiche Bankier Lafitte, 1815 von Napoleon als dessen Vermögensverwalter eingesetzt, der Publizist und spätere Politiker Thiers sowie der deutsche Verleger Cotta die liberalistisch tendierende Zeitung CONSTITUTIONEL heraus. Anfangs 1816 wurden dort schon mit »ein Hungar« gezeichnete Aufsätze abgedruckt, die den Adel in Ungarn aufforderten, in die Fußstapfen des großartigen Rebellen Rakoczy zu treten, also von Österreich abzufallen. In England war derlei in bezug auf Italien fast schon Stehsatz der Blätter. Auf den Johannesberg hatte Metternich daher auch den österreichischen Geschäftsträger in London, Herrn von Neumann, gebeten. Daß ein Mann bürgerlicher Herkunft und kein Hocharistokrat die Interessen des Kaisers von Österreich am Hof zu St. James vertrat, beweist, daß der Herr des Ballhausplatzes Herrn von Neumann mehr als vertraute, daß er ihm besondere Fähigkeiten zutraute und auch abverlangte. Was später einmal Kritiker des Fürsten nicht hindern wird, ihm nachzusagen, er hätte gewisse Unabhängigkeiten des Charakters nicht geschätzt, die Herr von Neumann besaß. Gemeint waren dessen liberalistische Anschauungen, die Metternich bekannt waren, ihn aber nicht hinderten, Herrn von Neumann als Mittelsmann für die Unterredung mit Mr. Sidons auszusuchen. Die Unterredung fand im Hotel »Zu den vier Jahreszeiten« in Wiesbaden statt. Herr von Neumann zahlte an Mr. Sidons, der sich schon als Priester aus Pennsylvanien mit dem Namen Charles Sealsfield deklarierte, fünfzehn Gulden gegen Quittung als Ersatz für Fahrt- und Nächtigungskosten aus. Ende August berichtete er seinem Chef aber:

Dieser Mr. Sidons gibt sich als Amerikaner aus, spricht aber Englisch mit deutschem Akzent und das nur unter Schwierigkeiten. Die angekündigten Informationen bezogen sich auf Versuche Englands, die österreichischen Länder zu revolutionieren, besonders Ungarn. Dazu hätten sich englische Agenten dorthin verfügt, um Mitglieder des ungarischen Landtags zu gewinnen. Ein hannoveranischer Offizier aber sei es gewesen, der dieses in Darmstadt Mr. Sidons eröffnete, nachdem er aus Ungarn kam. Den Namen des Offiziers nannte Mr. Sidons nicht. Er meinte nur, Herrn Canning seien derlei Pläne nicht fremd. Herr von Neumann gelangte zur Ansicht, daß Mr. Sidons ein Abenteurer sei, auch wenn er sich bereit erklärte, aus London und Paris wichtige Mitteilung – gegen Entgelt – zu verschaffen. Herr von Neumann bedeutete also Mr. Sidons, er möge sich gegebenenfalls an die k. k. Botschafter beider Hauptstädte halten. Als Adressen hinterließ Mr. Sidons: In Frankfurt Herrn Bunsen, in Paris seinen dortigen Gesandten, Mr. Brown.
Im Postskriptum vermerkte Herr von Neumann, er hätte die Unterredung mit Mr. Sidons unter dem angenommenen Namen Weber geführt. Metternich war noch nicht genug genarrt. Noch vom Johannesberg erließ er ein Reservat an den Botschaftsrat von Binder in Paris. Bei aller Skepsis war darin angedeutet, daß hinter den Aussagen des Mr. Sidons beziehungsweise Sealsfield etwas stecken könnte, was verwertbar wäre. Man möge ihn anhören und auch Aufschlüsse über das Individuum einholen. Drei Wochen später lag die Auskunft des Herrn von Binder vor:
Dieser war Herrn Sidons oder Sealsfield zuvorgekommen und hatte sich vor dessen Kommen nach Paris umgeschaut. Der US-Gesandte Brown sagte, er kenne diesen Mann nicht. Mißtrauen sei aber am Platz, so Herr von Binder. Ob Mr. Brown zurecht die Bekanntschaft zu Mr. Sidons bestritt, wurde nie untersucht. Diplomaten verbergen in jedem Fall von Amts wegen Beziehungen zu Agenten ihres Landes. Die Nennung Bunsens war bemerkenswert. Bunsen, 1814 Freiwilliger gegen Napoleon, geriet mit seinen Brüdern bald in die radikale Strömung der nach 1819 im Untergrund bestehenden burschenschaftlichen Bestre-

bungen und jener, die daraus hervorgingen. So wie die Brüder Follen mußten auch die Brüder Bunsen flüchten. Nach Amerika. Postl, der 1826 noch ein letztes Mal versuchte, sich in österreichische Verhältnisse einzuhaken, vielleicht sogar heimzukehren, hatte schon eine dermaßen bewegte Vergangenheit hinter sich, daß er guttat, zu Zeiten das Große Wasser zwischen sich und seine alte Heimat zu bringen. Als Sekretär des General-Großmeisters der in Böhmen reich begüterten Kreuzherren erntete er den Lohn des Fleißes, den er, armer Leute Kind, aufwenden mußte, um als Stipendiat der Kirche zu studieren und Priester zu werden. Einmal im Vertrauen des Großmeisters, war er mehr in Geschäften tätig als am Altar. Zu den geschäftlichen Beziehungen kamen jene mit der besseren Gesellschaft in Böhmen, wo er in adeligen und bürgerlichen Häusern jenen Tratsch hörte, welchen er später in seinem Pamphlet AUSTRIA AS IT IS lukrieren konnte. Es lebte sich gut, so wie es sich im Ersten Weltkrieg Karl Kraus dank der Munifizenz einer Baronin gutgehen ließ, oben, während Kraus – fern vom Schuß – das schmutzigste Buch schrieb, das je ein Literat, der's kann, über Österreich geschrieben hat. Übler als Postls Postille. Nämlich: DIE LETZTEN TAGE DER MENSCHHEIT. Bild jenes Orkus, in dem die Monarchie 1918 ihr angeblich gerechtes Schicksal erfuhr. Postl erlebte zu seiner Zeit in Kreisen des Adels und reicher Bürger die Annehmlichkeiten eines jungen Mannes, dem bei derlei Lebensgenuß zunächst das Keuschheitsgelübde des Priesters hinderlich wurde. Die Tochter des k. k. Gubernialrats von Böhm, Sidonie, tat es ihm an. Sidonie – bis zum Mr. Sidons zog sich ein Erinnern. Vater Böhm sah derlei nicht ungern und lockte:

»Schließen Sie sich unseren Zirkeln an, verpflichten Sie sich uns, so werden wir uns Ihnen gegenüber verpflichten. Sie werden Verbindungen finden und leichter vorwärts kommen. Wir haben längst Großes mit Ihnen vor.«

Großes, also mehr als ein Kooperator oder Pfarrherr in einem behmischen Dorf. Gleichzeitig machte Postl Geschäfte im Auftrag des Großmeisters der Kreuzherren. Er bekam einige Einsicht in die Art, wie man Geld macht. Etwa, wenn er den von seinem

Vater gelieferten Wein mit Profit abverkaufte, mit genug Profit auch für die eigene Tasche. Den Großmeister fürchtete er nicht. Kam die Sache auf, dann würde der Orden vertuschen, was in der Öffentlichkeit nur den Antiklerikalen neuen Stoff gab. Das Große, wie Herr von Böhm es andeutete, war eine Verwendung in Diensten des Staatsrats des Kaisers. Für 1823 stand dort eine Vakanz an. Es gab da Beziehungen, die Herr von Böhm in Wien zum Präsidenten der Hofstudienkommission Graf Lazansky anknüpfen konnte. Lazansky war Lufton, Sohn des Prokop Lazansky, der einmal in Wien Freimaurer wurde, in Prag Provinzialgroßmeister. Aus jener Zeit datierten Beziehungen zu dem bei Hof geschätzten, immer aufs neue in Verwendung genommenen Grafen Saurau, einmal in der Loge »Zur wahren Eintracht«. Wann Postl jene von Böhm angedeutete Verbindung selbst fand, er Freimaurer wurde, ist aktenmäßig nicht nachweisbar. Die spätere Logenzugehörigkeit des vom Priestertum abgefallenen Postl aber ist erwiesen. Sie ermöglichte ihm die geheime Flucht aus Österreich, als oben die üble Nachrede wegen der Geldangelegenheit aufkam; und sich die Polizei trotz der verzweifelten Versuche des Großmeisters der Kreuzherren, den Vorfall geheim zu halten, mit ihrer Currende in die Suche nach Postl einschaltete. Was im Ausland, vor allem in den USA, folgte, wurde Literaturgeschichte. Graf Saurau konnte jedenfalls zu seiner Zeit Postl ebensowenig dienlich werden wie 1826 Metternich und dessen Gewährsleute. Die bei letzterem erlittene Abfuhr war mit ein Grund, daß Postl als Sidons seine Analyse der Zustände im franziszäischen Österreich, voller Bitterkeit und Ressentiments inmitten des Tatsächlichen herausgab: AUSTRIA AS IT IS.

Vorerst verdingte sich Postl seinen amerikanischen Landsleuten, die gegen die Amerikamüdigkeit ankämpften, welche just um diese Zeit spürbar wurde. 1827 erschien seine Version vom Land der unbegrenzten Möglichkeiten im Verlag Cotta. Der Erfolg des Buches brachte den Verlag dazu, Postl zum Schreiben eines Buches über Ungarn anzuregen. Offenbar hat er nicht bloß mit Metternich und Herrn von Neumann über ungarische Verhältnisse – Sealsfield recte Postl war nie dort – gefaselt. Ein englischer Verlag riet aber Postl, doch ein Buch über die Zustände unter Kaiser Franz und Metternich zu schreiben. Und das erschien dann auch zwei Jahre nach dem Aneinandervorbei im Umgang mit Metternich vom Jahre 1826.

Die englischen Kommentatoren strichen vor allem den *Haß* heraus, der gegen die Monarchien Europas in AUSTRIA AS IT IS nicht zu überlesen war. Nicht überall gefielen die schmachvollen *Anekdoten,* wie ein Engländer schrieb. Man vermutete, daß das Buch kein Österreicher geschrieben hat, sondern ein *liberaler Engländer.* Nach und nach wirkten die Freunde Sealsfield zum Vorteil des Buches.

Der Verdacht, der Autor sei ein *österreichischer Adeliger,* der aus der Schule plauderte, kam dem Absatz zugute. Immer mehr fand aber der Freisinn des Verfassers, sein höhnender Antiklerikalismus, seine Herabsetzung tragender Schichten des Systems dort Anklang, wo der Kampf gegen Thron und Altar und deren Bündnis schon mit unerbittlicher Schärfe geführt wurde. Um nicht zu sehr den Verdacht einer Voreingenommenheit des Autors aufkommen zu lassen, schrieben Gesinnungsfreunde, der Autor schildere klar und *ohne Affektionen.* Niemand ahnte ja die Abfuhr, die Postl bei Metternich, anders als vorher bei den Bonapartisten, gefunden hatte.

In Übersetzungen, vor allem im Italienischen, fügte man dem Buch zuweilen einige saftige Zusätze bei, die dem heimischen Leser genehm sein konnten. Die Untergrundbahn der Loge beförderte bald das Buch über Grenzen und Meere: Von London bis Neapel, von Leipzig bis San Domingo, von Montreal bis Mexiko, es paßte ja in die Szene des Abfalls Südamerikas von der Krone Spaniens. Anfangs 1828 kam es auf den Schreibtisch des Präsidenten der Wiener Polizei- und Censur-Hofstelle, Graf Sedlnitzky, zu liegen. Der las es und meinte im Gespräch mit dem Botschafter der Britischen Majestät in Wien, es müsse sich um das Werk eines Engländers handeln. Der Botschafter, ein Bruder Wellingtons, erwiderte spitz:

»Ich habe nie ein so lächerliches Gewebe von Unwahrheiten

gelesen und in einem so schlechten Englisch, daß ich mir beinahe schmeicheln kann, daß dieses Werk von gar keinem Engländer ist ...«

Sondern – von wem sonst? Sedlnitzky konnte sich bei der Nase nehmen. Es war nicht zu verhindern, daß die Wiener Buchhändler, die Ansehen bei Liberalen hatten, so Gerold und Schaumburg, das Buch unter der Budel, wie man sagte, also insgeheim verkauften. Metternichs Leseexemplar liegt wohl jetzt in der Österreichischen Nationalbibliothek. Seine Reaktion war leider kein Auftrag, ein besseres Buch für Österreich zu schreiben, sondern das vorliegende zu verbieten. So kam es, daß Postls Pamphlet erst 1919, nach dem Untergang der Monarchie, auch in Wien verlegt wurde. Nachdem man dem Autor oben, in seiner Heimat, längst Denkmäler gesetzt hatte, wo immer der Josephinismus zu Hause war; nachher auch Liberalismus und Nationalismus mehr und mehr, gerichtet gegen das Haus Österreich. Postl durfte erleben, wie 1859 Österreichs Vormachtstellung in Italien im Krieg gegen Frankreich und Piemont zerbrach. Das freute ihn sehr:

»Die Lage Österreichs ist eine verzweifelte – wohl!«

Aber damals lebte er selbst schon als wohlhabender Rentier in der Schweiz. Daheim in Mähren galt er als verschollen. Die seinen Fall betreffenden Akten der k. k. Polizei waren längst archiviert. Epigonen Postls, die nach 1918 das Buch lasen, waren enttäuscht. Da gab es schon bessere Pamphlete, wirksamere, solche, die auch tatsächlich Österreich so geschadet haben, wie es Postls Werk zu dessen Lebzeiten hätte bewirken sollen. Wer aber sorgsam die Farbschichten dieses Bildes des franziszäischen Österreich nachprüft und die Konturen der Zeichnungen, muß feststellen, daß Postl über Dinge schrieb, die er oft nur vom Hörensagen erfuhr, nachdem er schon seinem Gesinnungswandel zum Opfer gefallen war. Die religiöse Erneuerung, die unter Clemens Maria Hofbauer stattfand, erwähnte er mit keinem Wort. Er nimmt nur das Maß an Taufscheinchristen und ihrem Unwesen. Die Musikalität der Wiener Klassik ist ihm kein Begriff und kein Kriterium jener Zeit. Dichterkollegen aus Österreich, die unsterblichen Ruhm erwarben, nennt er nicht, kennt er nicht. Vom Biedermeier wußte er sichtlich nur das, was nach dessen Ende Polemiker von draußen an billigem Spott darüber gossen. Was in vieler Munde blieb, das waren die Anekdoten vom Kaiser Franz. Von Postl als Hohn gedacht, von späten Nachfahren oft im Kern erfaßt, weil im Hohn des Feindes so oft das anklingt, was dessen scharfer Blick rascher erfaßt, als der loyale Staatsbürger das ungemein Menschliche bestätigt.

Fast gleichzeitig erschienen, aber ungleich stärker in der Wirkung als Postls Imago Österreichs, waren die Erinnerungen Silvio Pellicos an seine Strafhaft in Österreich wegen Hoch- und Landesverrat. Sie konnten im Ausland erscheinen, nachdem Kaiser Franz Pellico lange vor Verstreichen der Zeit der Strafhaft pardoniert hatte. Sie kamen auf den Markt, als die Propagandisten des Risorgimento und die englischen Poeten Lord Byron und Shelley die Gemüter der Italiener schon dermaßen erhitzt hatten, daß Pellicos etwas larmoyante und katholisierende Schreibweise erholsam und ergreifender zugleich war. Wer Pellicos LE MIEI PRIGIONI liest, nachdem inzwischen der Terror des Fortschrittes eines Klassen- und eines Rassenkampfes, samt der Vertreibung ganzer Volksteile die Gemüter der Tatzeugen solcher Verbrechen abgestumpft haben, überläßt Pellico gerne den Schätzern der Klassiker des Risorgimento. Schon legen viele Liberale die Dokumentation Alexander Solzschenizyns ARCHIPEL GULAG nach Lektüre des ersten der drei Bände beiseite; denn mehr Mord und Terror und Haßwille als um 1917 im bolschewistischen Rußland aufkam, war nachher beim besten Willen, trotz verbesserter Tötungsmethoden, nicht mehr denkbar.

Glückliches Italien, glückliches Volk einer glücklichen Zeit, da man noch über die schlichte Einfalt Pellicos Tränen vergoß; Tränen der Rührung, bald Tränen noch machtlosen Hasses, der erst faßbar und verwertbar gemacht werden mußte im Politischen. Dann freilich geriet das Politische am Werke Pellicos in ungeahnte Dimensionen, denn es reflektiert auf Gefühlsstärke und Empfindungskraft; ist darin den Spekulationen politisierender Philosophen überlegen in der Wirkung. Über Pellicos Gefangenschaft, harmlos verglichen mit den Schädelstätten, zu denen nachher einhundertfünfzig Jahre des Fortschritts führten, entstand das Bild der Mordszene in Altösterreich bei dessen Feinden. Die Jagdstätte der schwarz-gelb gefleckten Hyäne. Noch hielt in der Mitte der Alten Welt die Ordnungsmacht des Hauses Österreich. Noch kam der Wellenschlag der auf die Revolutionen von 1820 folgenden Woge von 1830 nicht an diese Ordnungsmacht, über einem Pandämonium schlummernder nationaler Rivalitäten von übermorgen, heran. Aber dann, 1848, wird es Österreich erfassen. Dann, wenn der Staat noch nicht die Zwangsmittel der Moderne in Händen haben wird: Panzer, Flammenwerfer, die ganze absolute Überlegenheit einer bewaffneten Macht, gegen die der Volksaufstand nicht mehr ankommt. 1848 kam er an: Regierungsgazetten, langweilig wie sie gehalten waren, wurden leicht widerlegt durch Flugzettel, Plakate, illegal importierte Literatur für die selbstausgewählte Elite der Macher einer Revolution. Gegen Kavallerie wehrte man sich mit Erfolg hinter einer Barrikade aus Pflastersteinen, Sandsäcken und umgestürzten Fahrzeugen. Die angreifende Infanterie wehrte man ab mit Jagdflinten, alten Musketen und dem, was man in den ersten geplünderten Arsenalen fand. Der Mythos der Revolution: *Das Volk ergreift die Macht mit eigenen Händen,* schien im Pulverdampf der Straßenkämpfe, im höhnischen Gelächter, das flüchtenden Exzellenzen und Majestäten nachhallte, Wahrhaftigkeit an sich zu haben. Bis die aus den sozialdemokratischen Parteien ihres Landes hervorgegangenen Diktatoren der neuesten Zeit die Szene des Politischen betraten: der Russe Lenin, der Italiener Mussolini, der Pole Pilsudski und andere.

Metternichs System war gegen die politische PUBLIZISTIK, die Kritik und absolute Verurteilung an ihm übte, machtlos. Das war nicht die Sache der in Wien Versammelten im Kreis von Friedrich Schlegel oder Adam Müller. Der halboffizielle »Österreichische Beobachter« wurde das regelmäßig erscheinende Dokument der Hilflosigkeit von Regierungsgazetten in der Auseinandersetzung mit einer Opposition. Und was Metternich nach dem Erscheinen des schmalen Bandes der Erinnerungen Pellicos von Amts wegen veranlaßte, war für einen Mann seiner Qualitäten beschämend: Der österreichische Gesandte in Piemont/Sardinien, wo Pellicos Werke herauskamen, wollte eine Widerlegung der Erzählungen Pellicos in der halboffiziellen, österreichischen »Gazetta di Milano« veranlassen. Wenigstens die Italiener in Österreich sollten erfahren, was in dem Buch Dichtung war, was Wahrheit. Das war nicht nach Metternichs Geschmack. Nach seinem Geschmack war der Ton Pellicos durchaus gemäßigt, einem DICHTER warf Metternich nur ungern zu Unrecht etwas vor; sein Vorwurf richtete sich gegen die REGIERUNG in Turin, die es zugelassen hatte, daß dieses Buch dort gedruckt wurde. Der k. k. Gesandte in Turin bekam eine unter dem Siegel des Amtsgeheimnisses stehende Belehrung des Ballhausplatzes:

»Der Gedanke, den Sie mir vorlegen, die tatsächlichen Irrtümer, in die Herr Pellico verfallen ist, in der Mailänder Zeitung zu widerlegen, ist *undurchführbar,* da er kein anderes Ergebnis haben würde, als die Neugier des Publikums anzuregen.«

Indessen blieb man in Wien nicht ganz untätig. Wenigstens die Aktenlage wurde in Ordnung gebracht. Der Statthalter in Mähren wurde beauftragt, ein Memorandum ausarbeiten zu lassen, welches die in Pellicos Erinnerungen aufscheinenden Irrtümer feststellen sollte. Dieses Papier wurde in Wien dem Gesandten des Königreichs Piemont/Sardinien übergeben. Auch in Turin wurde darnach die Aktenlage in Ordnung gebracht und dieser Fall komplettiert. Kaiser Franz hörte sich gelassen an, was ihm im Gegenstand der Präsident der Polizei- und Censur-Hofstelle, Graf Sedlnitzky, vortrug. Franz hielt ohnedies nicht sehr viel von der Zensur, stand nicht an, sie zuweilen – wörtlich – als zu blöd zu bezeichnen. Basta.

In Rom lehnte man es bei der katholisierenden Tendenz des Buches Pellicos einfach ab, das Werk auf den Index der verbotenen Bücher zu setzen.

Als Metternich nachträglich bemerkte, die Wirkung des Buches sei schlimmer als eine verlorene Schlacht, war es zu spät. Und was Franz 1834 wirklich an Ort vom Spielberg erfuhr, hat niemand erfahren in der Öffentlichkeit.

ZWEITER TEIL

8.

Zwischen Biedermeier und Revolutionen

Im Fasching 1815, als die hohen Herrschaften, die zu einem Kongreß nach Wien gekommen waren, mit ihrer Arbeit stockan waren, dafür aber umso eifriger Feste feierten und tanzten, ist der Lanner-Pepi noch nicht ganz vierzehn Jahre alt gewesen. Sein Herr Vater, ein bürgerlicher Handschuhmacher in der Wiener Vorstadt Sankt Ulrich, rechnete fest damit, daß sein Bub einmal das väterliche Handwerk fortsetzen wird. Er ließ es daher bedenkenlos geschehen, daß sich der Pepi momentan weniger mit dem Handwerk seines Vaters als mit dem Geigenspiel beschäftigte. Nicht einmal einen Geigenlehrer gönnte der Vater dem Sohn. Der Pepi war halt in den Augen seines Vaters einer der vielen jungen Menschen, deren Abmühen mit dem Erlernen eines Musikinstruments man gaßauf, gaßab hören konnte. Wenn alle diese Kratzer und Klemperer und Bläser Musiker geworden wären, wer hätte denn noch das ehrsame Handwerk betrieben? Die Hauptsache war, daß der Bub oder das Mädel in eine ehrsame bürgerliche Existenz geriet und nicht in die Gesellschaft der Bratlgeiger und dergleichen, deren Lebensweise in mancher Hinsicht Anlaß zu argen Bedenken gab.

Aber, wie das schon zuweilen geschah, der Pepi ist mit vierzehn Jahren soweit gewesen, daß bald der eine, bald der andere Kapellmeister nach ihm schickte, weil einer seiner Geiger gerade nicht aus dem Suff herauskam, sich mit einem Weibsbild herumtrieb oder gar auf einmal tot war und ein Substitut notwendig wurde. So hat sich der Pepi sein erstes Geld nicht mit einem ehrsamen Handwerk verdient, sondern als Musikant. Eben zuerst als Bratlgeiger, der für einen Silberzwanziger oder gar nur für einen Braten einige Zeit mittat in einer Kapelle, deren es sehr viele in Wien und Umgebung gab. Denn Musik mußte sein: bei

Taufen, bei Hochzeiten und erst recht bei einer Leich' und nachher beim Totenmahl. Bei dieser lückenhaften Musikausbildung des Pepi war es nicht verwunderlich, daß er, der eigentliche Schöpfer des Wiener Walzers und Komponist erster, unnachahmlicher Werke, auch keinen Unterricht in Kompositionslehre genossen hat.

Der Wiener Walzer ist reinstes Produkt alpenländischer Volksmusik. Seine Schöpfung war längst gelungen, als sich die Großen der Musikkunst seiner bemächtigten und ihn in die gehörige Kunstform brachten. Die Donauschiffer, die von Oberösterreich herunterkamen, haben den Tanz und die dazugehörige Musik mitgebracht, und die Wiener hatten ein offenes Ohr dafür. Aus dem Süden brachten ihn die Kohlenbauern und andere Fuhrleut' mit, und als man während der Zeit des Wiener Kongresses Walzer bei Hof tanzte, hatte sich längst der Übergang von den aus den Dörfern kommenden Landlern und deutschen Tänzen so weit vollzogen, daß ein Beobachter der Lustbarkeiten der Kongreßzeiten später rückschauend schreiben konnte:

»Nach dem Weggehen der Souveräne begannen die Orchester Walzer zu spielen. Alsbald schien eine elektrische Bewegung sich der ganzen zahllosen Versammlung mitzuteilen ... Man kann aber auch kaum die Macht begreifen, die der Walzer ausübt ... Diese Lust endete erst mit der Nacht, erst die Strahlen der aufgehenden Sonne schienen dieser belebten, blendenden Gesellschaft ein Ziel setzen zu können.«

Noch einmal trafen sich in der bodenständigen Tanzmusik die Ursprünglichkeit der Volksmusik und die geniale Schaffenskraft der Größen der Wiener Klassik der Musik. Mozart hat zu seiner Zeit »Deutsche Tänze« geschrieben; Beethoven hinterließ seine »XII Deutschen Tänze«, Johann Nepomuk Hummel schrieb in Wien Walzer, ehe er an deutschen Höfen als Hofkapellmeister den Glanz fürstlicher Tanzfeste mitgestalten half. Von diesen Größen hat der Pepi nichts lernen können, auch nicht von Franz Schubert. Ihre Kompositionen kamen ihm nicht zu Gesicht und dort, wo er aufgeigte, gab es eine andere Musi'. Sein Lehrer war der Pamer Mich', ein begnadeter Musikant, wie man damals

sagte, der sich, wie viele seines Standes, zu Tod g'soffen hat. Die Macht des Kaisers war eine Gnad' von oben, das Genie eines Künstlers war eine Gnad', wie alles, was dem Menschen geschenkt ist, eine Gnad' war, und Gnade dem, der sich dieser unwürdig erwies. Dem Pamer hat es das Hütteldorfer Bier angetan, und die Leut' sagten, er hätte es zuletzt in seiner Verzweiflung gleich pitschenweis', also kannenweise, in sich hineingegossen. Beim Pamer hat der Lanner debütiert, ohne deswegen, so wie der Pamer, ein Säufer zu werden. Und beim Pamer ist der Lanner mit einem gewissen Strauß bekannt geworden, auch einer, der kein Handwerk lernen wollte, sondern Musikant wurde. Dem Strauß sein Vater war ein versoffener Bierwirt in der Leopoldstadt. Als dem die Schulden bei den Bierversilberern über den Kopf wuchsen, ging er in die nahe Donau, und der Strauß Johann hat schauen müssen, wie er sich selbst durch's Leben bringt.
So armselig das Walzerparadies der kleinen Leut' war, es hatte doch alles an sich, was es brauchte, um für die Jugend ein Elysium zu sein. Nämlich Musikanten, die etwas konnten. Einen Tanzboden, auf dem man sich nicht derstöß'n hat beim Drehen. Und ein Publikum, das angesteckt war von der Walzerraserei. Später hat man gesagt, die Leut' hätten sich während des Wiener Biedermeier aus Verzweiflung darüber, daß man sie nicht politisieren lassen hat, in die Tanzerei und in Gott weiß was gestürzt. Davon war keine Rede. Die jungen Leut' von damals waren so *unpolitisch* eingestellt, wie die jungen Leut' nach dem Zweiten Weltkrieg, als ihnen die Politik gestohlen hätte werden können; und sie nur noch auf den Sound und die Tanzerei aus waren, die aus Amerika herüberkam nach Europa.
Musikanten, aber auch richtige Musiker, wuchsen damals in Wien wie Schwammerln nach dem Regen. Die Wirte rochen den Braten, schufen statt der Wirtshausstube Tanzsäle, in denen sich die Walzerseligkeit austobte, bis es nach 1918 mit dem Walzer aus zu sein schien. Und in den Tanzsälen die Saalschlachten der politischen Parteien tobten. Ein Jud', ein gewisser Sigmund Wolfsohn, ist gleich ganz groß in das Geschäft gestiegen. Obwohl

gelernter Mechaniker, hat er mit seinen »Apollo-Sälen« in der Vorstadt Schottenfeld sogar den Glanz, wenn auch nicht die Noblesse, bei Hof übertroffen. Alles war bei ihm sündteuer; nur um hineinzukommen, mußte man 25 Gulden Entreegeld zahlen. Für eine Nacht brauchte er 6000 Kerzen. 6000 Gäste machten erst das Geschäft auf die Dauer ertragsfähig. Sechzig Musiker spielten in verschiedenen Sälen auf. Zum Schmausen, zum Saufen, vor allem aber zum Tanzen. Das Silbergeschirr allein soll mehr als eine halbe Million Papiergulden gekostet haben.

Im Winter auf 1810, als in den Spitälern noch Hunderte Verwundete des letzten Feldzugs lagen, vor den Apollo-Sälen die Krüppel bettelten und die Papierwährung am Hund war, hat die Herrlichkeit in den Apollo-Sälen angefangen. Der Kaiser konnte sich nur wundern, daß der Wolfsohn das Geld für einen solchen Aufwand hatte und er, der Kaiser von Österreich, mit einem Staatsbankrott rechnen mußte, der dann auch im Elferjahr auf ihn zukam. Der Kučera hat gestänkert:

»Woher der Jud' nur das Geld hat?«,

aber auf solche Einflüsterungen hat Franz nicht gehört. Vielmehr besuchte er mit seiner Ältesten, Marie Louise, die dem Napoleon versprochen war, die Apollo-Säle; damit die Braut nicht etwa nach Paris den Eindruck mitnahm, sie käme aus einer notigen Stadt, wo nix mehr los war.

Mit dem Verlag von Kompositionen der Wiener Klassiker wären gewisse Verleger nicht reich geworden. Ein gewisser Diabelli, als Komponist von eher mäßigem Renommee, tat sich mit einem anderen Italiener namens Cappi zusammen und ging ins Verlagsgeschäft. Was in Mode war, brachten sie heraus. Momentan war in Wien eine *Anglomanie* verbreitet, so wie nach 1945 der *Amerikanismus*. Selbst ein Beethoven trug dem Rechnung und schrieb nach dem Sieg Wellingtons bei Vitoria in Spanien, im Dreizehnerjahr, ein Tongemälde, das dem Komponisten sicher nicht den hohen Rang in der Musikgeschichte eingebracht hätte; und der Diabelli schrieb nach Wellingtons Sieg bei Waterloo die »Waterloo-Tänze«, deren Druck sich deswegen besser verkaufte, weil die Leut' auf den Krieg pfiffen, die Tänze aber liebten. Viele

haben angefangen, sich im Komponieren im Dreivierteltakt zu versuchen. Ferdinand Raimund bewies seine Musikalität, als er selbst die Skizze für das berühmt gewordene Abschiedslied »Brüderlein fein« zu Papier brachte. Wenn man nach dem Ende Altösterreichs sagte, dieses hätte in Form der Musik die Welt erobert, dann stimmte das insofern, als selbst der Sieger von Wagram, Napoleon, vor dem Kommen seiner zweiten Frau, Erzherzogin Marie Louise, heimlich Unterricht im Walzertanzen nahm, um nicht seine junge Frau vollends den jungen Tänzern bei Hof überlassen zu müssen. In England erschien ein illustriertes Lehrbuch für »Vienna waltzing«, in Paris walzte man auf die dortige Weise, nur in Berlin kam der Walzer bei Hof lange nicht auf, jedenfalls war er im sogenannten Biedermeier noch nicht comme il faut.
Wieviel der um diese Zeit schon ertaubende Beethoven vom Geigenspiel des jungen Lanner hat ausnehmen können, wenn letzterer auf der Landstraße in der »Goldenen Birn« aufspielte und Beethoven speiste und seinen Wein trank, weiß heute niemand mehr. Schubert, der zu seiner Zeit in vielen Wirtshäusern, weniger in teuren Restaurants, zu Hause gewesen ist, fand zeitlebens keinen persönlichen Kontakt zu Lanner. Und doch hat Lanners Musizieren, bald seine Musik, in vielen Teilen Wiens die Musik Beethovens und Schuberts übertönt. Denn der Wiener Walzer kam aus der noch bodenständigen Volkskunst, ehe er sublimiert wurde in der Kunst von Operettenkompositionen der nächsten Generation. Als der Lanner in der »Goldenen Birn« und in anderen Lokalitäten aufspielte, war er längst kein Bratlgeiger mehr. Wo waren die Zeiten, als er oder der Strauß nach einigen Piecen ein Notenblatt nahm, dieses den Zuhörern unter die Nase hielt, um so ein freiwillig geleistetes Entgelt zu kassieren? Viele Musikanten jener Tage brachten es über diese Einkommensverhältnisse nie hinaus. Auch sie haben gute Musik gemacht – aber diese Musik ist heute verschollen, so verschollen wie die Gräber ihrer Schöpfer auf den Vorortfriedhöfen mit ihren Massengräbern; Friedhöfe, die schon längst aufgelassen sind und über deren Gräbern die neue Zeit hinweggegangen ist. Unzählige, heute

Namenlose, sanken ins Grab, bis ein Lanner und Strauß emporkamen auf die Höhe, wo dann der Sohn des Strauß, der unumstrittene *Walzerkönig*, mit seiner Musik und dem Glanz seiner Persönlichkeit fast vergessen machte, daß er auf den Schultern des Lanner steht. Die Walzermusik war eine urösterreichische, aber halt eine alt-österreichische. Ohne die große Zahl ausgezeichneter Instrumentalisten, Geiger wie Bläser, die in Scharen von oben, aus Böhmen und Mähren, kamen, wäre manches Pult im Orchester des k. k. Hofopernorchesters wohl schlechter besetzt gewesen, als es tatsächlich, Gott sei Dank, war. Und manches Tanzorchester hätte nicht die Geiger bekommen, die es brauchte, wenn man nicht einen Lanner und einen Strauß als Geiger und Dirigenten gehabt hätte. Die Namen Drhanek wurden unsterblich, andere Namen behmischer Musikanten blieben der Nachwelt meistens nur dann erhalten, wenn sie sich als Militärmusiker bei den Kaiserlichen einen Namen machten. So wie der Wolfsohn auf dem Schottenfeld sein Elysium, die Apollo-Säle, schuf – deren Lokalitäten später als Seifenfabrik ruhmlos zugrunde gingen –, gelang es in Hietzing einem gelernten Kamm-Macher namens Ferdinand Dommayer. Aus dem bescheidenen Lokal seines Schwiegervaters, eines gewissen, heute längst vergessenen Schankwirts namens Reiter, wurde, was als »der Dommayer« noch heute beim Heurigen besungen wird. »Der Dommayer« war kein Tanzetablissement, sondern ein »Casino«. Zum Dommayer kamen nicht Krethi und Plethi, sofern man Geld hatte, sondern nur die besseren Leut', der letzte Schub des patriarchalischen, feudalen Zeitalters und die Vorhut des neureichen Bürgertums. Freilich, Arkanum des Walzer-Elysiums waren weder der Dommayer noch die Apollo-Säle, sondern eine SCHUBERTIADE, etwa wenn nachher einer ins Tagebuch schrieb: »Vorgestern war Würstelessen bei Schober, Schubert mußte Walzer spielen.«

Mußte, weil es ihn drängte, mit seinen genialen Improvisationen einem speziellen Geheimnis seiner Musikalität Ausdruck zu geben; weil ihn das junge Volk seines Freundeskreises darum bat; weil er nach dem Aufenthalt im Allgemeinen Krankenhaus wußte, daß er eine schauerliche, unheilbare Krankheit in sich trug. Und er noch weniger als zuvor im Tanzen seine Freude fand. Merkwürdig genug hat weder Schubert und noch weniger Beethoven dem Wiener Walzer die Form gegeben, in der er unter Lanner und Strauß Vater einen Höhepunkt in der Tanzmusik erreichte. Dazu mußte einer aus Norddeutschland kommen, ein richtiger Kompositeur, einer, der allerdings auch nicht die Aura absolut gesicherter Bürgerlichkeit an sich hatte. Denn das Wörtchen »von«, das seine beiden Taufnamen Carl Maria mit dem Familiennamen Weber verband, ist seinem Vater weder in der Wiege zuteil geworden noch später von einem Landesherrn verliehen worden; der alte Weber gefiel sich in sensationellen Extravaganzen und die selbstherrliche Annahme eines winzigen Prädikats war nur eine der harmlosen darunter.

Bisher spielten die Musikanten und Tanzkapellen endlose Serien von Walzer-Piecen herunter, bis die Musiker oder die Tanzpaare erschöpft waren. Der zuag'raste Weber aus Lübeck hinterließ ein grandioses Modell für alle Zukunft: sein Konzertrondo »Aufforderung zum Tanz«. Nachher gewöhnten sich Walzerkompositeure, die etwas auf sich hielten, daran, die Zahl der Walzer-Piecen einer Komposition auf etwa ein halbes Dutzend zu reduzieren, dem eine Instruktion voranzusetzen und mit einem Trio einen Nachhall der Melodienfolge den Tanzenden auf den Weg zu den Tischen mitzugeben. Lanner erfaßte das Neue sofort und vollends.

Nun hatten er und der Strauß bald eine eigene Kapelle. Da zerkrachten sich die beiden, stritten, ohne einander wirklich bös' zu sein – und der Strauß hatte fortan seine eigene Kapelle. Die Wiener hatten bald den Unterschied zwischen der Musik Lanners und der des Strauß herausgefunden: Wenn der Strauß aufgeigte, riß es die Tanzpaare von den Sitzen. Wenn der Strauß erspürte, daß es die Tanzenden darnach verlangte, dann forcierte er das Tempo der Musik über die Maßen, bis Tänzer und Musiker erschöpft waren und nicht mehr weiter konnten. Bei Lanner ging das meistens anders zu. In seiner Musik steckte ungleich mehr von dem, was schon zur Zeit des Wiener Kongresses

ein zu Besuch weilender kunstsinniger Russe in Wien festgestellt hat:
»Es ist eine Raserei – aber im innersten steckt eine unerklärliche *Melancholie* . . .«
Lanner kam von letzterer nie ganz los, und das macht den romantischen Gehalt vieler seiner Kompositionen aus. Auch in London war waltzing modern und in Paris tanzte man auf eine andere Art Walzer, aber in Lanners Musik steckte mehr, als es die letzte Bedeutung einer Tanzmusik ausmacht. Brachte er eine Neukomposition zur Aufführung, dann konnte es geschehen, daß die Tänzer sitzen blieben, um andächtig zuzuhören. Erst bei der Wiederholung drängten sie aufs Parkett und dann gab es oft zehn und mehr Wiederholungen. Aber von der Raserei, wie sie der Strauß und andere hinkriegten, war bei Lanner weniger die Rede. Wem Lanner zu elegisch und Strauß nicht fidel genug war, der hielt sich an den Kehrreim eines eben viel gesungenen Liedes:
»Und der Morelli / Ist mehr fürs fideli.«
Die Fidulität des Ältesten der drei Morelli, Karl, war für den Geschmack derer, denen die Arbeitswoche nicht viel Zeit ließ zum Einstimmen auf einen Tanz am Sonntag und einen raschen Ausklang in der Nacht auf den Montag. Morelli brachte mit seinem Musizieren vom Fleck weg Schwung in die Gesellschaft. Und er verstand es auch, beim Heurigen und in Wirtshäusern den Leuten die gewissen Tanz, gesprochen mit hellem »a«, hineinzugeigen. Diese Tanz, verschieden von einem Tanz zum Tanzen, gesprochen mit dumpfem »a«, hörte man sich im Sitzen beim Wein an. Aber die Tanz des Morelli waren keine Musik für die Ewigkeit, viele dieser Improvisationen sanken mit dem Musiker in Vergessenheit.
Auf einmal war für den Morelli Karl das Dilemma da: Zu der Höhe, auf die Lanner und Strauß kamen, konnte er nie herankommen; und so weit herunterkommen, wie einmal der Pamer mit seiner ungezügelten Fidulität gekommen ist, wollte er auch nicht. Es war Zum-aus-der-Haut-Fahren; *außi möcht' i'* wurde Kehrreim eines späteren Liedes. Dazu kam, daß der Karl mit der Seinigen nicht mehr zurechtkam und die Seinige nicht viel übrig

hatte für gewisse Fidulitäten ihres Karl. So ist der Karl eines Tages auf und davon, nachdem er sich bei der Ostindischen Kompanie in London als Kapellmeister für eines der in Indien stationierten Regimenter der Kompanie verdingt hatte. Die Seinige ist hinter ihm her, aber der Karl war ihr voraus und auf dem Segelschiff, das rund um Afrika nach Indien unterwegs war. Lang hat er es in Indien nicht ausgehalten, der Karl. Knapp vor der Revolution von 1848 ist er heim nach Wien und hat aufgespielt in Lokalen, wo man einmal nach ihm verlangt hat. Aber die Zeiten und das Publikum hatten sich geändert. Nicht mehr die Musiker waren so sehr gefragt, sondern gewisse Volkssänger und vor allem Sängerinnen, die ihre zeitgemäßen Novitäten mit den gepfefferten Texten brachten. Und der Karl hat gesehen, daß das Publikum seine Lieblinge ebenso rasch erkürt – wie vergißt. Noch einmal ist der Karl aufgebrochen nach Indien. Nach einem letzten Versöhnungsversuch mit der Seinigen endete der Abschied von ihr mit einem Riesenkrach.

Diesmal gab es der Karl vornehmer, er ging nicht zum Militär, sondern wurde Kapellmeister bei dem berühmten Gouverneur Elphinston, einer hervorragenden Figur in der Kolonialgeschichte. Die Briefe Karls in die Heimat wären ein ganzes Buch wert: Ein Ur-Wiener unter Engländern und Exoten. Alles, was das Paradies eines Wieners ausmachte, ging Karl ab und er hörte nicht auf, in seinen Briefen über Speisen und Getränke im Haus seines Brotgebers zu raunzen. Und er erschrak zutiefst, als die Engländer nach einem Aufstand einer Eliteeinheit ihrer einheimischen Kolonialtruppen die religiösen Anführer des Aufstands vor die Kanonenrohre banden, to blow them away; was für die Unglücklichen hieß, nicht nur Leib und Seele zu verlieren, sondern alle Aussicht auf eine künftige Existenz. Zuletzt hat den Karl in Bombay die Cholera erwischt, und die Engländer haben den Verlust eines guten Musikers betrauert.

Der Bruder des Karl, der *Franz,* ist auch auf und davon, ist aber nur bis an die türkische Grenze gekommen. Dort hat er haltgemacht, um schließlich beim Ottočaner Grenz-Regiment der Kaiserlichen als Regimentskapellmeister zu dienen. Wo er begraben ist, weiß man nicht. Dagegen ist der dritte Morelli, der *Ludwig,* stracks den Weg ins honette Dasein eines Kapellmeisters in den Zeiten nach der Revolution gegangen. Ihn zog es nicht nach Indien und auch nicht an die Militärgrenze, auch nicht in die entern Gründ' außer dem Linienwall, wo der Karl einmal mit seiner Fidulität so gut angekommen ist. Ludwig ließ auf seine Visitenkarte auch das Wort »Komponist« drucken, und damit war gesagt, daß er komponierte. Im übrigen hielt er seine Verträge pünktlich ein, den letzten erfüllte er bis an seinen Sterbetag, als man ihn vom Dirigentenpult ins Sterbebett brachte. Für den Karl, auch für den Lanner oder den Strauß, wäre das zu ihrer Zeit kein Leben gewesen.

Als es in Wien auf das Jahr 2000 zuging und es spatni wurde mit der hiesigen Volkskunst und Volksmusik, sind Wissenschafter gekommen, die sagten, in Wien sei mit dem Tode Beethovens eh alles aus gewesen mit der gerühmten Musikalität. Die Adeligen seien seit der Revolution von 1789 verschreckt gewesen, auch hätte es ihnen bald an Geld für ein spendiöses Mäzenatentum gemangelt; und die reiche Bourgeoisie hätte in Paris viel mehr Musikalität mit sich gebracht als die armen Wiener in der schlechten Luft des politischen Biedermeier. Und wie man den armen Schubert in Wien behandelt hat, das paßte so richtig in das Bild jener Tage. Daß Schubert ein Mezänatentum, wie es Mozart und Beethoven genossen, abgelehnt hat, weil er in diesen Rängen der Gesellschaft nicht existieren konnte und wollte, blieb ebenso unerörtert wie die Tatsache, daß er die Stelle eines Hoforganisten ablehnte, weil er absoluter Herr seiner Zeit und Möglichkeiten bleiben wollte.

Die Zeit der Karikatur als Kunst war da. Und den Karikaturisten und Illustratoren des Westens wurde ein bestimmtes Bild des franziszäischen Österreich und seiner Menschen willkommenes Motiv. Der ausgemergelte *Aristokrat,* dekadent in Haltung und Lebensweise, verkommen in Hurerei, Suff und Hasardieren. Typen, die wegen einer, wie man sagte, falsch verstandenen Standesehre zuletzt zur Pistole griffen, um einer unausstehlich gewordenen Fadesse zu entkommen – oder den Gläubigern, die enttäuscht zurückblieben. Und da waren die *Männchen*, die das neureiche Bürgertum produzierte, die Söhne von Fabrikanten und Hausbesitzern, die gerne verschwiegen, daß ihr Herr Vater als Handwerksmeister in einem Hinterhofbetrieb angefangen hatte, ehe er die Fabrik baute; und die es kaum erwarten konnten, bis ihr Erzeuger seinem bürgerlichen Namen das bescheidene Prädikat »von« hinzufügen durfte. Ein Prädikat, das an sich jeder Wiener Kellner taxfrei jedem besser gekleideten Gast verlieh; wenn er nicht, der Brillengläser wegen, Herr Doktor sagte. Für diese Typen wird einmal der Sohn des Kochs im Haus des Fürsten Metternich, ein gewisser Sacher, nach Pariser Vorbild über dem Grund des demolierten k. k. Hofoperntheaters am Kärntnertor sein Hotel errichten. Mit den Separées, die nicht selten Ursprung jener Skandalaffären wurden, mit denen erst »*die* Sacher« als eine noble Hausfrau Schluß machte im franzisko-josephinischen Österreich. Als eh schon alles fast vorbei war.

Schon gab es dazu das Pendant: Bilder verhärmter Weiber, die nach den nicht abreißenden Serien von Geburten hinauskamen in die Massengräber; Kinder, die lebensschwach zur Welt kamen oder an der sogenannten Wiener Krankheit, der in allen Großstädten gleichermaßen grassierenden Schwindsucht, zugrunde gingen; Männer, die im Suff verkamen und gegen deren Exzesse junge Kooperatoren, einige mutige Frauen aus besseren Häusern und die mutigen Kollegen, die den Kampf gegen den Alkoholismus aufnahmen, schwer aufkamen.

Freilich, einen erklärten Sozialismus oder einen instruierten Klassenkampf hat es im franziszäischen Österreich nicht gegeben. Aber es gab schon junge Herren aus Häusern, wo Besitz und Bildung herrschten, die wohl ein Stiftsgymnasium absolvierten, deren anfängliche Religiosität aber zerbrach, wenn sie sahen oder hörten, wie daheim der Herr Vater als Josephiner oder Spätling des Aufklärungszeitalters über das herzog, was die guten Patres als Prinzip ihrer Erziehung in den Unterrichtsstunden – ohnedies schon recht mit Vorsicht – darboten. Bald wurden nicht wenige Söhne von bürgerlichen AUFSTEIGERN *in* der Gesellschaft des Biedermeier zu AUSSTEIGERN *aus* dieser Gesellschaft, gesellten sie sich jener selbstausgewählten Elite zu, in der man über das Los der »besitzlosen Classe« diskutierte, als wüßte man aus eigenem darüber wirklich Bescheid; bis man in diesen merkwürdigen Eliten erkannte, daß in der »besitzlosen Classe« der Proletarier eine Sprengladung steckte, die man nur im richtigen Zeitpunkt zur Explosion bringen mußte, um bisherige Eliten »auf den Schindanger der Weltgeschichte zu befördern«. Um selbst die Macht in die Hand zu nehmen.

Als schon die ersten Explosionen solcher Sprengversuche krachten, hat man vielfach die Juden in Österreich für diese unerwünschten Folgen des Spiels mit dem Feuer verantwortlich gemacht. Die Juden im franziszäischen Österreich waren, mit wenigen Ausnahmen, dem Haus Österreich gegenüber *loyal. Epigonen* dieser Juden werden einmal einen bedeutenden Beitrag zur Zerstörung des alten Österreich und zur Verzerrung des Bildes der Donaumonarchie leisten. Keineswegs alle. Juden waren es, die nach dem Ende des alten Österreich jene ergreifenden *Totenklagen* anstimmten, die sich so sehr von dem Gehabe jener Österreicher unterscheiden, die nicht genug Schutt und Schmutz über dessen Grab anhäufen konnten, um es für immer in Schande vergessen zu machen. Wer hätte allein den *künstlerischen* Wert solcher Klagen übertreffen können:

Das Epos des gewesenen k. k. Offiziers, späteren Kommunisten und im Exil untergegangenen Joseph Roth, seine erschütternden Bilder in den Werken »Radetzkymarsch« und »Kapuzinergruft«? Hugo von Hofmannsthal, als Christ begraben im Habit der Kapuziner, Nachkomme aus einer unter Franz geadelten Familie, der sich, von allen anderen Leistungen abgesehen, auch in Spätkrisen europäischer Geistigkeit den Ruf wahren konnte, einer der letzten Vertreter altösterreichischer Lebenskunst gewesen zu sein. Hofmannsthal, der wohl die letzthin gültige Aussage über das alte Österreich hinterlassen hat:

»Österreich ist zuerst Geist geworden in seiner Musik und in dieser Form hat es die Welt erobert.«

Was diese knappe Aussage in sich hat, das machte Felix Salten verständlich, Salten, den Epigonen nur noch auf ihre Art als

Autor eines Prostituierten-Reports schätzen sollten. Und als die Musikalität im franziszäischen Österreich schon da und dort nach 1945 abgewertet war, blieb von Salten ein Wort über Wien: »Solch' ein Aufblühen und Einwurzeln auf einer *Handbreit Erde* kann nicht mehr Zufall sein. Solche eine Kontinuität in zwei Jahrhunderten – von 1732, dem Geburtsjahr Haydns, bis 1911, dem Hinscheiden Mahlers – entspricht wohl einer inneren Notwendigkeit ... Denn alle die Großen dieser langen Ära hatten den gleichen Ausgang: Das liebe Wien, die Weise, in der so viel Fremdes und doch schon Nachbarliches erklingt. Aus diesem Österreich kamen sie. Im Alltag eines Vorstadtgartens, der kleinen Bäche, der Wege zwischen Weingärten der Wiener Vorstadt begann das großartige Welterlebnis.«

Mochte auch vieles von dem, wovon Salten noch einen Nachklang im Ohr, ein Bild vor Augen und eine Empfindung in sich hatte, nachher untergehen in der Verfremdung, wie sie 1918 und 1945 über das Land kam – mochte sich der Kitsch der Ursprünglichkeit der Hinterlassenschaft des Wiener Biedermeier bemächtigen, mochte der Walzer um 1919 aus den meisten Tanzsälen verschwinden – es überlebte die Musikalität Lanners und Strauß' in Sphären einer Volksmusik, an die jene geschönte, aber in Folklore ertränkte angebliche wienerische Art noch nicht herankam:

Schuberts Vater hat als Schulmeister mit seinem Kollegen Strohmayer zusammen musiziert. Der Lehrer begleitete im Gesangsunterricht in der Klasse den Gesang der Schüler mit seinem Geigenspiel, ging während des Singens zwischen den Bänken auf und ab, hörte hin, wo er eine gute Stimme fand, dämpfte den übel angebrachten Eifer jener, bei denen er den guten Willen fürs schlechte Werk gelten ließ. Der Sohn dieses Strohmayer, im Monat vor Ausbruch der Revolution von 1848 auf die Welt gekommen, hat, so wie der Sohn Franz des alten Schubert, nichts fürs Schulhalten übrig gehabt. Er spielte Geige, dazu Klarinette und wurde einmal mit seinem Spiel auf der Kontra-Guitarre – dem Wäsch-Pracker, wie die Wiener sagten – berühmt. Als schon der Enkel des Kaiser Franz in Schönbrunn und in der

Hofburg regierte, stieß dieser Strohmayer zu den Gebrüdern Schrammel, Johann und Joseph. Die Schrammel waren weder Bratlgeiger noch Typen wie der Morelli Karl, sie waren Absolventen des Konservatoriums der Gesellschaft der Musikfreunde und haben so ein Geigenspiel in die Volkskunst mitgebracht, wie es in dieser Qualität vorher dort nicht daheim war. Die beiden Schrammel und der Strohmayer bildeten ein erfolgreich gewordenes Trio, dann kam ein gewisser Dänzer dazu. Dänzer spielte als Klarinettist nicht die übliche G-Klarinette, sondern die C-Klarinette und auch die mit einer Technik, daß man einmal in seiner Abwesenheit dieses Pfeiferl zerlegte, um ein geheimes Beiwerk zu finden, ohne welches der Klang des »picksüßen Hölzls« den Wienern unerklärlich zu sein schien. Es gab kein Geheimnis, außer dem unwiederholten Können des Dänzer, der auf einer Amerika-Tournee starb.

Zu Franzens Zeiten wurde bei Hof Musik gemacht und nicht bloß die Produktion der Hofmusiker abgehört. Der Kaiser selbst hatte nichts von der Musikalität seines Ahnherrn Leopold I. an sich, der auf seine kompositorische Begabung auch während der ärgsten Bedrängnisse der Türken- und Pestzeit nicht vergaß. Auch Leopolds Ältester, Kaiser Joseph I., hat einiges von der Begabung des Vaters mitbekommen. Aber unter dessen Bruder und Nachfolger, Karl VI., versiegte diese Begabung. Karls Tochter, Maria Theresia, war viel zu sehr Realpolitikerin, als daß sie im Existenzkampf des Hauses Österreich musikalische Inspirationen gehabt hätte. Ihr Ältester, Joseph II., hat Mozarts Einmaligkeit nicht übersehen, bloß vergessen, dem Unvergleichlichen so Freund und Mäzen zu sein, wie der Großneffe Rudolf dieses Kaisers es gegenüber Beethoven wurde. Im übrigen fehlte es Mozart zu seiner Zeit nicht an adeligen Mäzenen und Förderern in Freimaurerkreisen, sondern an der Fähigkeit, mit Geld umgehen zu können, so man gerade welches hatte. Immerhin wagte sich Joseph II. an ein Opernwerk Mozarts nach der Uraufführung mit dem Hinweis heran, es gäbe darin halt gar so viele Noten. Und dazu Mozart:

»Nur so viele Eure Majesttät, nur so viele, als es eben bedarf.«

Noch komponierte man nicht nach mathematisierenden Methoden, sondern nach der Art, die einmal der Komponist Scarlatti seinen Schülern erklärte, warum er diese oder jene Vorliebe beim Komponieren hätte:
»Perchè fa buon sentire.«
Franz profitierte von der außergewöhnlichen musikalischen Begabung seiner zweiten Frau Maria Theresia. Haydn hat diese Kaiserin bewundert, wenn sie in einem seiner Oratorien die Alt-Partie bewältigte. Beethoven widmete ihr sein berühmtes Septett, Opus 20; wissend, daß die Widmung nicht im Depot der Geschenke an die Majestäten verstauben wird. Der Schwager der Kaiserin, Franzens jüngster Bruder Rudolf, war Schüler Beethovens, wurde sein wahrer Freund und hat zusammen mit anderen Herren von Adel das Geld hergegeben, um eine Abwerbung Beethovens nach Kassel und Berlin hintanzuhalten. Diesem, seinem Freund Rudolf widmete Beethoven sein Triple-Konzert, Opus 56, dessen Klavierpart er so komponierte, daß die Technik des Erzherzogs mit den unvergleichlich höheren Ansprüchen der Partie der Violine und des Violoncello Schritt halten konnte.
Maria Theresia hat Joseph Weigl herangezogen, Leopold II. machte ihn zum Kapellmeister am k. k. Hofoperntheater. Franz aber hatte es nicht gerne, wenn Dirigenten am k. k. Hofoperntheater komponierten und deswegen der Orchesterbetrieb vernachlässigt wurde; also ging Weigl ab an die Mailänder »Scala«, wo er sich einen kaiserlichen Dank für die Napoleon dedizierten Gelegenheitskompositionen erwartete; derlei blieb freilich aus, und Weigl kam zurück nach Wien. 1809 war er wieder bei jenen, die mit den Waffen der Kunst den Geist von anno neun heranzwingen wollten. Ihm lieferte Maria Theresia bei Hofkonzerten den kaiserlichen Gemahl, dem sie nur einen bescheidenen Platz unter den II. Violinen zumutete, vollends aus. So daß Weigl seinen Kaiser etwa berichtigen mußte:
»Ein Allerhöchstes FIS, Eure Majesttät! Ein FIS, kein F.«
Und Franz rückte dann mißmutig mit dem Zeigefinger der linken Hand so weit von oberen Steg seiner Geige ab, als es bedarf, daß der gestrichene Ton ungefähr einem FIS gleicht. Die Musik war

es, die Franz auch mit dem Kučera verband. Der Generaladjutant spielte leidlich Bratsche und war so in mancher Liebhaberaufführung gesucht. Er war ein Behm' und deswegen eo ipso ein guter Musiker. Nur einmal wollte er sich dem Musizieren bei Hof entziehen. Das war, als um die Zeit nach dem Wiener Kongreß die Adamiten-Bälle in Wiens besserer Gesellschaft Mode wurden, intime Feste, bei denen man statt eines Entreegeldes die Kleider samt der Unterwäsche beim Betreten der Garderobe abgab. Der k. k. Polizei machte es Vergnügen, eine dieser Veranstaltungen, bei der man den Kučera vermutete, auszuheben. So kam die diesbezügliche Polizeirelation auf den Schreibtisch Franzens. Und der Kučera schlich sich beim nächsten Konzert bei Hof wie das verkörperte schlechte Gewissen in den Salon. Franz erspähte ihn und begrüßte ihn:
»Na – Sö müaß'n guat ausg'schaut hab'n.«
Später hat man diese Absolution für den Sünder als Ausdruck einer am Hofe Franzens üblichen Libertinage hingestellt. Vorwürfe, denen vor allem der lange Zeit unverehelicht gebliebene Erzherzog Johann ausgesetzt war: Johann, den sein kaiserlicher Bruder schon in jungen Jahren gerne in der Obhut »rechtschaffener und gesitteter Menschen« wissen wollte.
Und da war Franzens Onkel Max, der zu seinem Bedauern nicht Soldat werden konnte, sondern Geistlicher werden mußte. Als letzter Kurfürst von Köln hat er noch einmal den lahmen Kunstbetrieb der schon recht unbedeutend gewordenen Hauptstadt seines Kurfürstentums in Schwung gebracht. Max bahnte Beethoven zweimal den Weg nach Wien, einmal vor dem Tode Josephs II., das andere Mal mitten durch die 1792 gegen Frankreich aufmarschierenden Heere.
Kaum ein Künstler hat aber das musische Element im Multinational empire – wie Amerikaner nachher die zugrunde gegangene Monarchie nannten – mehr und so vollends erfahren wie Franz Liszt. Magyarische Magnaten haben den im Königreich Ungarn geborenen Deutschen in ihre Schlösser aufgenommen. Sie brachten ihn nach Wien. In Wien kam Liszt beim Italiener Salieri in die Theorielehre; bei Czerny, so gut böhmisch in der Abstammung

wie sein Name, bekam er das Fundament einer unübertrefflichen Klavierkunst. Es war Metternich höchstpersönlich, der nachher Liszt den Weg nach Paris, zum Direktor des dortigen Konservatoriums Cherubini sowie in die prominente Gesellschaft der Seinemetropole eröffnete. Nie hat man am Wiener Hof Liszt die merkwürdigen und sensationell wirkenden Extravaganzen seiner Lebensweise angerechnet. Als Liszt 1867 für die Krönung Franz Josephs I. zum König von Ungarn die Messe komponierte, war längst vergessen, daß er es war, der kurz vor Ausbruch der Revolution des Jahres 1848 den ungarischen Aufständischen mit seinem »Marche hongrois« den Revolutionsmarsch jener Zeit geschaffen hat. So war Liszt: Nach Serien von Extravaganzen marschierte der tonsurierte Kleriker in schwarzer Soutane und weißem Rochette betend und singend in kirchlichen Prozessionen. Nach Franzens Ansicht hätte er derlei ruhig bleiben lassen können und doch sein Künstlerrenommee behalten.

Daß aber Wien und Österreich zur Zeit des Kaisers Franz nicht nur im Musikalischen einen nie mehr erreichten Höhepunkt in der Kunst erreichte, sondern daß damals die Dichtkunst an die Höhen um den Dichterfürsten in Weimar herankam, blieb lange unerklärlich. Es war ein Goldenes Zeitalter für das Wiener Theater. Daß dem so war, blieb für alle Zeiten das Dilemma derer, die im Rückblick auf das franziszäische Österreich nur das Wirken der Zensur erkennen möchten. Ferdinand Raimund hat mit der Sprache des Wieners, frei von obrigkeitlichem Auftrag oder eingeengt durch obrigkeitliche Willkür, dem Ausdruck gegeben, was *Lebensweisheit* im franziszäischen Österreich sein sollte: *Treue, Dankbarkeit, Maßhalten, Zufriedenheit,* Werte, gegen die sich revolutionäre Ideale mit der ganzen Kraft eines alles zersetzenden Sarkasmus wandten. Wenn es überhaupt möglich war, Raimunds Weltanschauung zu vertiefen, dann tat es Johann Nestroy, der Revolution und Reaktion mit seiner scharfen Satire entlarvte.

Franz besuchte, je älter er wurde, umso häufiger in Begleitung seiner vierten Gemahlin das k. k. Hofburgtheater. Die Kaiserin hat für den alternden Kaiser die ewig zugige Hofloge tapezieren lassen, um ihrem Gemahl die ungeschmälerte Schaulust zu erhalten. Dabei war der Kaiser kein Theaterbesucher aus Konvention, wie das nachher oft Brauch in der bürgerlichen Gesellschaft wurde. Nichts haßte er mehr als gekünsteltes Pathos und pathetischen Patriotismus. Der Dichter Castelli, trotz seiner geheimen Feindschaft zum Hof als Beamter gut vorwärts gekommen, bekam das zu spüren. Er hat 1809 gefürchtet, die Franzosen würden während der Besatzung Wiens ihm, dem Dichter während Österreichs Erhebung von anno neun, das entgelten, was er ihnen mit seiner Kunst an Schaden zugefügt haben soll. Vorweg wollte er vom Kaiser die Gewähr einer diesbezüglichen Wiedergutmachung eventueller Besatzungsschäden. Franzens Erwiderung

»Wer hat's Ihnen denn g'schafft, daß solchene Sachen schreiben?« hat die Nachwelt als Ausdruck banausischer Mittelmäßigkeit abgetan; in Wirklichkeit war es die schonungslose Bloßstellung einer gegen eventuelle Risken des Patriotismus aufgeregten Betulichkeit, über der schon die Angst vor dem eigenen Mut stand. Umso mehr wurde Grillparzers vermeintliches Schicksal im franziszäischen Österreich herangezogen, um die Düsterheit und die elende Mickrigkeit des Systems, die über der Zeit lagen, den Epigonen aufzuzeigen. Grillparzer, der größte Dichter aus Österreich, der Dramatiker, dessen ur-österreichische Wesenheit leider geschwächt wurde durch die Tristesse, die er von Haus aus mitbrachte in die Höhen seines Schaffens. Sein Vater starb in frühen Jahren, die Not der Familie ließ den Dichter früh erkennen, daß der Freiberuf eines Anwalts eine riskante Sache ist, verglichen mit dem zwar notigen, aber abgesicherten Dasein eines Berufsbeamten. So wurde das gleichzeitige Bestreben, festen Boden im Staatsdienst unter den Füßen zu haben, gleichzeitig aber nach den Sternen zu greifen, ein nie gelöster innerer Zwiespalt im Wesen des Dichters. Nach einem Fehlstart im Zolldienst reichte ihn Graf Seilern, in dessen Familie er vorher Haushofmeister war, weiter an Minister Graf Stadion. Am Theater des Kaisers, am k. k. Hofburgtheater, errang Grillparzer als Siebenundzwanzigjähriger mit »Sappho« einen durchschla-

genden Erfolg, der ihn verleitete, zu sehr auf bleibende Publikumsgunst zu hoffen.
Es gehört zu den Merkwürdigkeiten in der Geschichte des k. k. Hofburgtheaters, daß es im 19. Jahrhundert zwei Persönlichkeiten einen besonderen Ruf verdankte, deren Lebensstil sich weitab von dem vollzog, was den unverbrüchlichen Bestand der Prinzipien im Haus Österreich ausmachte. Zu Franzens Zeiten kam dieser Ruf dem Freimaurer Joseph Schreyvogel zugute, der Schöpfer eines neuen, großartigen Burgtheater-Stils geworden ist. Noch einmal bekam das Theater des Kaisers eine entscheidende zeitbedingte Veränderung seines Stils: Nach der Revolution von 1848, zu Beginn des Zeitalters des Neo-Absolutismus unter dem jungen Kaiser Franz Joseph, als der frühere Breslauer Burschenschafter Heinrich Laube Direktor wurde; Laube, der wegen radikaler politischer Umtriebe von 1837 bis 1839 in Preußen auf Festung gesessen ist.
Zu den tragischen Konflikten im franziszäischen Österreich gehört die Tatsache, daß einige der größten Bühnenwerke Goethes und Schillers in Wien am Theater des Kaisers lange Zeit nicht zur Aufführung kamen. Es waren jene, in denen die beiden Klassiker ohne Bedenken die Geschichtslügen, wie sie einmal die »Schwarze Legende« der Holländer und Engländer im Kampf gegen das Haus Österreich verbreitet hat, mit all ihrer Kunst zum Kern eines unversiegbaren Ethos machten. Nachher haben Generationen von Gymnasiasten in der Monarchie ihre Geschichtsauffassung weniger aus den oft langweiligen Vorträgen ihrer Lehrer im Geschichtsunterricht bezogen, als vielmehr aus der Darstellung der Bühnenfiguren, wie sie Goethe und Schiller schufen, durch die Größten der Schauspielkunst des k. k. Hofburgtheaters. Und in den Herzen dieser Generationen blieb neben dem nie verblassenden Nachglanz eines nie vergessenen Theatererlebnisses zugleich das Netz von Geschichtslügen hängen, das sie zugleich mit dem Kunsterlebnis ihrer Studententage übergeworfen bekamen.
Grillparzer wollte dem Haus Österreich mit der Bühnendichtung »König Ottokars Glück und Ende« eine Huldigung erweisen.

Aber im Stoff des Stückes steckten Tücken. So ist die Bühnenfigur des Böhmenkönigs Ottokar II., die Grillparzer erfand, nicht weniger verzeichnet als etwa Schillers Figur des Don Carlos. Die Düsternis, die im Stück den Böhmenkönig umgibt, und die herausgestrichenen Charakterfehler mußten den Stolz der Erwachenden unter den Tschechen ebenso verletzen, wie die eher österreichische als reichische Bedeutung der im hellen Glanz erstrahlenden Figur von Franzens Ahnherrn Rudolf von Habsburg nicht mehr den Deutschen genügte. Grillparzers ergreifendes Loblied auf Österreich, mit ein Höhepunkt des Stückes, kam zu jener Zeit kaum mehr gegen den erwachenden Nationalismus der Völker in Österreich auf, bot bis zuletzt keine Antwort auf die Frage: Was ist Österreich? Daß dieses Stück zur Aufführung kam, verdankte es der Gemahlin Franzens, deren Fürsprache der Kaiser mit dem kurzen Satz quittierte, man möge der Zensur sagen, daß diese das Stück erlauben soll. Collin, das war der Bruder des großen Dichters von anno neun, war Vorleser von Karoline Augusta. Diese Kaiserin, Schwester Ludwig I. von Bayern, hat weiter zu Grillparzer gehalten. Als sie zur Königin von Ungarn gekrönt wurde, sollte die Feierlichkeit durch eine Stückaufführung auf einer deutschen Sprechbühne gekrönt werden. Der Auftrag zum Stückeschreiben ging an Grillparzer. Das Schicksal wollte, daß der Dichter bei der Stoffwahl einem grausamen Irrtum zum Opfer fiel. Denn sein Werk zum Anlaß, »Ein treuer Diener seines Herrn«, hatte zu viel an sich, was um diese Zeit die ungarischen Herren weder hören noch sehen wollten:

Einen ungarischen Reichsverweser etwa, der die *Treue zu seinem König* höher stellte als alles andere in dieser Welt. Derlei stand schon im krassen Gegensatz zu jenen politischen Absichten in Ungarn, die *Ungarn* über alles stellten und nicht zögerten, das Haus Österreich, aber auch Wien und Österreich abzuhängen, wo sich diese gegen die ungezügelte Freiheit des Königreichs Ungarn stellten. Und da war in dem Stück eine Liebesepisode, eine der schönsten der Weltliteratur, nur eine, die aus dem ehebrecherischen Verhältnis der Gattin des treuen Dieners seines

Königs und des miserablen Bruders eben dieses Königs erwächst. Franz gefiel das nicht, weil sein Familiensinn für derlei gefährliche Schönheiten der Kunst nichts übrig hatte; und es gefiel ihm auch nicht, daß sich zuletzt der Zorn des guten Volkes gegen eben den ehebrecherischen Bruder des regierenden Königs wandte, was wieder nicht ins Weltbild des Chefs des Hauses Österreich paßte. Metternich warnte vor derlei Motiven: Ein Volksaufstand auf der Bühne sei imstande, aufständische Gefühle im Politischen anzufeuern. Den Ehebruch hingegen tolerierte er. Franz wollte das umstrittene Werk nicht einfach dem Nein der Zensur ausliefern. Er bot Grillparzer einen Kaufpreis für das Manuskript an, der dem nicht unbeträchtlichen Streben des Dichters nach Geld entsprach. Noch verhandelte man über den Ankauf des Stückes für die Privatbibliothek (zwecks eventueller späterer Aufführung), da platzte die Nachricht, der Text sei in oppositionellen Kreisen längst bekannt, wo man hoffte, im Falle der Zensurierung einen Aufhänger für eine gegen die Zustände in Österreich und das Haus Österreich inszenierte Polemik zu kriegen.

Im franziszäischen Österreich geriet, wie nie seit dem Barock, die innere Einheit zwischen Volkskultur und Höchstleistungen der Kunst seiner Zeit. Noch einmal wuchs aus dem inneren Zusammenhalt von Kunst und Handwerk die Einheit im Schönen und Wahren. Später hat man die Hinterlassenschaft der Architektur als bloßen *Beamten-Klassizismus* abtun wollen. Längst zeugen gegen derlei Tendenzen etwa die Gebäude des Polytechnikums in Wien, der späteren Technischen Hochschule; das zu Franzens Zeiten im Plan genehmigte Hauptmünzamt; und nicht zuletzt das Hauptgebäude des noch mit der Wiener Universität verbundenen Tierarznei-Instituts. Die einfache monumentale Gliederung, die darin nicht unvorteilhaft von manchen Exzessen der späteren Ringstraßenära absticht als Formsprache einer Zeit, in der es keiner Ornamente bedurfte, um Mängel des Künstlerischen zu kaschieren. Dieser Stil wurde typenbildend im weiten Land der Monarchie zwischen dem Ticino im Westen und dem Dniestr im Osten.

Noch gab es Gemälde, die nicht zur Schaustellung in Sammlungen geschaffen wurden. Das Bild der Maler jener Zeit ist unentbehrlich gewesen für das Interieur im Wiener Biedermeier. Was im Bild Waldmüllers mit zauberhaften Lichteffekten geschönt wurde, das kehrt im Werk des Akademieschülers und Schuhmachermeisters Neder im wahren Licht wieder. Die kleine, runde und heitere Welt des franziszäischen Österreich war für den einzelnen so klein, daß er sie erleben konnte, aber nicht kleinlich; sie war rund, aber nicht formlos und ohne Kanten; sie war heiter, aber nicht gerade im Exzeß des Walzerrausches, sondern in einer Musikalität, deren Hymnen die Lieder Franz Schuberts sind. Was man draußen, nach 1848, mit dem in Wien nie gebräuchlich gewesenen nachträglichen »Biedermeier« abtun wollte, war hierzulande so landfremd wie Reigentänze von gestern unter der Musikalität Lanners und Strauß'.

Als Lanner acht Jahre nach dem Tod Franzens starb, läuteten schon die Glocken dem franziszäischen Österreich das Sterbegeläut. Lanner war einer, der ausstieg, wie der Morelli Karl. Auch er verließ die Seinige und seine Kinder, um nach Oberdöbling zu einer Frau zu ziehen, die von den Ortstratschen nur noch *eine Person* genannt wurde. Bei Hof war derlei kein Hindernis dafür, Lanner immer wieder zu Festlichkeiten heranzuziehen. Aber immer häufiger brauchte es bei Lanner eines Exzesses, um einer in ihm überquellenden Melancholie Herr zu werden. Einer Stimmung, die in seinem Schwanengesang »Schönbrunner«, eine scheue Widmung an den Hausherrn des Schlosses, zum Ausdruck kommt oder in der Introduktion der »Romantiker« und im Trio dieses Walzers. Im Fasching 1843 genügte ihm und seinen Freunderln nicht die Lustigkeit einer Hochzeitsfeier. Lanner lud die Letzten ein, zu ihm ins Haus zu kommen und beim Wein den Morgen zu begrüßen. Und da ist es geschehen, daß er in Überlaune wettete, er würde nackt hinausgehen in die kalte Winternacht und im Schnee herumwaten. Die Wette galt. Vom Kahlenberg muß ein mörderischer Wind heruntergeweht haben, Lanner flüchtete verängstigt ins Haus, gewann die Wette, verlor die Gesundheit. In der nachfolgenden Fastenzeit ist er am Karfreitag gestorben.

20.000 sind am Ostermontag hinaus nach Oberdöbling, um bei der Leich' des Lanners dabei zu sein. Im Kondukt marschierte vor dem Sarg die Kapelle des I. Regiments der vom Kaiser privilegierten Bürgerwehr unter ihrem Kapellmeister Johann Strauß Vater. Hinter dem Sarg musizierte die Kapelle des zweiten Regiments, dessen Kapellmeister der Lanner gewesen ist. Bis hinunter zum Linienwall hörten die Spaziergänger die Töne der Trauermusik. Die gewissen Tratschen drängten sich ans offene Grab, um nur ja zu sehen, ob dem Lanner die *Ehefrau* oder die *Person* die letzte Ehr' erwies. Die echte Lannerin bekam Recht. Nicht umsonst hatte sie im Text des Partezettels vermerken lassen, daß sich unter den tieftrauernden Hinterbliebenen auch ihre Kinder befänden, sämtlich und ausdrücklich als *ehelich geboren* ausgewiesen. Wiener Mädel unter ihren Schutenhüten warfen die ersten Frühlingsblumen ins Grab, und sie werden einmal ihren Enkelinnen erzählen, wie das war, wenn der Lanner zum Tanz aufspielte. Ganz aus war es mit dem sogenannten Biedermeier in Wien erst, als ein Jahr nach der Achtundvierziger-Revolution Johann Strauß Vater gestorben ist. Auch der ist der Seinigen entwischt, nachdem er mit ihr fünf Kinder bekommen hatte; den Ältesten, Johann, den späteren Walzerkönig, quasi als Zwang, die werdende Mutter zu ehelichen. Als es der Strauß daheim nicht mehr aushielt, zog er zu einer gewissen Trampusch, einer Tänzerin, die sich etwas darauf einbildete, keine bloße Person zu sein, war ihr Herr Vater doch Wundarzt. Sie hat dem Strauß auch noch fünf Kinder geschenkt, keines davon mit musischer Begabung, wie es die Ehefrau des Ausbrechers tat. Aber sie schenkte dem alternden Strauß die Aura, die er brauchte, um künstlerisch schaffen zu können. Ein bißl Schlamperei, keine Zeiteinteilung im bürgerlichen Leben, alle Kraft und Diszipliniertheit für die Kunst und was die vom Menschen abverlangt, der ihr dient. Der alte Strauß hat anfangs auch das Neue des Jahres 1848 mit Gelegenheitskompositionen begrüßt. Nachher hat er auf Gastspielreisen gesehen, wie das so zugeht in Revolutionen; und wie er im Sommer 1848 wieder nach Wien zurückgekommen ist, hat er genug gehabt von der Revolution. Um diese Zeit hat auch Grillparzer längst seine

Sympathien für das Neue verloren gehabt und sein Huldigungsgedicht an Radetzky und dessen siegreiche k. k. italienische Armee gerichtet. Das war, als das erste Parlament in Österreich sich ausdrücklich weigerte, die Verdienste Radetzkys seinerseits anzuerkennen. Grillparzer ist zuletzt so schlecht auf die Revolution zu sprechen gewesen, daß er es am liebsten gesehen hätte, wenn sie von zwei Soldaten, mit Bajonett – auf, abgeführt hätte werden können. So weit ging der Strauß nicht. Er schrieb seinen Radetzkymarsch, als sein Johann schon im Lager der Mobilgarden der Revolutionäre konzertierte.

Und dann war alles aus und ein großer Katzenjammer bei Liberalen und Konservativen. Alle spürten, daß man mit dem alten Strauß etwas zu Grabe trug, das allen gehört hat, einmal. Ihm gebührte eine schöne Leich'. Dafür sorgte kein Unternehmer und kein Konduktansager, sondern – mit dem Geld der anderen – der Regieassistent der Kapelle des Verstorbenen. Und da war ein Problem. Der alte Strauß ist einmal Regimentskapellmeister eines der Regimenter der Wiener Bürgerwehr geworden. Mit diesem Bürgermilitär, das im franziszäischen Österreich seine Tradition bekam, ist es nach der Revolution auch nichts mehr gewesen. Teile davon hatten in den Reihen der Revolution und ihrer Mobilen tapfer gegen die Kaiserlichen gekämpft. Man wird sie bald auflösen, nur um die Musikkorps der Bürgerwehr war's schad', die waren besser als so manche Regimentskapelle der Kaiserlichen. Die Leich' des Strauß wurde ein Fest der Versöhnung jener, die noch vor einem Jahr aufeinander geschossen hatten. Denn im Kondukt marschierten nicht nur die Kapellen der Bürgerwehr mit, sondern auch eine kleine Harmonie einer Regimentskapelle der Kaiserlichen. Die Musik und eine Leich' machten das möglich in Wien.

Natürlich war in Wien das, was man später Biedermeier nannte, nie so etwas, wie man es nachträglich schwäbischen Dichtern und ihrem Hang zum Idyllischen zugeschrieben hat. Biedermänner, wie etwa den gewesenen evangelischen Pfarrer Möricke, hat es im Österreichischen nicht gegeben. Denn auch im Wiener Biedermeier steckte genug Josephinismus und andererseits Reste jenes

Barockkatholizismus, den der Rigorismus der Katholiken am Rhein denen an der Donau nie abgenommen hat. Ansonsten verlief damals das Leben eines Österreichers von der Taufe bis zur Beerdigung gemäß einem Katholizismus, von dem man nachher sagen wird, er hätte nur noch wenig mit Religion zu tun gehabt, dafür umso mehr mit jenem Volksbrauch, den später betuliche Reformer mit Eifer und nicht ohne Erfolg ausgerottet haben.

Freude und Trauer drückte dabei die Musik aus. Es war noch ein Leben unter Weinen und Lachen. Man schämte sich der Tränen ebensowenig, wie jenes befreienden Lachens, bei dem der Bauch wackelte. Die schönste Musik bei der Leich' des alten Strauß machte besagte kleine Harmonie der k. k. Ceccopieri-Infanterie. Zum Anlaß war nicht bloß der Regimentstambour ausgerückt, sondern der Regimentskapellmeister František Resznižek, also ein Behm. Bei dem traurigen Anlaß hat der Resznižek den Radetzkymarsch als langsamen Marsch abspielen lassen, und das hat die Leut' so tief beeindruckt, daß es einer in einem Brief erwähnte. Der Sohn dieses Resznižeks brachte es zum k. k. Feldmarschalleutnant. So war das eben bei den Kaiserlichen, daß manchmal Söhne von Korporalen Generäle wurden, Söhne von Generälen aber in unterschiedliche Ränge kamen, etwa der österreichische Kommunist Ernst Fischer, der zeitweise sogar Stalinist war. Die Enkelkinder des Regimentskapellmeisters von 1849 wurden Künstler, und das mit Wissen und Willen ihres Herrn Vaters, der Exzellenz. Einer von ihnen hat als Karikaturist in den Zeitschriften »Simplizissimus« und »Fliegende Blätter« die Welt, aus der er kam, arg im Bild verschimpft; der andere legte keinen Wert auf die vom Vater erworbene Baronie, nannte sich kurz E. N. Resnizek, lebte überhaupt lieber draußen als Dirigent und Komponist. Auch er war nolens volens eine Zeitlang k. k. Regimentskapellmeister, verbarg aber derlei später lieber; er starb just um die Zeit, als die Amerikaner um des baldigen Friedens willen die erste Atombombe auf eine japanische Stadt warfen. Die Leich' des E. N. Resnizek gestaltete sich deswegen schwierig und gefahrvoll, weil auf dem Weg von Berlin zum

nahen Südwestfriedhof in Stahnsdorf der Eiserne Vorhang unter dramatischen Umständen durchschritten werden mußte.
Das Leben Lanners, Strauß', Morellis und vieler anderer aus allen Kunstgattungen, wohl auch das der Wiener im Biedermeier, hatte wenig Ähnlichkeit mit dem, was nach 1848 den Hohn und die Kritik jener hervorgerufen hat, die erst diese Bezeichnung für den Vormärz erfinden mußten, um eine ständige Zielansprache für ihre Polemiken zu haben. In Wien hat es keineswegs an Libertinagen gefehlt, die etwa einen Dichter wie Eduard Möricke und andere biedere Schwaben, die für das Imago des Biedermeier herhalten mußten, empört hätten. Für Wien wurde im Vormärz eine ungezügelte Lebensfreude kennzeichnend. Nicht nur die Proletarier sorgten für proles, Nachkommen also; in allen Kreisen wurde es üblich, nicht erst auf den Segen des Pfarrers zu warten, wenn Liebe raschestens nach Sex verlangte. Das Gefüge von Ehe und Familie, seit urdenklichen Zeiten Stätte der Kulturtradition, wurde brüchig; von manchen Theoretikern und Ideologen bereits als entbehrliches Relikt aus grauer Vergangenheit hingestellt. In dieser Hinsicht war Franz, dessen Ehe- und Familienleben selbst nach den Worten seiner schlimmsten Kritiker tadellos gewesen ist, nicht zeigemäß als Typ.
Die von Franz eher geförderte industrielle Revolution ging unaufhaltsam hinweg über eine unwiederholbare Vergangenheit. Dort, wo man einmal die Choleraleiche Morellis begrub und nachher der Urwald wieder zu wuchern begann, bahnten sich Bulldozzers den Weg. Der Allgemeine Währinger Friedhof, wo die Masse der Gefallenen des Jahres 1848 unter die Erde kam, wurde aufgelassen, was von Lanner und Strauß Vater sterblich war, an gebührender Stätte aufs neue beigesetzt. Nur das Grab des Kučera verkam, verwahrloste und ist heute irgendwo unter einem Spielplatz.
Das Fidele, das man einmal an der Musik der Morelli geschätzt hat, geriet zu einem Singsang in Heurigenlokalen, die eher Nobelrestaurants sind, als das, was einmal Stätte echtester Volkskunst war. Die Jungen meiden vielfach diese Stätten, leben sich aus in Diskotheken, wo Amplifier den Lärm, der als Musik

anerkannt ist, zum Höllenlärm machen und Leuchteffekte zum Gaukelspiel, das phantasieanregend sein soll. Für Volksmusik ist wenig Platz in einer Zeit, in der Bert Brecht recht bekam, als er sagte, man soll überhaupt nicht mehr vom Volk sprechen, sondern einfach von einer BEVÖLKERUNG.

Leise ziehen mehr und mehr Menschen aus, verlassen das Lärmen und die Produktionen einer im Interesse des Fremdenverkehrs geschönten Volkskunst. Diese Menschen suchen einen späten Nachklang der Musik Lanners, sie suchen und – finden.

9.

Le vieux lion

Am 27. Februar 1831 fand in Wien bei Hof ein Grand couvert statt. Den Besuchern des Essens fiel auf, daß der Kaiser mit dem französischen Botschafter ein sehr langes Gespräch führte. Der Botschafter, ein Veteran der napoleonischen Armee, diente dem in der Revolution des Vorjahres in Paris auf den Thron gekommenen Bürgerkönig Louis Philippe im Range eines Marschalls. Wovon in diesem Gespräch die Rede ging, das erfuhr Graf Kolowrat-Liebsteinsky, von vielen geschätzt als Gewährsmann der Liberalen bei Hof, sofort aus dem Munde seines französischen Gesinnungsfreundes. Dem Kaiser war bekannt, daß nach den Aufständen und Putschversuchen, die im Vorjahr in West- und Südwesteuropa stattgefunden hatten, die in Frankreich im Exil lebenden Macher der Revolution in Italien daran waren, demnächst in unmittelbarer Umgebung der Monarchie loszuschlagen, und zwar im Herzogtum Parma, wo die Älteste des Kaisers Herzogin war. Was in Erwartung dessen der Kaiser dem Botschafter sagte, hat diesen beunruhigt, weil letzterem bekannt war, daß der Kaiser kein Freund großer Worte war. Franz erklärte nämlich dem Franzosen ziemlich energisch, er sei entschlossen d'y frapper, also dreinzuschlagen, wenn die Unruhen in Italien rund um Österreich herum fortgesponnen würden. Überrascht und ein wenig beunruhigt hat dann der Franzose dem Grafen Kolowrat über den Kaiser gesagt:
»Ce vieux Monarque a le cœur d'un lion.«
Franz hätte gelacht, wenn man ihm diese Charakterisierung seiner Person hinterbracht hätte. Was immer bei Freund und Feind über ihn gesagt wurde, einen Löwenherz hat ihn noch niemand genannt. Und der Kaiser legte von sich aus auch keinen Wert auf solche Übertreibungen. Daß die Österreicher bereit

seien, bei einem Putsch in Italien dreinzuschlagen, berichtete der Marschall unverzüglich nach Paris, damit man dort auch die Drahtzieher der Putschversuche in Italien warne; die Drahtzieher, die der Botschafter in seinem Botschaftsgebäude, im Palais Festetics am Minoritenplatz, am Werk wußte, warnte er zu mehr Vorsicht bei ihrem Tun. Tatsache war, daß just am zweiundsechzigsten Geburtstag des Kaisers, am 12. Februar 1831, in Parma die Putschisten losgeschlagen hatten. Das dortige Unternehmen fing mit einer Verspätung an, denn das Pariser Komitee der Putschisten hatte den Genossen in Parma aufgetragen, in der Nacht zum 6. Februar nicht nur in Parma loszuschlagen, sondern auch gleich im Herzogtum Modena und im Kirchenstaat. Das war leichter gesagt als getan.

Erst am 8. Februar wagten sich die Putschisten in Parma hervor. Sie machten keine Revolution, sondern steckten sich rot-weiß-grüne Kokarden an, hoffend, der Anblick der Farben eines freien und geeinten Italien würde die Parmesaner verrückt machen. Aber diese dachten gar nicht daran, ihrer Herzogin Schwierigkeiten zu bereiten. Und da man den *Haß der Unterdrückten,* wie man sagte, nicht gegen die Herzogin Marie Louise zuwege bringen konnte, protestierte man gegen den aus Wien beigegebenen Berater der Herzogin, einen Baron Werklein, auf die schaurigste Weise:

»Morte a Werklein!«

Die Herzogin ließ das kalt, aber Werklein fiel das Herz in die Hose, und schon dachte er an die Heimreise nach Wien. Immerhin kamen einige hundert Menschen auf den Schloßplatz und schrien dort, ohne die Herzogin selbst zu harangieren:

»Constituzione, constituzione . . .«

Das herzogliche Militär hatte vorgesorgt und an bestimmten Plätzen der Residenz Geschütze auffahren lassen, ohne aber Munition beizugeben. Die guten Bürger der Stadt schickten eine Deputation zu ihrer Landesmutter und erklärten dieser, die Kanonen täten die Leut' verschrecken, man möge die Artillerie in die Kasernen befehlen. Das mit den Geschützen gefiel der Herzogin nicht, sie war überzeugt, auch ohne Geschütze mit der Sache fertig zu werden. Als aber ein Delegierter vorschlug, die

Landesmutter möge eine Kommission einberufen, damit diese die Wünsche des guten Volkes vortrage, lehnte Maria Louise ab. Sie kannte die Wünsche ihrer Landeskinder hinreichend, und diese richteten sich weniger auf eine Verfassung als vielmehr auf eine möglichst angenehme und ungestörte Lebensweise. Die Herren der Deputation aber würden ihr eine Verfassung abverlangen und auf derlei wollte sie nicht eingehen. Sie berief ihren Staatsrat ein und verlautete, sie würde ihre Residenzstadt verlassen und sich nach Piacenza verfügen, wo k. k. Truppen in Garnison lagen. Daß die Herzogin die Vorteile ihrer Hofhaltung samt den damit verbundenen Umsatz den Konkurrenten in Piacenza zuwenden wollte, erschreckte die guten Parmesaner. Sie verrammelten die Stadttore, um die Abreise der Landesmutter zu verhindern, verlangten die Landesmutter mehrmals am Fenster ihres Palais zu sehen und jubelten ihr begeistert zu. Aber Maria Louise war gewarnt. Gewarnt durch das Schicksal ihrer Großtante, der französischen Königin Maria Antoinette, der auch einmal die Franzosen zugejubelt hatten, um ihr zuletzt den Kopf abzuhacken. Gewarnt auch durch das, was im letzten Jahr, 1830, in anderen Teilen Europas geschehen war.
In der *Habsburgermonarchie* ist gar nichts geschehen. Dafür in jenen Ländern, wo die Dynastie der *Bourbonen* regierte. In Paris haben die Vorhuten einer neuen politischen Elite, Männer aus Kreisen mit Besitz und Bildung, die Männer und Frauen der »besitzlosen Classe« aufgeboten, weil der König, Karl X., etwas getan hatte, was ihm nach der Verfassung zustand, aber die Möglichkeiten der liberalistischen Opposition im Lande lähmte. Anders als in England, wo man gegen demonstrierende Massen einfach die Kavallerie eingesetzt und so für alle Zeiten die Monarchie vor einem Aufruhr der großstädtischen Massen geschützt hat, ist Karl X. nicht auf das Volk losgegangen, sondern auf dessen geheime Verführer. Seine diesbezüglichen Anordnungen, die als die königlichen *Ordonnanzen* in die Revolutionsgeschichte eingegangen sind, bestanden darin, die politischen Privilegien der »besitzenden Classe« zu schmälern.
Zu diesem Zweck engte er die Privilegien der Pressefreiheit für

kapitalkräftige Eigentümer von Zeitungen ein; er löste die Kammer auf und schränkte das ohnedies nur einer Mini-Minorität der Bürger, praktisch nur den Besitzbürgern, zustehende Wahlrecht dermaßen ein, daß die Opposition fürchten mußte, in der nächsten gewählten Kammer nicht mehr die sogenannte kompakte Majorität zu haben. Das in Ausnahmsfällen zu verfügen, stand dem König zu; es war nicht, wie es nachher in der Revolutionsgeschichte zu lesen stand, ein *Bruch* der Verfassung; es war höchst *unklug,* denn für derlei politische Maßnahmen fehlte dem König die *Macht*. Nicht einmal die Armee war ihm sicher, denn in ihr kommandierten Männer der napoleonischen Armee, Soldaten, die nur eine mäßige Sympathie für das Haus Bourbon hatten und also auch nicht für den regierenden Angehörigen dieses Hauses, Karl X.

Das zeigte sich denn auch bald, als es den Machern der Revolution gelang, die besitzlose Classe zu mobilisieren und auf die Barrikaden zu treiben. Wer weiß, ob das den Machern gelungen wäre, hätten sie nicht die Studenten des halbmilitärischen Polytechnikums bei der Hand gehabt. Durchaus junge Herren aus guten Familien, die das mit Begeisterung taten, was ihre Väter mit kaltem Verstand anfingen. Am 28. Juli 1830 zogen die Herren Studenten in königlicher Uniform auf den Türmen von Notre Dame die Trikolore auf, der Sturm brach los und nach drei Tagen mußte der königliche Kriegsminister der Majestät sagen, seine Truppen würden der Unruhen nicht Herr, fingen an, zu den Barrikadenkämpfern überzugehen. Die Majestät floh nach England und von dort nach Österreich, wo sie in Prag auf dem Hradschin Hof hielt.

Wie mit Zauberschlag verbreitete sich die Glut der Pariser Julirevolution in anderen Teilen Europas. Bei dem Umstand, daß neuzeitliche Nachrichtenverbindungen noch spärlich waren, entstand der Eindruck, daß nicht das Geschehen in Paris seine Nachwirkungen in Europa bekam, sondern daß in vielen Teilen Europas längst das vorbereitet war, wozu Paris das auslösende Ereignis setzte. Von Paris nach Lissabon dauerte damals der Postlauf acht, oft zehn Tage. Umso erstaunlicher war es, daß dort geputscht wurde, ehe noch die Nachricht von der Pariser Julirevolution eintreffen konnte. Mit anderen Worten: In diesem Jahr 1830 und nachher, 1831, haben die Verschwörer ihr Aktionsprogramm für ganz Europa vorweg abgesprochen, um nachher termingerecht das Volk auf die Barrikaden zu treiben. In *Portugal* war vom Militär nichts zu befürchten, es brauchte überhaupt nur einer personellen Maßnahme, um den Umschwung zu erzielen. Der bisherige Vormund der minderjährigen Königin Maria II. da Gloria, Prinz Carlos, stand in dem Verdacht, ein Reaktionär zu sein. Er wurde seines Amtes entsetzt und an seiner Statt übernahmen einige verläßliche Liberale die Funktion eines Regentschaftsrats. Man wird in einigen Jahren der jungen Königin einen Prinzen aus dem Hause Koburg als Gemahl zuteilen. Die Koburger standen damals in dem Ruf, von Haus aus für den Fortschritt und eine Zukunft erzogen zu sein, in der Monarchen nur mehr Figuranten in den Händen von Politikern sein sollten. Im übrigen brach in Portugal nach erfolgter Palastrevolution ein Bürgerkrieg aus, der Jahre dauerte und die Aufmerksamkeit von den Vorgängen bei Hof ablenkte. Im benachbarten *Spanien* gerieten die Ereignisse um 1830 nicht so gut wie 1812, als dort »los liberales« die Vorhut des Liberalismus in Europa stellten. Seither ist dort innerhalb der Liberalen eine folgerichtige Spaltung in Moderatos und Exaltados eingetreten. Das lähmte zwar zunächst die Schwungkraft der liberalen Bewegung, eröffnete aber den Exaltados den Weg zu jenem Links-Liberalismus, für den es in aller Zukunft links nie mehr einen Feind geben wird; und er sich daher einmal mit den im Anschluß an Marx entstehenden Parteien zusammentun wird, um die Konservativen zum Teufel zu jagen. Im übrigen bot um 1830 die zu Ende gehende Regierungszeit des elenden Königs Ferdinand VII. den Liberalen Spaniens die Möglichkeit zu einer Machtergreifung auf unblutigem Weg. Die Monarchisten im Land gingen nämlich daran, sich ihr eigenes Grab zu schaufeln. Schon stand fest, das Ferdinands Bruder Carlos niemals die Thronfolge der Tochter Ferdinands, seiner Nichte Isabella, anerkennen wird. Noch 150 Jahre nach dem Tode des unseligen Ferdinands VII.

haben Nachkommen Carlos um die spanische Krone gestritten. Für die Liberalen Spaniens eröffnete der Tod Ferdinands einem der Ihrigen, Juan Alvarez y Mendizabel, hervorgegangen aus der Loge, die Möglichkeit, an die Spitze des Regentschaftsrates zu treten. Er konnte die großen Rechte der Krone ohne größere Bemühungen um ein parlamentarisches Regime ausüben; wobei sich Mendizabel jahrelang große Verdienste um die Unterdrückung der Kirche und die Enteignung von Kirchenvermögen erwarb. Daß er damit auf Widerstand im Lande stieß und, so wie in Portugal, für die nächste Zeit Bürgerkriege einander ablösten, lag in der Natur der Dinge; aber auch in der Mentalität der Spanier, für die Politik kein Geschäft, sondern Sache der Betätigung eines bestimmten *Glaubens* ist.

Auch der westliche Nachbar Österreichs, die *Schweiz*, blieb in dieser Ära allgemeiner Unruhen in Europa nicht von derlei verschont. Die Schweiz, geschätzt als Asyl politischer Flüchtlinge, erlebte es, daß nicht immer solche Asylwerber ihr Asylland vor den Folgen ihrer radikalen politischen Anschauungen bewahren. Kurz nach der Julirevolution in Paris überfiel das gute Volk in Luzern die dortige Jesuitenniederlassung und verleidete dem Orden die weitere Präsenz in diesem Kanton. Im Aargau, Herkunftsland der Habsburger, wurden die Klöster insgesamt aufgehoben. Für die Katholiken in der Schweiz ergaben sich düstere Aussichten; kein Wunder, daß sie sich vorsahen und so die Voraussetzungen für einen Bürgerkrieg im Lande entstanden, der dann auch am Vorabend der Revolution von 1848 losbrach.

In Deutschland ging es unter anderem in *Hannover* und *Braunschweig* los. Was 1830 in Deutschland geschah, das hat der Freiburger Historiker und Staatsrechtler Carl von Rotteck, dessen »Staatslexikon« das Handbuch der Revolutionäre von 1848 wurde, mit wünschenswerter Klarheit gedeutet:

»Das Jahr 1830 aber hat, ohne wesentliche Veränderungen in den geographischen oder überall bestehenden Verhältnissen der Staaten, einen gänzlichen Umschwung der von Ideen und geistigen Richtungen abhängigen Weltlage urplötzlich erzeugt und steht durch den Umfang und die Tiefe solcher Veränderungen einzig da in der Geschichte der Welt.«

Immerhin konnte auch Rotteck nicht verschweigen, daß bei aller Bedeutung, welche der *Macht von Ideen* zukommt, auch 1830 die *Gewalt der Tatsachen* entscheidend wurde. Und diese Gewalt äußert sich, so wie die ultima ratio des rois, im Gebrauch von Waffen. So hätten in Sachsen nach Rotteck die Bürgergarde und das Militär, in welch letzterem schon eine »bürgerliche Stimmung« herrschte, die Gefahren, die von einem »triumphierenden Pöbel« drohten, gebannt. Ohne die braven Waffenträger war eben die kompakte Mehrheit der nach dem Privilegienwahlrecht der Besitzbürger gewählten »Volksvertretung« nicht haltbar.

Im Osten ergriff die allgemeine Unruhe vor allem oppositionelle Kreise in *Ungarn* und *Polen.* Franz hat auf dem ungarischen Landtag dieses Jahres seine Vertretung seinem Bruder Karl anvertraut. Das kam den ungarischen Oppositionellen sehr zugute. Sie setzten denn auch einige weitere Erfolge jenen hinzu, die sie schon unter dem Vater Karls, Leopold II., erringen konnten: Anstatt der für einen Vielvölkerstaat gedachten lateinischen Amtssprache in Ungarn, wurde für den Landtag und die Verwaltung fortan die magyarische Sprache vorgeschrieben; Galizien und Dalmatien, die in Urzeiten einmal einem König von Ungarn unterworfen waren, sollten aus dem Verband der nichtungarischen Teile der Monarchie gelöst und Ungarn einverleibt werden; die finanziellen Beiträge Ungarns für die Aufwendungen der Gesamtmonarchie sollten von Jahr zu Jahr neu geregelt werden, was hieß, daß bei solchen Neuregelungen jeweils Rechte der Krone und Wien abgerungen werden sollten; indem der Landtag das Recht bekam, die Salzpreise festzusetzen, kam auch das Recht auf, unabhängig von Wien Abgaben, Gebühren und Steuern einzuheben und sich damit die materielle Unabhängigkeit von Wien und Österreich zu verschaffen.

In *Galizien* blickte man im Revolutionsjahr 1830 freilich nicht auf Ungarn, sondern auf die Ereignisse in *Russisch-Polen.* Auch dort fingen die Zöglinge einer Militärschule an zu meutern; ein Attentat auf den Vertreter des Zaren sollte Signal zum Ausbruch

des Aufstands sein. Armeegeneräle polnischer Abkunft, die sich weigerten, ihren dem Zaren geleisteten Eid zu brechen, wurden beseitigt. So wie in jeder Krise, die in diesem unglücklichen Lande entsteht, spalteten sich auch 1830 die Führergruppen der Aufständischen in zwei Parteien: Die WEISSEN, also die Konservativen, waren für die Wiedererrichtung der *Monarchie* in Polen, wie sie vor der Dreiteilung des Landes bestanden hat; die ROTEN aber, wie sich Demokraten nannten, wollten gleich auf die Errichtung einer *Republik* losgehen. Das ins Land einmarschierende russische Militär brachte einen furchtbaren Feind aller mit aus dem Inneren Rußlands: die asiatische Cholera.
Preußen stellte an seiner Grenze zu Rußland eine Observations-Armee auf, die dem Vorhaben der Russen sehr zugute kam. In Preußisch-Polen kam es, ebenso wie in Österreichisch-Polen, also in Galizien, zu keinen Kampfhandlungen; Metternich ließ die Grenze zu Russisch-Polen für Flüchtlinge offen halten, Aufständische, die vor den Russen über die österreichische Grenze flüchteten, waren damit vor ihren Verfolgern sicher, wenn sie die Waffen abgaben.
Den größten Erfolg aus dem Revolutionsgeschehen auf dem Kontinent zog *England*. Diesen Erfolg auszunützen und zu prolongieren, wurde Verdienst des Ende 1830 ins Amt gekommenen Außenministers Lord Palmerston. Palmerston, einer der Konservativen, die sich zu Liberalen mausern, konnte aus den europäischen Wirren profitieren und zwei entscheidende Erfolge gegen Metternich verbuchen: Dem König der Niederlande wurden die südlichen Provinzen, das heutige Belgien, weggenommen und dem Sultan der Großteil der von Griechen bewohnten Gebiete auf dem Festland. Um das heranzuzwingen, mußte das 1815 aufgestellte »Legitimitätsprinzip« und die 1813 entstandene Achse Castlereagh/Metternich gebrochen werden. In Belgien aber und in Griechenland kamen Dynastien an die Herrschaft, die für London gewährbietend waren.
Das politische Klima in Europa änderte sich. Hat noch um 1820 Metternich auf seinen innerhalb der Monarchie abgehaltenen Konferenzen jene Politik verfolgt, die Kriege durch Vermittlun-

gen verhindern sollte, so war jetzt Zentrum der diplomatischen und politischen Aktivitäten England. Nach London mußten die Vertreter Österreichs, um dort die Protokolle mit zu unterschreiben, mit denen die Unabhängigkeit Belgiens und Griechenlands von den Großmächten anerkannt wurde; aus London aber kamen die Emissäre auf den Kontinent, die bald überall die Hand mit im Spiele hatten, wo sich eine Opposition gegen Metternichs System und die Interessen Österreichs willig zeigte, die Hilfe der englischen Liberalen anzunehmen.

Franz, gewohnt, Gefahren für seine Monarchie aus dem *Westen* kommend zu befürchten, dachte dabei eher an Paris. Die Zeiten lehrten, daß es auf jeden Fall gut war, sich in Lombardo-Venetien vorzusehen. Nicht vom *Rhein* her, wo gestritten wurde, ob dieser Fluß Deutschlands Grenze oder Deutschlands Fluß sei und ob Frankreich das hinnehmen würde, drohte nach Ansicht Radetzkys Gefahr, sondern in *Italien*. Endlich wurde Ernst gemacht mit dem Ausbau des Festungsvierecks Verona–Peschiera–Mantua–Legnago; die einmal gegen Österreich von Napoleon ausgebauten Kampfanlagen wurden in ihrer Schußrichtung um 180 Grad umgelegt und gegen Überfälle aus dem Westen gerüstet. Es wurde Franz nicht eben leicht gemacht, Radetzky, vorher Festungskommandant von Olmütz, nach Mailand zu transferieren. Erzherzog Karl war gegen die Betrauung Radetzkys mit der k. k. italienischen Armee.

Nicht nur darin wurde Karl enttäuscht. Karl, der in seiner Jugend der letzte Generalgouverneur der früheren Österreichischen Niederlande gewesen war, hoffte, die Belgier würden sich seiner erinnern und ihm die Krone ihres unabhängig gewordenen Staates antragen. Aber England hat nicht umsonst Jahrhunderte gegen die Präsenz des Hauses Österreich in der Niederlande gekämpft. Die Wiederkehr Habsburgs nach Brüssel wäre wohl das Letzte gewesen, an das Palmerston im Jahre 1830 gedacht hätte. So wie vorher in Lissabon, holte sich England auch für den neuen belgischen Staat eine Korsettstange aus dem Hause Koburg. König Leopold I. der Belgier war aufs engste verwandt mit dem in London regierenden Königshaus, zugleich aber auch

verschwägert mit der Familie des französischen Bürgerkönigs Louis Philippe. So war für London die Gewähr gegeben, daß das neugeschaffene Königreich Belgien nicht nur unter den Schutz einer von den Großmächten anerkannten Neutralität kam, sondern auch unter die Kontrolle des von London aus betriebenen Steuerungsapparates seiner Politik jenseits des Kanals.
Franz wollte den um seine Erwartungen gekommenen Bruder Karl auf seine Art trösten:
»Die in Belgien hätt'n dich eh' zum König hab'n woll'n ...«
Karl schwieg, und Franz setzte fort:
»Aber das wär' nix für dich g'wes'n.«
Nein, ein Königtum unter der ständigen Kontrolle Englands wäre für Karl wirklich nicht das gewesen, was er sich vielleicht gedacht hatte. Zu gut kannte er die Geschichte seines Hauses, als daß er nicht auch in Rechnung gestellt hätte, daß es während einiger Jahrhunderte keine Unruhen in der Niederlande gegeben hat, in denen nicht England die Hand im Spiel gehabt hat, um die Macht des Hauses Österreich in Westeuropa zu schmälern. Als Metternich seinem Kaiser die Akten zur Ratifizierung der fraglichen Londoner Protokolle vorlegte, zerspragelte sich die Kielfeder, und Franz bemerkte zu diesem Mißgeschick:
»Ich unterschreibe also ... aber nicht nur die Feder sträubt sich – mein Gewissen sträubt sich.«
Als ob Franz geahnt hätte, daß einmal aus London der Wind wehen wird, der nach seinem Tod über die Monarchie mit furchtbarer Gewalt streichen und dann die Vormacht in Italien umstürzen wird. Das wohl hatte Franz vor Augen, als Franz im Februar 1831 dem Botschafter des französischen Bürgerkönigs in Wien sagte, er werde nicht mehr länger dem zuschauen, was in Italien tentiert wurde, sondern dreinschlagen. Einer der Hauptmacher der Pariser Julirevolution von 1830 und der eigentliche Macher des Bürger-Königtums Louis Philippes, der »Held zweier Welten«, General Lafayette, hat Louis Philippe bei dessen Berufung zum König der Franzosen gesagt, woran dieser wäre. Denn eigentlich seien Lafayette und seine Freunde für eine Republik, die Verfassung der Vereinigten Staaten von Amerika

sei die denkbar beste, die es geben kann. Da konnte Louis Philippe nur erwidern, er sei zu lange in Amerika im Exil gewesen, um dem zu widersprechen. Und

»... in der jetzigen Lage Frankreichs und gemäß der allgemeinen Ansicht im Lande wäre es wohl gut, diese Verfassung bei uns zu übernehmen.«

Lafayette, im Alter zum Realpolitiker geworden, wollte nicht republikanischer als sein König sein und erwiderte:

»Jetzt ist es das beste, einen volkstümlichen Thron in Frankreich zu haben, einen Thron, der mit *republikanischen Einrichtungen* umgeben ist.«

Zu den republikanischen Einrichtungen, die dem König und dem Königmacher so gut gefielen, gehörte auch die brutale Aburteilung der letzten Minister des gestürzten Königs Karl X. Den im Wechsel der Zeiten stets königstreu gebliebenen Ministerpräsidenten Polignac, der die verfassungsmäßig zustande gekommenen Ordonnanzen Karls X. gegengezeichnet hatte, verurteilte man zum Tode. Dieser Tod drohte Polignac vorher in der Republik von 1792 und dann unter Napoleon. Er hielt es mit einer lebensgefährlichen Gesinnungstreue. Und teilte so gar nicht die Ansicht seines Standesgenossen Talleyrand, der Hochverrat nur als eine *Frage des Datums* ansah. Ein Prinzip, wonach Hochverräter von gestern nach ihrem Sieg die Verfassungstreuen von gestern als Hochverräter aburteilen. Talleyrand ist sicher mit seiner Maxime besser gefahren als Polignac. Er hat nach 1789 seinen König Ludwig XVI. verraten, nachher die Republik, dann das Direktorium, später Napoleon, nachher Ludwig XVIII. und Karl X., und nach der Julirevolution war er Botschafter des Bürger-Königs Louis Philippe in London, um zuletzt auch diesen König zu verraten. In London hat er das von ihm 1815 in Wien aufgerichtete Legitimitätsprinzip im Verein mit Palmerston zerstört und seinen neuerlichen Gesinnungswechsel mit einer unübertrefflichen Heuchelei kaschiert:

»*Vertrauen* ist überall notwendig, ganz besonders in allen politischen Handlungen ... Die allgemeine Auffassung hat den Irrtum begangen, Zurückhaltung mit *Verlogenheit* zu verwech-

seln. Vertrauen ermächtigt niemals zur Verlogenheit ... *Zurückhaltung* hat die bemerkenswerte Eigenschaft, daß sie Vertrauen vergrößert.«
Nach Serien von Verrätereien und in Ausübung einer an die Spitze getriebenen Verlogenheit Talleyrands war das zweifellos ein kühnes Wort; eine Gesinnung, die nur deswegen nicht mehr verurteilt wurde, weil die Vergeßlichkeit der Menschen für gewisse Politiker das größte Kapital ist für ihre Art, Politik zu machen. Es wird Talleyrands größter Schmerz sein, in dieser Welt nicht auch die Demütigung jenes Österreich zu erleben, das zu seiner Zeit so beharrlich die Vormacht Frankreichs auf dem Kontinent bekämpfte. 1830 blieb es in Österreich ruhig. Ein angeblich für die Sylvesternacht angesagter Putsch in Wien fand nicht statt. Man riet Franz, wegen dieser eventuellen Gefahr die Mitternachtsgottesdienste in den Kirchen zu verbieten, um Menschenansammlungen hintanzuhalten. Der Kučera aber meinte, es genüge, einiges Militär in Bereitschaft zu halten; im übrigen konnte sich jedermann überzeugen, daß um die Mitternacht dieses Sylvesters nicht Aufrührer, sondern die Grabennymphen dem Treiben im Zentrum der Stadt das Gepräge gaben.
Was in Österreich sichtlich nicht ankam, das sollte im neuen Jahr, 1831, im Herzogtum der Ältesten Franzens, in Parma, gespielt werden. Dort hatten schon 1830 die Studenten Unruhe gestiftet und ihr Idol, der am Pariser Polytechnikum herangebildete Professor Macedonio Melloni, ist daraufhin entlassen worden. Ehe er ging, ging ihn die Herzogin um Rat an, wen er wohl zu seinem Nachfolger vorschlagen würde. Im fernen Paris haben die Macher derlei Anzeichen in ihrer Bedeutung überschätzt. Sonst hätten sie nicht insgeheim von Paris aus die Weisung an die Genossen in Parma gegeben, in der Nacht zum 6. Februar 1831 loszuschlagen. Weil aber Pünktlichkeit nicht immer Tugend in jenem Land südlich der Alpen ist, fing das Theater erst einige Tage später an. Die Geschäftsleute in Parma wollten um keinen Preis der Welt die Geschäfte mit der Hofhaltung verlieren; als bekannt wurde, die Herzogin sei willens, ihre Residenz ins Herzogtum Piacenza zu verlegen, wollte man dem vorbeugen,

indem man die Stadttore verbarrikadierte. Und man demonstrierte eher Loyalität als Umsturzgesinnung. Nur einer der Demonstranten entriß einer Palastwache das ungeladene Gewehr, schwang es über den Kopf und rief:
»Faciami la Guardia Nazionale!«
Seit 1789 gehört zu jeder Revolution eine Revolutionsgarde, nicht eben eine *Garde* im militärischen Sinn, sondern einen Haufen Bewaffneter zu haben, die den wilden Mann spielen und die bisherigen Machtinhaber erschrecken. Die Herzogin fürchtete sich keineswegs vor einer aus ihren Untertanen gebildeten Nationalgarde. Ganz im Gegenteil. Unter deren Schutz wäre sie in Parma geblieben. Die Schwierigkeit der Herzogin entstand nur dadurch, daß es der von ihr als Kommandant der Nationalgarde ausersehene Markgraf Gianfrancesco Pallavicini ablehnte, sich auf ein solches Risiko einzulassen. Da war es, wie sich später herausstellen sollte, ein wahrer Segen, daß ein Hauptmann der herzoglichen Truppen namens Fideli, an sich niedriger Herkunft, sich bereit erklärte, das Kommando über den fraglichen Haufen zu übernehmen. Damit nichts passierte, befahl die Herzogin dem regulären Militär, sich in das historische Castell der Stadt zurückzuziehen und die Waffen abzulegen. Kaum war das geschehen, kam aus Wien der Rat des Vaters, sich auf nichts einzulassen, sondern die Stadt Parma zu verlassen. Hauptmann Fideli versprach, für den Tag der Abreise, den 15. Februar, alles vorzukehren, um die Feierlichkeit des Anlasses zu wahren.
Die Abfahrt erfolgte, wie jede Abreise unter tragischen Umständen, nächtlicherweise. Die Nationalgarde stellte das Straßenspalier, mit der Herzogin zog der kleine Rest ihrer bewaffneten Macht aus der Stadt. Und zurück blieben die tieftrauernden Bürger von Parma, die auf jene in Piacenza fuchsteufelswild und neidig waren, weil fortan letztere das Geld einnahmen, das sonst der Hof in Parma ausgab. Als sich der herzogliche Wagenzug der Stadt Piacenza näherte und sich keine k. k. Truppen zum Geleit, sondern ein riesiger Haufen Leut' zeigte, bekamen im Gefolge der Herzogin die von Angstmayer Furcht, es könnte jetzt der Pöbel über sie herfallen. Indessen waren es jubelnde Einwohner von

Piacenza, die dem Wagen der Frau Herzogin die Pferde ausspannten, um selbst die herzlich willkommen geheißene Landesmutter in deren Fahrzeug in die Stadt zu ziehen. Unter ständigen Evviva-Rufen ging der Einzug vor sich und die alarmierten k. k. Truppen vermeinten, es sei alles vorbei und geschehen für diesmal.
Indessen nahm in Parma die Revolution ihren Verlauf, wie es im Büch'l steht. Eine provisorische Regierung wurde gebildet, aber von ihr drohte der Sache der Landesmutter keine Gefahr. Gefahr drohte von einem gewissen Oberst Leonardi, Kommandant der im Castell konfinierten, aber waffenlosen herzoglichen Truppen, der es seiner Ehre schuldig erachtete, das Lumpenpack in der Stadt zu Paaren zu treiben. Es war das Verdienst des erwähnten Hauptmanns und Nationalgarde-Kommandanten Fideli, daß dieses Unternehmen abgeblasen wurde; die Waffenehre der Männer des Obersten wurde dadurch gewahrt, daß Fideli vorschlug, Nationalgarde und Militär sollten in Zukunft die Wachen in der Stadt stellen. Das war auch sehr zum Vorteil der Sache Fidelis, denn dessen Mannen nahmen den Dienst, vor allem den Wachdienst, nicht sehr genau und bald fehlte es an Gardisten, um die Wachen stellig zu machen. Die so entstehenden Löcher im Gewebe der Revolution füllten die Männer des Obersten Leonardi.
Die provisorische Regierung tat alles in ihren Kräften Stehende, um unruhige Elemente, die noch Waffen hatten, zu besänftigen. Sie veranlaßte, daß aus Armeebeständen Decken an die Ärmsten ausgegeben wurden, auch Schuhe und andere Bekleidungsstücke, die nach der Revolution den Intendanten der herzoglichen Armee bei der Entwaffnung der Nationalgarde abgehen sollten. Von anderen Verfügungen der provisorischen Regierung ist nur jene bemerkenswert, mit der auf Wunsch der Studenten, welche im übrigen die vorlesungsfreie Zeit sehr schätzten, der enthobene Professor Melloni rehabilitiert wurde, was auch keinen Schaden stiftete, weil er ja kein Auditorium hatte, dem er seine aufreizenden Thesen an der Universität hätte vortragen können.
Alles wäre ins Lot gekommen, wäre nicht auf einmal der

pensionierte k. k. Feldmarschalleutnant Zucchi in die Stadt gekommen. Nicht etwa, um bei seinen Landsleuten für die Sache der Tochter seines Pensionsgebers, des Kaisers in Wien, zu intervenieren, sondern um scharf zu machen. Zucchi wollte mit der Nationalgarde von Parma hinüber nach Modena ziehen, wo es ihm – er verbrachte ja in Modena seine Pensionszeit und verbrauchte dort seine stattlichen Pensionsbezüge – nicht gelungen ist, eine kämpfende Truppe auf die Beine zu bringen. Die Bürger von Parma gaben dem kaiserlichen General ein Festbankett, hoffend, es würde ihm diese Ehrung genug des Guten sein. Aber nein, Zucchi wollte in den Krieg ziehen, und es fanden sich einige hundert hungernde und frierende Nationalgardisten, die mitmachten, weil es hieß, auf dem flachen Land gäbe es bei den Bauern mehr zum Beißen. Die Tage waren kalt und naß, und in Parma hoffte man, die Kälte und Nässe würde die kriegslüsternen Mitbürger heimtreiben. Um dessen sicher zu sein, schickten sie dem Haufen eine Deputation nach, die die Männer zur Umkehr bewegen sollte. Die so ausgeschickten Friedensvermittler stießen auf viele Heimkehrer, denen der Zug des Generals Zucchi zu gefährlich und zu strapaziös war. Die Nachricht von diesem Verlauf der Kampfhandlungen veranlaßte einige Mitglieder der provisorischen Regierung, die Sache der Revolution verloren zu geben, ihr Amt abzugeben und zu verduften. Um die Solidarität im Unglück zu wahren, setzte man diesen Ausreißern nach, arretierte sie und machte sie zu den ersten Märtyrern der Sache der Reaktion.

Die Situation in der Stadt Parma wurde brenzlig, als der Ordnungsdienst nicht klappte. Das Gesindel, oft zu Unrecht zum guten Volk gerechnet, das selbst die Macht in Händen haben möchte, machte sich bemerkbar. Es erwies sich, daß man beim Umsturz auf eine winzige Garnison herzoglicher Truppen vergessen hatte, die irgendwo auf dem flachen Land, untätig den Gang der Weltgeschichte, fern vom Schuß, mitmachte. Es gelang den Stadtvätern, diese regulären Truppen in die Stadt zu locken, was nur noch einer Mini-Minorität gegen den Strich ging. Ansonsten kehrte mit der Ankunft dieser kleinen Truppe Ruhe und Ordnung zurück in die Residenzstadt. Was noch fehlte, war die Person der Frau Herzogin.

Nun ist das so, daß auch in der lächerlichsten Form einer Revolution ein harter Kern steckt, Männer, die es ernst meinen mit ihrem Willen, eine bessere Welt mit Gewalt heranzuzwingen. Solche gab es auch in der beschriebenen Spätkrise der Revolution in Parma anno 1831. Sie waren entschlossen, den angekündigten Kaiserlichen Widerstand zu leisten. Kommandierender General in Mailand und also Oberkommandierender im Aufstandsgebiet war der zweiundsiebzigjährige k. k. General der Kavallerie Frimont. Zweimal während der Franzosenkriege mit dem Theresienorden ausgezeichnet, war er immer noch Manns genug, um mit einer Affäre, wie der in Parma, fertig zu werden. Einziger Mangel an der Person dieses k. k. Generals war, daß er nicht mehr aufs Pferd kam, also nach damaligen Kriterien nicht felddiensttauglich war. Sein Adlatus war Radetzky, auch schon fünfundsechzig Jahre alt, aber noch immer in jeder Hinsicht sehr vif. Ihn hat der Kučera dem Kaiser anstatt des Frimont empfohlen, weil eben ein Behm' dem anderen half, der Kučera also dem Radetzky; und die Behm' noch unterschiedslos zu Österreich und zum Haus Österreich hielten.

Franz kannte Radetzky seit dem Türkenkrieg im Jahre 1788, als der damalige Kürassier-Rittmeister Radetzky half, eine unter den Kaiserlichen nächtlicherweile ausgebrochene Panik unter Kontrolle zu nehmen.

Nachher hat Radetzky alle Feldzüge mitgemacht. Für Leipzig verlieh ihm der damalige Oberbefehlshaber der siegreichen Alliierten Fürst Schwarzenberg am Ort der Schlacht die Dekoration des bisher von ihm getragenen Kommandeurkreuzes des Theresienordens. Im Verein mit dem preußischen General Gneisenau brachte nachher Radetzky einige Ordnung in die ewig unter sich uneinigen Alliierten. Nach den Kriegen wurde es still um Radetzky, man hörte mehr von Skandalaffären in der eigenen Familie und seinen Schulden, die Radetzky aus unterschiedlichen Gründen in solcher Höhe machte, daß er ihrer nicht mehr Herr wurde. Deswegen wurde er auch Festungskommandant in Ol-

mütz, ging das Gerücht, dies sei geschehen, weil er dort das Glacis vor den Befestigungsanlagen verpachten und den Pachtschilling für sich einziehen durfte. Demnach auch der Verlauf des Gespräches, das Radetzky mit seinem Kaiser führte, als er sich bei diesem wegen des ihm zugedachten Kommandos im Süden melden sollte:
»Lieber Graf Radetzky«, redete ihn der Oberste Kriegsherr an. »Sie sollen mir einen Gefallen tun.«
Der Feldmarschalleutnant antwortete diensthöflich:
»Euere Majestät befehlen, ich habe zu gehorchen.«
»Nein, nein«, kam ihm der Kaiser, »es ist wirklich eine Gefälligkeit, die ich von Ihnen haben möchte. Sie sollen meine italienische Armee kommandieren.«
Derlei Aufgabenstellungen sind in anderen Armeen keine Bitte um eine Gefälligkeit, aber an derlei war man gewöhnt im Umgang mit Österreichern. Auch daß der Kaiser von Österreich eine italienische Armee hatte, als man in Italien schon an eine Armee von Italienern dachte, welche die Tedesci aus dem Land jagen sollte. Darauf ging Radetzky nicht ein, er sagte aber:
»Ich bin nicht mehr jung.«
Das ließ Franz nicht gelten, und also ließ Radetzky die Katze aus dem Sack:
»Ich habe Schulden . . .«
Und der nachher als geizig verschrieene Kaiser Franz antwortete, er würde die Schulden übernehmen, und was das Alter betraf, so belehrte der Oberste Kriegsherr den alten Kavalleristen, es ging schon, wenn man nur aufs Pferd käme und
». . . so wird sich 's darin schon machen.«
Basta. Dann schickte der Kaiser Radetzky zu Metternich, damit sich der Soldat vom Kanzler die notwendigen politischen Instruktionen für das künftige Kommando in Mailand hole. Nachher meldete sich Radetzky nochmals beim Kaiser.
»Na, sind S' beim Fürst'n gewesen?«
ermunterte Franz den General. Und ehe Radetzky erwidern konnte, er sei bei dieser Aussprache auch nicht klüger geworden, hörte er schon seinen Kaiser:

»Na also, dann wissen S' eh' alles.«
Und so ist der verschuldete, ältliche und bei vielen schon abgeschriebene Radetzky das geworden, als was er als »Vater Radetzky« in die österreichische Geschichte eingegangen ist. Es war peinlich, daß Erzherzog Karl, der Sieger und Kommandierende Radetzkys bei Aspern, gegen die Ernennung des Grafen zum Kommandierenden General in Mailand war. Und leider hat Karl nicht mehr die Jahre 1848/49 erlebt, während der Radetzky nicht nur die Ordnungsmacht Österreichs in Italien behauptet hat, sondern, wie es ihm Grillparzer so ergreifend bestätigte, ganz Österreich in seinem Lager hatte, als es um Österreich gegangen ist.
Als Radetzky hinunterkam in sein neues Kommando, zuerst nur als Adlatus des Frimont, schien in Parma und Modena und im Kirchenstaat der Teufel los zu sein. Aber – noch reichten der Einfluß und die Mächtigkeit Lord Palmerstons nicht aus, um den Österreichern die Präsenz im Italienischen wirklich schwer zu machen. Gefährlicher war die Intervention Frankreichs, das Österreich nicht mehr länger die Vormacht in Italien zugestehen wollte. In Ancona im Kirchenstaat, wo einmal die Truppen des Buonaparte geplündert hatten, setzten die Truppen des antiklerikalen Bürgerkönigs Louis Philippe an Land, um die weltliche Herrschaft des Heiligen Vaters im Kirchenstaat vor dessen Feinden zu »schützen«. Gemeint waren nicht die Revolutionäre, die im Norden des Kirchenstaates die Macht an sich gerissen hatten, sondern die Österreicher, die nacheinander in Parma, in Modena und um Bologna Ordnung machten.
Wie immer in der Spätkrise einer gescheiterten Revolution erging es denen schlecht, die in Parma noch den Kaiserlichen Widerstand leisteten, als man anderswo die k. k. Truppen schon als Befreier von den Unruhestiftern begrüßte. Anfangs März 1831 kam es in Parma bei Fiorenzuola d'Arde zu einem Ortsgefecht zwischen den Kaiserlichen und den Resten der Aufständischen. Die Hinterlandstachinierer in Parma blieben fern vom Schuß und warteten lieber auf die Gelegenheit, das Palais der Herzogin zu plündern. Marie Louise erwies sich in dieser Lage als tatkräftig,

sie handelte ohne Rücksicht, aber mit großer Entschiedenheit. Die provisorische Regierung und die von dieser getroffenen Maßnahmen erklärte sie als passé. Einen gewissen Baron Mistrali, dessen Vater noch Schuster war, ernannte sie zum Kommissär zur Wiederherstellung der legalen Ordnung. Am 13. März 1831 war in Parma alles vorbei. K. k. Truppen, teils Ungarn, teils Kroaten, drangen bei verschiedenen Toren in die Stadt, hinter ihnen kam die Masse der Interventionstruppen. Die im Amt verbliebenen drei Angehörigen der provisorischen Regierung wurden arretiert, und so trafen sie sich mit den anderen Kollegen, die während der Revolution ausreißen wollten und nachher arretiert und inhaftiert wurden. Siebenhundert Mann der Nationalgarde entkamen. Der Schustersohn und Baron Mistrali führte die Verwaltung so, wie es die Herzogin haben wollte, ehe sie selbst an Ort die Zügel wieder in die Hand nahm. Sponpanadeln, also Widerreden, duldete er nicht. Aber so wie vorher Fideli, verhinderte auch er jedes Blutvergießen. So wie Handel und Wandel wieder gediehen, normalisierten sich die Dinge, und der Lärm der Revolution verflog poabwärts nach Modena. Dort ging es in einem anderen Ton zu. Es gab Todesurteile und harte Strafen für die Armen, die gemeint hatten, der General Zucchi käme mit einem Heer von Befreiern ins Land. Die Aufständischen in Parma erfreuten sich einer allgemeinen Amnestie. Die Herzogin gewährte sie nicht ohne vorher den Rat ihres Vaters in Wien eingeholt zu haben. Einige Politiker, die im Regime der Putschisten mitgemacht hatten, gingen frei, weil man ihnen den Zwang der damaligen Verhältnisse zugute hielt. Erst im August 1831 kehrte Marie Louise nach Parma zurück. Eine Massa Leut' umjubelte die Wagenkolonne, es waren dieselben, die auch bei der Abreise der Herzogin gejubelt hatten und nachher bei gewissen Anlässen zum revolutionären Freiheitstaumel. Nie haben die Tedesci verstanden, daß in politicis die Italiener die Dinge nicht so nehmen, wie das andernorts geschieht. Man hat südlich der Alpen mehr Sinn für eine gut gespielte Komödie, und manche in diesem Land gemachte Revolution, in der nicht Blut geflossen ist, wurde nichts anderes als ein großes Theater.

Parma, ein Land in der musikalischen Landschaft Italiens, feierte die Rückkehr der Herzogin mit einer zum Anlaß gedichteten Kantate, der man den anspruchsvollen Titel Il tempo di Clemenza gab. An clemenza, Milde und Gnade, ließ es die Tochter Franzens denn auch nicht fehlen. Geduldig hörte sie sich noch ein Tedeum im Dom an, dann aber griff sie zur Feder, um ihrem Herrn Vater in Wien eine ganz und gar ungeschminkte Schilderung der Lage in ihrem Land zu geben:

»Bis itzt geht alles ruhig fort, ich mache mir aber keine Illusionen über den Geist, welcher hier herrscht ...«

Wie schade, daß diese Frau nicht in Wien, anstelle des unglücklichen Thronfolgers Ferdinand, Nachfolger Franzens werden konnte. Sie behielt das ihr an Ort gebotene Schauspiel gut im Auge, ließ sich nicht täuschen; ließ aber auch ihre klug ausgewählten Ratgeber arbeiten, wo diese viel taten, um in Parma eine gute Erinnerung an die Herrschaft einer Habsburgerin zu sichern. So sicher war sich Marie Louise, daß sie jetzt, nachdem ihr zweiter Gemahl Graf Neipperg schon 1829 gestorben war, ein drittes Mal heiratete. Noch zu Lebzeiten des Vaters heiratete sie einen Grafen Bombelles. Die Bombelles waren während der Revolution in Frankreich nach Österreich gekommen, wo sie bei Hof eine günstige Aufnahme fanden. Der Schwiegervater Marie Louisens war als Witwer Geistlicher und im bourbonischen Frankreich sogar Bischof geworden. So ist diese merkwürdige Frau zuerst mit Napoleon, nachher mit einem brillanten österreichischen Kavalleristen und zuletzt mit dem Sohn eines Bischofs verheiratet gewesen.

Nach der Rückkehr Maria Louisens in ihre Hauptstadt Parma ging der Feldzug der Österreicher gegen die Revolution in Norditalien weiter. Immer mehr ging es schon darum, den Franzosen im Kirchenstaat den Rang abzulaufen. Um das zu erringen, bedurfte es allerdings keines Radetzky bei der kämpfenden Truppe. Für die Liberalen bei Hof in Wien war es ärgerlich, wenn Franz herausstrich, wie gut der Empfang war, den seine Truppen im Kirchenstaat erwiesen bekamen.

»In Bologna sind wir ja sehr gut empfangen worden«, sagte er

einmal, und als er die erstaunten Mienen seiner Zuhörer sah, fügte er hinzu:
»Es sind nur ein paar hundert Crouillons und Lumpen, welche in Italien Unruhe anzetteln, ohne im Volk Teilnahme zu finden, das sie jetzt auf der Flucht noch dazu plündern.«
Das mochte für den Augenblick gelten. Im übrigen irrte Franz, was die italienischen Verhältnisse betraf, ebenso wie sein Kanzler Metternich, der Italien nur als einen bloß *geographischen* Begriff in Rechnung stellen wollte. Die in Ancona befindliche französische Besatzung blieb sieben Jahre, bis 1838, in der Stadt. Sie hat den Männern der GIOVINE ITALIA des in der französischen Emigration unbehindert wirksamen Giuseppe Mazzini oft genug die Mauer gemacht, wenn es galt, den Österreichern eins auszuwischen. Das 1830 an die Macht gekommene liberalistische Regime des Bürgerkönigs Louis Philippe erwies sich keineswegs als so friedfertig, wie das seine aus der Arbeit in der Loge hervorgegangenen Politiker und Staatsmänner daherredeten. Die Ereignisse rund um die Pariser Julirevolution des Jahres 1830, das plötzliche Aufflammen des Aufstands von Lissabon bis Warschau, die aufgedeckten Weisungen der Komitees in Paris an die Genossen in Parma und im Kirchenstaat bestätigten die Erfahrung Franzens: Es kommt aus Paris.
Aus Paris kamen nicht nur die Anschläge der Verschwörer im Untergrund; es bekamen die Verschwörer den Schutz der Sieger in der Julirevolution, Geld aus Kreisen des dortigen Besitzbürgertums, Schutz im Falle des Scheiterns des Aufstands im Heimatland. Metternich konnte noch einmal die Füchse von der Revolutionsszene verjagen helfen, aber deren Bau in Paris samt seinen Notröhren blieb. In Wien mußte man damit rechnen, daß sich der Zorn der dortigen Liberalen jetzt, da sie die Macht im Staate hatten, umso mehr gegen Österreich richten würde. Anständigerweise machten einige Abgeordnete dieser Richtung in der Pariser Nationalversammlung aus ihrem Herzen keine Mördergrube. So insbesondere der in der Revolution hervorgetretene Abgeordnete Cabet:
»Die Italiener, die sich in großer Zahl in Paris befinden, denken,

daß das Prinzip der *Nicht-Intervention* von der französischen Regierung so verstanden wird, daß sie dann, wenn Italien seine Revolution macht, mit seiner ganzen Macht ... sich gegen das wendet, was die österreichische Regierung gegen die Freiheit eines Volkes unternimmt ... Sie (die Italiener) haben sich mit einer großen Zahl liberaler Persönlichkeiten beraten; Ergebnis dessen war die Versicherung, daß im Falle eines Aufstandes in Parma, Modena und im Kirchenstaat Frankreich den (italienischen) Patrioten zu Hilfe kommen würde, so wie Österreich seine Truppen in Marsch setzt.«

Derlei Offenheit war für den französischen Außenminister peinlich. Dieser, der frühere napoleonische General Sebastiani, Botschafter in Wien im Jahre 1813, antwortete mit Phrasen, die nur schlecht kaschierten, was der Ballhausplatz längst wußte. Etwa wenn Sebastiani von der *Würde Frankreichs* redete, die es zu wahren galt, während man in Paris gemeinsame Sache mit den Aufständischen in deren Kampf gegen Österreich machte.

Als im Sommer 1830 in Paris die Julirevolution ausbrach, waren in Wien die Staatskassen leer. Um überhaupt in der aufkommenden Krise gerüstet zu sein, mußte eine Anleihe aufgenommen werden. Wer weiß, ob damals der Kaiser von Österreich genug Kredit gehabt hätte, um im Anleiheweg das Geld für die Bereitstellung seiner Truppen zu bekommen. Es mußten die Bankhäuser Rothschild und Eskeles, Sina und Geymüller einspringen, denen es dann gelang, die Anleihe in mehreren Tranchen unterzubringen: 32 Millionen Gulden.

Für Franz war es eine Selbstverständlichkeit, daß er damals seinen Bruder Karl bat, das Oberkommando über die mobilen Truppen zu übernehmen. Karl aber wandte ein, daß er vorderhand keinen rechten Einblick in die disponiblen materiellen und ideellen Möglichkeiten hätte und er vor allem in außenpolitischen Fragen nicht auf dem laufenden wäre. Franz gab Metternich Auftrag, Karl an Hand der Aktenlage des Ballhausplatzes rückhaltlos ins Bild zu setzen. Wie immer verlief auch dieses Gespräch des Erzherzogs mit dem Fürsten eher unerquicklich, obwohl Metternich dem Erzherzog anheim gab, selbst in jene

Akten einzusehen, aus denen die Ursachen der allgemeinen Unruhe in Europa zu entnehmen waren. Karl hätte darnach einsehen müssen, daß das neue Regime in Frankreich daran war, Österreichs Großmachtstellung und Ordnungsmacht in Italien zu untergraben; daß man in Paris mit großer Offenheit Umgang mit Emigranten aus verschiedenen Unruheherden in Europa, auch aus Kreisen der Regierung, gepflogen hat; und daß dieses Zentrum der Gefahr österreichischerseits schärfer als bisher kontrolliert werden sollte. Karl war anderer Ansicht; er vertraute in die – wenigstens vorderhand – angenommene Friedensbereitschaft Frankreichs. Im übrigen warnte der Erzherzog vor einem »um der Prinzipien willen« geführten Krieg. Dieser würde sofort auch die »Volksbewegungen« in Italien, Galizien und wohl auch in Ungarn auf den Plan rufen. Es wäre nicht ratsam, zu wiederholen, was 1792, angesichts der damaligen Revolution in Frankreich unternommen wurde. Damals sei es schiefgegangen. Und jetzt, 1831, habe man nicht einmal Verbündete an der Seite: Rußland sei noch immer mit der Liquidierung des Aufstands in Polen beschäftigt; zudem habe es die unangenehme Praxis, sich bei Schwierigkeiten von Österreich zurückzuziehen, ja dieses zu berauben, wie das im Krieg von 1809 geschah. Preußen habe zwar eine schlagkräftige Armee, diese aber reiche kaum aus, um den langgestreckten Staatskörper, von seinen polnischen Provinzen bis zu den 1815 neu erworbenen Rheinprovinzen, zu decken. Und was die Truppen des Deutschen Bundes beträfe, so seien diese wohl kaum mehr wert, als jene des früheren Reiches der Deutschen. Wie könne man auf die deutschen Fürsten rechnen, da diese doch seit Napoleons Zeiten *Souveräne* seien und nicht mehr Landesfürsten in einem übergeordneten Reich?
Wenn man den Teufel nennt, kummt er g'rennt, sagte man in Wien. Kaum hatte Karl die letztere Befürchtung ausgesprochen, da kam aus Stuttgart ein Mitglied der württembergischen Königsfamilie nach Wien und ließ wissen, der dortige König sei beim besten Willen nicht imstande, im Falle eines Krieges mit Frankreich ein Truppenkontingent zu stellen. Die Nähe seines Staates zu Frankreich erlaube das nicht. Es war genau die Rede,

die schon 1805, am Vorabend der Katastrophe von Austerlitz, der Herr Vater des jetzt regierenden Königs gebraucht hat. In Bayern stand es noch schlechter um die Bereitschaft, den Rhein, neuerdings als Deutschlands Strom, nicht als Deutschlands Grenze besungen, zu verteidigen. In der Generalität Bayerns erinnerte man sich der schönen Erfolge, die man in Jugendtagen an der Seite Napoleons gegen die Österreicher erringen konnte, und an die üblen Erfahrungen, die man bei den Kämpfen in Tirol machte. Die Vorliebe für Frankreich sei unbestreitbar, und also käme auch dort die Bereitstellung eines Kontingents für einen gemeinsam mit Österreich geführten Krieg nicht voran.

Karl resümierte: 1813/14, im Endkampf gegen Napoleon, einigte die Alliierten das allen *gemeinsame Kriegsziel,* nämlich die Liquidierung der napoleonischen Vorherrschaft. Jetzt, 1831, werde es schwerfallen, eine Allianz für einen um des *Legitimitätsprinzips* geführten Krieg haltbar zu machen. Dabei argumentierte Karl unbewußt nicht anders als die Liberalen in der Pariser Nationalversammlung. Etwa wenn diese ihren konservativen Gegnern vorhielten, diese versuchten *metaphysische Ideen* in Ermangelung von *Sachverstand* aufzudrängen.

Es kam nicht zum Krieg in jenem Jahr 1831. Aber die Kontakte zwischen Franz und seinem Bruder Karl verschlechterten sich. Zumal dann, als Karl mehr und mehr anfing, auf sein vorgerücktes Alter hinzuweisen; daß die Teilnahme an einem Feldzug seine Kräfte übersteigen würde. Nachdem der Erzherzog noch einmal seine unzutreffende Ansicht geäußert hatte, wonach die Monarchie ihren nächsten Krieg nicht in Italien, sondern in Deutschland auszufechten haben werde, langte es Franz. Mit der Karl nur allzugut bekannten säuerlichen Miene schloß er den Fall mit den Worten:

»Mich wundert's, daß du schon so marod bist. Ich kann meine alten Knochen noch recht gut auf dem Pferd herumtragen.«

Tatsächlich hat der ewig kränkelnde Karl seinen immer kerngesunden kaiserlichen Bruder um zwölf Jahre überlebt. Und was das Militär anlangte, so war es gut, daß Radetzky bald definitiv das Kommando über die italienische Armee des Kaisers übernommen hatte. Mit aller Energie betrieb Radetzky den Ausbau des Festungsvierecks Verona – Peschiera – Mantua – Legnago, jener Reduite, die im nächsten Revolutionsjahr – 1848 – die k. k. italienische Armee vor dem ersten Ansturm rettete. Im übrigen fing Radetzky mit seinen bald in ganz Europa beachteten Felddienstübungen und Manövern an. Was es dazu an modernen Vorschriften bedurfte, wußte seine rechte Hand, Oberst Hess. In Paris und London sah man das bald mit Unbehagen, warf Radetzky vor, er ruiniere mit seinem beinharten Militärgouvernement den Reichtum der Provinzen. Das gehörte zur zeitgemäßen Schwarzen Legende der Engländer, die dem Haus Österreich und seiner Monarchie schaden sollte. Im übrigen war den Soldaten der k. k. italienischen Armee die »harte Pratzen« des Könners und Vaters Radetzky lieber als das bisherige Gesäusel und der Gamaschendienst anderer Kommandierender in Österreich. Dieser Armee anzugehören wurde zum Stolz für die alten Diener. Nie haben diese zeitlebens ihre Garnisonen im Italienischen vergessen, auch dann nicht, als ihre Enkel schon nach 1915 den letzten Krieg in Italien ausfochten. In Italien, wo die meisten Kaiserlichen gefallen sind.

10.

Ansteckende Krankheiten

Die moderne Makadamstraße, die hinausführte nach Schönbrunn, war ein Stolz der Wiener und ihres Kaisers. Der Schotte John MacAdam hatte endlich einen widerstandsfähigen Straßenbelag erfunden, im Kampf mit dem, was Napoleon nach seinen Erfahrungen in Polen und Rußland das fünfte Element genannt hat: Schlamm und Dreck auf den Straßen in der Regenzeit, Staub an heißen Tagen. Schotter, Splitt und Grobsand gab es genug in Österreich und damit schien MacAdam dem Straßenverkehr in diesem Land ein Goldenes Zeitalter eröffnet zu haben. Leider erfuhr der Genuß beim Befahren dieser modernen Straße eine bedauerliche Einschränkung durch gleichzeitige Umstände, die vor allem Fremden in die Nase stanken. Eine Engländerin, der man später eher zuviel Sympathien für das alte Habsburgerreich zugeschrieben hat, konnte sich nicht verkneifen, selbst als eine Dame, die sie war, auf diese Peinlichkeit in ihren Reiseerinnerungen näher einzugehen:

»Das Schlimmste jedoch für jene, die weder Tabak schnupfen noch rauchen, ist der Umstand, daß sie eine beträchtliche Strecke neben dem sumpfigsten aller Flüsse, der Wien, führt. Dieser schwarze, übelriechende Graben ist wie ein fauler Fleck in der Schönheit und Reinheit dieser liebenswürdigen Stadt und verbreitet zweifellos eine der Gesundheit abträgliche Ausdünstung. Sicher ist diese Kloake unter der Regierung der Kaiserin Maria Theresia in einem denkbar besseren Zustand gewesen, denn es ist undenkbar, daß eine Fürstin, die ihr Reich mit so vornehm großartigen Bauwerken, die heute noch ihre Zeit kennzeichnen, ausgestattet hat, nach ihrer Schöpfung in so unmittelbarer Nähe dieses schwarze schädliche Gerinne mit seinen faulen Wassern und seinen Gerüchen geduldet hätte.«

Tatsächlich hat die große Kaiserin derlei Gestank weder zu dulden noch zu beseitigen gehabt. Zu ihrer Zeit waren die vom Ostabhang des Wienerwalds zur Donau bei Wien fließenden Bäche und Flüßchen noch tatsächlich so, wie Dichter sie uns beschrieben haben und Franz Schubert besungen hat. Klares Wasser, umsäumt von Weiden und Gebüsch, Teil der Landschaft, die der Maler Ferdinand Waldmüller mit dem Glanz einer seltsamen Beleuchtung übergossen hat.
Seither kam aber das über das Land, was die Söhne der großen Kaiserin und erst recht ihr Enkel Franz nach Kräften gefördert haben. Die industrielle Revolution. Damit dieser Fortschritt in Gang kommen konnte, war es wichtig, daß Joseph II. mit der *Aufhebung der Leibeigenschaft* die Schollengebundenheit aufhob und damit den Bauern unter anderem das Recht der freien Berufswahl gab. Immer mehr Menschen machten von diesem Recht Gebrauch, verließen das flache Land, gingen in die Fabrik, überfluteten die Städte, in deren Umgebung sich bald ein Ring von Taglöhnersiedlungen bildete. Längs des Wienflusses entstand eine *Hinterhof-Industrie,* Anfang einer Industrialisierung, während die Handwerksmeister Fabriksherren wurden. Nach den Franzosenkriegen schuf der Industriereichtum einen *zweiten,* einen ansehnlicheren *Ring* um die Stadt: Biedermeierhäuser, Villen und ansehnliche Landsitze im weiten Umkreis von Sankt Marx im Südosten bis nach Heiligenstadt im Norden. Gleichzeitig wurden viele der in Stadtnähe befindlichen bäuerlichen Betriebe mehr und mehr auch Wohnstätten derer im Dorf, die in die Fabrik gingen. Nicht nur die Welt der Handwerker in der Stadt, auch das Dorf in Stadtnähe degenerierte. Die Lieblichkeit, wie sie einige Genremaler des Biedermeier noch sehen wollten, verschwand. Es entstand, neben Rauch und Getöse – Gestank. Und was einmal dem stolzen Mittelpunkt eines bäuerlichen Hofes zugute kam, ergoß sich ungehindert in die Bäche und Flüsse. Es stank erbärmlich im Biedermeier.
Franzens Gemahlin wurde bei Spitalsbesuchen immer wieder von Ärzten auf die Gefährlichkeit dieser, wie man viel später sagte, Umweltverschmutzung aufmerksam gemacht. Die Fabriksherren

im Biedermeier kümmerten sich nicht um die gewissen unangenehmen Folgen der Industrialisierung, auch wenn man diese roch, schmeckte oder hörte. Und die Behörden gingen solche Probleme zögernd an. Die Kosten einer Sanierung würden hoch sein, dachte man. Man, das waren die *Richter,* also die Bürgermeister in den Dörfern, die *Magistrate* in den Städten und die *Landesregierungen* allesamt. Um etwas zu tun, einigten sich gewiegte Bürokraten in der Absichtserklärung:
»Da muß was g'scheh'n.«
Die längste Zeit geschah nichts. Je weiter die Industrialisierung um sich griff, desto mehr blieben die Menschen, auch in Zeiten des Wohlstandes, dieses Tun sich selbst schuldig. Noch etwas gab es: In den oft lieblich gestalteten Höfen der Biedermeierhäuser gab es eine unheimliche unterirdische Kommunikation. Aber es gehörte sich nicht, davon zu reden, daß das Wasser, das die Hausfrauen am Schöpfbrunnen holten, aus demselben Erdreich kam, in das sich in der entgegengesetzten Ecke des Hofs die gewissen Unratsbestände menschlicher Behausungen ergossen. Mit unglaublicher Gelassenheit nahm man hin, daß Ergebnis dessen immer wieder das lokale Auftreten von Seuchen war. Solange es keine weit ausholende Epidemie wurde, mochte es hingehen. Die Ostgrenze der Monarchie war ohnedies durch einen militärisch bewachten Cordon sanitaire abgesichert gegen die gewissen Einschleppungen aus Rußland und der Türkei. Wenn Franz diese Grenzregionen inspizierte, überzeugte er sich immer höchstpersönlich von den Zuständen entlang dieses Cordons und den Alarmvorkehrungen bei erhöhter Seuchengefahr im Osten.
Nach dem Polenaufstand des Jahres 1830 nützte der Cordon wenig. Die von den Russen in die Flucht geschlagenen Polen überfluteten die Sperren, und Metternich blieb gar nichts anderes übrig, als den Polen in Galizien die menschenfreundliche Hilfe für ihre Landsleute aus Russisch-Polen unbehindert zu gestatten. Es dauerte aber nicht lange, da stellte es sich heraus, daß mit den politischen Flüchtlingen ein unheimlicher und ganz und gar unerwünschter Gast ins Land gekommen war: die Cholera. Russische Truppen, die aus Asien, wo diese Seuche nie ganz

erlosch, zur Bekämpfung der politischen Ansteckung der Polen ins Land kamen, steckten ihrerseits die Polen mit dieser Seuche an. Von Russisch-Polen sprang die Seuche über nach Galizien, bald über die Karpathen nach Ungarn. Im August 1831 war sie in Wien. Die Bauern entlang der Leitha erzählten, die Cholera sei als eine verschleierte Frauensperson über den Fluß gekommen und in die Dörfer, wo sie grausam wütete.

Nach der Aktenlage verhielt es sich selbstverständlich anders. Obwohl auch von Amts wegen ein Frauenzimmer im Betretungsfall als erste Trägerin der Ansteckung eruiert wurde. Zunächst hoffte man, mit den üblichen Strategien seuchenpolizeilicher Maßnahmen auszukommen:

»Z'erst a *Kordon*. Nacha *a'spirr'n, ei'spirr'n, zuaspirr'n.*«

So geschah es denn auch einer aus dem Ungarischen kommenden Frauensperson, die an sich aus Wien abgeschafft war, weil sie gewerblich ausgenützter Unzucht nachging. Diese Person kam aber heimlich aus dem Ungarischen herüber, und ein Diener der Papierfabrik in Rannersdorf ließ sich mit ihr ein. Beide Liebende verstarben, und im Pathologischen Institut ergab die Leichenöffnung, daß sie an der asiatischen Cholera verstorben waren. Der Kordon war so durchbrochen. Es nützte aber auch nichts, daß man die Unterkunft der Verstorbenen von Amts wegen versperrte. Mit unheimlicher Geschwindigkeit verbreitete sich in Amtsstuben und Wohnungen der Stadt der Schreckensruf:

»So – jetzt hab'n ma s'.«

Was nicht nur bedeutete, daß man die Cholera in der Stadt hatte, sondern daß das Malheur fertig war. Das seit den Tagen des Lieben Augustin gebräuchliche Gegenmittel der Volksmedizin:

»Schnaps ist gut gegen Cholera«,

ist sicher reichlich gebraucht worden. Es nützte aber ebensowenig wie alle ärztlich und von den Behörden vorgeschriebenen Vorbeuge- und Heilmittel. Denn der Krankheitserreger wurde erst fünfzig Jahre später entdeckt. Dem Baron Stifft, Leibarzt des Kaisers, hat diese später unbestrittene Tatsache zu seiner Zeit nichts genutzt. Ihn hat man, nachdem der Baron von Amts wegen mit dem Gesundheitswesen befaßt war, auch in diesem Fall eine unentschuldbare Rückständigkeit seines Wissens und seiner Methoden vorgehalten, wie derlei Vorwürfe in politicis dem Baron seit längerer Zeit angelastet wurden. Wenn man nicht gerade seinen Kaiser und Herrn namentlich als Reaktionär bezeichnen wollte. Stifft machte die gegen den Hof erhobenen Vorwürfe nur noch ärger, als er anordnete, man möge die Allerhöchsten Herrschaften aus der Stadt und in alle Richtungen der Windrose verschicken, den Osten ausgenommen. Sofort entstand das Gerede, die Reichen eschappieren und die Armen müssen krepieren.

In Berlin, wohin die Seuche auch geriet, stellte ein Wissenschafter mit den eben modern gewordenen Methoden der Statistik fest, daß nur jeder einundzwanzigste Erkrankte den höheren Ständen angehörte. Da es nun aber keineswegs so viele Reiche gab, daß schon auf einundzwanzig Mitbürger ein Reicher gekommen wäre, bestätigte der gute Mann eigentlich die Tatsache, daß die Reichen bei dem Unglück keineswegs besser, sondern eher schlechter wegkamen im Umgang mit der Choleragefahr. Franz beließ es, sehr zur Sorge der Kaiserin, bei seinen bisherigen Lebensgewohnheiten. Er amtierte in Schönbrunn, wohin tatsächlich die Miasmen aus dem Wiental drangen. Hielt im Schweizerhof, mitten in der Residenzstadt, seine Audienzen ab. Und beehrte die Kurstadt Baden mit seinem gewohnten Sommeraufenthalt, obwohl in den Dörfern um diese Stadt die Einwohnerschaft der Bauerndörfer dezimiert wurde und eigene Cholerafriedhöfe angelegt werden mußten, weil es im Umkreis der Ortskirchen keinen Platz mehr gab in den Friedhöfen.

Als eines Tages der Kaiser während eines Aufenthalts in Schönbrunn aus dem Fenster sah und bemerkte, daß um das Schloß vom Militär ein Kordon gezogen war, befahl er dem Kučera, das Militär wieder in die Kasernen einrückend zu machen. Mit anderen Worten, das Bild des Kaisers im Cholerajahr 1831 paßt nicht zu dem später von ihm verbreiteten Image. Image im Sinne des Amerikanischen, wonach Image die Gesamtheit der Vorstellungen und emotionellen Einstellungen ist, die mit einer Person

verbunden werden. Wobei dieses Image bewußt aufgebaut werden kann; zum Vor- oder Nachteil des Betroffenen.
Die Cholera wurde für den Minister Graf Kolowrat, gerühmt oder verdächtigt als Haupt der Liberalen bei Hof, Anlaß, dem Kaiser mit dem Vorschlag einer Systemänderung zu kommen. Das Jahr 1831 war ja nicht nur das Jahr des Ausbruchs der Cholera in Wien und Umgebung, es war auch ein Kriegsjahr; die Interventionen der k. k. Truppen in den von Aufständen betroffenen Ländern Italiens – Parma, Modena und Kirchenstaat – kosteten mehr, als sich der Staat momentan leisten konnte. Den bei diesen Truppen befindlichen k. k. Feldärzten fiel auf, daß die aus dem Norden geholten Kaiserlichen – anders als die Russen in Polen – keineswegs die Cholera nach Norditalien verschleppten. Wieso dem so war, ist nie erhoben worden. Graf Kolowrat benützte im übrigen die Cholera nur als einen Aufhänger – wie man später sagen wird – im Gespräch mit dem Kaiser, als er etwa so anfing:
»Sollen die Rüstungen und Bewaffnungen, die uns neben der Cholera ganz zugrunde richten, fortdauern?«
Weder die Rüstungen, noch weniger die Interventionen in den von Putschversuchen erschütterten italienischen Ländern sagten dem Grafen zu. Franz erwiderte:
»Ich kann sie nicht aufgeben, zumal Rußland es wünscht und einen großen Wert darauf legt.«
Der Graf wunderte sich, daß Franz, der seit langer Zeit eher mäßige Sympathien für Rußland und dessen Orientpolitik hatte, dem Verlangen des Zaren offensichtlich zuviel Gewicht beilegte. Daß Franz sich mit der Absicht trug, den Zaren demnächst anzugehen und ihn zu bitten, dem unglücklichen österreichischen Thronfolger Ferdinand nach dem Tod von dessen Vater beizustehen, konnte der Graf im Moment nicht wissen. Er benützte vielmehr die Tatsache, daß Rußland ins Gespräch kam, dazu, um den dortigen Zielen und Methoden des Politischen eins auszuwischen:
»Sollte denn aber die Verbindung mit Rußland in Euerer Majestät Interessen liegen und eine *richtige Politik* sein? Haben nicht

neueste Ereignisse die Schwäche dieses Reiches aufgedeckt, das keine Stütze sein kann?«

Das war sicher eine Übertreibung bei Einschätzung der Schwierigkeiten, die Rußland 1830/31 bei der Niederwerfung des Aufstands in Russisch-Polen hatte. Später wird man absoluten Herrschern vorhalten: Gegen Demokraten helfen eben keine Soldaten – auf die Dauer. Und prompt kam Franz im Gespräch mit dem Grafen auf den Punkt der eigentlichen Übereinstimmung in den Prinzipien des Kaisers von Österreich mit jenen des Zaren von Rußland:

»Ja freilich (was eine Verneinung der Ansicht des Grafen war). Rußland verteidigt die *guten Grundsätze.*«

Darauf wollte sich Kolowrat nicht einlassen. Er kam dem Kaiser noch einmal von der finanziellen Seite seiner Argumentation:

»Erlauben Eure Majestät, daß ich auf die Finanzen zurückkomme. Klebelsberg sagte mir, daß der Geldbedarf nur für den Monat August (1831) gedeckt sei, daß für den September erst gesorgt werden müsse und daß für das nächste Jahr gar nichts geschehen sei und daß Eure Majestät ihm eben jetzt einen Urlaub bewilligt haben.«

Franz Graf Klebelsberg, nicht eben aus böhmischem Geschlecht, dafür aber in der Clique der behmischen Grafen, so wie Kolowrat, war im Moment Präsident der Allgemeinen Hofkammer. Franz hätte jetzt seinem Minister Graf Kolowrat gerne gesagt, daß er ja Klebelsberg in dieses Präsidium berufen habe, damit dieser für den Finanzbedarf nicht bloß in den nächsten Monaten und im nächsten Finanzjahr sorge, sondern das auf sich nähme, was zu allen Zeiten und unter allen Umständen überall, vor allem in Österreich, die undankbare und stets unbedankte Aufgabe eines Finanzministers ist. Nämlich die Mittel zur Bestreitung der Staatsausgaben so oder so zu beschaffen und nicht ständig zu sudern, er käme mit der Aufgabe nicht zurecht. Wenn es nach Franz gegangen wäre, dann hätte er schon 1831 den ewig Unheil verkündenden Klebelsberg nicht nur in Krankenurlaub, sondern in Pension geschickt. Sprüche, wie sie jetzt Graf Kolowrat vom Grafen Klebelsberg erzählte, haben in den bisher vierzig Jahren der Regierungszeit Franzens mehr als genug Leiter des Finanzministeriums ihrem Kaiser vorgehalten. Im Elferjahr zum Beispiel, als man in einen Staatsbankrott schlitterte, hat Herr von Gentz – g'scheit war er ja, der Gentz – vorhergesagt, die Monarchie werde auf vorerst unabsehbare Zeit hinaus keinen Krieg mehr gegen Frankreich führen können, weil kein Geld für die Rüstung da wäre. Damals hat Graf Bellegarde das Unmögliche möglich gemacht, und daran hat sich Franz besonders dann erinnert, als man Bellegarde bei Hof vorwarf, der Graf hätte nicht die Pratz'n, die es im Umgang mit aufsässigen Italienern bräuchte. Im Elferjahr hat der besonders gescheite Hofsekretär Adam Müller gemeint, die von Franz verfügte Abwertung des in Umlauf befindlichen Papiergeldes sei höchst unnötig gewesen; in Österreich fände sich genug Kupfer, um anstatt des Silbergeldes Kupfermünzen en masse zu schlagen, den Rest zur Bedeckung der Ausgaben könnte man dann mit der Neuausgabe von Papiergeld abdecken.

»Da müßten die Leut' ja gleich mit dem Buckelkorb einkaufen geh'n, um das schwere Kupfergeld mitschleppen zu können«,

hat der Kučera gesagt und Franz hat sich gedacht: Alle sind g'scheiter als ich, aber die g'scheiten Leut' lassen mich immer im Stich, wenn es aufs Letzte geht. Und weil überhaupt g'scheite Leut' mit ihren Tatenschwächen dem Kaiser auf die Nerven gingen, sagte er jetzt zu Kolowrat:

»Was wär's, wenn Sie mir Ordnung machen täten in der Finanzkammer? Ich rechne auf Sie.«

Das hätte dem Grafen gerade noch gefehlt. Bei Erfüllung dieses Auftrags hätte er ja Ehre und Reputation verlieren können. Und der Graf hoffte doch, im Verlauf seines Lebens höher hinaufzukommen, als der Gegenspieler Metternichs zu sein. In der Revolution von 1848 ist er dann auch tatsächlich der erste k. k. Ministerpräsident am Anfang der Verfassungsära im alten Österreich geworden. Nicht für lange, aber immerhin. Im Moment sagte er:

»Ich kenne den Stand der Finanzen nicht. So viel ist mir klar, daß die Auslagen ungeheuer, die Einnahmen im Versinken sind.«

Für diesmal hatte Franz genug vom Kolowrat. Mit der hingeworfenen Bemerkung:
»Sehen Sie, machen wir Papiergeld, wie der russische Kaiser«,
verscheuchte er die Exzellenz, welcher der Zar mitsamt seinem Papiergeld gestohlen hätte werden können. Das nächste Mal schickte Kolowrat seinen Gesinnungsfreund Baron Pillersdorf vor. Der Baron war auch von oben, gebürtig aus Brünn, ein reicher Grundbesitzer und vom Schicksal ausersehen, im Jahre 1848 den ersten Entwurf einer Verfassung für das Kaiserreich Österreich herauszubringen. Dann wird er in der Volksmeinung mit diesem Entwurf bei weitem nicht so gut wegkommen wie vorher in den Augen des Kaisers Franz. Auch Baron Pillersdorf kam dem Kaiser mit dem Vorschlag, gewissen Neuerungen zuzustimmen, bekam aber vom Fleck weg zur Antwort:
»Ich will keine Neuerungen.«
Beinahe hätte Franz gesagt:
»Nicht die Neuerungen des Baron Pillersdorf und seiner politischen Freunde«,
gesagt hat er nur:
»Unsere Gesetze sind gut und ausreichend. *Gerechtigkeit* alles in allem.«
»Aber – es gibt doch Fälle, wo neue Bedürfnisse neue Bestimmungen notwendig machen . . .«
insistierte der Baron. Und als er das Mißtrauen in den Zügen des Kaisers sah:
»Euere Majestät haben selbst durch die weisesten Verfügungen im Schulwesen, im Steuerwesen, vorzüglich aber im Finanzwesen, große Reformen zu Ihrem Ruhm und zum Glück Ihrer Untertanen und auch zu deren Zufriedenheit vollbracht. Wenn es zuweilen geschieht, daß neue Maßregeln augenblickliche Mißstimmung erregen, so läßt der *gesunde Sinn des Volkes* doch bald Gerechtigkeit ergehen . . .«
Und dann kam der Baron mit den Mehrerträgen der unlängst eingeführten Verzehrsteuer, die Mehreinnahmen von 5 bis 6 Millionen erbrachte. Franz wußte, daß darüber an den Toren des Wiener Linienwalles und anderen Städten anders geurteilt wurde;

von den Bauern die sie zu entrichten hatten bei der Anlieferung ihrer Produkte, und von den Leuten, die letzten Endes die Mehrsteuer zu bezahlen hatten. Je mehr Neuerungen, desto mehr Unruhe in der Bevölkerung. Laut sagte der Kaiser aber nur:
»Jetzt ist keine Zeit zu Reformen. Die Völker sind schwer verwundet.«
Der Baron dachte bei sich, wer wohl die Verwundungen den Völkern beigefügt hat und worin sie bestünden. Nur mit halbem Ohr hörte er, was der Kaiser noch sagte:
»Man soll es vermeiden, durch eine Berührung oder Belastung diese Wunden zu reizen ... Wäre die Verzehrungssteuer nicht schon in Ausführung, jetzt würde ich sie nicht mehr durchgehen lassen.«
Das genügte dem Baron. Er wandte sich an Metternich, um dem Kanzler mit seinen Änderungswünschen zu kommen. Sein Erstaunen war groß, als er aus dem Mund des Schöpfers des berüchtigten Systems hörte:
»Ich begreife, daß man nicht stille stehen kann. Man verschreit und verleumdet mich zwar als Finsterling; allein das bin ich wirklich nicht. Ich weiß so gut als einer, daß man vorwärts schreiten müsse, daß der Stillstand unmöglich, daß ein Rückschreiten eine Reaktion ist. Aber jetzt ist kein Zeitpunkt zu Neuerungen, die überhaupt nur langsam, sich gleichsam von selbst entwickelnd, stattfinden sollen.«
Und, nach einer Pause des Nachdenkens, schloß der Fürst:
»Schnelle Neuerungen, wenn sie auch Verbesserungen werden, sind immer gefährlich.«
Jetzt hatte der Baron auch vom Kanzler genug. Dem Kaiser aber blieben seine Sorgen. Und Sorgen bereitete ihm nach der Pariser Julirevolution vom Vorjahr die noch immer bestehende Kriegsgefahr. In der Pariser Nationalversammlung warfen die an die Macht gekommenen Liberalen der Regierung vor, diese ließe in Italien ein Einschreiten Österreichs zu, obwohl dieses dem Ansehen Frankreichs in fortschrittlichen Kreisen Europas schade. Ein englischer Zeitungskorrespondent schrieb aus Paris nach London:

»Thus we are devided into two great parties – the friends of improvement and the ennemies to all changes.«
So als ob eine *Änderung an sich* schon eine *Verbesserung* bedeute, jede Gegnerschaft zu Änderungen aber Feindschaft gegenüber dem Fortschritt an sich. In zwei deutschen Nachbarstaaten hatte sich in diesem Frühjahr der Fortschritt eine Gasse gebahnt. Franzens Schwager, König Ludwig von Bayern, hatte seinem Land eine ständische Verfassung gegeben und bei Eröffnung der Tagung gesagt:
»Das kann ich sagen – gewissenhafter als ich hält niemand die Verfassung. Ich möchte nicht unbeschränkter Herrscher sein.«
Und so ist Ludwig 1848 in buchstabengetreuer Befolgung der sich selbst auferlegten Verfassung vom Orkan der Revolution verschlungen worden. In Sachsen ging der König bei Erlassung einer Verfassung noch weiter: Im künftigen Zweikammersystem gab es in der Zweiten Kammer auch Vertreter des Bauernstandes; schon wurde ein Wahlgesetz für die Beschickung der Zweiten Kammer in Aussicht genommen, das allerdings das dem Besitzbürgertum zustehende Privilegien-Wahlrecht arg gefährdete. Und die Minister sollten fortan nicht bloß dem König gegenüber verantwortlich sein. Dieser aber gab seinen reichen Domänenbesitz an den Staat ab und erwartete sich dafür eine jährliche Zivilliste zur Bestreitung der Ausgaben seiner Hofhaltung. All das verhinderte im nächsten Revolutionsjahr, 1848, nicht blutige Ausschreitungen im Land. Metternichs politischer Operationskalender, wonach sich die Dinge *aus sich selbst* entfalten sollten zum Besseren, hatte offenbar unvorhersehbare Irrtümer in sich. Wie gut war es, daß man in Paris die Dinge beim Namen nannte und so der Rest Europas erfuhr, woran er war. Lafayette, der große alte Mann im liberalistischen Lager, erklärte offen, ihm käme es überhaupt nicht darauf an, ob ein Staat eine Monarchie oder eine Republik ist. Denn
»... die Worte Republik und Monarchie sind unbestimmte Ausdrücke und entsprechen keinen genauen Begriffen.«
Für Lafayette war eine verfassungsmäßige Monarchie seiner Zeit mehr republikanisch als die Republiken von Athen, Sparta oder

Rom in der Antike oder die Republiken Genua und Venedig in der Neuzeit. Ihm kam es auf etwas ganz anderes an:
»Es gibt eine richtigere Einteilung der Staatsformen, jene der *Volks-* und jene der *Ausnahme*-Regierungen mit fürstlicher Gewalt.«
Was der Ballhausplatz für seine Einschätzung der Lage brauchte, das lieferten solche Debatten in weiterer Folge. Die Liberalen in der Pariser Nationalversammlung gaben in diesem Jahr 1831 offen zu, sie hätten die Männer ermuntert, die dann in Norditalien den Aufstand probten. Und zwar hätten das *hervorragende* Persönlichkeiten getan, man nannte sie nicht beim Namen, aber die liberalistischen Minister sahen sich bei der Nase gepackt. Es nutzte in Wien dem Botschafter des Bürgerkönigs Louis Philippe gar nichts, wenn er auftragsgemäß verlautete, man denke in Paris nicht daran, dem Kriegsgeschrei zu folgen, das über den Rhein nach Deutschland drang oder in Italien die Radikalen tatsächlich auf die Barrikaden trieb.
Franz mußte weiter mit der Gefahr aus dem Westen rechnen. Und das tat er denn auch. Für ihn war es bei der bestehenden internationalen Krise eine Selbstverständlichkeit, sich an seinen Bruder Karl zu wenden und ihn zu bitten, nicht bloß die notwendigen Vorbereitungen zu treffen, sondern im Ernstfall denn doch das Oberkommando über die Hauptarmee zu übernehmen. Die Hauptarmee wäre nach Karls veralteter Ansicht in Deutschland bereitzustellen gewesen, so wie zu Napoleons Zeiten. In dieser Frage geriet der Erzherzog in einen Gegensatz zum Kommandierenden General in Mailand, Radetzky, der nicht davon abging, vor einem in Italien gegen die Monarchie geführten Angriffskrieg aus dem Westen zu warnen. Demnach traf er auch seine Vorkehrungen: Felddienstübungen und Verlegung der Truppen aus den Kasernen in Feldlager, Gewöhnung der Truppen an die Anstrengungen des Krieges. Alles verfestigt in neuen Dienstordnungen, die nicht auf dem Papier blieben. Im Westen verfolgte man diese Vorkehrungen mit Mißgunst. Man warf Radetzky vor, er ruiniere mit seiner Säbelherrschaft die Wirtschaft der reichen Gebiete Lombardo-Venetiens und verschrecke

die Menschen, die dort eine Änderung der politischen Zustände und nicht den Radetzky sich wünschten.
Man konnte in der Tat streiten, ob die in Deutschland und Italien begründete Ordnungsmacht der Monarchie eher nördlich oder südlich der Donau größeren Gefahren aus dem Westen ausgesetzt war. Radetzky war an Jahren älter als Erzherzog Karl, im Denken und Planen, in der Ausführung der einmal als richtig erkannten Pläne viel geschickter als der Erzherzog, vor allem besaß er mehr Entschiedenheit. Er war gesünder an Leib und Seele als Karl, dessen militärische Schriften weniger Aufmerksamkeit erregten, als sie verdient hätten. Radetzky schrieb keine Bücher. Sein Lebenswandel war im Vergleich zu dem Karls ausschweifend, und kein Mensch konnte sich bei Hof erklären, wieso der Behm' so uralt geworden ist und sichtlich keine Anstalten traf, sich jubilieren zu lassen, also in Pension zu gehen. In vielen Dingen dachte er napoleonisch.
Etwa, was das Kundschafterwesen betraf. Seit der unglückliche Mack im Fünferjahr bei Ulm mit dem aus dem Elsaß gekommenen Doppelspion Schulmeister so üble Erfahrungen gemacht hatte und seinetwegen in den Verdacht gekommen war, mit Napoleon ein Doppelspiel versucht zu haben, ließ man sich bei den Kaiserlichen eher ungern auf solche Sachen ein. Radetzky hatte ein scharfes Aug' auf seine Spione, aber auch eine offene Hand, im übrigen hielt er sie alle für Lumpen. Seinen Kundschafterdienst richtete er nicht erst bei Kriegsgefahr ein, sondern rechtzeitig im Frieden. Je mehr die aus napoleonischen Diensten stammenden k. k. Polizeifunktionäre in der Lombardei ausstarben und an ihre Stelle die gewissen brutalen Dreiviertelhirne nachkamen, verließ er sich lieber auf sein eigenes Kundschafterwesen innerhalb und außerhalb der Monarchie.
Auch tat es Radetzky Napoleon darin gleich, daß er von sich aus für Presse und Propaganda sorgte. Er hatte das Glück, unter den Offizieren seines Stabes einen »Mann der Feder«, den späteren Feldzeugmeister von Schoenhals, zu haben. Schoenhals ging den von liberalen Blättern Deutschlands geschickten Reportern keinesfalls aus dem Wege, vielmehr führte er mit ihnen regelmäßig

das Gespräch, wie man später sagte. So konnte aber auch geschehen, daß Stammleser einer liberalen Zeitung in Deutschland über die Zustände in der Lombardei zu lesen bekamen, was sie überraschte und enttäuschte: Etwa daß dieses Land am Po nicht nur das bestverwaltete in Italien sei, sondern florierend in allen Wirtschaftszweigen; und daß die Engländer zwar daheim in ihren Zeitungen üble Dinge über dieses Land zu lesen bekämen, dafür aber in immer größerer Zahl ins österreichische Oberitalien reisen würden.

Dabei spürte Radetzky die Finanzkrise der Monarchie von Jahr zu Jahr mehr. Als er 1831 nach Mailand kam, standen unter seinem dortigen Kommando noch 104.500 Mann, zwei Jahre später waren es 75.000, im Jahr nach dem Tode Franzens 62.000 und vor Ausbruch der Revolution von 1848 und des Krieges mit Piemont-Sardinien war der Stand der mobilen Verbände auf 34.062 gesunken. So wie in den Jahren vor Königgrätz, 1866, haben auch schon im Vormärz die Liberalen in den Zentralstellen dafür gesorgt, daß dort gespart wurde, wo sich dieser Sparsinn während der nächsten internationalen Krise verderblich auswirken mußte für Österreich. 1848 hat die militärische Begabung Radetzkys dieses Manko wettmachen können, 1866 ist aber die große Hoffnung der Liberalen in Wien, der unglückliche Feldzeugmeister Benedeck, arg unter die Räder gekommen und seither hat die Monarchie keinen Krieg mehr gewonnen.

Schon kurz nach seinem Kommen nach Mailand erschien – lithographiert bereits – der »Praktische Unterricht im Felde. Zusammengestellt aus den Vorschriften der Grundsätze für die höhere Kriegskunst, der *praktischen* Beiträge des Generals – sowie der Linieninfanterie- und Jägerreglements, angewendet auf die Beschaffenheit des Landes für die k. k. Infanterie der Armee in Italien.« Nachher hat sich Oberst Hess über die Materie im Ganzen hergemacht, und 1833 kam die »Feldinstruktion für die k. k. Infanterie, Kavallerie und Artillerie« heraus. Beim Feind wußte man, was es damit auf sich hatte, denn 1852 kam nach den üblen Erfahrungen, welche die Armee des Königs von Piemont/

Sardinien Nr. 1848/49 im Angriff auf die Truppen Radetzkys machte, in Turin eine Ausgabe in italienischer Übersetzung heraus.

Erzherzog Karl hat nach 1815 mit seiner jungen Frau, Prinzessin Henriette von Nassau-Weilburg, schöne Tage als Kommandant der Festung des Deutschen Bundes in Mainz verlebt. Noch war dort die Kameradschaft zwischen den österreichischen und preußischen Militärs, wie sie aus den Kriegen 1813/15 stammte, ungetrübt. So wenig sich Karl einer Täuschung über die draußen herrschende Einstellung gegenüber Österreich hingab, so wenig war er geneigt, die Erinnerungen an jene längstvergangenen Tage preiszugeben, da man ihn nach Vertreibung der französischen Revolutionsheere aus Süddeutschland den »Retter Germaniens« genannt hat.

Während südlich der Alpen mit dem Kommen Radetzkys nach Mailand die Entwicklung sich zum Besseren wandte, griff im Herbst 1831 im Norden die Cholera um sich. Auch medizinische Kapazitäten, die vielleicht mehr von ihrer Kunst verstanden als in Wien der Baron Stifft, wußten sich keinen Rat. Aber die Wiener fuhren fort zu raunzen, man wisse überall in der Welt ein Mittel gegen die Cholera, nur in Österreich wisse man keines, weil sich die hohen Herren mehr mit der Verfolgung der Liberalen beschäftigten und mit der Unterdrückung der Freiheit als mit dem Gesundheitswesen. Und da nur wenige der Raunzer von dem Ruf wußten, den um diese Zeit schon die »jüngere medizinische Wiener Schule« bekam, zog derlei Propaganda, die nicht immer bloß von den unglücklichen Hinterbliebenen eines an der Cholera Verstorbenen stammte. Schweinereien, wie man sie in der Revolution von 1789 der Tante Franzens, der unglücklichen Königin Marie-Antoinette, nachsagte, waren im Falle des regierenden Kaisers von Österreich beim besten Willen angesichts des tadellosen Familienlebens und der Bescheidenheit bei Hof in Wien unanbringlich. Also mußte der Leibarzt des Kaisers Baron Stifft, zugleich in der Öffentlichkeit verantwortlich für das Gesundheitswesen und die Ausbildung der Ärzte, herhalten. Wenn man dem System eins auswischen konnte. So lange der

Kučera lebte, stellte der sich vor seinen Kaiser und nahm bereitwillig alle Vorwürfe der Besserwisser hin.
Was die Cholera betraf, so erfuhr man in Wien, daß in England, damals so etwas wie eine Insel der Seligen für die Liberalen in Österreich, ein Arzt namens Thomas Hope salpetrige Säure als Gegenmittel angewendet wissen wollte. Hope, auf Deutsch so viel wie Hoffnung. Aber Österreich war halt im Vergleich zu England hoffnungslos hintenan. Hat nicht schon zur Zeit des Prinzen Eugen von Savoyen der englische Feldherr Herzog von Marlborough den Österreichern vorgeworfen, sie kämen immer um eine Idee zu spät? Andere sagten, das Wort stamme von Napoleon und wieder andere wollten es in dem Sinn gehört haben, wonach *Österreich* immer um eine Idee zu spät käme.
Wen konnte es da wundern, daß ein tüchtiger Wundarzt aus dem unter der Fuchtel Österreichs keuchenden Ungarn nach Warschau auswanderte und dort Gelegenheit fand, seine Kur im Cholerafall anzuwenden: kaltes Wasser, getrunken oder in Umschlägen appliziert. In der Heimat dieses Arztes, jenseits der Leitha, versuchte man es mit dem Gegenteil: Mit dem ununterbrochenen Einnehmen heißer Getränke. Schon kamen Homäopathen mit Vertretern der alten Schulmedizin in Streit:
Draußen wirkte ein Doktor Hannemann, der im Falle der Cholera im ersten Stadium Kampfer verschrieb, nachher Kupfer, um so die mikroskopisch kleinen Lebewesen der Seuche im Körper des Patienten umzubringen. In Wien wußte ein Arzt nix G'scheiteres, als den Unglücklichen eine Ekelkur zu verschreiben, die aus ihnen den letzten Rest von Flüssigkeit herausholte bei den Brechvorgängen und so den Tod beschleunigte.
In der Universitätsstadt Bonn hielt man die Cholera für heilbar, und zwar mit dem Eingeben von Viperngift und Tees aus Pflanzen, deren lateinische Namen sich kein Mensch merken konnte. In Augsburg unterschätzte man die Seuche, hielt sie bloß für ein kaltes Fieber, das man bekämpfte, wie man viele Krankheiten als Fieber bekämpfte und so dem Patienten oft ein seliges Ende bescherte. Ein durch lebenslange Praxis bewährter Arzt in der Schweiz wunderte sich darüber, daß man gegen die

Cholera nicht mit Strichnin ankämpfte. In bäuerlichen Kreisen wunderte man sich über diese Verordnung, dort hatte man ja vielfach dieses Gift im Haus zur Beseitigung unterschiedlicher Lebewesen; auch angeblich als Marschier-Pulverl für lästige Alte oder Kranke.

Im August 1831, als die Sach' in Parma ausgestanden war, ging Franz nach Baden bei Wien. Allen Warnungen zum Trotz machte er seine Spaziergänge, sah sich in den Dörfern die neu angelegten Cholerafriedhöfe an und vergaß sichtlich die Tatsache, daß auch ein Kaiser von Gottes Gnaden nicht gefeit war gegen die Krankheit. In Baden erreichten ihn unter Hand Stimmungsberichte aus Wien, die ihm zu denken gaben. Umso mehr als ihm sein Präsident der Obersten Polizei- und Censurhofstelle, Graf Sedlnitzky, nichts davon relationierte.

So entschloß sich der Kaiser eines Tages, den Polizei-Oberdirektor von Wien, später sagte man Polizeipräsidenten, den Grafen Waldstätten, zu einem Immediatsbericht nach Baden zu befehlen. Der Baron wurde von seinem Kaiser aufs leutseligste empfangen. Da wurde dem Baron leichter ums Herz, denn er hatte einige Unannehmlichkeiten auf der Seele. Dinge, die man nicht so ohne weiteres einer Majestät ins Gesicht sagen kann, ohne deren Erwartungen arg zu enttäuschen. Kurz gesagt, Franz hörte, daß zwar in Wien die alte Zuneigung zum Kaiser noch nicht erloschen sei, aber bei weitem nicht mehr so »lebhaft und gesteigert«, wie sonst. Die Gefahren der Cholera, noch hatte die Seuche nicht einmal mit voller Wucht die Residenzstadt befallen, wären nach Ansicht der Leute nicht so groß, wäre nicht der Leibarzt des Kaisers in jeder Hinsicht ein Versager. Eben rückständig. Der Baron ging bei seiner Berichterstattung so weit, zu befürchten, es könnte in Wien zu Ausbrüchen der *Volkswut* kommen. Und es gefiele dem Volk gar nicht, daß die auswärtige Politik der Monarchie nicht den armen Polen, sondern ihren Peinigern, den Russen, zugute käme. Die Russen aber hätten die Cholera nach Europa gebracht.

Ob eine *Revolution* drohe, wollte der Kaiser wissen. Nein, das beileibe nicht, aber in Kreisen der Gebildeten rede man von der

Notwendigkeit, dem Staat eine *Verfassung* zu geben. Und die »gemeinen Klassen drohten ohne Scheu mit Aufstand, Barrikaden und Pflastersteinen«.

»Ja – und warum haben S' denn das net aufgezeigt?«,

wollte der Kaiser wissen. Der Baron erwiderte, all das stünde in seinen an den Präsidenten der Obersten Polizeistelle, Graf Sedlnitzky, gerichteten Tagesrapporten.

»Und mir hat man nix g'sagt«,

sagte Franz mißmutig. Fortan möge der Baron von diesen Rapporten an den Polizeiminister jeweils eine Abschrift unmittelbar dem Kaiser vorlegen. Dem Baron schwante, was er sich damit eingewirtschaftet hatte. Bei Hof ging nachher bald das Gerücht, der Kaiser denke daran, die Oberste Polizei- und Censurhofstelle aufzulösen und deren Agenden der Hofkanzlei zu übertragen. Baron Waldstätten aber beeilte sich, seinem Dienstvorgesetzten, Graf Sedlnitzky, einem Jugendfreund, zu berichten, was in Baden geschehen war. Er riet dem Grafen, die vom Kaiser beanstandeten Verzögerungen der regelmäßigen Berichterstattung über die Stimmungslage zu vermeiden – und erntete für diesen freundschaftlich erteilten Rat gröbsten Undank. Der Graf warf nämlich seinerseits seinem Jugendfreund Undankbarkeit vor, indem er sagte:

»Du hast Dich als Fliegenpracker für jene Leut' hergegeben, die es darauf abgesehen haben, mich um mein Amt zu bringen.«

So ist die Sache für den Baron Waldstätten schlecht ausgegangen. Er wurde nämlich der Cholera-Kommission zugeteilt, die Führung der Wiener Polizeidirektion aber dem Hofrat von Praulik übertragen, von dem nicht zu befürchten war, daß er den Instanzenzug umgehen und an allerhöchster Stelle mit Ohrenbläsereien Erfolg haben könnte. Franz aber holte wieder einmal zu einer Remedur aus, und diese geriet, während einer vorübergehenden Abwesenheit Metternichs, sehr zum Vorteil des Grafen Kolowrat. Dem Grafen gelang es nämlich, den Kaiser zu überzeugen, daß die Prozedur im Staatsrat schleppend sei und daß er ein Konzept bei sich habe, das dem Abhilfe schaffen sollte.

»Lassen S' hör'n«,

sagte der Kaiser. Und Kolowrat führte aus, es würden nicht bloß Personalveränderungen im Staatsrat notwendig sein, sondern *Umorganisierungen*. Franz gleich vom Fleck weg für die Sache zu gewinnen, das gelang Kolowrat nicht, denn der Kaiser sagte:
»Lassen S' mir alles hier, ich muß mir das erst einmal aufmerksam durchlesen.«
Gerade das nun wollte der Graf vermeiden, denn er mußte gewärtig sein, daß der Kaiser genug Erfahrung besaß, um in dem Konzept eine gegen Metternich gerichtete Absicht Kolowrats zu erkennen. Womöglich würde der Kaiser das Konzept dem Kanzler zuleiten, und was dann geschehen könnte, darüber machte sich Kolowrat keine verkehrten Vorstellungen. Also sagte er:
»Wenn Euere Majestät nicht geneigt sind, gleich zu resolvieren, dann nehme ich das Papier wieder mit und Euere Majestät sollen nichts davon hören ...«
»Na gut«, raunzte die Majestät, »wenn ich schon resolvieren muß, dann lass'n S' hören«.
Während des Referats verstärkten sich aber die Bedenken des Kaisers, und da er nicht einfach *nein* sagen wollte, klagte er:
»O weh' ... mir tut der Kopf weh und mir wird ganz schwindlig. Wissen S' was, ich werd' die Ernennungen halt in Gottes Namen unterschreiben, den anderen Teil lassen wir für später.«
Personalveränderungen waren leichter rückgängig zu machen als Umorganisierungen von Behörden. So die Räson des Kaisers. Kolowrat aber bekam so jedenfalls einige entschiedene Vertreter seines Kurses in den Staatsrat: den Hofrat Hauer, den Hofkammer-Vizepräsidenten Purkhart, den Herrn von Szekely, den Hofrat Jüstel und den Baron Knorr, lauter alte Josephiner oder angehende Liberale der neuen Zeit. Lange hat sich Graf Kolowrat des gegen Metternich errungenen Vorsprungs nicht erfreut. Der Kanzler kehrte aus seiner Absenz zurück, sah sich die neue Lage an und erwirkte, daß *er* im Wege der bei seinem Amt eingerichteten Konferenz dem Kaiser die Entscheidungen vortrug. Franz war klug genug, zu sehen, was um ihn Übles vorging. Um diese Zeit sagte er ganz offen heraus:

»Ich habe es satt, mich durch die Weisheit der Doktrinäre und ihre Systeme beschwatzen zu lassen. So wird die Monarchie nur beunruhigt und geht schließlich verloren. Ich werd' jetzt anders vorgehen und mich auf den praktischen Rat verlassen.«

Jetzt fanden die Anhänger des Grafen Kolowrat ihren Kaiser nicht mehr so gut wie nach dem erwähnten Sieg Kolowrats, den dieser in Abwesenheit Metternichs erringen konnte. Der Kaiser war demnach physisch und moralisch gebeugt, ja »ganz heruntergekommen«. Franz stand im vierzigsten Dienstjahr als Herrscher. Ihm gingen die Aussprachen mit dem Kučera ab. Der Generaladjutant war auf den Tod krank. Als ihn sein Kaiser und Herr nach einem Vierteljahrhundert des Dienstes in der Generaladjutantur zum Feldzeugmeister ernannte, etwas, worauf der Kučera in seiner guten Zeit nie reflektiert hätte, sagten die Tratschen bei Hof:

»Das is' eh nur noch für den Partezettel des Kučera ein Aufputz ...«

Hier war eine Vakanz zu erwarten und die Cliquen bei Hof machten sich daran, *ihren* Mann nach dem Tod des Kučera in die Generaladjutantur zu bringen. Um diese Zeit sagte Baron Pillersdorf schon ganz ohne Scheu, es ginge in Österreich um mehr als um die Dinge an der Oberfläche. Sie seien nur Symptome einer größeren, tieferen Revolution in der *Gesellschaft*. Für diese Gesellschaft den Staat in eine Verfassung zu bringen, wird Pillersdorf in der Revolution von 1848 als Redaktor eines Verfassungsentwurfs Gelegenheit genug bekommen. Aber die eigentlichen Macher der Revolution werden ihm das Machwerk nicht abnehmen, das gute Volk von Wien auf die Straße rufen und mit einer »Sturmpetition« den Entwurf zu Fall bringen. Der Baron, dann schon interimistischer k. k. Ministerpräsident, zuletzt nur noch provisorisch in diesem Amt, wird seinen Hut nehmen und gehen müssen. So haben ihn und manche Standesgenossen einmal die gesellschaftlichen Entwicklungen überrollt.

Dafür errang um die Zeit des vierzigjährigen Regierungsjubiläums Graf Kolowrat einen schönen Erfolg. Seine Gewährsleute stöberten in den Rückstandsausweisen der Kabinettskanzlei des

Kaisers und stießen auf sage und schreibe 3000 restierende, also unerledigte Akten. Da erschrak Franz und beauftragte Kolowrat: »Da ich diese Rückstände zu erledigen nicht mehr imstande bin, werden Sie mir einen Vorschlag erstatten, was in dieser Hinsicht zu veranlassen wäre.«

Die Majestät von Gottes Gnaden kapitulierte vor dem Bürokratismus eines Großstaates. Ganz im Sinne Kolowrats wurde im Staatsrat ein Komitee bestellt, dessen Aktenerledigungen vom Grafen genehmigt und nachher vom Kaiser oder vom Thronfolger nur noch vollzogen wurden; wobei sich der Kaiser aber vorbehielt, gewisse, von ihm ausgewählte Stücke zu asservieren; die er nicht bloß in Vollzug setzen, sondern in der Sache selbst bearbeiten wollte.

Langsam verzog sich die Cholera nach dem Westen. In Wien vergaß man die Cholerazeit ebenso rasch, wie einhundertundfünfzig Jahre vorher die Pest; auch wenn es diesmal keine Türkenbelagerung war, welche die Wiener lehrte, daß es noch eine größere Gefahr für ihre Stadt gab als die Pest – nämlich die Türken. 1831, als die Cholera vorbei war, überfiel die Wiener jene Fidulität, zu der sie neigen, wenn es sie wieder einmal nicht erwischt hat und sie besser davonkommen, als sie es an sich verdient hätten in der Krise. Es brach denn auch nicht die vom Grafen Waldstätten befürchtete Volkswut los, noch weniger gab es eine Verschwörung zum Zweck der Anzettelung einer Revolution, wie sich das zwei Jahre zuvor, 1830, in Paris ereignet hatte; und obwohl auf viel Papier viele Noten und viele Sätze geschrieben wurden, hat es keiner unternommen, etwa eine *Verfassung* für den Kaiserstaat zu schreiben und zu deren Verwirklichung die Leut' auf die Barrikaden zu rufen.

Vergebens erinnerte der Domprediger Veith, einer der letzten aus dem engsten Kreis um Hofbauer, daß die Cholera keine Krankheit war, sondern Gottes Strafe dafür, daß die Leut' alles tun, was Gott verboten hat. Handel und Wandel, gestockt während der Seuche, kamen gut in Schwung. Immer mehr Handwerker und Geschäftsleute ließen sich in den Vorstädten und Vororten eines jener Biedermeier-Häuser bauen, in dessen Hausherrenwohnung es schön und gemütlich zu wohnen war; und wo die übrigen Wohnungen einen guten Zinsertrag lieferten. Auf der Wieden hat sich das Ehepaar Eder, Johanna und Anton, gleich vier solcher Häuser bauen lassen und so den Anfang jener Gasse gemacht, die als »Franzensgasse« überdauerte, als schon alle nach Franz benannt gewesenen Verkehrsflächen der Stadt umbenannt wurden.

Nicht nur in der Franzensgasse kamen die Baumeister gut ins G'schäft. Ein ganzer Halbkreis solcher neuer Wohnviertel entstand um Wien. Und obwohl die Taglöhner, die daran arbeiteten, keineswegs selbst in diese Häuser zogen, so gab ihnen die Arbeit daran wenigstens Brot; Brot, zehn Jahre nach Franzens Tod, am Vorabend der Revolution von 1848, schon wieder knapp in den Proletariervierteln der Städte. Einmal freilich sollten die Urenkel der Bauhilfsarbeiter von 1830 dennoch in besagte Häuser einziehen; dann nämlich, wenn diese verwohnt und besudelt ein trauriges Abbild des Biedermeier in Wien darstellen werden. Und nicht einmal die Beseitigung der unappetitlichen Nachbarschaft in den Höfen, von denen die Rede war, als genügender Fortschritt in der Wohnkultur der Massen angesehen werden wird.

1836, ein Jahr nach dem Tode Franzens, vermerkte die englische Reiseschriftstellerin Francis Trollope den Gestank verpesteten Wassers im Umkreis des Schlosses Schönbrunn. In Verkennung der baulichen Notwendigkeiten meinte sie, Maria Theresia hätte derlei zu ihrer Zeit nicht hingenommen; nicht einmal vierundzwanzig Stunden wären vergangen und die Kaiserin hätte fünfhundert Schanzarbeiter und Deichgräber hingeschickt, das seichte Bett des Wienflusses zu vertiefen, um »jeden zufließenden Bach hineinzuleiten, um der Wien jene Menge Wasser zu geben, die sie berechtigt, nach der Kaiserstadt benannt zu sein«.

Aber zu Lebzeiten der Großen Kaiserin gab es nicht jene immer dichter besiedelten Vorstädte und Vororte entlang des Wienflusses, die Hinterhoffabriken, die den Fluß verschmutzten; Schönbrunn stand inmitten einer anmutigen Umgebung, über der aber nur wenig von der Aura des schönen Brunnens lag, der dem Schloß den Namen gab. Es stank nämlich erbärmlich.

Franz hat nun auch nicht fünfhundert Schanzarbeiter und Deichgräber beordert, um die um das Schönbrunn seiner Zeit verbreiteten Gestankursachen auszurotten. Er ließ die Arbeiten dort beginnen, wo später der Wienfluß in den sogenannten Donaukanal münden sollte. Und der Kaiser sah im Cholerajahr 1981/32 bei häufigen Inspektionen darauf, daß nicht die Handarbeit verschlampt wurde, nachdem in den Bureaux der Behörden die Pläne so lange verschlampt worden waren. Franz hat nicht zugegriffen, wie sein Onkel Joseph II., der selbst den Pflug führte, um im Zeitalter der Physiokraten die Bedeutung der Landwirtschaft für den Staat zu demonstrieren. Er inspizierte, denn nach Franzens praktischer Erfahrung ist ein guter Plan gut; dessen Ausführung schon besser; aber erst die Kontrolle der Ausführung das Wahre daran.

Von einer der Inspektionen des Kaisers entlang der sogenannten Cholerakanäle am Wienfluß liegt eine kolorierte Illustration vor. Just kein Kunstwerk, dafür aber ungewollt ein Zeitdokument, das mehr aussagt als manche zeitkritische Studie aus jenen Tagen: Dies nicht zuletzt deswegen, weil am Hintergrund der Illustration zwei Leichenträger zu sehen sind, die auf einer vorschriftsmäßig mit einer Metallhülle bedeckten Bahre eine Choleraleiche abschleppen. Noch steht der Kaiser im Mittelpunkt der Szene. Aber die Leut' verhalten sich sichtlich so, wie sie zuvor vom früheren Polizei-Oberdirektor von Wien, Baron Waldstätten, stimmungsmäßig beschrieben wurden. Wo waren die Zeiten, da man Franz selbst nach einem total verlorenen Feldzug bei seiner Rückkehr in die Wiener Hofburg so bejubelte, als hätte nicht Napoleon, sondern der Kaiser von Österreich den letzten Krieg gewonnen? Wo war die ehrliche Freude, mit der die Wiener noch im Sechsundzwanzigerjahr den nach gefährlicher Erkrankung zum ersten Mal ausfahrenden Kaiser und dessen Gemahlin begrüßten, sie die Pferde des Wagens ausspannen wollten, bis Franz gerührt sagte:

»Aber, aber – i' bin ja keine Sängerin.«

Über diese Vergangenheit ist die Revolution des Dreißigerjahres hinweggegangen, sie und die Cholera. Noch herrschte Respekt

vor des Kaisers Majestät, viel mehr nicht. Der Baupolier zog seinen Hut. In der Künette richteten sich die Deichgräber, Männer und Frauen, auf. Neugierig schauten sie auf den Kaiser. Auf einen alten Mann, dessen Äußeres keinen Glanz und Hinweis auf eine Mächtigkeit an sich hatte. Ein ganz gewöhnlicher Zivilist halt. Im Gehrock, dessen rostbraune Farbe zu den begehrten, weil wenig schmutzenden Farben zählte, wie sie von Geschäftsleuten bei der Arbeit bevorzugt wurden. Die Weste einfärbig, unansehnlich, dunkel in der Farbe. Die Millitärhosen in den Stiefeln für den Felddienst und also auch für das Herumgehen im kotigen Gelände der Arbeitsstätte geeignet. Um den Kaiser auch nur Zivilisten, zwei junge Spritzer ausgenommen, die man zur Hand haben wollte, wenn es etwa galt, zur Unterstützung der Arbeiter Pioniere oder Genietruppen heranzuholen.
Gerne hätte der Kaiser den gutgekleideten Herren gefragt, sichtlich ein honetter Bürger, was denn dieser, ein Werkzeug in der Hand, in der Baugrube suche. Ach – er hätte nur erfahren, daß es einer derer war, die einmal Johann Nestroy als die verarmten Bürger auf die Bühne bringen wird, dasig, verloren, hoffnungslos, ohne Chance für einen Aufstieg, wie er einmal den Proletariern zufallen wird im Klassenkampf. Noch immer wußten diese Leut' in der Baugrube nichts vom Sozialismus, mit dessen Erklärung sich im Westen gebildete Menschen herumschlugen, die andererseits nie in eine Baugrube zu stehen gekommen sind. Und die auch im Klassenkampf es vorzogen, selbst *modo capitalistico* zu leben. Gerne hätte der Kaiser ein gutes Wort gefunden, um die Stummen reden zu machen. Es fiel ihm nicht ein. Aber dieses Wort und ganz dicke Bücher einschlägiger Worte werden einem studiosus juris namens Karl Marx einfallen, der just im Todesjahr Franzens in Bonn sein Universitätsstudium aufnahm. Vorerst weniger an Classen und ihre Kämpfe dachte, weil er völlig okkupiert war von den Sauf- und Raufgewohnheiten in der Landsmannschaft der Trierer. Sitten, die er zeitlebens ebensowenig ablegen wird wie die in Jugendtagen acquirierten, ordinären Schimpfwörter, die man als Studiosus, wenn es gelüstete, eine Partie auf Schläger auszufechten, einem Kollegen an den Kopf schleuderte.

11.

Der König von Rom und der von Ungarn

Das Jahr 1832 ging für Franz trüb zu Ende. Kurz vor Weihnachten erkrankte der Kronprinz Ferdinand. Franz hatte vorgesorgt, daß Ferdinand noch zu Lebzeiten seines Vaters zum König von Ungarn gekrönt wurde, um der dortigen Opposition beim Thronwechsel die Möglichkeit zu nehmen, die Hilflosigkeit Ferdinands für politische Pressionen auszunützen. Seither hieß Ferdinand bei Hof der junge König. Die jetzige Erkrankung des jungen Königs wurde von den beiden Hofärzten Baron Stifft und Regierungsrat Raimann als eine lebensgefährliche hingestellt. Damit entsprachen sie den Hoffnungen jener bei Hof, die ihre politischen Erwartungen an den Tod Ferdinands knüpften, um der Monarchie einen regierungsunfähigen Kaiser zu ersparen. Die Stiefmutter des armen Kranken, Kaiserin Karoline Augusta, gelobte aber eine Wallfahrt nach Mariazell für den Fall, daß die Muttergottes die Genesung ihres Stiefsohnes erbitten würde.

Die Heilige Nacht zum Weihnachtstag dieses Jahres brachte sichtlich die Krise der Krankheit. Franz bedrängten viele Gedanken, die um Krankheiten, Ängste und Sterben kreisten. Das abgelaufene Jahr hat ihm viele Menschen genommen, die ihm im Leben nahestanden. Im April ist der längst kränkelnde Kučera gestorben, bis zuletzt diensteifrig um die Person seines Kaisers. Seither war der Kaiser zwar nicht allein bei Hof, aber oft einsam in seinen Gedanken. Der Kučera hat Unsitten gehabt, Franz hat sie weder übersehen noch heuchlerischerweise, wie man ihm später vorwerfen wird, bagatellisiert. Der Kučera war seit dem unglücklichen Fünferjahr, der Katastrophe bei Austerlitz, all die Jahre der Mensch gewesen, bei dem sich Franz hat ausreden können, den er schon auch einmal einen Esel nennen durfte, ohne

daß der Kučera gekränkt gewesen wäre. Die Liberalen bei Hof probten schon die Bestellung ihres Kandidaten für die Nachfolge Kučeras. Franz blieb der Verlust. Wo waren die Abendessen zu zweit auf Reisen, das gegenseitige Verständnis, das wuchs, als der alte Junggeselle Kučera sparsamer wurde mit den Benehmitäten eines Kavaliers. Kučera war kein Schnorrer, er lebte sparsam und er war uneigennützig, vor allem kein Ohrenbläser, kein Scharfmacher, kein Kriegstreiber. Den Krieg hat er im Kampf gegen die französische Revolutionsheere kennengelernt, wie er ist. Um den Kučera sind die Salongeneräle und die Säbelhelden, die gerne mit den Säbeln rasselten und mit den Ordensdekorationen schepperten, nicht herumgekommen. Er hat den Radetzky nach Mailand gebracht und damit ein letztes Mal die Voraussetzung geschaffen, daß die Monarchie noch einmal eine existenzbedrohende Krise, 1848, überstehen konnte.
Am Ostermontag 1832 fand von der Dienstwohnung des Kučera in der Wiener Hofburg aus die Leich' statt. Der Kaiser sah von seinem Arbeitssalon dem über den inneren Burghof kommenden Leichenzug nach und *weinte*. Dann hat man den alten Behm' hinausgeführt auf den alten Währinger Friedhof, wo sein Grab verschollen ist wie viele andere Gräber aus der Zeit des Wiener Biedermeier. Und der Name des Generaladjutanten des Kaisers Franz hat nur in Treppenwitzen die Zeiten überdauert.
Das geschah im April. Um diese Zeit ist es mit dem ältesten Enkel des Kaisers, getauft 1811 zu Paris auf die Namen Napoleon François-Charles Joseph, erhoben zum König von Rom, zuletzt am Hof des Großvaters in Wien Herzog von Reichstadt, zu Ende gegangen. Die Hofärzte haben den Großvater und die in Parma regierende Mutter beschwichtigt und die wohl schwer zu übersehenden Symptome der Schwindsucht nicht oder viel zu spät erkannt. Als dann die Mutter Marie Louise an das Sterbebett ihres Ältesten kam, erschrak sie. Alarmiert schrieb sie ihrem Vater, der auf einer Inspektionsfahrt war, es sei arg, aber noch sei, nach Ansicht der Ärzte, nicht alle Hoffnung vergebens. Und dann erinnerte sich die Mutter jener Tage in Verona, als sie am Sterbebett ihrer Kusine und Stiefmutter Maria Ludowika saß.

Und es blieb ihr nicht länger verborgen, daß wieder die Schwindsucht daran war, ein Menschenleben zu zerstören.
Wer den Kranken in jenes Bett verlegt hat, in dem 1809 Napoleon und zuweilen auch dessen polnische Geliebte, die Gräfin Walewska, die Nächte verbracht hatten, wußte zuletzt niemand. Man wußte nur, daß Franz den seit Monaten kranken und bettlägerigen Enkel in der Nähe der Kaiserappartements haben wollte. Für Marie Louise war es peinlich, angesichts ihres sterbenden Ältesten an solche Geschichten erinnert zu werden. Der Sohn der Walewska wurde in dem Jahr geboren, als Napoleon Marie Louise heiratete. Jetzt war Napoleon schon elf Jahre tot, und vor drei Jahren ist der zweite Mann Marie Louisens, ihr Ehrenkavalier Graf Neipperg, mit dem sie eine geheime Ehe vor dem Priester einging, gestorben. Die Kinder mit dem Grafen waren freilich älter als das Datum der Eheschließung mit dem zweiten Mann.
Ob ihr Ältester wußte, daß er in Parma Stiefgeschwister hatte? Nicht wenige Erzherzoge haben solche Stiefgeschwister gehabt; auch Franz, dieser selbst hat sich aber derlei Dinge nie herausgenommen. Der arme Herzog von Reichstadt kannte alle über seine Mutter verbreiteten Gerüchte, die falschen und die wahren. Er war ihr nicht böse, er sagte:
»Ach, sie ist gütig, aber schwach, sie war nicht die Frau, die mein Vater verdiente.«
Was wußte der Sterbende von der Leidenschaft, mit der sich die Mutter ihren Geliebten hingab! Zuerst Napoleon, selbst als dieser sie in Serien von Ehebrüchen betrog. Nachher dem Grafen Neipperg. Ihren dritten Gemahl, einen Grafen Bombelles, hat sie freilich nur mehr mit den beiden ersten verglichen und dabei kam der Franzose schlecht weg. Diese drei Geliebten hatte die Mutter und keinen anderen Mann im Leben. Und ob Napoleon eine andere Gemahlin an seiner Seite hätte haben wollen als eine, die seine unablässigen Serien von Liebschaften, die auch auf Sankt Helena nicht abrissen, hinnahm, ist fraglich.
Schon zu Lebzeiten des Herzogs entstanden die ersten Beiträge zu den Habsburgerlegenden, die nach seinem Tod nicht aufhören

werden, erfunden, nacherzählt und dramatisiert zu werden. Erst das Drama von Mayerling hat den Herzog von dieser Rolle befreit. Für die gegen Österreich gerichtete Propaganda hat freilich der Sohn Napoleons herhalten müssen, solange es den alten Feinden Österreichs notwendig zu sein schien, nach der Zertrümmerung der Donaumonarchie auch noch deren Geschichte zu bewältigen, besser: zu überwältigen. Im Kampf gegen Metternich hat noch zu dessen Lebzeiten die Schwarze Legende vom Herzog von Reichstadt, den man in Wien hingemordet hat, herhalten müssen. Metternich soll dem jungen Prinzen eine Serie von Liebschaften zu Balletteusen verschafft haben, hoffend, die zarte Gesundheit des Herzogs würde derlei Exzesse auf die Dauer nicht aushalten. Als das Lungenleiden aufkam, hätte Metternich den Kuraufenthalt im Süden verboten, weil in der kalten Hofburg und im nassen Frühjahr 1832 mit dem rascheren Ableben des Herzogs gerechnet werden konnte. Und dabei hatten die Bonapartisten und die Italici puri in Italien während der Unruhen des Jahres 1831 so sehr auf das Kommen des Sohnes Napoleons gewartet; sich aber mit den Söhnen des Bruders des Kaisers, des Exkönigs Ludwig von Holland, begnügen müssen. Als die Ärzte endlich ihre Fehldiagnose aufgaben und das Lungenleiden auch der Laie erkennen konnte, hat Metternich sofort die Fahrt nach dem Süden angeordnet; aber der Prinz war, so wie seine Stiefgroßmutter, die Kaiserin Maria Ludowika, nicht reisefähig. Dieses Finale fehlt meistens in den einschlägigen Passagen späterer Schilderungen der Person und der Methoden Metternichs.

Was immer man dem jungen Prinzen, der vor allem ein guter Soldat sein wollte und kein Salonlöwe, eingeflüstert hat, eines war dem Enkel Franzens bewußt: Daß der Kaiser seinen Enkel vom ersten Augenblick an, als er ihn während des Feldzugs 1814 zu Gesicht bekam, geliebt hat, wie wenige Menschen auf dieser Welt. Für Franz gingen Bindungen des Blutes über alles, und sein ältester Enkel tröstete ihn über den Anblick seines ältesten *Sohnes* Ferdinand hinweg. Verehrt und scheu geliebt hat der Prinz auch seine aus Bayern gekommene Tante Sophie, die 1848 von allen

Revolutionären gehaßte Sopherl; gehaßt, weil sie im Ruf stand, »bei Hof die Hosen anzuhaben«, der einzige Mann bei Hof zu sein. Sie, die Mutter Kaiser Franz Josephs I., hat man verdächtigt, ihr Ältester, der spätere Kaiser Franz Joseph I., sei ein natürlicher Sohn des Herzogs von Reichstadt gewesen. Und weil eine Frau, der man so ein Gerücht nachsagt, mit einem Liebhaber nicht genug haben kann, lautet das ersatzweise ausgestreute Gerücht, die beiden ältesten Söhne seien Abkömmlinge des Prinzen Wasa; nannte man Franz Joseph und Maximilian, den späteren Kaiser von Mexiko, die Wasa-Buben.

Franz ist dem Wunsch seines ältesten Enkels, sich beim Militär Meriten zu erwerben, nachgekommen. Solange der Enkel nicht bei der Truppe diente, stand er in dem Regiment, dessen Uniform der Kaiser am liebsten im Alltag trug: Er war Hauptmann bei den Tiroler Kaiserjägern. Nachher diente der Sohn Napoleons bei dem Regiment, dessen Inhaber der erwähnte Prinz Wasa war, im Ungarischen Infanterie-Regiment dieses Namens. Als Bataillonskommandant sahen ihn die Wiener, und die Frauenherzen flogen dem schönen jungen Mann zu, wie man damals sagte. In den Salons war er Mittelpunkt aller Cercles, nicht nur weil er der von Geheimnissen umwitterte Sohn Napoleons war, sondern weil er als junger Mann nicht zu übersehen war als die brillanteste Erscheinung. Sein vertrauter Erzieher, Graf Prokesch-Osten, sagte nachher, der Prinz habe wohl kaum Frauenaffären gehabt. Richtig ist, daß der junge Mann im Dienst bei der Truppe aufging. Selbstverständlich studierte er die Literatur über seinen Vater mit Hingabe, es war ja vorwiegend Militärgeschichte und schlug also ins Lieblingsfach des Prinzen. Als er die Schriften des Erzherzogs Karl zu lesen bekam, überraschte es, darin Passagen zu finden, in denen der Erzherzog seine Fehler als Militär offen zugab und kommentierte.

»So einer schädigenden Offenheit würde ich mich nie schuldig machen«, erklärte der junge Herzog dazu, »führende Geister sollten nicht mit gewöhnlichen Maßstäben gemessen werden.«

In dieser Hinsicht haben die Schriften des Vaters den Herzog nie enttäuscht. Denn der große Napoleon hat nie einen eigenen

Fehler eingestanden und noch auf Sankt Helena alles getan, um den Mythos seiner Unbesiegbarkeit nicht zu schmälern, sondern zu retablieren.

1824 schon hat Franz Auftrag gegeben, im Anschluß an die von Maria Theresia bei den Kapuzinern geschaffene monumentale Gruft einen Zubau zu errichten. Hier wollte er einmal inmitten seiner Familie die letzte Ruhestätte haben. Und hier wollte er auch seinen ältesten Enkel im Tod um sich haben. Der Sohn Napoleons war kein Erzherzog von Österreich, er ist der einzige Tote gewesen, der, ohne diesen Rang besessen zu haben, in der Kapuzinergruft seine, wie man meinte, letzte Ruhestätte bekam; die letzte, bis Adolf Hitler 1940, quasi als Douceur für die in jenem Jahr Frankreich zugefügte totale Niederlage, den Sarkophag des Sohnes Napoleons überführen ließ nach Paris in den Invalidendom. Für Franz waren Ausnahmen von der Regel deren Bestätigung. Drei Jahre vor dem Tod des Herzogs von Reichstadt hat man dessen verstorbene Tante, die Gemahlin Erzherzog Karls, hier beigesetzt. Sie hat den evangelischen Glauben ihrer Jugend auch nach der Einheirat ins Haus Österreich behalten, die Beisetzung bei den Kapuzinern vollzog der Superintendent der Helvetischen Kirche in Wien. So etwas gab es unter dem Kaiser Franz, nie mehr nachher.

So um 1830 war es aus mit der glanzvollen Entourage Franzens aus der Zeit des Wiener Kongresses. Die Beautées von damals waren längst über das gefährliche Alter hinaus und grauhaarig; die einstige Geliebte Metternichs, die Herzogin von Sagan, war nach drei gescheiterten Ehen und Serien von Exzessen katholisch geworden. Franz war über die Sechzig und im Alter, das damals nicht mehr oft hinter Namen im Hofkalender oder im Militärschematismus zu finden war, sondern in den Sterbematriken. Als er zu Weihnachten 1832 eilends aus der Turbulenz im ungarischen Landtag weg und ans Krankenbett seines Ältesten eilen mußte, war es an ihm, an den Tod zu denken. Nicht an den seines Sohnes Ferdinand dachte er, denn dessen Leben lag in Gottes Hand, Gott würde ihn aus seiner Gnade zum Kaiser berufen – oder nicht; Franz dachte an sein eigenes Sterben. Und an das, was

für diesen Fall vorzusorgen war für seinen Nachfolger Ferdinand. In Wien angekommen, hörte er eine alarmierende Nachricht: »Man hat den Doktor Vivenot pro consilio beigezogen.«
Den Doktor Vivenot holte man damals in bessere Häuser, wenn der Fall über die Kapazität des Hausarztes schon hinausgediehen war; wenn man vor dem Haus Stroh ausbreitete, damit das Räderrollen nicht den Kranken störe; wenn die alte Tant', die nichts tat als in die Kirch'n zu laufen, den Anverwandten und dem Sterbenden den Anblick eines Geistlichen zumutete, der die Letzte Ölung verabreichen sollte. Der Vivenot kam in die Hofburg und mit ihm die Wende. Vivenot verordnete keine Wunderkuren, sondern nur kalte Umschläge für die Extremitäten und heiße für den Kopf. Der Kranke überstand alles, wie er denn so vieles im Leben überstanden hat.
Wer so wie Franz seine Weltanschauung nicht aus Ideologien zieht, sondern aus den Erfahrungen geschichtlicher Ereignisse, aus denen *man* – nicht ein ganzes Volk – denn doch auch Lehren ziehen kann, dachte in einer Stunde wie dieser an Kronprinzenschicksale, wie er eines vor sich hatte. An die Taten der Väter solcher Unglücklicher, wie sein Ferdinand einer war. Ein gefährlich Kranker, keineswegs aber ein gefährlicher Kranker.
Hat nicht Zar Peter von Rußland, den man im Wechsel der Zeit zu allen Zeiten den Großen nennt, seinen eigenen Sohn Alexei so oder so zu Tode befördert? Und hat nicht die aus Deutschland gekommene Zarin Katharina, auch die Große genannt, ihren eigenen Gemahl, Peter III., angeblich Vater des närrischen Zaren Paul I., umbringen lassen? Mochten solche barbarische, tatarische Manieren in Rußland Geltung haben, man war in Österreich. Immerhin im Zeitalter der Anglomanie, und alles, was um diese Zeit in England galt, galt umso mehr bei den fortschrittlich gesinnten Kreisen in der Monarchie.
Die Königsdramen Shakespeares waren für Franz als geschichtliche Erfahrung überhaupt nicht maßgebend; wie immer er dieses gewaltige Kunstschaffen geschätzt haben mag, Geschichte in dem Sinn, daß das Bühnengeschehen auch nur in etwa den Tatsachen entsprach, war es für ihn nicht. Aber seit Schillers Dramen hat es

als banausisch gegolten, dessen Bühnenwerke etwa mit dem Zollstab historischer Kenntnisse nachzumessen. Ein gebildeter Mensch genoß die Kunst des Bühnenwerks und überließ den dichterischen Enthusiasmus den Gymnasiasten, die ohnedies im Geschichtsunterricht meistens schliefen; und die dafür Schillers Dramen als die Verkündung einer Wahrheit hinnahmen, die über dem steht, was im Büchl stand und in der Schule abgefragt wurde. *Don Carlos,* Ältester des *habsburgischen* Königs von Spanien Philipp II. Schiller konnte nicht wissen, wie es am Hofe Philipps II. zugegangen ist. Zu seinen Lebzeiten war dem Dichter nicht zugänglich, was nachher Leopold von Ranke, Geschichtslehrer an der Universität Berlin, aus bisher ungenützten Quellen gehoben hat: Die triste Geschichte des Thronfolgers, die Auflehnung eines seelisch kranken Menschen gegen seinen Erzeuger, die Unfähigkeit der Menschen jener fernen Tage, mit einem seelisch kranken Menschen zurecht zu kommen. Franz hat den Narrenturm seines Onkels Joseph II. in Wien schließen lassen, aber das Wissen der Ärzte um die Seele der Kranken hinkte noch bis ums Jahr 2000 weit hinter dem rasanten Fortschritt der industriellen Revolution und den von dieser vervielfachten Erkrankungen dieser Art nach. Was Schiller, und vor diesem Goethe für das Stück »Egmont«, als Vorlagen zur Verfügung stand, waren oft Auslassungen jener SCHWARZEN LEGENDEN, mit der sich zuerst die Niederländer bei ihrem Abfall von Spanien, nachher die Engländer gegen das Haus Österreich zur Wehr gesetzt haben, um die Übermacht der Casa de Austria zu brechen. Nicht einmal diese Legende konnte Schiller genügen, um die Kunst seines Dramas zu vollenden, er dichtete hinzu. Und so glaubten Generationen Gebildeter das von Schiller auch bei anderen Gelegenheiten abgewertete Haus Österreich im Falle Don Carlos zu sehen:

Ein junger Prinz, berauscht von den Idealen der Jugend und eines unbändigen Freisinns; ein junger Mann, dem der Vater die Geliebte wegnimmt, um sie in sein königliches Bett als die Königin von Spanien zu holen; ein Malteserritter Marquis Posa, in dessen Bühnenfigur Schiller alles häufte, was er zu sehen glaubte, ehe in ihm der Rausch des Miterlebens der Revolution von 1789 erloschen war. Der Professor für Geschichte Schiller, der die Geschichte des Abfalls der Niederlande schrieb und seinen Hörern erläuterte, warum und zu welchem Zweck man Geschichte studiert, hätte aber durchaus in den Gesandtschaftsberichten aus der Zeit Philipps nachlesen können, daß sein Don Carlos demnach ein Scheusal war, ein potentieller Mörder an einem seiner Diener, ein Unglücklicher, in dem das Blut seiner Ahnin, Königin Johanna die Wahnsinnige, virulent wurde. Johanna, die den Leichnam ihres habsburgischen Gemahls, Philipps des Schönen, als Witwe lebenslang in ihrem Tross mitschleppen ließ.

England. England hat unter Georg III., der einmal seinen Kolonien in Nordamerika die Unabhängigkeit in einer Republik zugestehen mußte, die napoleonischen Kriege durchgestanden. Um 1810 war der König psychisch dermaßen heruntergekommen, daß sein Sohn Georg, später, als König der Vierte, die Regentschaft übernahm. In England haben die von den Adelsparteien gestellten Premierminister die Politik gemacht, *ohne das Volk zu fragen;* so wie in Österreich der von Franz berufene Fürst Metternich. Niemand redete aber in Wien vom verrückten König von England und dem von üblen Skandalen umwitterten Georg IV., geraunzt wurde über den Metternich und daß dieser einmal den armen Ferdinand noch mehr in der Hand haben wird, als ehedem dessen Vater.

Für Franz war sein Ältester, Ferdinand, von Gottes Gnaden ausersehen, Kaiser von Österreich zu werden. Und für Franz gab es zwischen Himmel und Erde keine Macht, die Gottes Willen entgegenwirken konnte. Methoden, wie sie in Rußland Peter der Große, Katharina die Große – zuletzt, beim Tode Pauls I., eine Offiziersclique mit Wissen des späteren Zaren Alexander I. geübt haben, kamen ihm nie in den Sinn. Man war auch nicht in England, wo eine Adelsclique entschied, wann ein verrückter Monarch aufhören mußte zu regieren und wann sein extravaganter Sohn die Herrschaft übernehmen mußte. Und Franz hatte nicht die furchtbare Entschiedenheit Philipps II., der nicht

zögerte, seinen Thronfolger in jene Haft zu bringen, in der Don Carlos verstarb. Don Carlos, der nach späterem Stand der Wissenschaft in der letzten Szene von Schillers Drama nicht den Männern der Inquisition gehörte, sondern den Krankenwärtern einer psychiatrischen Klinik, hätte es derlei Stätten im 16. Jahrhundert gegeben.
Es war *Gottes Wille; Schicksal* sagte Graf Kolowrat, daß Ferdinand noch vor Jahresschluß 1832 ebenso rasch genesen, wie er anscheinend an den Rand der Todesgefahr geraten ist. Bei einem Neujahrsempfang 1833 drängten sich die Liebediener bei Hof an Baron Stifft heran, um diesem zum Erfolg der ärztlichen Kunst bei der Rettung des Thronfolgers zu gratulieren. Die Antwort des Leibarztes der Majestät klang sehr merkwürdig:
»Ach, die Ärzte und die Kunst haben hier gar nichts getan. Nur das *Sauglück,* was dieser Mensch, der (junge) König hat, hat ihn diesmal wieder gerettet.«
Baron Stifft war ein guter Josephiner, von Gottesgnadentum hielt er wenig, sein Sohn Andreas noch weniger und am wenigsten sein Enkel. Sein Sohn wurde in der Revolution von 1848 Staatssekretär im k. k. Finanzministerium, sein Enkel Andreas Sprecher der Radikalen im Wiener Gemeinderat des Revolutionsjahres. Wie die Dinge um 1833 bei Hof gediehen waren, konnte Graf Kolowrat im Kreis seiner politischen Freunde offen reden über die Genesung seines zukünftigen Kaisers. Er scheute sich nicht zu bekennen, daß auch er auf den Tod des jungen Königs gehofft hatte, weil so
». . . der Verlegenheit, die seine legitime Persönlichkeit erzeugt, ein Ende bereitet worden wäre. Aber – das Schicksal hat es anders gewollt.«
Aber Kolowrat war einer, der die Dinge nimmt, wie sie eben sind. Schon hieß es, daß er für den Fall des Todes Franzens eine, wie man sagte, After-Regierung vorbereite, in der ihm der Vorsitz zufallen sollte. Das würde dann das Ende der Ära Metternich in Österreich sein. Franz hingegen dachte an Vorkehrungen, die seinen Grundsätzen und Möglichkeiten in der Politik entsprachen. Schon fühlte sich der Kaiser zu sehr von Menschen

umgeben, die weder das gleiche wie er dachten noch willens waren, sich die Mühe zu geben, gleich zu denken wie der Kaiser. Diesen Leuten wollte der Kaiser seinen Thronfolger nicht ausliefern, wenn letzterer einmal Kaiser sein wird. Nicht den Thronfolger, nicht die Monarchie. Langsam reifte ein folgenschwerer Plan des Kaisers: Er wird den Zaren von Rußland, nach Alexander I. dessen Bruder Nikolaus I., bitten, im Interesse der Wahrung des monarchistischen Prinzips die Hand über den künftigen Kaiser von Österreich nötigenfalls zu halten. Diesem Plan kam allerdings Metternich im Moment in die Quere, und zwar aus Ursachen, die mit der russischen Orientpolitik zusammenhingen. Franzens gespannteste Aufmerksamkeit galt zeitlebens den Vorgängen in Paris, wo er den Fuchsbau der roten Revolutionäre im Auge hatte; im Moment aber mußte der Kanzler seinen Kaiser warnen vor der Orientpolitik eben jenes Zaren, dem der Kaiser eine Art von Sachwalterschaft über seinen Nachfolger anvertrauen wollte.
Es ergab sich nämlich, daß Nikolaus I. nicht zögerte, im Interesse seiner Ziele in der Orientpolitik Österreich zu hintergehen und selbst mit England gemeinsame Sache zu machen; mochte der Zar auch den dort in Regierungskreisen momentan herrschenden Liberalismus noch so sehr hassen. In London aber ist Ende 1832 der gefährlichste Feind Metternichs und der Politik des Ballhausplatzes zur Leitung der auswärtigen Politik berufen worden: Viscount Palmerston, wegen seiner Vabanquepolitik später Lord Firebrand, Lord Unruhestifter, genannt. Schon am Vorabend der Pariser Julirevolution 1830 hat Palmerston, damals selbst noch nicht im Amt, Fühlung aufgenommen mit der damaligen Opposition in Paris, den Liberalen. Als in Paris die Liberalen in der Julirevolution siegten und sie den letzten Vertreter der ihnen verhaßten Dynastie Bourbon, Karl X., zur Abdankung gezwungen hatten, war es für Palmerston eine Freude, als Botschafter des durch die Revolution auf den Thron gekommenen Bürgerkönig Louis Philippe niemand anderen als Fürst Talleyrand in London begrüßen zu können. Zwei verwandte Seelen fanden sich in einer Politik, für die Palmerston nachher den Grundsatz prägte:

»Paris is the pivot of my foreign policy.«
Palmerston hat – wie viele Liberale – in der Nachbarschaft des Konservativismus begonnen, um im Verlaufe seiner diversen Amtstätigkeiten immer mehr zum verläßlichen Parteigänger aller revolutionären Bewegungen in Europa – auch in Übersee – zu werden. Er kam als Abgeordneter der Insel Wight ins Unterhaus, mußte aber bezeichnenderweise versprechen, selbst nie diese Insel zu betreten; das gehörte zu den Eigenheiten der Demokratie im Mutterland der parlamentarischen Demokratie. In den Kriegen Englands gegen Napoleon erfand er die Methode *to kopenhague*, was hieß, die Flotte eines nicht im Krieg befindlichen Staates zu paralysieren, womöglich mit einer Kanonade zusammenzuschießen, um sie nicht in die Hände des Kriegsgegners Englands fallen zu lassen. Als der Zerfall der bisher regierenden Torypartei rasche Fortschritte machte, gewann Palmerston unter Staatsmännern, wie dem instinktlosen Militär Wellington, für das Regime der aufkommenden Liberalen seine wahre Bedeutung. Die schon im Übergangskabinett, unter Canning, begonnene Unterstützung der Revolutionsbewegungen im Ausland machte Palmerston zum *Prinzip* seiner Politik. So erzwang er 1830 die Unabhängigkeit der südlichen Provinzen des Königreichs der Niederlande, also Belgiens, und die Unabhängigkeit eines griechischen Staates. In Portugal machte er bei dem Putsch mit, der den Regenten der minderjährigen Königin zu Fall brachte und dafür einen Regentschaftsrat aus Liberalen ins Amt. In Spanien nutzte er Thronstreitigkeiten, die innerhalb der Königsfamilie ausbrachen, um auch dort einen Regentschaftsrat an die Macht zu bringen, der die politischen Kursangaben aus London bezog. So war Palmerston 1833/34 soweit, daß er über seinen Pivot, der Entente mit Frankreich, seine Quadrupelallianz unter Heranziehung von Portugal und Spanien dem Dreierpakt der konservativen Mächte, Österreich, Rußland und Preußen, entgegensetzen konnte, der erst 1833 eine fragwürdige Verfestigung, nach jahrelangen Kontaktschwierigkeiten, zwischen Wien und Petersburg bekommen hat.
Aktivitäten, wie die in Spanien und Portugal im Sinne der

Interessen Englands vollzogenen Gleichschaltungen der Politik jener Länder mit der Londons, nannte die Propaganda Palmerstons *pacification,* also Befriedung. Eine merkwürdige Vorwegnahme dessen, was um das Jahr 2000 Befriedung in der internationalen Politik bedeuten wird. Als Palmerston dahinter kam, daß in Paris der Bürgerkönig Louis Philippe während der Wirren im benachbarten Spanien seinerseits nicht die von Palmerston begünstigte Partei im Bürgerkrieg unterstützte, hatte diese Entdeckung für den armen König üble Folgen. Sogleich knüpfte auch diesmal Palmerston Kontakte mit der nunmehrigen Opposition unter dem bisherigen Historiker Louis Thiers an. Thiers hat als Wissenschafter die Revolution von 1789 von dem Blutdunst befreit, der sie in der Erinnerung der Zeitgenossen verunschönte; er hat auch den Mythos Napoleons über die nach dem Fall des Kaiserreichs erhobene Kritik der Sieger erhoben. Thiers wird als Politiker alle Monarchien Frankreichs bekämpfen, bis er selbst Staatsoberhaupt einer Republik in Frankreich sein wird. Und das nach der 1870/71 nicht zuletzt von den Liberalen verursachten Niederlage gegen die Deutschen.

Man kann sich denken, daß in Wien der Ballhausplatz und sein Kanzler diesen völligen Umschwung in London mit Mißbehagen verfolgten. Es nutzte gar nichts, wenn Metternich den österreichischen Botschafter in London belehrte:

»Lord Palmerston irrt sich in allem.«

Metternich irrte in dem, daß es zwischen den liberalistischen Anschauungen des jetzigen Außenministers in London und dem von Metternich im Verein mit Castlereagh 1814/15 aufgestellten *Legitimitätsprinzip* – im Anfang noch ein von Talleyrand erfundenes Schlagwort zur Kaschierung der von ihm vertretenen Interessen Frankreichs – nicht geben konnte. Umso mehr, als Palmerston sichtlich auf den Frontalzusammenstoß mit Metternich hinsteuerte.

Nach dem Abkommen von 1813, das die Achse London–Wien bildete, war auf der Apenninenhalbinsel *Österreich* und sonst niemand die Ordnungsmacht. Als 1832 k. k. Truppen in den Kirchenstaat einmarschierten, um in Bologna die dortigen wenigen Putschisten zu Paaren zu treiben, stieß Metternich auf einen scharfen Einspruch Palmerstons; daß zur gleichen Zeit *Frankreich* im Kirchenstaat die Seestadt Ancona besetzte und dort jahrelang eine Garnison unterhielt, ließ Palmerston unerwähnt. Der so bestehende Konflikt verschärfte sich nach dem sogenannten *Hambacher Fest* in Deutschland, als Metternich aufs neue, im Deutschen Bund beschlossene Maßnahmen gegen das Umsichgreifen revolutionärer Bestrebungen in den deutschen Staaten durchsetzte. Palmerston erinnerte, England sei Signatarstaat der Beschlüsse zu Wien von 1815; daher zu fragen, wenn es um die dort geschaffene Ordnung im Deutschen Bund ginge, aber in diesem Fall nicht gefragt worden.

Das Hambacher Fest, das Ende Mai 1832 auf bayrischem Gebiet links des Rheins stattfand und von dem sich König Ludwig I. von Bayern eine eher wohltätige Wirkung auf die aufgeregte Stimmung in seinen Landen erwartet hatte, zeigte, daß jetzt ein anderer Wind in Deutschland wehte. Dieses Fest auf der *Maxburg* an der Weinstraße hatte schon einen anderen Charakter als das folgenschwere Fest, das die Burschenschafter eine Generation zuvor auf der *Wartburg* gefeiert hatten. Von Gott war dort nicht die Rede, man ging nicht zum Abendmahl, sondern stärkte sich mit der Kraftnahrung der Demokratie, der schon mehrheitlich republikanischen Gesinnung der Teilnehmer. Meistens waren es Kleinbürger, Handwerksgesellen und Bauern, die auf die Maxburg kamen; nicht Studenten oder deren Lehrer gaben den Ton an, sondern Journalisten: Johann Georg August *Wirth* und Philipp Jacob *Siebenpfeiffer*, beide verschwanden in der Revolution 1848/49, aber der von ihnen 1832 in Hambach entfachte Wind wurde zum Sturm. Schon war die Zeit, da in England selbst ein Konservativer, wie der später so mächtig gewordene Premierminister Disreali, ohne Scheu sagen konnte: »Jetzt ist die öffentliche Meinung souverän und die öffentliche Meinung spricht im Druck. Die *Vertretung durch die Presse* ist weit vollständiger als die *Vertretung durch das Parlament.*«

Ein Perpetuum mobile fing an in den Phasen: Bildung der

öffentlichen Meinung durch die Presse, danach politische Willensbildung, im Gefolge dessen entsprechende Stimmabgabe bei Wahlen, Bildung einer »kompakten Mehrheit« im Parlament, Synchronisierung der Aktivitäten der Claque in der Regierung und der Clique in den Redaktionen und so weiter. Wer genug Geld hatte, konnte sich als Eigentümer einer Zeitung des Prinzips der Pressefreiheit bedienen, eine Zeitung herausgeben oder dafür einen Herausgeber anheuern und danach eine Redaktion aus Publizisten zusammenholen, die mit ihren Sentenzen mehr oder weniger die Tendenzen des Eigentümers des Blattes unter die Massen bringen.

Auf dem Hambacher Fest brachte Siebenpfeiffer den Deutschen erst einmal die richtigen Flötentöne bei. Er rügte die deutsche Art, die sich um Gott und die Welt kümmert, um Himmel und Hölle, Sonne, Mond und Sterne, aber nicht um das, was im Land vor sich geht. Und:

»Wir helfen Griechenland befreien vom türkischen Joch, wir trinken auf Polens Wiedererstehung, wir zürnen, wenn der Despotismus der Könige den Schwung der Völker in Spanien, in Italien, in Frankreich lähmt, wir schauen nach England ... wir beneiden den Nordamerikaner um sein glückliches Los ... aber knechtisch beugen wir den Nacken unter dem Joch eigener (Be)Dränger.«

So eine Rede gefiel in London Lord Palmerston sehr, und man versteht, daß er Metternich in die Parade fuhr, als dieser auf seine Weise aus dem Geschehen in Hambach im Deutschen Bund die Konsequenzen zog. Vieles, was in Hambach zum ersten Mal in der Öffentlichkeit gesagt worden ist, war noch nicht – wie später – Stehsatz in liberalen Zeitungen, Commersphrase unter den Studenten. Siebenpfeiffer konnte von einer erhabenen Gestalt der Germania reden, wie diese einmal auf ehernen Piedestalen stehen wird. Die Zeit, da die Liberalen nach 1871 derlei in Deutschlands Städten aufgestellte Denkmäler der Mutter Germania verhöhnen werden, lag noch weit ab. Noch brach man in Hochrufe aus, so wie später in Heil-Rufe; etwa wenn Siebenpfeiffer schloß:

»Hoch lebe das freie, das einige Deutschland! / Hoch leben die

Polen, der Deutschen Verbündete! / Hoch leben die Franken, die Deutschen Brüder, die unsere Nationalität und Selbständigkeit achten! / Hoch lebe jedes Volk, das seine Ketten bricht und mit uns den Bund der Freiheit schwört! / Vaterland – Volkshoheit – Völkerbund, hoch!«

Es kann nicht geleugnet werden, das solche Kundgebungen die volle, auch die notwendige materielle Unterstützung des *honetten Bürgertums* fanden, wo man in liberalen Kreisen hoffte, mit der Volkswut des gemeinen Volkes die Konservativen aus der Stellung zu schießen; um nachher das gute Volk von den Barrikaden abzuziehen und in die alten Beengtheiten seines Daseins zu zwängen. Und weil man auch am Rhein in Kreisen des Besitzbürgertums über die Mächtigkeit der Presse nicht anders dachte als in England in dortigen mit Besitz und Bildung ausgestatteten Kreisen, wird man von der Pressefreiheit Gebrauch machen; und in Köln am Rhein dem vierundzwanzigjährigen Karl Marx die »Rheinische Zeitung« letzten Endes als faktischem Chefredakteur anvertrauen; von dem sich die Geldgeber erwarteten, er hätte das Zeug an sich, um den Konservativen in Preußen eins am Zeug zu flicken.

Es wäre denkbar gewesen, daß Metternich die Verwirklichung seiner Vorstellungen von einer sozial-konservativen Ordnung im Politischen nicht bloß den Organen des Staates überlassen, sondern sich seinerseits der Mittel der Presse bedient hätte. Aber der in Wien erscheinende halbamtliche »Österreichische Beobachter« hatte weder Zähne noch Klauen. Und im Kampf mit den Medien der Revolution haben die Regierungsgazetten in der Folgezeit eine traurige Rolle gespielt.

Palmerston aber schritt in seiner Europapolitik von Erfolg zu Erfolg.

Nachdem er die Pyrenäenhalbinsel, Spanien und Portugal, unter Kontrolle gebracht hatte, mußte es sein Bestreben sein, die anderen ins Mittelmeer ragenden Halbinseln, die Apenninen- und die Balkanhalbinsel, gleichermaßen mittelbar oder unmittelbar in die Hand zu kriegen. So wurde die Zerstörung der seit 1813 bestehenden Vormachtstellung Österreichs in Italien sein mit großer Beharrlichkeit verfolgtes Ziel; mochte die Habsburgermonarchie im übrigen ein politisches *Cordon sanitaire* gegen die aus dem Osten quellenden, schwer kontrollierbaren Unruhen bleiben.

Auf der Balkanhalbinsel galt es, den Stützpunkt Griechenland, dessen Außenpolitik London hart auf seinem Kurs hielt, gegen andere Mächtigkeiten abzuschirmen. Letzten Endes waren das *Rußland,* das auf die Kontrolle der Meerengen bei Konstantinopel drängte, und *Frankreich,* das trotz Bonapartes mißglücktem Abenteuer in Ägypten noch immer seine Interessen in diesem südlichen Randstaat des Mittelmeeres verfolgte. Der Vizekönig von Ägypten war an sich damals Satrap des Sultans, in Wirklichkeit den verbliebenen militärischen Möglichkeiten des Beherrschers aller Gläubigen und der Außenpolitik der Hohen Pforte überlegen. 1832 machte der Vizekönig seinem Sultan den Krieg. Der Sohn des Vizekönigs, Ibrahim, trieb die türkischen Heerhaufen vor sich her und näherte sich bis auf einige hundert Kilometer der türkischen Hauptstadt – und den Meerengen. Wieder einmal drängte die äußerste Not den Sultan dazu, gemeinsame Sache mit seinem Erbfeind, dem Zaren, zu machen. Im Februar 1833 ankerten russische Kriegsschiffe vor Konstantinopel, nachher landete Rußland 14.000 Mann an der asiatischen Küste gegenüber der Hauptstadt. In Kairo zögerte man, einem Konflikt mit Rußland zuzustreben, zumal die anderen Großmächte zwar fast inaktiv blieben, einer Übermacht des Vizekönigs aber nie zugestimmt hätten. Ibrahim kam zu einem sehr günstigen Vertrag mit dem Sultan: Zum ersten Mal bekam einer der späteren sogenannten arabischen Staaten die Macht über ganz Syrien. Sultan und Zar aber ließen im Sommer 1833 einen Bündnisvertrag aushandeln, nach dem die Meerengen bei Konstantinopel, sollte Rußland in einen Krieg mit einer dritten Macht verwickelt werden, für alle fremden Kriegsschiffe gesperrt blieben. Damit war die Südflanke Rußlands am Schwarzen Meer abgesichert gegen Angriffe von See her. Die Rolle, welche die Großmacht Österreich in diesem Falle spielte, war eher beschämend, mehr als das: Schon zeigte es sich, daß die unter dem Prinzen Eugen gewonnene

Machtstellung Österreichs auf dem Balkan im Ernstfalle gegen russische Aggressionen nicht auf die Dauer zu halten war. Die Gefahr, die Österreich aus der möglichen Zerstörung der Türkei und der Aufteilung ihres Gebietes erwuchs, wie das einmal mit dem Königreich Polen geschehen ist, sah Metternich immerhin ein: »Den Tag, an dem das (der Türkei eventuell zugedachte) Teilungssystem in Kraft tritt, betrachte ich als den letzten des österreichischen Reiches.«

Das war kein unbegründeter Pessimismus zur Unzeit. Im Herbst 1918 fing die Niederlage der Mittelmächte mit dem Zerfall der türkischen Fronten gegen die mit England verbündeten Araber an; nach dem Ende des Zaren im Sommer 1918 folgte die Aufteilung der Türkei gemäß dem Teilungsplan der Westmächte; dem folgte der Untergang der Monarchie in Wien. Was 1833 Metternich trotz aller weisen Voraussicht im Moment mehr bedrückte, war die Tatsache, daß sich der Zar, trotz des Bestandes der Heiligen Allianz von 1815, hinter dem Rücken des mit ihm verbündeten Kaisers von Österreich, mit dem Sultan, der dieser Allianz fernstand, alliierte. Mehr noch: Daß die Kenntnis von diesem Abkommen den Österreichern nicht etwa in Petersburg zukam, sondern – in Paris. Die Tatsache, daß Kaiser und Zar sich seit zehn Jahren nicht mehr getroffen hatten, wirkte sich aus. Metternich versuchte für den Moment eine Achse Wien–Berlin halt- und verwendbar zu machen. Ein Entrevue des Kaisers mit dem König von Preußen stand in Aussicht, als der Zar dazwischenfuhr: Er selbst wollte mit am Ort dieser Begegnung sein. Und so kam die Begegnung der drei Monarchen der Heiligen Allianz, ohnedies nur noch das Gespenst der Liberalen, im böhmischen Städtchen Münchengrätz, siebzig Kilometer nördlich von Prag, zustande. Zum überraschenden Kommen des Zaren kam die in Wien ebenso überraschend scheinende Absage des Königs von Preußen. Der Entschuldigungsgrund war Anlaß unterschiedlicher Deutungen, denn daß der König von Preußen wegen Truppenparaden in Berlin und Magdeburg nicht nach Münchengrätz kommen konnte, schien den einen Sterndeutern als ein Nicht-kommen-Wollen, den anderen als ein bedenklicher

Zustand der Monarchie in Preußen. Ging es in Münchengrätz doch um nichts weniger als um die neuerliche Verfestigung der Allianz aus der Zeit der napoleonischen Kriege.
Metternichs Gemahlin fand den Ort Münchengrätz nicht nur klein, sondern garstig. Franz hat im Verlauf seines Lebens derlei Kongreßorte schätzen gelernt; je mieser die Entourage, desto weniger kostete der Kongreß dem Gastgeber, denn aus Münchengrätz war beim besten Willen nur wenig zur Verlustierung der hohen Gäste herauszuholen. Der anstatt des Königs von Preußen gekommene Älteste des Königs, der spätere König Friedrich Wilhelm IV., wurde vom Kaiser und vom Zaren auf die Hirschjagd mitgenommen. Man spielte Whist, und Franz trachtete, möglichst oft das Gespräch mit dem Zaren unter vier Augen zu haben. Metternich sprach sich mit den russischen Herren sehr gut. Vor allem mit dem mächtigen Polizeiminister des Zaren General Benckendorff; leider war dieser ein Bruder jener Dorothea Lieven, die in London mit viel Geschick im Interesse Rußlands in Kreisen der Gesellschaft tätig zu sein schien; es war wohl kaum zu erwarten, daß die Lieven bei solchem Tun ihrer früheren Beziehungen zu Metternich in dem Sinne gedachte, daß dies Österreich zugute gekommen wäre. Die Informationslage, die Palmerston betreffs der Vorgänge in Münchengrätz zugute kam, wäre also gewiß kein Anlaß zu dem Theaterdonner gewesen, den Palmerston vom Stapel ließ; indem er behauptete, es ereigneten sich in Böhmen bösartige Akte einer reaktionären Geheimpolitik, gegen die sich England vorsehen müßte; und also müßte der Trias von Münchengrätz seine Quadrupelallianz der Westmächte entgegensetzen.
Auch in Münchengrätz fand eine Truppenrevue statt. Allerdings keine von der Bedeutung, die den König von Preußen in seinem Land dermaßen in Anspruch genommen hat, daß er nicht nach Münchengrätz gekommen ist. In Österreich gab es um diese Zeit nicht genug Geld, um wenigstens die k. k. italienische Armee des Kaisers, die bei den Zuständen in Italien und in Europa eigentlich schon Gewehr bei Fuß hätte stehen sollen, auf dem gehörigen Stand zu halten. Wie immer es war, der Zar fand in München-

grätz Gelegenheit, dem Kaiser von Österreich seine Nikolaus-Husaren, das k. k. Husarenregiment Numero 2, en parade vorzuführen. Der Zar war in allen Salons, richtig in *allen* Salons, anerkannt als ein stattlicher, als ein schöner Mann, mochte auch da und dort der Hausherr diesen Zaren, genannt der »Gendarm Europas«, hassen wie die Pest. Aber was waren der weiße Tschako, die lichtblauen Beinkleider und die Attila in derselben Farbe samt den Verschnürungen der Zweier-Husaren im Vergleich zu der Uniform, die Nikolaus am liebsten trug: Die seiner Chevalier-Garde, in der er auch nach seinem Tode auf dem Reiterstandbild, das in Petersburg auf dem Marienplatz zu stehen kam, zu sehen war. Im Leben war Nikolaus so schön, daß ihm seine Frau Serien von Seitensprüngen in der Ehe liebend verzieh, ja daß sie jeden mit Haß verfolgte, der den Zaren, wenn er sich schlecht benahm, so behandelte, wie es Nikolaus verdiente.
»I' glaub', er hätt' die Defilierung am liebsten repetiert, so gut hat sie ihm gefallen«,
sagte nach der Revue einer der Offiziere der österreichischen Zweier-Husaren. Franz sagte nichts, wartete geduldig, bis er in einer guten Stunde mit seinem Anliegen betreffend seinem Ferdinand herausrückte. Und die Zusage bekam. Geärgert hat sich Franz nur über das Schauspiel, das man in Münchengrätz gab. Nicht wie die Liberalen, die sagten, Goldonis Stück »Diener zweier Herren« bezog sich auf Metternich, der bei Franz *und* Nikolaus auf der Soldliste stand; sondern wegen der miserablen Truppe, die man zur Aufführung geholt hatte. Solches Sparen am unrechten Ort liebte der doch »so geizige« Kaiser nicht. Als ein guter Schauspieler und Regisseur erwies sich der Zar. Nicht nur, daß er das Entrevue in Münchengrätz den Österreichern und Preußen quasi aus der Hand nahm und sie damit abspeiste, daß er erklärte, fortan den Sultan zu unterstützen; wofür er die Zusicherung der anderen für seinen Besitzstand in Russisch-Polen bekam; denn diese alle drei Mächte betreffende gegenseitige Unterstützung ging im Falle Preußens und Österreichs, wo es keinen Bürgerkrieg der Polen gab, ins Leere. Auch zählte der Beitritt des Zaren zur Front bei der Abwehr des Liberalismus in Europa

wenig, wo er doch – falls es im Interesse Rußlands geschah – nicht zögerte, mit den liberalistischen Machthabern in London gemeinsame Sache hinter dem Rücken Österreichs zu machen. Zu diesen Effekten einer guten Regieführung kamen die schauspielerischen Leistungen des Zaren, wenn er etwa Metternich begrüßte:
»Ich komme hieher, um mich unter die Befehle meines Chefs zu stellen ...«
Über diesen Chef – Metternich – schrieb er gleichzeitig seiner auf Nachrichten erpichten Gemahlin nach Petersburg:
»Jedes Mal, wenn ich mit ihm zusammenkomme, bete ich, Gott möge mich vor dem Teufel bewahren.«
Man darf annehmen, daß die Zarin ihrem Herrn Vater in Berlin voller Freude über die Sottise ihres Gemahls unmittelbar Meldung gemacht hat.
Franz bewies viel Geduld. Und er vermeinte, der Zar sei denn doch ein – wörtlich – guter Kerl, da er ja tränenden Auges dem Kaiser von Österreich versprach, den künftigen Kaiser Ferdinand in Nöten nicht im Stich zu lassen. So ging das Jahr für Franz besser zu Ende, als es begonnen hatte. Die größte Freude erlebte aber Metternich: In London entließ nämlich der sich konservativ gebärdende König Georg IV. die Regierung, deren Außenminister Palmerston war. Verärgert, keinesfalls aber ohne Zuversicht, schrieb Palmerston dem englischen Botschafter in Wien:
»Teilen Sie das gleich Metternich mit, es wird sein Herz erfreuen und das schönste sein, was er je über mich gehört hat.«
Der Nachsatz war eine glatte Drohung. Denn nie mehr gab es für Metternich eine Palmerston betreffende gute Nachricht. Palmerston ist bald nach seiner Entlassung wieder ins Amt gekommen. Und die letzten Schäden, die er Österreich zufügte, waren ärger als die ersten. Denn es blieb nicht bei den um 1830 von Palmerston angerichteten Zerstörungen; er hat viel dazu beigetragen, daß das Fundament der Ordnung von 1815 so wackelig wurde, daß ein Pistolenattentat eines serbischen Banditen in Sarajewo 1914 genügte, um das Pulverfaß zur Explosion zu bringen und anstatt der Ordnung in der Mitte Europas jenes Chaos anzurichten, das für einige Kriege gut war.

12.

Die Legende vom Spielberg

Der k. k. Kreishauptmann von Krems, Herr von Sonnleithner, machte mit der allergrößten Sorgfalt Morgentoilette. Er war in Gewärtigung eines Rufes zum Kaiser, der überraschend nach Krems zur Inspektion gekommen war. Vorher hat es geheißen, die Majestät sei auf der Reise nach Linz, um sich den dortigen Präsidenten der Landesregierung, Graf Ugarte, anzuschauen. Tatsächlich hatte Franz diesen äußerst bewährten Beamten im Auge, um ihn auf einen höheren Posten zu versetzen. Etwa nach Brünn, als dortigen Gubernator der Länder Mähren und Schlesien. In der Rangfolge der Bedeutung der Landeshauptstädte rangierte Brünn über Linz; welch letzteren Stadtnamen in Wien fürwitzige Poeten gerne benutzten, um den Reim auf Provinz hinzukriegen in einem Bühnenstück.

Die Sonnleithner galten etwas in Österreich. Zum Teil jüdischer Herkunft war der ältere Bruder des Kreishauptmanns schon in frühen Jahren im Dienst um die Person Josephs II. Unter Franz ist er nach dem Jahr 1804 zehn Jahre lang Hoftheatersekretär gewesen; er hat den Text für Beethovens Oper »Fidelio« überarbeitet. 1812 gehörte er zu den Gründern der Gesellschaft der Musikfreunde in Wien, nachher zu denen des dortigen Konservatoriums. Die Mutter Grillparzers war eine Sonnleithnerische. Es waren äußerst sensible Menschen, diese Sonnleithner, für die Beamtenlaufbahn, wie es auch das Schicksal Grillparzers bewies, vielleicht zu filigran.

Ein Sonnleithner war im Kreis um Franz Schubert, also um einige Etagen tiefer in der Schichtung der Gesellschaft als seine Brüder. Der jetzt fünfzigjährige Kreishauptmann von Krems war einer der Beamten, ohne die es nicht möglich gewesen wäre, die Monarchie auch noch viele Jahrzehnte nach dem Tod Franzens in einer von Grund auf gewandelten Zeit in der Mitte Europas zu erhalten. Er war absolvierter Jurist, hat während der Franzosenkriege als Konzeptspraktikant im Kreisamt Viertel unter dem Wienerwald angefangen. Nachher wurde er nach Korneuburg transferiert, wo er im Neunerjahr, im Chaos um die Schlachtfelder von Aspern und Wagram, sich große Verdienste um die Zivilbevölkerung, vor allem während der Besatzungszeit, erworben hat. Im Dreizehnerjahr rückte er zur Armee als Intendant ein, um sich auch in dieser anfangs ungewohnten Umgebung neue Meriten zu verschaffen. Als Kreishauptmann von Krems war er schon mit dem Prädikat von Edelsheim ausgezeichnet. Mehr noch: Franz wollte ihm selbst auf den Zahn fühlen, um sich zu überzeugen, ob dieser bewährte Beamte auch die Hand hatte, um der Präsident der Landesregierung in einem der reichsten und am meisten aufstrebenden Wirtschaftszentren der Monarchie zu werden.

»A' verläßlicher Herr«,

soll der Kaiser einmal über ihn gesagt haben; und die Kollegen zirkulierten diese Äußerung der Majestät, eher in neidischer als in freundschaftlicher Gesinnung. Denn viele bildeten sich ein, sie könnten längst so viel wie dieser Sonnleithner. Noch war dieser an seinem Schicksalstag nicht vollends fertig mit der Toilette, da erreichte ihn vorzeitig der Ruf zum Kaiser. Franz hatte, so wie sein Enkel Franz Joseph, die bei Beamten mäßig geschätzte Eigenschaft, nie zu spät, oft noch vor der Zeit die Dienste seiner Herren in Anspruch zu nehmen.

»Also – wie hab'n ma' 's denn?«,

fing der Kaiser die Perlustrierung der Dienst- und Personalverhältnisse des Kreisamts an. Der Kreishauptmann hatte, was es auch brauchte im Dienst, ein ausgezeichnetes Gedächtnis und referierte, ohne sich auf Notizen stützen zu müssen; was Franz immer sehr gefallen hat, weil es ja doch bewies, daß man seine Sachen im Kopf hatte, wie man sagte.

»Der Kreis-Kommissär Rudda ist gut«, fing der Kreishauptmann an, um dann in Anhoffnung seiner eigenen Transferierung auf einen höheren Posten hinzuzufügen, »er könnte den Kreis

führen.« Auf die letztere Intention ließ sich der Kaiser nicht ein, sondern er ließ den Kreishauptmann weiter referieren:
»Der Graf Buol ist ehrlich, leider etwas heftig in seiner Art und im Schreiben besser als zum Handeln. Der dritte Konzeptsbeamte, Stieböck, ist ein bißl langsam, auch zum Schreiben besser als zum Ausüben.«
Solche Sesselreiter hatte Franz übergenug im Dienst, leider. Umsomehr freute es ihn, vom Kreis-Kommissär Hertl, der an sich über dem Stand war, zu hören, dieser sei wirklich ausgezeichnet im Dienst. Was der Kreishauptmann über seine Praktikanten, Unglückliche, die für ein verflucht karges Salär dienten, sagte, hörte sich nicht schlecht an:
»Herr Baumgartner ist sehr brav und äußerst verläßlich.«
Brav, das hatte noch nicht die Bedeutung unbescholten, kreuzbrav, spießig; auch im Zivildienst sprach man von Bravour, wie beim Militär; und wenn auch der Ausdruck Zivilcourage noch nicht erfunden war, so sagte man: Bravo! Unterschiedslos, wenn man eine gute Leistung loben wollte. Vom Praktikanten Schneider erfuhr der Kaiser, dieser sei sehr polid, habe also in seiner Benehmität eine gute Politur, sei außerdem wohlhabend, also nicht aufs Salär angewiesen. Der aus Galizien transferierte Siemidnovsky war verläßlich im Dienst, auch brav. Der Italiener Bona konnte nicht gut Deutsch, war auch sonst mittelmäßig.
Franz schätzte seine italienischen Landsleute sehr, kannte ihre Vorzüge, wußte um ihre Schwächen. Im Lombardischen ist es ihm einmal passiert, daß er zu Mittag das Amt eines dortigen k. k. Posthalters unversehens inspizierte, um leider den Amtsvorstand im Schlafrock und mit Schlapfen anzutreffen, wobei der eine Bettlägerigkeit wegen Unpäßlichkeit vorschützte.
Inzwischen war der Kreishauptmann schon bei der Erwähnung der beiden Praktikanten Venier und Pidoll, über die er aber kein Urteil abgeben wollte, weil sie erst neu im Dienst waren. Der Venier war aus einer im Land gebliebenen Emigrantenfamilie, die dem Frieden in der französischen Heimat nicht traute; Pidoll, der Name galt etwas, beim Militär und beim Zivil.
Jetzt zeigte der Kaiser Neugierde, als er fragte:

»Na – und was ist's mit dem Kreis-Sekretär?«
So war das; was nutzte die Qualität des Konzepts, wenn es keinen Sekretär gab, der für die Ordnung sorgte, nicht nur im Expedit der Erledigungen, sondern mit dem scharfen Auge eines in der Praxis herangewachsenen Beamten. Umsomehr freute sich Franz zu hören:
»Der Kreis-Sekretär Heinemann ist geschickt, rechtlich, fleißig und er hat alle Studien.«
Heinemann – der ist nicht von uns – dachte der Kaiser, der ist von draußen. Er schätzte die Leut', die nach dem Verlust der habsburgischen Besitzungen in Süddeutschland lieber im Österreichischen weiterdienten als unter den Königen von Bayern und Württemberg oder dem Großherzog von Baden. Wo ein Heinemann diente, herrschte im Umkreis eines solchen Beamten Ordnung. Den Registranten Bach beschrieb sein Kreishauptmann als ausgezeichnet, gewissenhaft und fleißig. So is' 's recht, sagte sich Franz. Was nutzt ein gutes Konzept im Amt, wenn die Registratur nicht klappt und die meiste Zeit vergeht, um die Akten zu priorieren; denn bei jeder Erledigung muß man wissen, wie und warum es zu dem jetzt bestehenden Zustand, der geändert werden soll, gekommen ist; und das an Hand der Vorakten, die in Krems auch dem Protokollisten Herbst anvertraut waren, der zwar viel Familie und daher viele Dinge im Kopf hatte, die nichts mit dem Amt zu tun hatten, der aber andererseits viele Verbindungen zur Bevölkerung im Kreis besaß. Und auch das hatte seinen Wert, sollte die Verwaltung nicht über die Köpf' weggehen. Der Kassier Stoy war alt, aber redlich und so wohlhabend, daß keine Gefahr mehr bestand, er würde mit der Kassa durchgehen, nach Amerika, wie das nicht wenige Kassiere taten.
Auch der Kreisphysikus Wieland war alt, aber ein erfahrener Arzt und auch als Amtsarzt ein Praktiker, den die Leut' suchten. Franz war stolz darauf, daß während seiner Regierung die Gesundheitsverwaltung in allen Instanzen, von der Hofstelle bis zu den Landesregierungen, Kreisämtern und hinein in die Gutsverwaltungen und landesfürstlichen Städte, organisiert worden ist. Neben dem Physikus gab es im Kreis einen Wundarzt, sein Name

ist dem Kaiser bei der Reinschrift seiner Notizen ins Reisebuch entfallen, er war jedenfalls nach der Beschreibung des Kreishauptmannes äußerst geschickt. Nach der Sache mit der Cholera und dem Unmut, der bei den Leuten wegen der mißglückten Abwehr der Seuche geherrscht hat, war Franz in puncto *gesundheitspolizeilicher Observatorien,* wie man sagte, pitzelig.
Ein bißl überaltert schien der Dienststand im Kreisamt zu sein. Aber was hieß schon alt. So alt, wie der Kaiser jetzt war, sechzig und mehr, wurden die meisten seiner Diener im Staatsdienst ohnehin nicht. Man ließ sie *ausdienen,* nur wenige wurden wegen Überalterung *jubiliert,* also pensioniert, und diese Praxis entlastete den Pensionsetat. Es brauchte halt Zeit, bis sich ein Hintermann eines solchen Unsterblichen, wie es im Beamtenjargon hieß, hinaufdienen konnte. Man hat aber *Erfahrung* damals mehr geschätzt als später, wo man oft nicht wußte, was bei einer neuen Sache herausschaut und trotzdem den neuen, den anderen Weg ging. Für Franz galt für den Staat der Grundsatz: Der Macherlohn für ein neues Gewand darf nicht zu teuer sein. Wie weitab lag die Lebenspraxis des Urassens, des Verschwendens in der Wegwerfgesellschaft.
Jetzt war der Kreishauptmann mit seiner Aufzählung fertig, der Kaiser erhob sich und sagte:
»Na gut, i' werd' die Herr'n ja beim Durchgang sehen und näher kennenlernen.«
Auf dem Weg durch die Zimmer erkundigte sich Franz um die Zustände bei den Leuten im Kreis. Er ahnte nichts Gutes. Im Kreis war die Gräfin Fuchs begütert, eine Person, die in den Monaten, als in Wien der Kongreß tagte, nacheinand' das Geld verpraßt hat, zuerst ihr eigenes, nachher das ihrer diversen Geliebten, von denen sich einige im Umgang mit der Gräfin finanziell ruinierten. Auf den Gütern solcher Herren und Herrinnen sah es auch demnach aus. War die Gräfin eine Schlampe, dann brachten ihre Dienstmädeln die Schlamperei mit nach Haus in die Dörfer; war der Graf oder der Abt als Grundherr nichts wert, dann sah es danach im Stall und auf den Feldern der Bauern aus. So war das auch mit der Fuchsin. Und da war ein Gut

des Baron Stifft; wo es sichtlich so zuging, wie zu Hause beim Leibarzt der Majestät, wo man dem Hausherrn auf der Nase herumtanzte.
Unter solchen Herrschaften gab es auch nur Schwierigkeiten mit deren Untertanen. Wie gut ist es gewesen, daß die Großmutter, Maria Theresia, die Kreisämter geschaffen hat, die den Gutsherrschaften auf die Finger schauten und wo sich der Bauer, wenn der Kreishauptmann genug Courage hatte, sein Recht holen konnte, das ihm die Herrschaft schuldig blieb. Immer noch waren neunzig von hundert Untertanen des Kaisers von Österreich in der Agrarwirtschaft.
Immerhin gingen im Kreis die Steuern gut ein, wie der Kreishauptmann im Weitergehen berichtete. Die Verzehrungssteuer war meistens pauschaliert; was bei dieser Art der Einhebung abging, das ersparte man sich andererseits beim Personalaufwand, der entstand, wenn man nicht einfach pauschalierte. Der Kreishauptmann war nicht schlecht erstaunt, so en passant von seinem Kaiser zu erfahren, daß dem die Neuregelung mit der Verzehrungssteuer nicht zusagte:
»Wär' sie nicht erst so kurz eingeführt, i' tät sie abschaffen ... aber die Herrn sagen mir, sie brächte einige Millionen ein ... Das Geld geht bloß dort ab, wo es rar ist ... und wenn wir einmal einige Jahre mit schlechten Ernten haben sollten, wird es Unruhen geben im Land.«
Wie recht hatte Franz, wie gut für ihn, daß er nicht erleben mußte, was in Österreich nach den Mißernten der Endvierzigerjahre seines Jahrhunderts ausbrach: eine Revolution. So ging der Rundgang zu Ende, die Amtslokalitäten waren ärmlich untergebracht. Dafür hatte die Stadt ein schönes Äußeres in den Gassen. Noch eine Frage:
»Wie geht's mit der Geistlichkeit und mit'n Militär?«
Zwei ehrenwerte Stände, aber oft eine Last für die örtlichen Behörden, weil sich die hochwürdigen Herren und manche Herren Offiziere auch nach Ansicht des Kaisers in Dinge hineinmischten, von denen sie nichts verstanden und die sie nix angingen. In Krems gab es aber diesbezüglich keine Klagen.

Einige Audienzwerber ließen sich nicht abwimmeln, dann aber sagte Franz plötzlich:
»So. I' muß jetzt weg. I' möcht' noch in Sankt Pölten vorbei schau'n und dann g'schwind über Kemmelbach hinauf nach Linz.«
So war die *Geographie der Monarchie* vom Standort Wien aus bezeichnet: *Oben,* das waren in erster Linie die Länder der Wenzelskrone, Böhmen, Mähren und Schlesien, oben, das war, in näherer Umgebung, Linz; *unten,* das war die Lombardei, aber auch Ungarn, das donauabwärts lag; immer mehr war aber Ungarn *drüben,* nämlich drüber der Leitha; so wie man von *draußen* redete, wenn man jene meinte, die Joseph II. reichisch nannte. Die auf dem Land hießen *G'scherte.* Niemand in Wien hätte sich aber getraut, einen Deutschbehm' einen G'scherten, also einen, dem das Haar ganz kurz geschoren war, zu nennen. Die Behm' und also auch die Deutschbehm', wie man immer häufiger sagte, standen ganz obenan in der Wertigkeit der Untertanen. Immer mehr von ihnen tauchten in den Zentralstellen auf. Brauchte es in den Erblanden eines guten Bischofs, um eine verschlampte Diözese in Ordnung zu bringen, dann holte sich Franz einen Geistlichen von oben. Und so ist es geblieben, bis zum Ende der Monarchie und noch ein wenig darüber hinaus.
Als der Leibreisewagen des Kaisers über die Bohlen der Donaubrücke bei Krems rumpelte, resümierte Franz schon. Der Sonnleithner war ein tüchtiger Beamter. Kein Zweifel, er verdiente allerhöchstes Lob. Aber, war er ein Herr, dem man das Präsidium einer Landesregierung anvertrauen konnte? Ein guter Mann, kein Herr.
»I' werd' ma do' den Ugarte in Linz anschau'n«,
sagte sich Franz, als man schon die Vorspannpferde für die Strengberge anschirrte hinter Amstetten.
In Linz inspizierte der Kaiser, wie in jeder Landeshauptstadt, die landesfürstlichen, also die k. k. Behörden, und die städtischen. Die Burg, so es eine gab an Ort. Die Schulen und Konvikte. Die Staatsgüteradministrationen. Die Bibliothek. Die Kasernen, meistens ehemalige Klöster, daher überall im Land eine Kloster-

kaserne. Nachher das Rathaus, das Tabakamt, das Versatzamt, die Polizei-Direktion, das Strafhaus, das Mautgebäude. Manchmal brachte er die jungen Herren seiner Begleiter zur Verzweiflung, wenn dieser Durchgang stundenlang dauerte. Man hoffte, es würde nach Verlassen eines Gebäudes genug sein, aber die Majestät fragte stereotyp: Na, und was ist mit diesem und jenem Gebäude? Und war der Kaiser erst in einer neuerbauten Fabrik, dann war des Fragens kein Ende und – wen interessierte schon die in dieser oder jener Fabrik neuerfundene oder verbesserte Maschine?

In Linz überließ es Franz dem Hofarzt Regierungsrat Raimann, der große Spitalserfahrung hatte, die Krankenanstalten zu visitieren und nachher zu berichten. Demnach war das Spital der Barmherzigen Brüder gut, die dortige Apotheke sogar vorzüglich und die Medikamente von den Barmherzigen waren in der Stadt und im Land gefragt. Freilich – so sauber wie in Brünn waren die Lokalitäten halt nicht. Auch das Spital der Elisabethinerinnen war gut. Wie immer in Frauenklöstern nahmen aber die Nonnen in ihr Spital keine Syphilitiker oder gewisse Hautkranke auf. Das Garnisonsspital war in Ordnung, keine Kunst bei dem geringen Belag, Folge des ausgezeichneten Gesundheitszustands der Truppen der Garnison. Bei dem Mangel an Maroden brauchten zwei Zimmer, die man extra auf dem Dachboden neu eingerichtet hatte, nicht belegt zu werden.

Auch die verschiedenen Arrestlokale mußte der Regierungsrat inspizieren, weil in den ausländischen Zeitungen gar so viel Ungutes über die Gefängnisse in Österreich geschrieben wurde. Der Magistrat der Stadt Linz ist entgegenkommend gewesen und hat seine Arrestlokalitäten auch für jene Abgestraften zur Verfügung gestellt, die nicht von der Stadt, sondern nach dem Allgemeinen Strafgesetzbuch von 1803 die Strafe zu verbüßen hatten. Die Ersparnis war umso größer, als die Stadt dem Staat dafür nichts anrechnete, wie Franz ausdrücklich im Reisebuch vermerkte. Im übrigen waren die Arrestgebäude alt, noch immer gab es einen Kerkermeister, allerdings einen umgänglichen Herrn, der seine Arrestanten damit beschäftigte, die Einrichtungen der Zellen in einen besseren Zustand zu bringen. Das vermerkte der Kaiser. Und, wie das bei alten Häusern der Fall ist, waren die Zellen zur ebenen Erde oft feucht, und es war gut, daß man sie nicht belegte. Die in den Stockwerken wurden umso heller und besser, je höher man hinaufkam. Die Zellen der Polizeiwachstube waren aber feucht, und da war nichts zu machen, denn für derlei Wachen gab es keine Stockwerksgebäude in Österreich. Auch die Mannschaft der Polizeiwache litt unter diesen Unterbringungsverhältnissen.

So sammelte sich der Kaiser seine Auskünfte, ehe er einer Sitzung der ob-der-ennsischen Landesregierung beiwohnte. Als stummer Zeuge oder, wie man damals in diesem Fall sagte: Wie eine Fliege an der Wand. Seine Aufmerksamkeit galt dem Präsidenten Graf Ugarte. Und der hatte Usancen, die zunächst dem Kaiser nicht zusagten. So zum Beispiel, daß er während des Vorbringens der Referenten Akte approbierte, also wohl kaum die ganze Aufmerksamkeit dem Referat und dem darnach erstatteten Votum widmete. Auch tratschte er mit dem neben ihm sitzenden Präsidialsekretär, einem sehr jungen Menschen, der ein wenig affig war. Was aber Franz gar nicht gefiel, war, daß der Präsident zu oft die Referenten nicht ausreden ließ, sie beim Vortrag unterbrach, seine Ansichten einstreute, ehe der Referent in der Lage war, mit seinem *Vortrag* zum *Antrag* zu kommen. Im Laufe der Verhandlung zeigte es sich allerdings, daß der Graf die Verhandlungen mit Geschick leitet. Ins Wort fiel er jenen Referenten, die glaubten, sie müßten in Anwesenheit der Majestät ihre ganze Wissenskiste ausleeren, um sich beim Kaiser ein gutes Bildl einzulegen. Es war dann schon recht, wenn der Präsident derlei Weitschweifigkeiten, die oft vom Hundertsten ins Tausendste gingen, auf das gehörige Maß zurückführte. Im übrigen war der Präsident trotz der Nebenarbeiten während der Sitzung immer auf dem laufenden; wenn er dazwischenfuhr, war seine Ansicht kurz gefaßt, klar und verständlich, keine Verlängerung der Referatsausführungen des betroffenen Rats. Im Reisetagebuch hielt der Kaiser allerdings fest, Ugarte hätte d'reingeredet, *bevor* die Räte jeweils ausreden konnten, und so die

Abstimmung vorweg beeinflußt; was ja nicht die Art war, wie in einer kollegial organisierten Behörde referiert und votiert werden sollte.
Der Graf hatte gute Leut' um sich. Einige hat er selbst ausgebildet, andere hat er sich von dort geholt, wo auch er einmal diente und er von diesem und jenem eine gute Erinnerung behalten hat. Sein vortragender Hofrat Krtižka Edler von Jaden referierte auswendig, also ohne am Akt zu picken, klar und kurz in der Sache. Neben einem solchen Hofrat konnte sich der Präsident anderen Aufgaben widmen, ohne seinen Beamten immer am G'nack zu sitzen. Einem Krtižka konnte der Graf ohne weiteres seine Behörde überlassen, wenn der Graf im Land unterwegs war, um nachzuschauen, ob das, was in Linz administriert wurde, auf dem flachen Land auch exekutiert wurde und wie es in der Praxis ausfiel.
Franz unterschied in der Reinschrift seines Reisebuchs genau die Qualität des *Referats,* also den Vortrag dessen, was man im Jargon das Beuschl nannte, von dem, was der Vortragende im *Votum* vorschlug. Der Krtižka kam dabei gut weg, obwohl der Kaiser vermerkte, der Hofrat hätte in einer Stiftungsangelegenheit nicht nach dem Willen des Stifters die Geldverwendung beantragt.
Der Regierungsrat Ertl schien dem Kaiser gut zu sein im Referat wie im Votum; ein gewisser Hartmann referierte auswendig und gut, betreffs eines Funds im Gasteinertal – Salzburg wurde von Linz aus verwaltet – hat aber wohl auch nicht nach den einschlägigen Gesetzen votiert. Überhaupt war es nicht in jedem Fall gut, wenn ein Referent sich mit einem *auswendig* gelernten Referat brüstete. Da war ein gewisser Stieber, er machte Flüchtigkeitsfehler und zerspragelte sich beim zu raschen Sprechen. Dafür rechnete ihm Franz zum Guten an, daß er seine Anschauungen im Votum couragiert, ohne sich von anderen beeinflussen zu lassen, vorbrachte und auch den Mut hatte, dem Präsidenten gegenüber standzuhalten, wenn der ihm ins Wort fiel.
Der obderennsische Protomedicus Regierungsrat Streinz refe-

rierte gut, sein Votum war klar, er hatte Mut, das war schon mehr als brav. Und da war ein Graf Barth, der zum Vortrag offenbar alles auswendig gelernt hatte, aber immer wieder zum Lesen gezwungen war und ins Stottern kam. Im Votum des Grafen vermutete der Kaiser Ideen, die nicht jene des Grafen waren. Der Referent für die geistlichen, also für die kirchlichen Angelegenheiten fehlte, seine Akten trug der Präsidialsekretär ohne viel Federlesens vor. Was Franz auffiel war, daß bei den Behörden, auch in den oberen Instanzen, die Herren von Adel rarer wurden, Beamte mit niedriger Herkunft aber sich hinaufdienten. In Linz war im Rat der Landesregierung ein gewisser Moßmittern, dem man den Bauern noch ansah, obwohl er ausstudiert hatte; ein gewisser Rayeder zur Aushilfe des Hofrats Hintermayr, der absent war; und der Steuerreferent Türk, der gut, auch auswendig referierte; das Votum aber im Wortlaut vorlas, was Franz lieber war als die auszugsweise Darstellung, bei der man nie genug erfuhr, was aufs Wort im Votum und also in der Erledigung stand oder nicht stand.
Nichts zu sagen, der Ugarte hatte seine Landesregierung in Ordnung. Man sah die Qualitäten des Grafen in der Stadt selbst, nachher auf dem flachen Land. Mit Oberösterreich ging es aufwärts unter dem Ugarte. Das bestätigte sich auch in den Audienzen, die Franz immer benutzte, um unter der Hand Auskünfte einzuholen, die man in Amtslokalitäten nicht unter allen Umständen bekam. Der hochwürdigste Herr Bischof Ziegler, auch ein Getreuer aus dem ehemaligen Vorderösterreich, war Franz von Wien her bekannt. Er ist dort Universitätsprofessor gewesen, nachher hat ihn Franz auf eine arg heruntergekommene Diözese in Galizien gebracht, wo sich der hochwürdigste Herr bestens bewährte, das Ordinariat aber in eine andere Stadt, nach Tarnov, verlegte. Was eine Massa Geld gekostet hat, wie der hochwürdigste Herr scheinbar überhaupt gerne übers Notwendige hinaus investierte. So in Linz, wo ihm sein Kaiser vorwarf, der Bischof hätte ein Seminar für 110 Seminaristen geschaffen, wo eines für hundert auch schon genügt hätte. Dieser Bischof war halt kein Josephiner und der Ansicht, daß das, was einmal

Joseph II. der Kirche in Österreich gelassen hat, nicht für alle Zukunft genügen wird, wenn erst einmal der Nachhall der Aufklärung verklungen sein wird.
Je länger der Kaiser in Linz weilte und mit je mehr unterschiedlichen Leuten er redete, desto mehr verstärkte sich in ihm die Absicht, daß der Ugarte der richtige Mann für Brünn wäre. Der Ugarte gehörte zu den Besten. Seit dem Einserjahr diente der beim Zivil und in den notigen Kriegsjahren hat er auf jede Bezahlung verzichtet, wie das ja oft vorkam bei Herren von Adel, zumal im auswärtigen Dienst. Erst nach der Ernennung zum k. k. Hofrat, 1815, ist ihm regelmäßig ein Gehalt angewiesen worden. Er hat oben in Mähren angefangen, war nachher in Schlesien und Venedig, dann wieder in Mähren. Im Vierzehnerjahr ist er als Generalintendant mit der Armee ausgerückt. Bei den schwierigen Verhandlungen mit den bayrischen Herren, als die neue Grenze am Inn und im Salzburgischen abgesteckt werden mußte, hat der Graf so viel Takt bewiesen, daß man es auch in München dankbar gewürdigt hat. Seit 1829 war er Präsident in Linz, und man wird ihn dort sehr vermissen, sollte es wirklich dazu kommen, daß ihn der Kaiser nach Brünn transferiert.
Derweil der Kaiser tagelang mit seinen Herren verhandelte, inspizierte und monierte, ist die Kaiserin in der Stadt reihum gegangen in den Lokalitäten für die Frauen; noch sagte man ungeniert Weiber, auch wenn es sich um Hofdamen handelte; denn Gott der Herr schuf ja das Weib und den Mann, nicht den Herrn und die Frau oder die Dame. Die Befahrung der neuen Schienenbahn Budweis–Linz unternahm das Kaiserpaar gemeinsam. Es war ja dies die erste Schienenbahn auf dem europäischen Kontinent, wenn auch noch mit der Zugkraft von Pferden betrieben. Im Vierundzwanzigerjahr hat Franz das Privileg für diese Bahn auf fünfzig Jahre hinaus, also bis 1874, erteilt. Was Franz nicht ahnen konnte war, daß unter den Fachleuten, die man zum Bau heranholte, einige merkwürdige Typen waren. So der aus Venedig stammende Italiener Franz Zola, dessen Sohn Emile einmal in Frankreich als Journalist eine große Rolle spielen wird, als es dort eine große Sache wegen des sogenannten Antisemitis-

mus, wie man in Deutschland den Ausdruck erfand, gab. Und da arbeitet neben, besser über dem Italiener Zola der Ingenieur Mathias Schönerer, der nachher bei dem vom Bankhaus Rothschild finanzierten Bau von Dampfeisenbahnen viel Geld verdiente. So viel, daß sich sein Sohn Georg, jetzt schon von Schönerer, im Parlament in Wien eine Politik erlauben konnte, die nicht nur den Juden gegen den Strich ging, sondern alle Österreicher verärgerte, die es nicht anhören konnten und wollten, wenn Herr von Schönerer das in Berlin regierende Haus Hohenzollern über den grünen Klee lobte; von Österreich aber nur zu sagen hatte: »Ach – wenn wir doch schon zum Deutschen Reich gehören würden.«

Daß so ein Schönerer Vorläufer eines aus Braunau am Inn gebürtigen Adolf Hitler werden sollte, konnte der gute Kaiser Franz freilich nicht ahnen, als er mit seiner Frau die Fahrt auf der Pferdebahn unternahm. Die Strecke Budweis–Linz, so die Richtung des Baues, war schon fast fertig, nur auf einer kleinen Strecke mußten die Majestäten umsteigen in den Reisewagen.

Die ersten von Dampflokomotiven betriebenen Eisenbahnen gab es zu Franzens Zeit schon in England und in Amerika. Kurz nach seinem Tod wurde eine solche Bahnstrecke in Deutschland, zwischen Nürnberg und Fürth, eröffnet, also in Bayern. Zu Franzens Lebzeiten galt noch die längste Zeit, was das königlich bayerische Medizinalkollegium wissenschaftlich bewiesen hat; daß nämlich die schnelle Bewegung der Eisenbahnzüge nicht nur bei den Insassen, sondern auch bei den Zuschauern Gehirnstörungen hervorrufen muß. Und weil in Österreich zu allen Zeiten und unter allen Umständen das, was im Ausland erdacht worden ist, für gescheiter erachtet wird als Ideen aus Österreich, haben die österreichischen Kollegen nicht anders denken können als die in München. Auf den dort erdachten Schildbürgerstreich, nämlich zwecks Hintanhaltung besagter Gehirnstörungen entlang einer Eisenbahnstrecke Planken aufzustellen, damit der rasche Bildwechsel nicht die Hirne der Passagiere und der Zuschauer ruiniere, ist man in Wien, rückständig wie man war, nicht eingegangen. Noch zu Franzens Zeiten setzte das Wiener

Bankhaus Rothschild die wirtschaftliche Notwendigkeit durch, nach oben, wo das Zentrum der Industrialisierung und wichtige Rohstoffvorkommen waren, eine von Dampfmaschinen befahrene Eisenbahn zu bauen. Im Fünfunddreißigerjahr, als Franz starb, waren schon große Strecken trassiert, das Privilegium für die Bauausführung trägt aber schon die Unterschrift von Franzens Sohn und Nachfolger Ferdinand I.

Wie immer es gewesen sein mag: Die *letzte Inspektionsreise* im Leben Franzens ging noch hinauf, nach Brünn. Immer noch benützten die Majestäten den kommoden Leibreisewagen, der in der Wiener k. k. Hofwagnerei gebaut worden ist. Vorbei waren die Zeiten, in denen Kavaliere in Wien nur Wagen schätzten, die entweder in *Italien* gebaut wurden oder in *England*. In der Amtszeit des Oberststallmeisters Graf Trauttmansdorff, der dieses Amt von 1812 bis anfangs 1834 ausübte, kam in Wien der Wagenbau, das Fahren und Kutschieren auf eine Höhe, die in nichts jener in anderen Staaten nachstand. Nicht nur, daß man in der k. k. Hofreitschule, deren frühere Bedeutung fürs Militär und den Hof nicht mehr gleichermaßen fortbestand, die Kunst des Reitens zu dem machte, was selbst in der Republik als kostbares Erbe des alten Österreich gerne in der Fremdenverkehrsindustrie genutzt wird; Wiener Wagen waren keine bloße Wagnerarbeit, daran waren Kunsthandwerker einiger Branchen beteiligt, vor allem auch Lederer und Geschirrmacher. Schönheit verband sich mit Zweckmäßigkeit. Vorbei waren die gefürchteten Achsbrüche seit Einführung der Patentachsen. Schon gab es Vollgummibereifung. Quetschfedern, deren annehmliche Wirkung Franz zu schätzen lernte, wenn er auf Inspektionsreisen nach Galizien kam oder in andere Gebiete Europas, wo der Straßenbau noch weit davon entfernt war, die Bauweise des MacAdam nachzuahmen. Die unterm 23. August 1834 aufgestellte »Postreise-Wagen-Liste für die Reise Ihrer Majestäten des Kaisers und der Kaiserin von Wien nach Brünn« wurde in Druck gelegt. Nicht etwa als bleibende Lektüre oder als Erinnerungsstück, sondern aus dem praktischen Grund, daß diese Disposition an zahlreiche Dienststellen entlang der Reisestrecke, aber auch an die Gutsverwaltungen, welche auf den Poststationen die Pferde zu stellen hatten, verschickt werden mußte. Der Reisezug, 70 Wagen, beförderte 70 Personen. Um es vorwegzunehmen: Im Vergleich zu Reisedispositionen bei Reisen der Großen dieser Erde um die Zeit des Jahres 2000 sei vorweg bemerkt, daß dem Reisezug *zwei* Bewaffnete beigegeben waren; einer der Pritschka des k. k. (Reise)Fonds-Cassen-Directors und Reiserechnungsführers, der Bargeld mit sich führte, und ein anderer den Wagen mit den kostbaren k. k. Hofgeräthschaften. Die im Krieg üblich gewesene Kavalleriebedeckung entfiel in Österreich.

Bei den Reisevorbereitungen hatte sich der Nachfolger des Grafen Trauttmansdorff, Graf Wrbna, alle Mühe gegeben, den Stand der Leistungen des k. k. Oberst-Stallmeisteramtes auf gewohnter Höhe zu halten. Am Tag vor der Abreise der Majestäten aus Wien wurden fünf Fahrzeuge vorausgeschickt auf der Route, die über Stammersdorf, Wolkersdorf, Gaunersdorf, Wilfersdorf zur Übernachtung in Poysdorf und von dort nach Nikolsburg, Pohrlitz, Raigern nach Brünn ging. Voraus reiste der k. k. Hof-Controllors-Amts-Adjunkt Latour Edler von Thrumburg in Begleitung eines k. k. Controllamts-Dieners und eines gewöhnlichen Bedienten. Hinterher der k. k. Hofküchen-Inspector Wittmann mit einem Individuum der Hofwirtschaft, dann die Küchen-Kalesch mit k. k. Hofwirtschafts-Individuen und noch eine Küchenkalesch mit solchen Individuen.

Noch war ein Individuum im Sprachgebrauch nicht das, was es später auf wienerisch war: ein übles Subjekt. Absolvierte Juristen, die ohne Rang und Gebühr als »praktizierende Individuen« die von ihnen geführten Protokolle unterschrieben, setzten dieser Bezeichnung mit Stolz noch die Buchstaben k. k. hinzu.

Den Küchenkaleschen mit besagten Individuen folgte ein Wagen mit Hofwirtschafts-Effecten, begleitet von zwei Individuen. Die Fahrzeuge wurden mit Landpostpferden bespannt; die beiden Wagen der Majestäten wurden von Wien bis Wolkersdorf und zuletzt von Pohrlitz bis Brünn mit Hofpferden bespannt, sonst wie die übrigen, wo es ums Reisen, nicht um Repräsentation ging. Der Generaladjutant des Kaisers fuhr unterwegs zeitweise in der

Leib-Pritschka hinter dem Leibreisewagen der Majestäten, hatte aber im Convoi seinen eigenen Wagen, sofern es der Dienst um die Majestät gestattete, sich zu absentieren. Ach – es war ja nicht mehr der Kučera, sondern der Generalmajor Baron Appel, dem Kaiser fremd wie alle die jungen Leut', die Kinder waren, als er schon Kaiser war. Und es reisten k. k. Kammer-Lakaien mit und Kammerjungfern, aber auch gewöhnliche Kammerdiener; die »Leiblakayen« hatten ihren eigenen Wagen und, für den Dienst sowie für sich, gewöhnliche Bediente. Die im Dienst ergraute Kammerdienerin der Kaiserin, dreier Kaiserinnen war sie es, die Spankuch, hatte mit sich auf der Fahrt den Kammerdiener des Kaisers und einen Lakaien. Hintan fuhr noch immer das Schriftenwagerl, begleitet von einem k. k. geheimen Cabinettsboten.

Die Ritt-, Warte-, Trink- und Schmiergelder, letzte noch ausschließlich im technologischem Sinn, waren auf den Kreuzer genau normiert. Im Mährischen waren diese Gelder um einige Kreuzer niedriger bemessen als in Niederösterreich. Die Postillons der beiden Leibwagen bekamen – unterschiedlos — für eine Post einen Dukaten, die übrigen Fahrer 30 Kreuzer, in Mähren 28 Kreuzer.

Alle diese Gelder wurden dem Empfänger bar entrichtet. Zur Kontrolle dessen hatte sich auf jeder Poststation ein Beamter des zuständigen k. k. Kreisamtes einzufinden, der die Geldanweisungen gegenzeichnete und die Behändigung überwachte sowie das Geld für die Eigentümer der zur Verfügung gestellten Pferde von Privateigentümern zur Weiterleitung.

Für Franz wurde diese letzte Reise ein Erinnern bei gedanklichen Reisen in die Vergangenheit. In Stammersdorf hat im Fünferjahr der Hotelier Peter Hofbauer für die Bewirtung des »Kaisers Appolion«, Gast des Erzherzogs Karl, und die Herren der Begleitung für sündteures Geld ein Essen herausgeschickt aus der Stadt. Franz hat seinen Bruder zu Napoleon geschickt, weil er immer noch hoffte, der Karl würde zu einem besseren Abkommen mit dem Kaiser der Franzosen kommen als vorher die Diplomaten beider Kaiser im Frieden zu Preßburg. Aber das Geld für das teure Essen war zum Fenster hinausgeschmissen. Napoleon hat nicht mehr konzediert, als daß er es sich ersparte, das in Wien vorgefundene museumsreife Geschützmaterial in seine Gießereien abtransportieren zu lassen. Und erst Wolkersdorf. Von dort aus hat Franz im Juli 1809 mit einem neuartigen Teleskop den Verlauf der Kämpfe um Wagram verfolgt. Zwei Tage lang. Der Brief, den Franz im Neunerjahr seinen Tirolern geschrieben hat und in dem er, arg voreilig, versprach, er werde keinen Frieden machen mit dem Napoleon, ehe nicht Tirol wieder bei Österreich war, ist von Wolkersdorf datiert. Das war eine nie endende quälende Erinnerung, nix als wie Heuchelei, wie man später sagte. Später, als in Wien das Gerücht kursierte, der Kaiser hätte in der Krise der Schlacht nicht das Teleskop vor Augen gehabt, sondern ein üppiges Mahl; und hätte fest dazu geschaut beim Essen, während seine Leut' starben. Und wie dann, vor dem Nachtisch, die Nachricht von der Niederlage kam, sei er erschrocken aufgesprungen, um vor allen Leuten mit den Worten:

»Jetzt gibt 's nix als zu schau'n, wo der Zimmermann 's Loch 'lass'n hat«,

bei der Tür hinaus, um zu flüchten.

Oben, bei Reigern, ging es rechts ab nach Austerlitz. Damals, im Fünferjahr, haben die Kaiserlichen bei den Teichen von Sokolnitz die Franzosen zurückgedrängt; aber der Napoleon ist am anderen Flügel, wo die Russen standen, mit ungeheurer Übermacht gekommen. Düstere Erinnerungen, die verflogen, als Franz in Brünn ankam. Wieder haben dort die mitgekommenen Herren geraunzt, sie täten sich beim Inspizieren die Füß' in' Bauch stehen oder beim Herumhatschen in der Stadt, bei den endlosen Begehungen die Schwindsucht holen; wie es der armen verstorbenen Kaiserin Maria Ludowika ergangen ist. Die Kaiserin nahm dem Gemahl alles ab, was Frauenklöster, deren Schulen und Internate, die Altersheime und die Kinderbewahrungsanstalten, noch sagte man in Österreich nicht Kindergarten, betraf. So konnte sie unbeaufsichtigt das tun, was sie am liebsten mit ihrem Geld getan hat, nämlich ganz unauffällig zu helfen, wo niemand

half. Hat ihre Vorgängerin im Fünfzehnerjahr dem Gemahl, als dieser in Paris weilte, das Muster für teure Seidenstrümpfe geschickt und den Auftrag, solche zu kaufen, aber nicht mehr als hundert Gulden fürs Paar auszugeben, dann war derlei jetzt bei Hof nicht der Brauch. Man lebte gutbürgerlich. Kaiser und Kaiserin paßten mit ihrem Lebenszuschnitt ins Biedermeier, auch wenn Franz zu Lebzeiten nie erfahren konnte, daß seine Zeit einmal das Wiener Biedermeier heißen wird.
Brünn und Mähren sind ein Pivot des franziszäischen Österreich gewesen. So recht geworden sind sie es eigentlich schon zu Zeiten des Generalissimus Wallenstein, der von hier aus dem Kaiser in einer Krise des Dreißigjährigen Krieges die Regimenter der unverläßlichen Stände zuführte. Brünn wehrte sich gegen Schweden und Preußen, und im Fünferjahr hat es nach Austerlitz alles ertragen müssen, was nach einer blutigen Schlacht den Kranken, Verwundeten und Sterbenden von der Zivilbevölkerung – oft unbedankt – zu leisten ist. Die meisten Häuser von damals standen noch, und über alle erhob sich die Bergfestung der Stadt, der *Spielberg*. Im Westen und überall, wo die Freiheit schon eine Bleibe hatte, war er so etwas wie der Schlupfwinkel der schwarzgelben Hyäne, wo die Gebeine der unglücklichen Opfer der Bestie bleichten.
Es freute Franz, so viele neuerbaute Fabriksgebäude zu sehen, immer mehr waren es bei seinen oftmaligen Besuchen in Brünn. Daneben machten sich die Behörden-Baulichkeiten armselig, verfallen und verwohnt aus. Die Herren Fabrikanten empfingen den Kaiser aufs feierlichste, aber doch schon in dem Bewußtsein, daß ohne die Erträge ihrer Betriebe und die von ihnen entrichteten Steuern der ganze Staat zusammenkrachen würde. Sie versicherten dem Kaiser, sie würden zur Gewerbeausstellung des Jahres 1836, der ersten aus allen Teilen der Monarchie beschickten, Musterstücke zur Verfügung stellen, die den internationalen Vergleich nicht zu scheuen haben werden.
Der Kaiser nickte. Er freute sich auf diesen Tag, der bestätigen wird, daß seine während der Franzosenkriege begonnene Förderung der Industrie in Österreich sich sehen lassen konnte. Kein

Schatten einer trüben Ahnung, die den Kaiser hätte wissen lassen, daß er zum Zeitpunkt der Eröffnung dieser Ausstellung nicht mehr auf dieser Welt sein wird. Über dieser seiner letzten Reise lag ein Abglanz einer Ära, während der Franz mit unerschütterlicher Standfestigkeit schwerste Krisen in Kriegen, Revolutionen und Putschversuchen, tragische Ereignisse und opferreiche Jahre durchgestanden hat. Hier in Brünn, der Hauptstadt Mährens, spürte er das Klima, in dem der innere Zusammenhalt der Verschiedenheiten seines Reiches am besten geraten ist. Ein reiches Agrarland, dessen Fruchtbarkeit nicht nur Großgrundbesitzern zugute kam; eine industrielle Entwicklung, die genug Raum ließ für das später verachtete Kleinbürgertum, ohne das kein Staat auf die Dauer existieren kann, will er sich nicht dem ständigen Experimentieren mit der Gesellschaft, wie es die Intellektuellen brauchen, preisgeben. In Mähren kam es bis zum Ende der Monarchie nicht zum Brand der im benachbarten Böhmen geschürten Streitigkeiten der Nationen. Dieser Zusammenhalt überdauerte selbst die Ausrufung der Tschechoslowakischen Republik am 28. Oktober 1918 und die endlich geglückte Zerschlagung der Donaumonarchie durch die ungeheure materielle Überlegenheit der Weltmächte von damals – nach vier Jahren und drei Monaten des gemeinsam gegen Österreich-Ungarn geführten Krieges.

Noch am 29. Oktober 1918 hat das Mährische Infanterie-Regiment Numero 8, eines der ersten der vom Schöpfer der Kaiserlichen, Generalissimus Wallenstein, geschaffenen Kaiserlichen, am Monte Asolone standgehalten; 70 von 100 waren Tschechen. Und noch am 31. Oktober hielt das Mährische Infanterie-Regiment Numero 99, 36 von 100 Tschechen, dem Druck der Angreifer, Italiener, Franzosen schon im Rücken, stand.

Nicht alle Herren der Begleitung hielten es für eine Ehre, den Kaiser nach Brünn zu begleiten. Diese bedrückte der Ruf, der in manchen Salons kursierte, wonach Brünn und sein Spielberg samt dessen Kerker das eigentliche Symbol des franziszäischen Österreich seien. In Zeitungen, die draußen oder im Westen erschienen, konnte man leider lesen, daß dort die Unglücklichen, die Kerker und Tod der Unfreiheit vorzogen, in unterirdischen Gefängnissen bei lebendigem Leib verfaulten. Der Spielberg, ja der Spielberg war das überzeugende Imago der Existenz jener schwarz-gelben Hyäne, die dort ihre Mordgrube hatte, das Beinhaus der Freiheitskämpfer. Wie viele waren es? Man kannte die richtige Zahl nicht, man nannte jede, die geeignet war, geglaubt zu werden. Unzählige also. Hier war es, das wirkliche Monument jenes »Guten Kaisers Franz«, von dem einmal die Romanschriftstellerin Ricarda Huch um 1943 drucken lassen wird in Deutschland, frei nach Dante:

»Sprich nicht von ihm; blick hin und geh vorbei.«

Ja, Österreich war die einzige Großmacht jener Zeit, die keine Kolonien besaß; nicht die Verschickungslager in Übersee, die Strafkolonien, in die vor allem die Mutterländer der Demokratie, England und Frankreich, jene Abgeurteilten abschieben konnten, die daheim nicht abgingen und von denen man hoffte, sie würden nie mehr heimkommen aus der Verschickung. Österreich hatte nicht, wie diese Staaten und vor allem Rußland, jenen großen Sack, in den es stopfte, was zu den Spänen gehört, wenn gehobelt wird im modernen Staat.

Unvergessen blieb der *Haslinger* der österreichischen Korporale; wer denkt da noch an die Methoden der Disziplinierung, die auf den Schiffen der *englischen Flotte* üblich war und blieb? Wer an die *Grausamkeiten* in der *französischen Armee* in Übersee, wer an den Strafvollzug im Fall des Landesverrats, wenn der Betroffene noch dazu Dreyfuß hieß. Noch zwei Generationen nach dem Tode Franzens, auf einem Höhepunkt im Zeitalter des Kolonialismus und Imperialismus nach Massakern der Kolonialkriege, nahm es sich ein liberalistischer Ministerpräsident in England heraus, zu rügen:

»Auf der ganzen Erde gibt es nicht einen Fleck, auf den ihr Eueren Finger legen und sagen könntet: hier hat Österreich Gutes getan.«

So nach Palmerston ein Gladston über Österreich im Jahre 1880. Gut, aber wie ging es wirklich denen auf dem Spielberg, die als Italiener Freiheit und Einigkeit über die Gefahr des Todes setzten? Wo sind ihre Gebeine im Beinhaus auf dem Spielberg?

Noch liegt den Reisetagebüchern Franzens eine Statistik bei, Daten betreffend die Haftvollzugsanstalt auf dem Spielberg. Sie hat 1834 einige der Herren in Franzens Begleitung interessiert. Weniger die Hinweise auf die zur Strafverbüßung einsitzenden 246 Männer und 54 Weiber; davon wegen gemeinen Mordes 39 Männer, 24 Weiber, 24 Raubmörder, auch darunter 5 Weiber, 4 Kindsmörderinnen, unter den Brandstiftern 18 Weiber, 68 Räuber. Es gab Schuster und Schneider, Tischler und Drechsler, Binder, Hemdenmacherinnen und so weiter. Keinen Bauern. Und diese Handwerker verfertigten während ihrer Haft Leintücher, Socken und Strümpfe, Handtücher, Spitalskittel, Kotzen für die Pferde, Leinen in Handwebe und Tuch. Sie brachten in einem Jahr 3838 Gulden und 40 Kreuzer ins Verdienen, was sie über den Auftrag erarbeiteten, gehörte ihnen.
Das interessierte die interessierten Herren nicht. Gut, man hat Silvio Pellico vor vier Jahren entlassen, aber saß nicht für lebenslänglich Conte Federico Confalonieri, angeblich Hoch- und Landesverräter aus Mailand, ein? Die Herren wollten wissen, wie es aussah in den unterirdischen Kerkern, wo gewisse Staatsgefangene in Ketten angeschmiedet waren. Scharf bewacht von unnachsichtigen Kerkermeistern.
Es wurde eine Enttäuschung. Nichts da von unterirdischen Kerkern; Confalonieri und ein zusammen mit ihm zum Tode verurteilter, nachher aber auch begnadigter Franzose, bewohnten ein geräumiges Zimmer; die Nahrung war gut; die Bewachung dermaßen, daß dreimal ein aussichtsreicher Fluchtversuch von außen her organisiert werden konnte; wobei der letzte nur deswegen scheiterte, weil die Behörden in Wien von denen in Piemont/Sardinien rechtzeitig gewarnt worden waren vor dem tapferen Vorhaben der Gemahlin des Grafen, Teresa.
Confalonieris Freilassung verzögerte sich infolge der von Silvio Pellico herausgebrachten Erinnerungen an österreichische Gefängnisse; kein Haß, eher larmoyant waren sie, die Geschichten eines Gefangenen, der in die übliche Schicksalsgemeinschaft mit seinem Kerkerwärter gerät; nicht der Haß, das Mitleid schürte den Haß gegen Österreich im Falle Pellico.

Nach der Thronbesteigung des Kaisers Ferdinand des Gütigen ging auch Confalonieri frei. 1838, anläßlich der Krönung Ferdinands mit der Eisernen Krone der Lombardei in Mailand, erfolgten viele Begnadigungen. So kehrte auch Confalonieri heim. Er hielt es nicht aus in Österreich. Das Risorgimento kämpfte in anderen Formationen mit anderen Leuten nach anderen Methoden als damals, da der Graf in die Kämpfe eintrat. Er ging auf Reisen. In den Vereinigten Staaten wurde er als »Märtyrer der Verbesserung des Menschengeschlechts« bejubelt. Für den Grafen war derlei nicht erhebend, eher peinlich. Damals fiel aus seinem Mund das Wort:
»Hängt das *Glück der Völker* von der *Form der Regierung* ab?«
Die innere Unruhe, die ihn von Jugend an nicht losließ, angeblich zutage getreten in epileptischen Anfällen, Krankheiten, deren physischen Ursprung man nicht fand, trieb ihn umher. Er ging auf Reisen, kam nach Ägypten und Griechenland. 1847, als er sich fertig machte zur Heimkehr in ein befreites Mailand, starb er in der benachbarten Schweiz. Es dauerte lange, bis derlei Daten überhaupt zur Kenntnis genommen wurden. Zu Lebzeiten Franzens hat man sie keinem Österreicher abgenommen. In Italien weder *vor*, nicht *während*, noch *nach* Mussolini. Erst jetzt werden hüben und drüben Lesebücher mit Lehrbüchern ersetzt. In Italien wurden die meisten von den Kaiserlichen begraben, die vor dem Feind fielen; die Tragik dieses Kampfes zweier Nachbarn gewann langsam Macht über den Überschwang der Gefühle, den jede Totenklage und Trauer um die Gefangenen nach sich zieht. 1834 saßen im Beinhaus auf dem Spielberg 8, also acht, wegen Hoch- und Landesverrat Verurteilte ein. Keiner hat die volle Haftzeit verbüßt. Bluturteile gegen Politische hat Franz zu seiner Zeit nie vollziehen lassen. Lange genug hat man ihm das nicht zum Guten angerechnet, sondern als Genuß angesichts des Schmachtens und Verschmachtens seiner Feinde. Theodor Körner, im Ersten Weltkrieg Generalstabschef der Isonzoarmee im Krieg Italien gegen Österreich, nachher Organisator des Heeres der Republik Österreich, dann militärischer Berater jenes »Republikanischen Schutzbunds«, den die Sozialdemokraten in Öster-

reich aufstellten, um ihren Feinden in der Regierung mit dieser Formation zum Schutz der Republik entgegenzutreten, schrieb zuletzt:

»Die Menschen müssen sich ewig schlagen und ewig vertragen. In diesem Schlagen und Vertragen geht die Entwicklung der Kultur und das Staatsleben vor sich. Der ewige Friede kommt erst mit dem *letzten Menschen* ...«

Nach dem Zweiten Weltkrieg pointierte der frühere Stalinist Ernst Bloch *Kampf* als Motiv des Lebens folgendermaßen: Wo Kampf Widerstand, Ausdruck *sozial*-humaner Vernunft ist, muß er *aktiv ohne Ausrede* geführt werden, wenn progressive Absichten geburtshelferisch sind.

Nur Winston Churchill, auch nicht unbeteiligt an der Zerstörung des alten Österreich im Jahre 1918, blieb es vorbehalten, nach 1945 im Rückblick auf 1918 zu bekennen:

»Es gibt keine einzige Völkerschaft oder Provinz des Habsburgerreiches, der das Erlangen der Unabhängigkeit (1918/19) nicht die Qualen gebracht hätte, die von den alten Dichtern und Theologen für die Verdammten der Hölle vorgesehen sind.«

So haben also die Deutsche Ricarda Huch und der Engländer Winston Churchill sich auf Dante berufen. Die Deutsche erlebte nach 1945 nicht mehr, was für Churchill die furchtbare Erkenntnis von jenem Eisernen Vorhang und dessen Wirkungen wurde, den die Sowjets 1945 über der Mitte Europas aufgehängt haben.

13.

Die Hinterlassenschaft

Münchengrätz. Der Name dieser unscheinbaren böhmischen Stadt wurde für die Liberalen bei Hof in Wien, in ganz Österreich und Europa ein Fanal. Die konservativen Mächte, Österreich, Rußland und Preußen, hatten sich in dem Willen gefunden, gemeinsam den Ideen und Aktivitäten des Umsturzes in Europa, kurz gesagt den liberalistischen Mächten, entgegenzutreten. Palmerston sah sich daher in seinem Erfolg bestätigt, der darin bestand, daß er über seinen Pivot in der internationalen Politik, also gemeinsam mit Frankreich, eine Quadrupelallianz gebildet hatte, der die liberalistischen Satellitenregime in Spanien und Portugal beigezogen wurden, um die Vier vollzumachen. Das war das Ende jener Quadrupelallianz, die einmal über den Spannbogen zwischen Wien und London entstand und die napoleonische Vorherrschaft in Europa zerschlug. Vorbei waren die Tage einer erfolgreichen Konferenzpolitik Metternichs; konferiert wurde jetzt in London, etwa wenn dem König der Niederlande die südlichen Provinzen seines Landes weggenommen wurden und Belgien zum unabhängigen Staat und Brückenkopf Englands auf dem Kontinent gemacht wurde; oder wenn der Freiheitskampf der Griechen gegen den Sultan mit der Schaffung eines unabhängigen Staates der Griechen und der Gewinnung eines englischen Stützpunktes im Mittelmeer beendet wurde.

Münchengrätz hatte Palmerston belehrt, daß Zar Nikolaus I. zwar bereit war, hinter dem Rücken Österreichs eine Weile mit England in der Orientpolitik zusammenzugehen; daß aber mit dem Zaren nicht zu spaßen war, wenn man ihm mit revolutionären oder liberalistischen Experimenten auf dem Kontinent kam. Für die spinnösen Ideen, die sein Vorgänger Alexander I. in jüngeren Jahren im Verein mit Männern der Aufklärung, der

Loge et cetera hatte, war Nikolaus nicht zu haben. Für solche Reformen, bei denen man nie wußte, wann und wie sie in Revolutionen umschlugen, Umstürze, wie sie schon einigen Monarchien Europas passiert waren, hatte Nikolaus zur Zeit seines Vorgängers kein Verständnis und kein Interesse. Ihn haben bei seiner Thronbesteigung die Putschisten vom Dezember 1825 gezeigt, wohin das führen kann, wenn Fürsten und Grafen, Generäle und ein Haufen Offiziere den Umsturz proben; und nachdem er mit Kanonen in diesen Haufen und die armen Soldaten, die von den Herren in die Irre geführt worden waren, schießen ließ, war es aus mit dem Versuch einer legalen Liberalisierung in Rußland. Der Kampf im Untergrund, der mit dem Sturz des Zaren durch die Liberalen im Jahre 1917 enden sollte, hatte begonnen.

Fortan war Nikolaus der GENDARM EUROPAS. Und der Zar hat tatsächlich eine Generation lang gewacht, wenn andernorts die berufenen Wächter des Konservativismus schliefen, wenn sie paktierten mit den Mächten des Umsturzes, wenn sie vermeinten, es müßte doch möglich sein, im wachsenden Industriereichtum Platz genug für Liberale *und* Konservative zu finden; und die Konservativen dennoch in den Ruf kamen, sie seien bloß an der Konservierung ihres Besitzstandes, letzten Endes an *materiellem* Besitz also interessiert und sie den *metaphysischen* Ursprung ihres Prinzips mehr und mehr vergaßen.

Die Liberalen bei Hof in Wien haben sich nicht ohne weiteres mit ihrem nach Münchengrätz drohenden Schicksal abgefunden. Für sie gab es zwei Möglichkeiten, dem Schicksal zu entgehen, wonach die Monarchie Gefahr lief, unter dem künftigen Kaiser Ferdinand eine Satrapie des Zaren von Rußland zu werden. Graf Kolowrat hatte schon sein Konzept bei der Hand und er scheute sich nicht, dieses im Kreis seiner Gesinnungsfreunde aufzuzeigen: Die Regierungsunfähigkeit Ferdinands barg ja nicht nur die Gefahr eines Kuratels des Duumvirats Nikolaus/Metternich, sie konnte auch die Möglichkeit eröffnen, aus Mitgliedern des Staatsrats, die Kolwrat ergeben waren, ein Komitee, eine *After-Regierung*, wie es der Graf nannte, zu bilden; den Vorsitz darin nach dem Tode Franzens dem eher trägen Bruder Ferdinands, Erzherzog Franz Karl, zu übertragen; und im übrigen die Geschäfte gemäß den Vorstellungen der liberalen Hofpartei zu führen. Einen neuen, einen *anderen* Weg in Österreich gehen.

Dem Staatsrat Busse war dieser Plan unheimlich. Er persönlich hielt wenig davon, wenn nach dem Tode des Kaisers Franz anstatt des Fürsten Metternich ein Graf Kolowrat die Zügel der Regierung in die Hand nahm. Vielmehr rechnete der Staatsrat damit, daß vielleicht doch die *Gesetze der Natur* korrigieren würden, was sie im Falle der Menschwerdung des Thronfolgers Ferdinand so wenig vollkommen zustande gebracht haben. Mit großem Interesse las Baron Kübeck einen Aufsatz, den sein Kollege im Staatsrat, Busse, über das erreichbare natürliche höchste Lebensalter des Menschen verfaßt hatte:

Busse nahm das natürliche Lebensalter des Menschen mit 200 – zweihundert – Jahren an. Um dieses Axiom zu stützen, führte er einige weitere ins Treffen. Etwa, daß die Entwicklungszeit alles Lebens auf Erden ein Achtel der ganzen Lebensdauer ausmacht. Und daß der Mensch sich bis zu seinem fünfundzwanzigsten Lebensjahr in einer Entwicklung befinde. Der Schluß daraus war eine einfache Multiplikation: $8 \times 25 = 200$. Das denkbare Erstaunen über dieses Rechenexempel wehrte Busse mit dem Hinweis ab, daß die Verstandesreife des Menschen eigentlich erst mit dem 50. Lebensjahr eintritt.

Bei dem Umstand, daß zu jener Zeit die Lebenserwartung in Österreich im Durchschnitt nicht an das 50. Lebensjahr herankam, bei der größten Zahl der Menschen also der Zeitpunkt der nach Busse erwarteten eigentlichen Verstandesreife nie in dieser Welt eintrat, wäre erklärlich gewesen, warum in diesem Land mangels entsprechender Verstandesreife seiner Bewohner der Fortschritt so arg in Rückstand geriet und die politischen Zustände geradezu reaktionären Charakter annahmen. Indessen ging Busse nicht auf diese Kombination ein. Er fügte seinen bisher angeführten Axiomen den nicht näher begründeten Hinweis bei, daß im 90. oder 100. Lebensjahr die Erneuerung des Vegetationsprozesses des Menschen eintritt, die Haare und die Zähne wieder wachsen. Mit dem Hinweis, es gäbe genug Beispiele dafür, das schon bisher Menschen ein sehr hohes, über das hundertste Lebensjahr hinausgehendes Alter erreichen, glaubte er einen weiteren Beweis zu haben. Als aufgeklärter Mensch nahm der Staatsrat an dieser Stelle nicht biblische Beispiele, etwa das biblische Alter der jüdischen Patriarchen als Beweis dafür; wobei bekannt war, daß Abraham nach Jahrhunderten des Lebens auf Erden wieder wacker zu zeugen anfing. Mit derlei veralteten Ansichten wollte der Staatsrat Busse sicher nicht seine der Moderne zugewandten Theorien belasten. Er rechnete; und also ließ er bei seinen Berechnungen auch einen gewissen Sicherheitskoeffizienten nicht außer Betracht für den Fall, daß die Zahl 200 vielleicht doch täuschen sollte. Also ließ er mit seinen Ansprüchen etwas nach, wie Baron Kübeck es in seinem Tagebuch hinstellte, und begnügte sich mit der Annahme einer Lebensdauer von 120 Jahren. Diese hielt Staatsrat Busse aber bei einfacher, natürlicher Lebensweise für normal und erreichbar.

Diese Theorie, welche der immerhin sehr fortschrittlich und nach Herkunft und Anschauung gewiß nicht konservativ eingestellte Baron Kübeck kommentarlos seinem Tagebuch einverleibte, bekam zu ihrer Zeit eine aktuelle Bedeutung in Hinblick auf die Lebenserwartung im Falle des Kaisers. Rechnete man der Zahl des Geburtsjahres Franzens, 1768, die Zahl 120 hinzu, so kommt man zur Zahl 1888. Der geschichtlich einigermaßen versierte Epigone bemerkt hier, daß die Spekulationen des Staatsrates eine Lebensdauer des Kaisers Franz bis an das schicksalhafte Dreikaiserjahr 1888 in Berlin (Wilhelm I., Friedrich III., Wilhelm II.) herangeführt hätte, und zugleich an den Vorabend des Dramas von Mayerling, wo der Kronprinz Rudolf von Österreich angeblich deswegen Hand an sich legte, um sich aus Verstrickungen zu lösen, die er im Verein mit gewissen politischen Freunden hinter dem Rücken seines Vaters eingegangen ist. Sicher war der Horizont des Staatsrats Busse eher von der Art, daß ihm derlei Zukunftsmöglichkeiten nicht einmal im Traume eingefallen wären. Umso bemerkenswerter ist, daß Baron Kübeck diesen üblen Galimathias kommentarlos in sein Tagebuch aufnahm,

ohne ihn mit den sonst üblichen kritischen und bissigen Kommentaren zu versehen. Franz war sicher nicht in Kenntnis der *wissenschaftlich* gedachten Arbeit des Staatsrats Busse. Es gab genug andere Phantasten und Wolkenschieber bei Hof, die ihn behelligten und gegen die sich der Kaiser noch in den letzten Lebensmonaten zur Wehr setzte:
»Ich habe es satt, mich durch die Weisheit der Doktrinäre und ihrer Systeme beschwatzen zu lassen; damit würde ich die Monarchie nicht beruhigen, sondern sie verlieren.«
In der mäßigen Sympathie für politisierende Philosophen seiner Zeit war sich Franz einig mit der einschlägigen Ansicht seiner Großmutter Maria Theresia; und was die Ideologen und ihre Ersatzreligionen betraf, so ging Franz durchaus konform mit seinem Schwiegersohn Napoleon. Aber – Kolowrat war weder ein spinnöser Staatsmann, der nach den Sternen greift, noch weniger ein Ideologe, dem es um eine Ersatzreligion geht; ihm ging es weder um Ideale noch um Religionen, sondern um Einfluß und Macht; um mehr Einfluß, als Metternich ihn hatte. Der Zufall kam ihm zu Hilfe: Einer seiner Gewährsleute fand heraus, daß sich in der Geheimen Kabinettskanzlei des Kaisers die nichterledigten Akten zu Bergen türmten. Der *Bürokratismus* des modernen Staates hatte die patriarchalische Art zu regieren ersäuft. Kolowrat verstand es, an Hand des Rückstandsausweises das bürokratisch geschulte Gewissen seines Kaisers zu alarmieren; ihn dazu zu bewegen, daß die fraglichen Rückstände in Eile aufgearbeitet wurden. Dazu sollte aus dem Staatsrat ein Komitee gebildet werden – bestehend aus ergebenen Gewährsleuten Kolowrats – das nicht bloß die Akten begutachten, sondern erledigen sollte, so daß Franz unter die fertige Erledigung vor dem Expedieren nur noch seinen Namenszug setzte. Sollte der Kaiser an einem Fall ein besonderes Interesse haben, dann sollte dieser für die Majestät zur Bestätigung seiner hofrätischen Allüren asserviert werden.
Franz gab nach. Seine gewohnte Schreibtischtätigkeit blieb ihm ja gewahrt. Im übrigen bestimmten Kolowrat und dessen Gewährsleute, welche Akten nunmehr beschleunigt erledigt werden

sollten; welche man aus guten Gründen liegen ließ; und – vor allem – wie die Erledigungen textiert wurden. Nach wie vor blieb aber an der Person des Kaisers das beschämende Odium hängen, wonach restierende Akten – und deren gab es auch in Zukunft noch genug – jenem System zum Opfer fielen, für das man Metternich und sein System, im vertrauten Kreis aber immer mehr den Monarchen selbst, als die Schuldigen hinstellte.

Franz hatte während der Gesellenzeit unter seinem Vater die gewissen Tücken frühzeitig erkannt, die in jedem bürokratischen System zu allen Zeiten und unter allen Umständen stecken. Seine damalige Kritik an diesen Zuständen hat man ihm später als ungehörige Kritik eines unerfahrenen jungen Mannes angelastet. Es wäre im Moment, anfangs der dreißiger Jahre, nach Ansicht der Liberalen bei Hof denkbar gewesen, auch in Österreich zu jenem Verwaltungssystem überzugehen, in dem vom Monarchen ernannte Ressortminister die Geschäfte ihres Ressortbereichs leiten. So hat es in Jugendtagen Franzens der unglückliche Onkel, Ludwig XVI., getan, als die Finanzen Frankreichs nach dem verlorenen Siebenjährigen Krieg und der unnützen Beteiligung Frankreichs am Unabhängigkeitskrieg der Amerikaner im reichsten Land Europas am Hund waren, wie man in Wien sagte. Ludwig XVI. selbst strebte damals eine *Reform* an, nichtsahnend plapperte er auch das Wort *Revolution* nach; wobei er sehr zu seinem Nachteil den Zeitpunkt übersah, in dem in Frankreich die Reform in eine Revolution umschlug.

Macher dieser Revolution waren nicht Angehörige der »besitzlosen Classe« oder Bauern in der Miserabilität ihrer Dörfer, sondern reiche Männer, Kriegsgewinner, Reeder, Händler, Bankiers und Aristokraten, die sich ihrerseits dieser neuen Art des Geldmachens bedienten und politisch eins waren mit den Besitzbürgern. Worum es diesen Herren mit Besitz und Bildung ging, war, Geld zu gebrauchen, um Macht zu gewinnen. Dazu gab es genug Methoden, denn wer die Musikanten zahlt, dem gehört der Tanz. Vorgebend, man möchte die Macht aus der Hand eines Monarchen von Gottes Gnaden in die des guten Volkes legen, hetzten sie die aus der besitzlosen Classe in den

Terrorkampf. In Amerika hatten einige dieser Macher gesehen, daß es in der dortigen Demokratie möglich war, einer *Minorität* im Volk das Wahlrecht vorzubehalten, um dann mit einigem Geschick aus dieser Minorität unter denen, die überhaupt das Wahlrecht ausübten, die gewisse »kompakte Mehrheit« der Stimmen herauszufischen. Um so mit einer Mini-Minorität die übergroße Mehrheit der Bevölkerung regieren zu können. Im US-Staat Virginia, einem Mutterland der parlamentarischen Demokratie, war diese herrschende Minorität ein sehr unvollkommenes Schamtuch für die schamlos ausgeübte Diktatur einer herrschenden Clique von Besitzenden.
Als nachher in Frankreich der dortige König *seine* Revolution haben wollte, bekam er sie; was blieb, war die Erfahrung, daß die dortigen Macher der Revolution die Angehörigen der besitzlosen Classe sowie die Bauern in die Miserabilität ihres früheren Daseins entließen, nachdem sich dieses gute Volk sein Mütchen gekühlt hatte an den Hälsen der bisherigen Machthaber; oder sie diese dermaßen drangsalierten, daß die Bedrohten ins Exil gingen.
Franz hat nicht – wie ihm später angelastet – *jeden* Fortschritt im Österreich seiner Zeit hintangehalten; oder gar, wie nach dem Ende des napoleonischen Frankreich von den Reaktionären in Paris versucht, den Stand der Dinge wieder auf den Rang vor Ausbruch der Revolution von 1789 zurückschrauben wollen. Es war eine Tücke im Geschichtsverlauf, daß in Frankreich die sogenannte Restauration nach dem Sturz des Sohnes der Revolution – Napoleon – das fragwürdige Restaurierverfahren ausgerechnet in die Hände Ludwigs XVIII. gelegt wurde. Eine in Wien nie geschätzte Figur, die gut tat, 1814 die Hilfe des Zaren und des Fürsten Talleyrand bei der Eroberung des Thrones in Frankreich zu beanspruchen. Ludwig XVIII. war zeitlebens Voltairianer, hatte vor der Revolution in einer Loge gearbeitet und war nach 1814 ein eigennütziger Handlanger der *Reaktion,* so wie er vor 1789 einer der Revolutionäre gewesen ist im Kampf gegen Marie Antoinette.
Nicht das Bündnis von Thron und Altar schien Franz gewähr-

bietend zu sein angesichts der von den Machern der Revolution unentwegt drohenden Gefahren. Der Frömmsten nicht einer, hat ihn vor den Franzosenkriegen sein Bruder Karl gewarnt vor dem Verhalten einer gewissen Klerisei in der österreichischen Niederlande, deren Anhänger lieber mit den protestantischen Mächten England und Preußen gemeinsame Sache machten als mit dem Kaiser in Wien und dem katholischen Österreich. Auch war nicht zu übersehen, daß in der französischen Revolution von 1789 sehr viele Priester und Bischöfe mit den Machern der Revolution kollaboriert haben; nur wenige aber der von diesen Machern beabsichtigten Zerstörung der Kirche und des religiösen Glaubens Widerstand leisteten, selbst auf die Gefahr, deswegen von der Republik in eine ihrer berüchtigen Vernichtungslager in den Kolonien verschickt zu werden. Metternich hat sehr lange in Rechnung gestellt, daß nach der Revolution nicht die Kirche der Märtyrer, sondern jene der Kollaborateure den Frieden und das Konkordat mit der Diktatur Napoleons machte.
Derlei Erfahrungen seines Kaisers hätten Baron Kübeck und seine Gesinnungsfreunde lieber vergessen gemacht. Die Formel vom Bündnis zwischen Thron und Altar gilt für das franziszäische Österreich nur bedingt. Franz erlag vielmehr dem Zauber des sichtbar werdenden *Industriereichtums*. Schon seine Großmutter Maria Theresia hat sich nicht länger auf die im Ernstfall stets reichlichen freiwilligen Leistungen der Kirche an den Staat verlassen, sondern die Kirche besteuert und den Bischöfen befohlen, diese Leistungen an den Staat einzuheben. So wie nachher der Industriereichtum mehr als ein Schlagwort wurde, war es für Franz fast eine Selbstverständlichkeit, sich mehr mit dem Wirtschaftsliberalismus als mit dem Klerikalismus einzulassen. Die Unternehmerrendite versprach dem Staat immer mehr Anteil am Unternehmergewinn; glaubte man doch an ein Perpetuum mobile in der Wirtschaft, das sich unablässig in den drei Phasen: mehr *investieren,* mehr *produzieren,* mehr *konsumieren,* dreht. Dieses Perpetuum mobile würde den Staatseinnahmen zugute kommen; die Konsumgüterfülle aber sollte eines Tages den Proletariern genügen, sie immun machen gegen Macher der

Revolution. Am Vorabend von Aspern 1809 hat Franz die *Industriefreiheit,* so das Schlagwort, im Prinzip anerkannt, ihr Wege eröffnet; ob er je das im selben Jahr erschienene Buch des späteren k. k. Hofrats in der Staatskanzlei Adam Müller »Elemente der Staatskunst« gelesen hat, muß bei aller Lesewut Franzens bezweifelt werden. Müller, bedeutendster politischer Denker der deutschen Romantik, hat schon damals vor einem Staat gewarnt, der bloße

»... Manufaktur, Meierei, Assekuranzanstalt und merkantilistische Sozietät ist ... nicht aber Verbindung der menschlichen Angelegenheiten zu einem lebendigen Ganzen, das in Beziehung steht zum Weltganzen, (letzten Endes also) zu Gott.«

An diesen eigentlichen *Kern des konservativen Prinzips* sind Franz und seine engsten Ratgeber nie herangekommen. Mit dem Tod von Clemens Maria Hofbauer zerfiel der Kreis um diesen Priester, der imstande gewesen wäre, dem Konservativismus in Österreich die Fundamente seiner Staats-, Gesellschafts- und Wirtschaftspolitik zu liefern. Gutwillige Praktiker waren aber nicht von der Art, daß sie der zersetzenden Säure der von Gegnern geführten Polemik auf die Dauer widerstehen hätten können. Franz widerstand instinktmäßig jenem ständigen Experimentieren mit dem Staat, das Macher der Revolution zu Umstürzen ausnützen, aus dem Bewußtsein seines Gottesgnadentums. Kein Wunder, daß sich gegen diesen *metaphysischen* Machtursprung und dem Träger solcher Macht der ganze Schwall der Propaganda in der Öffentlichkeit richten sollte, sowie die Schleusen geöffnet wurden.

Aber, und das war das Verdienst Franzens, er verlor bei aller nachhaltigen Förderung der Industrialisierung und der Kommerzpolitik, wie man damals sagte, nie die Tatsachen aus dem Auge, daß erstens von der Bevölkerung seiner Länder weit mehr als 90 von 100 in der Agrikultur tätig waren und Österreich, anders als die Kolonialreiche, den Landhunger der Bauern nicht mit Landerwerb in Übersee oder im Wilden Westen abgelten konnte; und daß zweitens der Mittelstand, die später verachteten Kleinbürger, und nicht eine selbstausgewählte Elite aufgeregter

Intellektueller den Staat in den Krisen trägt. Schlug die Industrialfreiheit über die Dämme, dann wirkte Franz dem in gewissen Abständen entgegen. Nachher hat man ihm zum Vorwurf gemacht, daß er sich nie vorbehaltlos den Ansprüchen des Wirtschaftsliberalismus hingegeben hat, sondern immer wieder dem »braven Steuerträger«, dem Gewerbe und Kleinhandel, beigestanden ist. Diese Mittelschicht ist tatsächlich schon in der Frühgründerzeit in einen Druck von zwei Seiten gekommen, der sich um das Jahr 2000 fatal auswirken sollte:

Von *oben* waren es die Auswirkungen einer zeitweise ungezügelten industriellen Revolution, zumal dann, wenn die Fabriksherren für ihre Massenprodukte auch das Verkaufsrecht in den Städten bekamen; von *unten* durch die »Störerei« nichtkonzessionierter Gesellen, denen zuweilen ohne genügende Rücksicht auf den »Lokalbedarf« die Betriebsaufnahme behördlicherseits gestattet wurde.

Wenige Wochen vor seinem Tod entschloß sich Franz, seinem Obersten Kanzler, Graf Mittrowsky, Auftrag zu erteilen, die früher üblich gewesenen, nachher aufgehobenen Konzessionierungsvorschriften wieder in Wirksamkeit zu setzen und

»... für deren genaue Beobachtung auch in Ansehung der Nichtvermehrung der Gewerbe über den wirklichen Bedarf zu sorgen.«

Zugleich bekamen Hofkanzlei und Hofkammer vom Kaiser den Auftrag, den Entwurf eines neuen, besseren Gesetzes für die gerechte Handhabung der Konzessionierung von Gewerben auszuarbeiten. Aber nach dem Tod des Kaisers ging unter dem Eindruck eines anscheinend unaufhörlichen Wachsens des Industriereichtums die Industrialfreiheit über alle Hürden hinweg. Der moderne Staat wurde, was Adam Müller 1809 vorausgesagt hatte; mit der Ausnahme, daß die Meierei, also die Agrikultur, zu dem Punkt gelangte in der Republik Österreich, daß nicht mehr über 90 von 100 der Gesamtbevölkerung diesem Erwerbszweig angehören, sondern kaum 8 von 100. Mit dem Sieg der industriellen Revolution in der Rüstungsindustrie des Atomzeitalters hat sie ihren Pyrrhus-Sieg errungen.

Franz mißtraute seiner Umgebung, und das hat man ihm später als eine schlechte Eigenschaft angerechnet. Als geschulter Bürokrat kannte er die alte Weisheit, wonach Akten zuweilen die Tücke haben, daß sie lügen. Und es lügen auch die Verfasser solcher Akten. Ist es also gut, wenn ein Monarch den Sperrkreis der Bürokratie durchbricht und – wie man viel später sagte – das Bad in der Masse nimmt? Für Franz bestand diese Badekur darin, daß er jahraus, jahrein an Freitagen seine sogenannten öffentlichen Audienzen abhielt. Es gab auch Privataudienzen, solche unter vier Augen. Aber was zählte, war die Tatsache, daß Franz Krethi und Plethi empfing, wie einer seiner kritisch eingestellten Zeitgenossen mißmutig festgehalten hat. Der gute Kaiser Franz hielt Audienzen unter heute unvorstellbaren Möglichkeiten. Wer zu einer öffentlichen Audienz erscheinen wollte, meldete sich in der Protokoll-Kanzlei der Hofburg an. Es war dem Protokollführer nicht erlaubt, den Grund der Vorsprache aus dem Bewerber herauszuholen. Der Name des Bewerbers wurde unter einer fortlaufenden Nummer in die Liste eingetragen, dem Bewerber ein Zettel mit seinem Namen und der Nummer ausgefolgt und dabei bedeutet:

»Also – am Freitag um sieben Uhr.«

Der Freitag der Woche war ein schlechter Tag für die bei Audienzen beschäftigten Hofchargen. Es ging zu wie beim Militär, wo um 4 Uhr Wecken ist, wenn um 9 Uhr ausgerückt wird. Eine Stunde vor Beginn der öffentlichen Audienz hatte dafür alles parat zu sein. Und die Bewerber kamen ihrerseits lange vor sieben Uhr, hoffend, daß die zuerst gekommenen Besucher auch zuerst vorkommen würden. Sie wurden enttäuscht. Die Besucher kamen schubweise, etwa ein Dutzend, in den Audienzsaal, und zwar in der Reihenfolge, in der ihr Name in der Liste stand. Besondere Sicherheitsvorkehrungen gab es keine. Hatte der Besucher die Stiege hinter sich, kam er zu einer großen Glastür, an der ein Mann der Trabantenleibgarde als Stehposten aufgezogen war. Im Hintergrund des Wartesaals, vor der Doppeltür zum Thronsaal, wo Franz zuletzt Audienzen hielt, stand je ein Gardist der deutschen und der ungarischen Adelsgarde. Diese

Uniformierten gehörten zum Ambiente, wie man sagt, sie waren das Maximum dessen, was die Audienzwerber an Uniformprunk erwartete. Kurz vor sieben Uhr wurde der erste Schub von Besuchern in den Thronsaal geführt.

Schlug die Glocke der Uhr auf dem kleinen Turm des Amalientraktes sieben Uhr, dann öffnete sich in der Hinterwand des Thronsaales eine Tapetentür, und der Kaiser betrat zusammen mit dem diensttuenden Kammerherrn den Saal. Zu den Lügen, die über die Person des Kaisers Franz nachher verbreitet wurden, gehört sein Standbild im Inneren Hof der Wiener Burg: Ein römischer Kaiser mit großartiger Imperatorengeste. Der gute Kaiser Franz, den seine Zeitgenossen erlebten und den sie in den öffentlichen Audienzen auf kurze Distanz sahen, sah ganz anders aus:

Ein zaundürres kleines Manderl, schmalschultrig und engbrüstig, in der nach Vorschrift schmucklosen Uniform eines Obersten der Tiroler Kaiserjäger, an der außer einem schmalen Goldbörtel, Hinweis auf den Rang des Stabsoffiziers, kein Glanz und keine Noblesse waren. Den hell-hechtgrauen Uniformfrack schmückte regelmäßig das Kanonenkreuz, das alle trugen, die in den Jahren 1813 bis 1814 im Feld waren. Manchmal trug der Kaiser die Dekoration des Kommandeur-Kreuzes des Theresienordens, das ihm noch sein Vater Leopold verliehen hat, und jenes des Leopoldsordens, den Franz in Erinnerung an seinen Vater stiftete. Sonst nichts anderes als die vorschriftsmäßige Uniform eines Stabsoffiziers der Kaiserjäger.

So wie der Kaiser an die Reihe der Wartenden herantrat, stellte sich hinter ihm der diensthabende Hofsekretär auf. Über ihn lief alles, was während der Audienz gesagt und nachher von Amts wegen getan wurde. Mit einem Blick umfaßte der Kaiser zuerst die Reihe der Wartenden. Es standen Krethi und Plethi in einer Reihe neben Damen und Herren von Rang. Franz wollte die Menschen so zu Gesicht bekommen, wie sie im Alltag waren. Und sie kamen so: Der Schafhirte brachte mit seinem Pelz den Gestank seiner Herde mit, der Färber den seiner Lohe, der Tischler roch nach Leim, und das Dienstmädel mit dem ledigen

Kind kam in der Schürze, an der noch Hinweise auf die letzten Mahlzeiten ihrer Herrschaft zu sehen waren. Vergebens kämpften Damen mit Hilfe ihrer Flacons gegen derlei Gerüche an; wer nur zur öffentlichen und nicht zur privaten Audienz zugelassen wurde, fand es zuweilen unter seiner Würde, dermaßen bei Hof behandelt zu werden.

Es wurde Deutsch gesprochen. Fand der Kaiser heraus, daß ein Besucher mit dem willkürlichen Gebrauch der Muttersprache Franzens, Italienisch, die captatio benevolentiae versuchte, dann wurde der Kaiser grantig und sagte:

»Können S' net Deutsch?«

Tschechen oder Ungarn oder Italiener oder andere, die sich schwer taten mit ihrem Deutsch, forderte Franz auf, ihre Muttersprache zu gebrauchen. Wer in der Kabinetts-Kanzlei Dienst tat an Audienztagen, mußte viele Sprachen der Monarchie zum Dienstgebrauch erlernt haben, um nötigenfalls dem Kaiser beizuspringen.

Die lange Diensterfahrung hat Franz nicht bloß den geschulten Blick eines alten Dieners beim Militär oder in der Verwaltung verschafft, sondern die Lebensweisheit eines erfahrenen Beichtigers. Nichts, aber auch gar nichts Menschliches war ihm fremd. Er hat in der eigenen Familie genug mitgemacht, um zu wissen, daß die Leut' zwar nicht immer gut, die meisten Menschen aber im Grund gutwillig sind, wenn man sie nicht verhetzt. So wie es später der *Introitus* eines jeden Gesprächs an Amtstelle der Monarchie wurde, fing es auch bei Franz an. Sagt man auf Englisch: What can i do for you, also: Was kann ich für Sie tun, dann sagt man im Österreichischen stereotyp:

»Was woll'n S'? Wer san S'! Hab'n S' was Schriftliches bei der Hand?«

Man ist informiert worden im Wartesaal, daß die Art, in welcher der Kaiser vom Fleck weg ein Gesuch manipuliert, untrügliches Zeichen für die Art der weiteren Erledigung war. Übergab Franz das Gesuch wortlos seinem Hofsekretär, dann nahm die Sache einfach den üblichen Amtsweg; bog der Kaiser vorher eine Ecke des Gesuchsbogens um, dann hieß das, er erwarte sich von seiner

Kanzlei Bericht in der Sache; steckte aber der Kaiser das Gesuch in die Gesäßtasche seiner Uniform, dann wußte der Glückliche, daß der Kaiser selbst seinen Fall in die Hand nahm.
In diesen Audienzen entstand das Bild des guten Kaisers Franz, wie es noch um 1900 die Alten nach den Erzählungen der Großmutter oder des Großvaters kannten. Schon hörte man aber um dieselbe Zeit beim Heurigen den Singsang von der guten alten Zeit unter dem guten Kaiser Franz, schon trauerte man dem legendären Silberzwanziger – oder Gulden – nach, den Fressereien und Saufereien, etwa auf dem Brillantengrund in Wien. Aber da war das Geschichtsbild dieses Kaisers schon zum dritten Mal übermalt von den Tendenzmalern dieser Wissenschaft, denen das wirkliche Bild Franzens nicht ins Imago des schon arg gescholtenen franziszäischen Zeitalters paßte. Was Franz im Wesen lag, wurde als *Heuchelei* hingestellt.
Etwa wenn er in öffentlichen Audienzen Damen, die ihr Vorbringen mit einem gekonnt hingebrachten Tränenfluß oder einer scheinbaren Ohnmacht unterstreichen wollten, ermahnte:
»Frau, sind S' doch g'scheit. Sag'n S' mir, was S' woll'n und basta.«
Manchmal kam der Nachsatz:
»Mir werd'n scho' schau'n, was ma' tun können.«
Den Pluralis majestatis WIR gebrauchte Franz in solchen Fällen nicht. Wir, das hieß in diesem Fall der Kaiser und seine Beamten – nach Maßgabe der Gesetze. Wer versuchte, kniefällig zu werden, dem befahl Franz brüsk:
»Aufsteh'n, aufsteh'n. Man kniet nur vor'm Herrgott.«
Wer dabei war in den Franzosenkriegen, der hatte einen Vorzug beim Kaiser. Wer dabei hätte sein können, es aber vermieden hat, dafür aber groß tat mit anderen Verdiensten, dem schnitt Franz den Faden ab:
»Ja – aber drauß'n g'wesen sind S' net?! Oder?«
Überschaute der Kaiser die Reihe, dann kam ihm sein Personengedächtnis zu Hilfe, wenn er alte Gäste wieder einmal unter den Besuchern erblickte:
»Na – seid's wieder da, ös alten Kameraden?«

Es ging der Treppenwitz, Franz habe einmal, nachdem er einen lästigen Bewerber schon zum dritten Mal in der Audienz abgewiesen hatte, nachher zu seinem Sekretär gesagt:
»Aber passen S' auf, der setzt si' noch durch bei mir.«
Gedacht als Hohn, deckten derlei Gerüchte auf, was die Propaganda verdecken wollte: Daß nämlich Franz weitaus beweglicher war, als ihn nachher seine Biographen hingestellt haben. Wie überhaupt die Anekdote mehr hergeben kann für die nachträgliche Beurteilung einer Persönlichkeit als Berge von Akten seiner Zeit. Mag die Anekdote als Scherz oder als Hohn gedacht gewesen sein.
Nie hat sich Franz in diesen Audienzen als der alles vermögende Herr und Gebieter gegeben. Es konnte einem Besuch passieren, daß Franz ihn vertröstete:
»Da kenn' ich mich net aus. Da muß i nachschlagen lassen.«
Nachschlagen etwa beim Kropatschek, in der Sammlung, die ein gewisser Kropaček angelegt hat von den politischen Gesetzen und Verordnungen seiner Zeit, ab dem Jahre 1793; bis zum Tod des Kropaček. So wie es Franz in Florenz beim Studium des Römischen Rechtes gelernt hat, blieb eine von ihm als Kaiser getroffene Anordnung auch für ihn bindend, bis sie durch eine spätere derogiert wurde. Die Kabinettsjustiz oder -verwaltung hielt sich bei ihm in Grenzen. Das Bild, er habe dem Reich die Spinnwebe seiner geheimen Polizei übergeworfen und darnach als oberster Polizist im Reiche regiert, ist nicht länger haltbar. Wer die damalige Verwaltungspraxis in den anglosächsischen Ländern kennt, mit dem Judizieren von Fall zu Fall und dem Kleben an unzähligen Urteilen, die zu viele Vorurteile schufen, wird aufhören, das damalige Österreich im Vergleich zum damaligen Westen dermaßen herunterzusetzen, wie das geschieht zu Zeiten.
Franz hatte seine Schwächen. Wie kaum ein anderer Monarch seiner Zeit ließ er sich von seinen Mitarbeitern sein Versagen schriftlich vorhalten, und er zögerte nicht, diese Anklagen den Archiven zu überlassen; auch wenn ihr Inhalt für ihn nicht schmeichelhaft war. Derlei konnte sich sein erster Kabinetts-

Minister Graf Colloredo ebenso herausnehmen, wie nachher der in der Loge herangebildete Oberste Hofkanzler um 1800, Graf Saurau. Untadelig als Ehemann und Familienvater, war Franz für seine dritte Frau, die fragile und etwas kapriziöse Maria Ludowika, nach deren verlorener Liebe aus Jugendtagen eine herbe Enttäuschung. Er war niemals faul, aber manchmal von der Trägheit, die Preußen im Umgang mit Österreichern rabiat macht, weil sie glauben, diese Österreicher täten rein gar nichts. Franz beherrschte das später von anderen zitierte: *Net amol ignorier'n* ebenso wie das *G'schwind a bißl warten.* Er war absolut resistent gegen die kollektive Neurose eines Revolutionszeitalters und daher für die davon angesteckten Unglücklichen eine Qual.

Baron Kübeck, um die Todeszeit des Kaisers im Lager der Liberalen und nach jahrzehntelanger Förderung seitens des Kaisers zuletzt mit diesem übers Kreuz, hinterließ ein ungutes Bild des todgeweihten Kaisers vom Jahresbeginn 1835. Er stieß sich daran, daß der Monarch noch immer mehr auf seine Erfahrungen gab, als auf das, was momentan die Vernunft eingab und Kübeck für absolut richtig hielt. Was der Kaiser im Prinzip ablehnte, das schien für den Staatsrat nicht mehr zu sein als bloße Folge eines Mißtrauens. Eines Mißtrauens, das für Kübeck schlechter war als der damals arg gescholtene – wörtlich – Köhlerglaube; welch' letzterem Franz übrigens nie anhing. Merkwürdig genug ist auch Metternich zuletzt – nach der Revolution von 1848 – von dem abgewichen, was ihm einmal mit Kaiser Franz verbunden hat. In der Sorge um den durch die Revolution erschütterten Bestand der Habsburgermonarchie schrieb Metternich aus dem Londoner Exil an einen alten Gewährsmann in Wien:

»Ein *System* zu stürzen ist ein unschuldiges Unternehmen, während ein *Reich* zu stürzen in allen Fällen ein Etwas Bedenkliches ist.«

So richtig letzteres im Hinblick auf die Folgen des Untergangs der Donaumonarchie und das Chaos in den Nachfolgestaaten ist, so sehr gehen puncto erstem Satzteil die Ansichten Franzens und

Metternichs auseinander. Nicht das *System Metternich* hat die Revolution in ihren Schüben gestürzt, sondern eine Welt. Diese Welt hat im Falle Österreichs, wie das oft geschieht, ein Nichtösterreicher, der preußische Universitätsprofessor und Historiker Leopold von Ranke, eher erkannt als viele Österreicher, wenn er etwa über das franziszäische Österreich zu dessen Zeit schrieb, Österreich sei

»... die katholische, deutsche, militärisch stabile Macht ... in sich selbst voll frischer, unversiegbarer Lebenskräfte, reich, eine für sich abgeschlossene Welt ... auf Prinzipien gegründet.«

Es kostete um 1918 den inneren und äußeren Feinden der Monarchie viele Opfer, in diese Welt einzudringen, sie zu zerstören und ihre Prinzipien – um wie Trotzky zu reden – auf den Schindanger der Weltgeschichte zu fegen.

Der 24. Februar 1835 war ein Dienstag. Beim Vortrag waren im Arbeitssalon des Kaisers Graf Kolowrat und Baron Kübeck. Waren es Meinungsverschiedenheiten, war es die nie abreißende Sorge um die Finanzen des Staates, war es die dem alten Mann gesetzte Stunde – plötzlich griff sich Franz an die Brust und verließ stöhnend den Raum. Im Salon der Kaiserin faßte er sich, der herbeieilende Hofwundarzt Wache beruhigte die Kaiserin, sagte, es sei eine Entzündung, die vorübergeht. Dann aber übernahm Baron Stifft das Kommando über die letzten Dinge. Er schröpfte den Kaiser und nahm das dampfende Blut in den Schalen als Indiz für eine gefährliche Entzündung. Sofort trug der Leibarzt Sorge dafür, daß vor dem Schweizertor der Burg regelmäßig Bulletins angeschlagen wurden. Die Wiener kamen in Massen, so wie 1826, aber es kam auch der Todesengel, und diesmal hielt ihn niemand auf. Grillparzer, eben in bodenlose Tristesse versunken, hatte keine Vision, und überhaupt wurde diesmal nicht mehr gedichtet, sondern gebetet in allen Kirchen. Bis auch in den Kirchen der Orthodoxen des Ostens der Monarchie für den Kaiser nach endlich erhaltener Nachricht von der Erkrankung gebetet wurde, war Franz schon hinüber.

Der Kaiser sah dem Tod gelassen ins Auge. Anders als Franz Joseph I., dessen letzter Arbeitstag der letzte Tag im Leben war, hatte Franz eine Woche lang Zeit, um vom Sterbebett aus für seinen Nachfolger zu sorgen. Seinen letzten Willen schrieb er auf fünf Blätter mit zitternder Hand, nur schwer ist die Schrift des Blei lesbar. Die letzten Passagen schrieb, nach Diktat, die Kaiserin. Dann verlangte Franz zu kommunizieren. Das war nicht üblich. Auch ein sterbender Kaiser bekam die Letzte Ölung. Aber damit glaubte Franz noch einige Tage warten zu können. Nicht länger wollte er warten auf den Besuch seines Beichtigers, Bischof Wagner. Mit diesem allein im Zimmer konnte sich Franz von der Seele reden, was er der Kirche schuldig war und das, wohl nur auf diplomatischem Weg und eher hinhaltend, Rom vor einigen Jahren in Aussicht gestellt worden ist: die Reparatur der vom Josephinismus ruinierten Beziehungen von Staat und Kirche. Man darf annehmen, daß der Bischof sich nach der Spendung der Sakramente daranmachte, in diesem Punkt einen letzten Willen des Kaisers zu Papier zu bringen.

In der Haus-, Hof- und Staatskanzlei ließ sich Metternich die einschlägigen Vorakten bringen. Der einmal vom Herrn von Gentz verfaßte, eher volkstümlich gehaltene letzte Wille war in dieser Form nicht zu verwenden.

Jetzt, da das Notwendige gesagt und konzipiert war, verlangte Franz, am Donnerstag der Woche die Sterbesakramente zu empfangen. In der Nacht besserte sich der Zustand, am Freitag versammelte Franz der Reihe nach die nächsten Angehörigen um sein Bett. In der Nacht zum Samstag verschlechterte sich der Zustand. Dennoch ließ sich Franz, Wort für Wort, die Texte seiner letzten Willenserklärungen vorlesen, da und dort den Text wiederholen, zuweilen änderte er eine Passage. Unterm Datum dieses Tages erging sein Auftrag an seinen Nachfolger, darin der Kernsatz:

»Verrücke nichts an den Grundlagen des Staatsgebäudes«,

was hieß: Bewahre den Staat vor der Erschütterung seiner Fundamente. Diese Fundstelle wurde später in mehr polemischer Auslassung in abgekürzter Form wiedergegeben, etwa: VERRÜCKE NICHTS. Also absoluter Stillstand, erklärte Reaktion gegen JEDEN Fortschritt; und das ist gelogen. Was Franz wollte, war ein

Staat, in dem nicht ein unablässiges Experimentieren mit dem Staat stattfindet, ein Eingehen auf die emporsteigenden Ideen einer nationalen und sozialen Revolution, die das Reich von innen schwächen und den äußeren Feinden preisgab. Zum Beistand des unglücklichen Ferdinand wählte Franz den jüngsten seiner am Leben gebliebenen Brüder, Ludwig. Nicht die genialischen und in liberalen Kreisen hoch geschätzten Brüder Karl und Johann. Karl hatte übrigens unlängst erst seinen schlechten Gesundheitszustand als Grund dafür angegeben, daß er das von seinem kaiserlichen Bruder erneut angetragene Oberkommando im Kriegsfall ablehnte. Ludwig war der jüngste an Jahren, von ihm war zu erwarten, daß er am längsten seinem Neffen Ferdinand beistehen würde. Eigentliche Stütze und Wegweiser Ferdinands sollte aber Metternich sein; ihm bestätigte Franz im Tode noch einmal die vielen Dienste, die der Kanzler dem Kaiser und der Monarchie erwiesen hat, die Treue bei diesen Dienstleistungen. Zum Abschied nannte er ihn – Freund. Ferdinand sollte in öffentlichen Angelegenheiten nichts unternehmen, ohne vorher den Rat Metternichs eingeholt zu haben. So war die Monarchie zweifellos in besseren Händen als die Krone Englands, als man 1810 deren geisteskrankem Träger den verkommenen Thronfolger, später Georg IV., zum Regenten beigab.
Verpflichtete Franz seinen Sohn dem Kanzler, so verpflichtet er den Kanzler seinem Sohn.
Das zweite Schreiben, das Franz in einer Stunde wie dieser fertigte, ist in der Handschrift seines Beichtigers, Bischof Wagner, abgefaßt, im Konzept aber von Franz wohl überdacht. Der darin seinem Nachfolger überlassene Auftrag ging freilich weit über das hinaus, was auch eine starke Herrscherpersönlichkeit am Vorabend der Revolution von 1848 hätte durchsetzen können; nämlich alle die Rechte und Möglichkeiten der Kirche verletzenden Hinterlassenschaften, die dem Geist des Konzils von Trient, also des 16. Jahrhunderts der Kirche, widersprachen, im Einvernehmen mit Rom zu revidieren. Das ging über die Absage an den Josephinismus hinaus. Vor 1918 war es im alten Österreich möglich, daß Gymnasiasten und Hochschüler gelehrt bekamen,

die Erklärungen des letzten Willens des Kaisers Franz seien gefälscht, diesem in der Agonie unterschoben worden oder vorher noch erpreßt. Erst die Republik hat die Archive so weit geöffnet, daß diese Habsburger-Legende, die einem Jahrhundert mit das Gepräge gab, wissenschaftlich widerlegt wurde.

Das Volk sah das Wirken der Vorsehung in den Zahlen des Kleinen Lotto, die beim Tod Franzens gezogen wurden: 12, 43, 67, 18. 12, das bezog sich auf den 12. Tag des Monats Februar, des Geburtstags Franzens; 43, das war die Zahl seiner Regierungsjahre; 67 die Zahl der erreichten Lebensjahre; 18 – man rätselte über die Bedeutung und kam auf den 18. Oktober 1813, den Tag des Sieges bei Leipzig über Napoleon, sicher ein Beweis des Gespürs der damaligen Österreicher für die bedeutenden Ereignisse ihrer Zeitgeschichte.

Der tote Kaiser fiel sogleich in die Hände der Manipulanten des Begräbnis-Protokolls. Die Autopsie gab die Möglichkeit, das Herz des Kaisers für die Beisetzung im sogenannten Herzgrüftl der Augustiner-Hofkirche zu separieren. Die Eingeweide aber wurden bestimmt für die Verbringung in das schauerliche Depot, das sich für derlei in den Katakomben der Stephanskirche befindet. Vier Tage brauchte es, um den roten Leichenwagen des Hofes anläßlich des Begräbnisses eines *Regierenden* wieder einmal von Rot auf Schwarz umzustreichen und dementsprechend zu drapieren. So mußte die Schaustellung des Leichnams, sonst auf drei Tage beschränkt, auf vier Tage erstreckt werden. Offenbar langte die Zeit zum Besuch der Schaustellung noch immer nicht, denn am letzten Tag kam es zu einem Drängen und Stoßen, das nicht gebändigt werden konnte, so daß Frauen ohnmächtig und Kinder fast erdrückt wurden. Eine schöne Leich' ist für Wiener mehr als eine Hochzeit, und die Leich' eines Kaisers ist halt nicht alle Tage. Der nächste Kaiser, der in die Kapuzinergruft hinunterkam, war der Sohn Franzens; Ferdinand überlebte alle vorherschauenden Berechnungen der Ärzte, erreichte fast den von Staatsrat Busse für Franz ins Auge gefaßten Termin des Sterbens. Denn der 1848 freiwillig vom Thron gestiegene Ferdinand überlebte die Revolution dieses Jahres um siebenundzwan-

zig Jahre, starb als abgedankter Kaiser von Österreich und letzter gekrönter König von Böhmen im Alter von zweiundsiebzig Jahren auf dem Prager Hradschin. Er hat die Manipulanten mit dem Willen und der Gnade Gottes arg enttäuscht.
Baron Kübeck schauderte beim Besuch der Aufbahrung. Ihn störten die murmelnden Beter und Meßleser, als auch noch die Hofsänger das Miserere anstimmten, war es ihm zuviel. Ihn störten die Symbole der Kronen, die Franz zu Lebzeiten getragen hat; Symbole nur, weil die Kronen des heiligen Wenzel und des heiligen Stephan nicht mehr außer Landes gebracht werden durften und also in Prag und Budapest verblieben. Der Hut des Erzherzogs von Österreich aber blieb auch an einem Tag wie diesem im Stift Klosterneuburg verwahrt, weil er nur bei der Erbhuldigung eines neuen Landesherrn aus der Verwahrung des Stiftes genommen werden darf. Die nachgemachten Stücke, vielleicht auch die Originale, waren für Baron Kübeck Plunder. Seinem Tagebuch vertraute er insgeheim den Entwurf eines *neuen Wappens* für das Kaisertum Österreich an: Ein Adler oder Geier mit zwei Köpfen, im Bauche der materiellen Interessen verwachsen, unter dem Schutz einer schwankend schwebenden Krone. Unter diesem Symbol wollte der Baron, so auch andere Herren, nicht weiter dienen. Den Baron Kübeck hat der amtierende Vize-Präsident der Hofkammer Baron Pillersdorf beschworen, auszuharren. Sich zunächst vom Getriebe fernzuhalten in Anhoffnung eines Wandels der Zeit. Baron Pillersdorf wurde im Vormärz die große Hoffnung der Liberalen in Österreich, in der Revolution Minister, auch Ministerpräsident; wohl nur provisorisch, dann interimistisch, aber immerhin so lange prominent, bis er sich mit dem Entwurf der ersten *Verfassung* für das Kaisertum Österreich bei den Radikalen dermaßen unbeliebt machte, daß es des Sukkurs der Akademischen Legion bedurfte, um den gediegenen Alt-Liberalen vor Gewalttätigkeiten zu schützen. In Österreich hat die Revolution nicht ihre Kinder gefressen, aber dermaßen rasch konsumiert, daß nach 1848 das Experimentieren mit der Verfassung nicht mehr aufhörte und die nachfolgende Republik diesen Tätigkeitsdrang übernahm.

So wie die Großmutter hat auch Franz zu Lebzeiten für seine Generation einen Zubau zur Kaisergruft bei den Kapuzinern schaffen lassen. Nach den Exequien in der Oberkirche der Kapuziner hoben Mönche den Sarg, die Angehörigen blieben in der Kirche, hinunter gingen nur die Infulierten, also Bischöfe und Äbte, samt ihrer Assistenz, und der Obersthofmeister des Verstorbenen sowie einige Hofchargen. Unten angekommen, setzte man den Sarg auf ein Podest, das zwischen der Gruft Maria Theresias und der Franzens-Gruft errichtet war. Symbol des endgültigen Übergangs aus dem mariatheresianischen Österreich in eine andere Zeit. Noch einmal segnete der Erzbischof den Toten. Dann überreichte der Obersthofmeister dem Guardian der Kapuziner und einer Hofcharge zwei der drei Schlüssel zum Sarg. Man öffnete die Schlösser, schlug die weiße Decke zurück und ein letztes Mal sahen menschliche Augen die leibliche Gestalt des Kaisers Franz. Es wurde still in der Gruft. Dem Obersthofmeister Fürst Colloredo kamen die Tränen; andere waren froh, daß duftende Kräuter gestreut wurden. Die Herrschaft des Todes über die irdische Majestät war entschieden. Der Fürst fragte den Mönch, ob er in dem Toten den verstorbenen Kaiser erkenne, der Gefragte sagte: Ja. Dann schloß man den Sarg.

Am darauffolgenden Tag wurden im schwarz drapierten und nur schwach beleuchteten Obersthofmeisteramt die für die Öffentlichkeit bestimmten Teile des kaiserlichen Testaments verlesen. Noch war man gerührt über den Satz, mit dem Franz seinen Untertanen seine *Liebe* vermachte. Man ahnte nicht, wie groß das eigentliche Vermächtnis, die Monarchie, war und was den Menschen fehlen wird, wenn einmal diese Friedensordnung im Donauraum nicht mehr bestehen wird. Auf das kurz vor der Revolution von 1848 enthüllte Denkmal im Inneren Burghof kam das Wort Untertanen, in der lateinischen Übersetzung als popolus gesetzt. Alte Diener, Militärs und Zivilisten, waren ein wenig gerührt, weil sie den allerletzten und größten Dank des Kaisers bekamen. Den Kaiserlichen bestätigt nämlich Franz wörtlich, *sie* und niemand anderer hätten ihm den Thron erhalten. Ihnen empfahl er den Sohn und seine Nachkommen.

Ob der Kaiser, der den Napoleon überstanden hat, ahnte, daß Kaiserliche selbst seine Monarchie, wenn auch nur um Tage überstehen werden, im Jahre 1918? Daß große Teile dieser Armee aber dann noch vor dem Feind standen, als ihre Heimat als Nachfolgestaat der Monarchie in den Staatskanzleien der äußeren Feinde Österreich-Ungarns längst als Verbündete anerkannt und berufen waren? Es ist aber so gewesen, und es war diese Treue kein leerer Wahn. Der Selbstmörder ist im Augenblick des Todes wohl wahnsinnig. Für eine Idee stirbt kein Wahnsinniger. Mag auch der Sinn des Vielvölkerreiches an der Donau erst viel später von denen erkannt worden sein, die seinen Bestand nicht mehr erlebten, dafür aber die Qualen derer, die nachher ihre eigenen Staaten in dieser Mitte Europas bekamen. Es fiel eine lange Abenddämmerung über Altösterreich, ehe es Nacht wurde in Europa.

Epilog

Der Bruder Gruftmeister des Convents der Kapuziner am Neuen Markt in Wien schaute skeptisch hinauf zu dem in mehreren Dimensionen körperlich überragenden republikanischen Minister. Er nannte ihn ungeziemenderweise eine Exzellenz, glaubte aber dennoch nicht, was der Minister in Aussicht stellte: Man könnte sich vorstellen, daß die Republik aus öffentlichen Mitteln einen Beitrag zur Erhaltung der im Verfall befindlichen Kaisergruft und ihrer Denkmäler leisten würde. Tatsache war, daß es der Republik nur recht war, das Reich der Habsburger auf die Gruftgewölbe bei den Kapuzinern in Wien beschränkt zu wissen; man bestritt zwar nicht, daß die Kaisergruft eine jener Sehenswürdigkeiten im Lande war, deren Bestand der Fremdenverkehrsindustrie zugute kam; aber man dachte nicht daran, sozusagen die Grabpflege in der Habsburgergruft zu übernehmen. Einen lebendigen Habsburger, der nicht allen Rechten aus der Zugehörigkeit zu diesem Haus abgeschworen hatte, ließ man nicht ins Land.

Wie bei jedem Besuchsgang durch die Gruft hatte der Bruder Gruftmeister bei aller Sorgfalt, mit der er die Verfallserscheinungen aufzeigte, nicht versäumt, auch dem republikanischen Minister da und dort ein Wort über den Totenkult in der Kapuzinergruft zu sagen. Er selbst hatte noch bei den Kaiserlichen gedient, aber die jungen Leut', die in die Schulen der Republik gegangen sind, wußten nichts, außer Schlechtes, über die Habsburger. So erfuhr die Exzellenz, die keine Exzellenz war, daß die letzte Beisetzung in der Gruft in Zeiten des Dritten Reichs stattgefunden hat. Es war nicht zu bestreiten, daß die damaligen Machthaber, ungern wie man sich ihrer in der Ostmark erinnerte, wenigstens den Toten des Hauses Österreich zugestanden haben, was der Republik von 1918 unwillkommen war. Und so ist die Mutter des letzten Kaisers, Karl I., der als Staatsgefangener der Sieger von 1918 auf der Insel Madeira gestorben ist, dahin gekommen, wo ihr Sohn, auch als Toter, nach wie vor unerwünscht war. Immerhin war die Kaiserin keine gebürtige Ostmärkerin, wie man damals sagte, sondern eine sächsische Prinzessin der Herkunft nach und im Dritten Reich in Bayern gestorben. Im Zeitpunkt des Todes also Reichsbürgerin. Oder, wie man in Wien damals sagte, aus dem Altreich, als ob die Ostmark nicht von alters her zu jenem Reich gehörte, das von Karl dem Großen her datierte, freilich kein Nationalstaat war wie das Dritte Reich.

1944 war die Geheime Staatspolizei/Leitstelle Wien immerhin gewarnt vor unerwünschten Randerscheinungen, wie sie sich kurz zuvor bei einer anderen Beisetzung in der Kaisergruft ereigneten. Als nämlich der plötzlich in Wien lebende Erzherzog Joseph Ferdinand, Armeekommandant über Truppen Österreich-Ungarns und des Deutschen Reiches im Ersten Weltkrieg, verstarb, tauchten plötzlich vor den Kirchentüren der Kapuzinergruft Männer auf, die beanspruchten, in die Kirche eingelassen zu werden. Sie stellten sich den Organen der Staatspolizei als gewesene österreichische Kampfflieger des Ersten Weltkrieges vor und machten geltend, daß der Tote zuletzt Kommandant der k. u. k. Fliegertruppe gewesen ist. Skandalöserweise befand sich unter diesen Individuen auch ein Offizier der Deutschen Luftwaffe, dessen mausgraue Uniform herausstach. Das war ein Skandal, man bedeutete den Herren, sich wegzubegeben, denn es gäbe in Wien Örtlichkeiten, dahin zu kommen nicht im Interesse der Betroffenen lag.

So fand die Beisetzung der Mutter des letzten Kaisers von Österreich unter Ausschluß der Öffentlichkeit statt, die Besucher des Requiems wurden perlustriert und registriert. Immerhin war sie die Großmutter des letzten Kronprinzen, Erzherzog Otto, dessen man leider im Westfeldzug 1940 nicht Herr wurde. Das war damals, als der Sohn und Erbe der deutschen Kronprinzen in Frankreich vor dem Feind fiel und fortan keine Angehörigen ehedem regierender Häuser in diese Gefahr kommen sollten; wobei weniger an die Lebensgefahr der Betroffenen gedacht war, als an die Gefahr, die dem Dritten Reich erwuchs, wenn es sich herausstellen sollte, daß es sich beim Adel in Deutschland nicht nur um Individuen handelt, wie sie in den damaligen Zeitungen abqualifiziert wurden. Wer in Wien dachte aber im Jahre 1944, als die Bomberverbände der Westmächte wacker fortfuhren, die zur Befreiung bestimmte Stadt Wien zu zerstören, an jenen Tag vor vierzig Jahren, als der damalige populäre Bürgermeister der k. k. Reichshaupt- und Residenzstadt Wien, der Doktor Lueger, jenen Park eröffnete, an dessen Schönheiten sich die Ankömmlinge auf dem nahen Süd- und Ostbahnhof beim Betreten der Stadt erfreuen sollten? Die Parkanlage bekam den Namen Maria-Josepha-Park, die Wiener aber nannten ihn, so wie die Erzherzogin selbst, Mitzi-Pepi-Park. Die Erzherzogin hatte damals den Mut, sich, wenn auch mit großem Takt, an die Seite derer zu stellen, die nicht für die *Zerstörung* der Monarchie, sondern für deren *Erhaltung* kämpften. Und der Doktor Lueger ist nach einigen politischen Exzessen in Jugendtagen zuletzt zu dem Bekenntnis gekommen, man könnte die Leut' seiner Partei durchschneiden und werde finden, sie seien

»... schwarz-gelb bis auf die Knochen«.

Diese Farbechtheit der Partei war um 1918 nicht mehr gegeben, ihre Führer schwenkten nicht ungeschickt auf den Linkskurs ein, in dem ihnen immer jene voraus waren, die schon seit eh und je für die Republik und gegen die Monarchie waren. Längst, schon in der Monarchie, hat man zwischen *brauchbaren* und *unbrauchbaren* Typen unter den Habsburgern unterschieden. Der unglückliche Kronprinz Rudolf war demnach ein brauchbarer, ein fähiger Typ; sein Vetter Johann Nepomuk Salvator, der aus Trotz alles hinschmiß und als Johann Orth verschollen ist, ebenso; jener Erzherzog Leopold, der in der Republik unter dem bürgerlichen Namen Wöfling in Floridsdorf einen Greißlerladen führte und unter dem Hitler, wie man sagte, in Berlin gestorben ist, detto; auch den Gemahl der 1944 verstorbenen Erzherzogin Maria Josepha rechnete man diesem Kreis zu.

Generell wurde vor und nach 1918 die Unterscheidung zwischen brauchbaren und unbrauchbaren Habsburgern im Einzelfall dort gezogen, wo es galt zu untersuchen, ob der Betreffende dem eher *konservativen* Typ angehörte oder ob er *zeitaufgeschlossen,* am besten erklärterweise *liberal* war. Erst später geschah es, daß die einzige Tochter des Kronprinzen Rudolf eingeschriebenes Mitglied der Sozialdemokratischen Arbeiterpartei Österreichs wurde. In der Republik das Non plus ultra.
Die Beisetzung im Jahre 1944 erfolgte indessen so, als ob die ätzenden Säuren der Zeitkritik an die Tote nicht herangekommen wären. Das Requiem in der Kapuzinerkirche hielt der letzte Hofbischof, er, der noch an jenem Tag im November 1916 dem sterbenden Kaiser Franz Joseph die Kommunion im Arbeitssalon des Monarchen gereicht hat. Und das LIBERA hielt kein Geringerer als der damalige Kardinal-Erzbischof von Wien, Theodor Innitzer, der die anfangs in ihn gesetzten Hoffnungen der 1938 ins Land gekommenen Gauleiter so sehr enttäuscht hat. Noch immer lag ein Abglanz unzerstörbarer Größe über diesem Gottesdienst, bis sich, wie immer, Kapuzinermönche des Sarges bemächtigten und ihn hinuntertrugen in die Gruft. Und es wurden, so wie einst bei den Beisetzungen mächtiger Monarchen, die »gewöhnlichen gebetter« gesprochen, so wie für jede arme Seele, die schon vor Gottes Gericht steht.
Was Ende der fünfziger Jahre der damalige Bruder Gruftmeister noch nicht wissen konnte, war, daß die Kaisergruft nachher ein letztes Mal für einen toten Heimkehrer geöffnet wurde. Erzherzog Leopold Maria Alfons starb in den USA, in einem Krankenhaus, wo man vom Haus Österreich etwa die Vorstellung hatte, die ein Österreicher von den wahren Zuständen in den USA hat. Man kremierte den Leichnam, es machte keine Schwierigkeiten, die Urne nach Wien zu versenden, wo in aller Stille die Beisetzung geschah. In Wien hatte man um diese Zeit andere, die Kaisergruft betreffende Sorgen. Auch die Gruftgewölbe hatten im Bombenkrieg und unter dem Artilleriebeschuß gelitten. Nur notdürftig haben die Kapuziner mit Hilfe Unbekannter die Schäden provisorisch behoben. Nicht das war die größte Gefahr für die Gruft:

Eine Seuche schien die herrlichen Grabdenkmäler, unersetzliche künstlerische Leistungen aus Zeiten von Barock und Rokoko, auch aus späteren Zeiten, befallen zu haben. Die *Zinnpest,* wie man unfachmännisch sagte.

Nach Beendigung des Rundgangs in der Kaisergruft sagte denn auch der Bruder Gruftmeister zur sogenannten Exzellenz:

»Vorige Woch'n wär' uns beinah' der Kaiser Franz durchg'fall'n.«

Dem so erwähnten Kaiser wäre die Ausdrucksweise des Kapuziners gut verständlich gewesen, er hätte die drastische Rede wohl kaum zurückgewiesen. Der republikanische Exzellenzherr konnte mit dem Satz nichts anfangen. Bis der Bruder Gruftmeister erklärte, es hätte sich vom Sarkophag, in dem besagter Kaiser beigesetzt ist, die Bodenplatte etwas gelöst. Die dem Sarkophag drohende Beschädigung war vielleicht nicht so groß, wie sie der Kapuziner dem Politiker hinstellte; aber ersterer wußte zweifellos, daß Politiker zwar bei Versprechungen ungemein leutselig, beim Halten aber eher zurückhaltend sind. Wohl um die falsche Exzellenz zu beschämen, fuhr der Gruftmeister fort:

»A Glück, daß mei' Bruder a g'lernter Spengler is'. So hab'n ma miteinander den Boden ang'hoben und provisorisch festg'macht . . .«

Provisorien haben in Österreich die Eigenschaft, daß sie zu oft *Definitiva* werden, während gedachte definitive Lösungen sich später als nur vorübergehend, als provisorisch herausstellen. Das gereicht den Österreichern nicht zur Schande, denn so geht es nun einmal zu auf dieser Welt. Nichts dauert ewig.

Nun war es an der Zeit, die Sache nicht auf den Schultern eines Kapuziners und eines konzessionierten Wiener Spenglers sowie des Ordensconvents ruhen zu lassen. Noch stritten sich die Technologen, was es mit der Zinnpest wirklich auf sich hat, da entstand unter den Wienern ein Verein zur Rettung der Kapuzinergruft. Die meisten Spenden zu dem gedachten Zweck kamen von den kleinen Leuten, leider aber nicht genug Geld zur Rettung der Kaisergruft. Immerhin war ein republikanischer Minister für Fragen des Fremdenverkehrs zuständig, auch für den Wiederaufbau nach den Kriegszerstörungen, ein überzeugter Österreicher und also alarmiert. Budgetmittel mußten her zur Rettung der Gruft. Vorderhand konnten sie nicht reichen, immerhin war es ein gutes Zeichen, daß in Österreich, da noch Fensterrahmen ohne Glasfenster bestanden und ein Drittel des Wohnraums in Wien zerstört war, schon mehr Sinn für das letzte Haus des Hauses Österreich aufkam. Den Rest besorgte das Schicksal, dem bekanntlich niemand entgeht.

Anno 1782 hat Kaiser Joseph II. die Vermögensmassen von 700 aufgelassenen Klöstern und den Ertrag aus hastig durchgeführten Verauktionierungen vieler Kunstgegenstände und konfisziertem Kirchenbesitz unter anderem dazu verwendet, um fortan die Geistlichen von Staats wegen zu entlohnen. So wie im Staatsdienst wurden die Posten der Diözesanbischöfe, Pfarrer und Kooperatoren systemisiert, also in einen von Staats wegen aufgestellten Dienstpostenplan aufgenommen; und den so systemisierten Dienstposten stellte ein von Joseph geschaffener Religionsfonds einen zusätzlichen Bezug zur Verfügung, wenn an Ort die Einkünfte des Posteninhabers, des Pfründen-Inhabers, wie man sagte, nicht ausreichten für den Lebensunterhalt. So schuf der Josephinismus kein *Bündnis* von Thron und Altar, sondern mehr, eine teilweise *Kongruenz* beider; und die Österreicher gewöhnten sich an, fortan Kirche und Staat in einer Linie zu sehen. 1938 hat das Dritte Reich das ganze Religionsfondsvermögen konfisziert; wohin wäre man gekommen, hätte man womöglich auch noch die Pfaffen besoldet; anders als im Altreich, wo bei Gehaltsauszahlungen der Beitrag für die Religionsgemeinschaft dem Bezugsempfänger in Abzug gebracht und diese Erträge, von Staats wegen gesammelt, den Kirchen und Religionsgemeinschaften überwiesen werden mußten, war in der Ostmark die Kirche fortan gezwungen, selbst eine Kirchensteuer *vorzuschreiben*, Sterbebeträge *einzuheben*, eventuell *beizutreiben*, wie man sagte, und die Geistlichen aus dem Aufkommen an Kirchensteuer zu entlohnen. Die Leistung dieser Steuer war für die einen in Österreich ein *Bekenntnis* zu ihrer Kirche, für viele aber ein Akt des *Protestes* gegen das herrschende System. Jedenfalls hörten die

Austritte erklärter Sozialdemokraten aus der Kirche auf, um erst in künftigen Zeiten des Wohlstands aus unterschiedlichen Gründen wie nie zuvor einzusetzen.
Nach 1945 waren die beschlagnahmten Fondsmittel so etwas wie »Deutsches Eigentum« und daher von der Republik zurückzufordern. Der Staatsvertrag von 1955 bekräftigte diesen Rückstellungsanspruch. Eine Treuhandstelle wurde für die Verwaltung ehemaliger Fondsmittel beim Unterrichtsministerium eingerichtet. Man darf annehmen, daß diese mindestens so lange Bestand haben wird wie jene Behörde, die zur Abwicklung des Okkupationsfeldzuges von 1878 in Bosnien und der Herzegowina in Wien geschaffen wurde; deren Liquidierung beinahe der Republik von 1918 entgangen wäre.
Jetzt bekam der Gesprächsinhalt der beschriebenen Unterredung des Gruftmeisters mit der sogenannten Exzellenz ein materielles Substrat. Und die Exzellenz zögerte nicht, aus besagtem Fondsvermögen die Mittel zu nehmen, die es brauchte, damit das Ministerium für Wiederaufbau mit der baulichen Rettung der Kaisergruft beginnen konnte. Nie hätte Kaiser Joseph II. zu seinen Lebzeiten daran gedacht, daß sein Klostersturm einmal die Begräbnisstätte seines Hauses in Zeiten ärgster Not vor dem Verfall retten wird. Der Mensch denkt und Gott lenkt.
Nach den Bauleuten nahmen sich endlich die Technologen der sogenannten Zinnpest an; und schließlich retteten die Künstler der staatlichen Denkmalpflege die vielgerühmte unvergängliche Schönheit gefährdeter Grabdenkmäler vor der Vergänglichkeit auf Erden zur Unzeit. Der republikanische Minister ist nach besagter Unterredung mit dem Gruftmeister nur mehr einmal hinuntergekommen in die Kaisergruft. Das war, als nach Fertigstellung der Restaurierungs- und Umbauarbeiten der Kardinal-Erzbischof die Räume segnete und nach unruhigen Monaten, erfüllt mit Arbeitslärm, noch einmal die »gewöhnlichen gebetter« für die Toten sprach. Die Exzellenz, die keine war, gedachte als Österreicher der Taten derer, vor deren Grabstätten man stand. Und jener, die nicht heimkehrten als Tote in die Gruft ihrer Ahnen; so auch der Tochter des Kaisers Franz, Erzherzogin

Leopoldine. Sie hat als Kaiserin von Brasilien an der Seite eines nichtswürdigen Mannes die aus Wien mitgebrachte Würde gewahrt und viel beigetragen zur Unabhängigkeit dieses riesigen Landes jenseits des Atlantiks.

Der gute Kaiser Franz wird vielleicht in einer anderen Welt allen gedankt haben, daß eine gute Arbeit getan wurde; den Kapuzinern, daß sie nie aufhören zu halten, was sie bei jeder Beisetzung durch den Mund ihres Guardians versprachen, nämlich die Grabstätten unter ihre Obhut zu nehmen. Auch wird der Kaiser dem gewesenen Gefreiten und späteren Gruftmeister danken, ihm und seinem Bruder, den im franziszäischen Sinne konzessionierten Spengler, für die Hilfe in düsterer Zeit der Not und des Verfalls.

Die Fremdenverkehrsindustrie in der Republik Österreich aber schwang sich dank einer von Staats wegen geförderten Industrialfreiheit, um noch einmal das Wort zu gebrauchen, empor zu nie gekannten Umsätzen. Ein tagsüber nie abreißender Strom von Besuchern machte auf Sightseeingtours den Gang durch die Kaisergruft mit. Einmal, als besagte Exzellenz nicht einmal mehr eine unstatthafterweise genannte Exzellenz war, sondern gar nichts, hörte er aus einem Schwarm aufgeregter Damen, die aus der Unterwelt der Gruft kamen, eine Dame aus Übersee, Hütchen und Schleier zuckerlrosa, sagen:

»It's very interesting. But Mayerling – You know Mayerling? – is much more interesting.«

Die Szene ging vorbei, und der gute Kaiser Franz wird auch derlei dort überstehen, wo andere Wertmaßstäbe gelten als hier auf Erden.

Querschnitt der Epoche 1815–1835

(Siehe dazu: Heinrich Drimmel, Kaiser Franz, Ein Wiener übersteht Napoleon, Amalthea Verlag, Wien 1981, S. 445 ff.)

I.

A. Der Staat unter Franz (seit 1804 Kaiser von Österreich)

Franz, von Gottes Gnaden Kaiser von Österreich etc. etc., Inhaber der *gesetzgebenden, vollziehenden und richterlichen Gewalt,* Befehlsgewalt über alle Streitkräfte.
Die aus dem Mittelalter stammende, mit der kaiserlichen Gewalt konkurrierende Gewalt der *Stände* war schon unter Joseph II. gebrochen und ist unter dessen Nachfolger – Ungarn ausgenommen – nicht wiederhergestellt worden.

B. Die Zentralverwaltung (sog. Hofstellen) unter Franz

Geheimes Kabinett, unter Graf Colloredo 1792–1805 Amt des »Regierungschefs«, nachher wieder bloßes Hilfsamt der Monarchen.

Staatsrat, seit 1760 beratendes und kontrollierendes Organ ohne Exekutive, 1801 ersetzt durch Staats- und Konferenzministerium als koordinierendes Ratsgremium, 1808 Wiedererrichtung des Staatsrats, 1814 Schaffung eines über dem Staatsrat stehenden Konferenzrats, seit 1826 präsidiert Metternich Konferenzrat.

(Äußeres) *Haus-, Hof- und Staatskanzlei,* Behördenleiter mit verschiedenen Titulierungen, zuletzt Metternichs »Ballhausplatz«.

(Inneres) *Hofkammer und Hofkanzlei* im Mittelpunkt häufiger Verschiebungen der Kompetenzen für Inneres, Finanzen und auch Justiz, zuletzt in Vereinigter Hofkanzlei.

(Unterricht) 1807 *Studien-Hofkommission.*

(Justiz) *Oberste Justizstelle,* 1792 in Vereinigter böhmisch-österreichischen Hofkanzlei, 1801 Oberste Justizstelle, zuweilen auch Oberste Instanz in Rechtsprechung.

(Finanzen) *Hofkammer* etc., 1792 Directorium in Cameralibus (Finanz + Handel), 1797 Hofkammer, um 1800 in Vereinigter Hofstelle, 1801 Hofkammer etc., 1815 Finanzministerium/Allgemeine Hofkammer, Verselbständigung Hofkammer in Kommerzsachen (bis 1821).

(Handel) 1816 Errichtung der *Hofkammer für Kommerz*sachen (1824 wieder mit Hofkammer vereinigt).

(Krieg) *Hofkriegsrat.*

(Polizei) 1792 nach Zuschnitt wie unter Joseph II. *Oberste Polizeistelle,* 1801 Oberste Polizei- und Zensurs-Hofstelle.

C. Nachgeordnete Behörden in den Königreichen und Ländern

Gubernien in den Ländern seit 1763, unter Joseph II. Konzentration der Ressorts innerhalb der Gubernien, Zusammenlegung von Gubernien (z. B. Mähren/Schlesien), abweichende Ordnung in Ungarn.

Kreisämter, Exekutivorgane übergeordneter Instanzen, Vorsorge für öffentliche Sicherheit und Wohlfahrt, Schutz der Grunduntertanen der Grundherrschaften.

Magistrate, seit Joseph II. Bürgermeister staatliche Beamte, örtliche Zuständigkeiten in Verwaltung, Zivilrechtspflege, Strafrechtspflege, Polizei.

Herrschaft in den untertänigen Gütern nach Aufhebung der Leibeigenschaft unter Joseph II. Rest von Hoheitsrechten in Verbindung mit privatrechtlichem Grundeigentum.

II.

Menschenschicksale, Ideale, Idole und Ideologien 1815–1835

Abraham a Sancta Clara, * Schwaben 1644, † 1709, Augustinerbarfüßer, Volksprediger der Türken- und Pestzeit, Hofbauer (s. d.) wurde ein zweiter A. genannt.

Amerling, Friedrich (von), * Wien 1803, † 1887, Porträtist und Genremaler im Wiener Biedermeier.

Andrian-Werburg, Viktor, Freih. v., * Görz 1813, † 1858, zuletzt k. k. Feldmarschalleutnant, zugleich anonymer Kritiker des Systems.

ANTIKLERIKALISMUS: Unveränderliche Zielansprache jedes konsequent gehandhabten Liberalismus und Sozialismus.

Arnstein, Franziska (Fanny), * Berlin 1758, † 1818, geborene Itzig, geschiedene Nathan, ihr Salon 1814/15 Treffpunkt bedeutender Persönlichkeiten der Kongreßära.

Artaria, Domenico, * Lombardei 1775, † 1842, Kunsthändler in Wien, Verleger (Mozart, Beethoven, Schubert), jetzt Artaria & Co.

Arthaber, Rudolf (von), * Wien 1795, † 1867, Pionier der Textilfabrikation in Österreich, hervorragend als Liberaler in Wirtschaft, Politik und Kunstförderung.

Auer, Alois (Ritter von), * Wels 1813, † 1869, Buchdruckergeselle, zuletzt Direktor der k. k. Hof- und Staatsdruckerei, Vater des Erfinders des Auer-Glühstrumpfes.

Auspitz, Lazer A., * Mähren 1772, † 1853, jüdischer Großindustrieller (Textilien) und Großhändler.

Balacci, Anton (Freih. von), * Wien 1772, † 1841, seit 1781 im Staatsdienst, denunziert als Motor der »italienischen Clique bei Hof« und Kriegshetzer sowie übler Berater des Kaisers Franz.

Beethoven (siehe: Kaiser Franz), hier: Lehrer und Freund Erzherzog Rudolfs, der Abwerbung mehrmals verhinderte, komponierte 1792 »XII Deutsche Tänze«, siehe Walzer.

Belgiojosa, Fürstin Christina, * 1808, † 1871, Schriftstellerin, Propagandistin und Mitkämpferin im Risorgimento, lange Zeit maßgebend für anti-österreichische Geschichtsdarstellungen.

Bellegarde, Heinrich Graf (siehe: Kaiser Franz), richtete 1815 in Mailand österreichische Verwaltung wieder ein, Vertreter einer Befriedungspolitik in Italien, nachher Präsident des Hofkriegsrats und im diplomatischen Dienst.

Bentinck, William C. (Lord), * Portland 1774, † 1839, englischer Militär, Gouverneur in den Kolonien, Politiker (Whig/Liberaler), Feind der Achse Castlereagh/Metternich von 1813.

Berger, Thadäus (von), * Wien 1774, † 1842, Großindustrieller (Textilien), 1819–1842 Direktor der Österreichischen Nationalbank.

Biedermeier: Nach 1848 versuchte Diskriminierung der Spätromantik, die als philiströs, banausisch und reaktionär abgetan wird; Ausdruck in Österreich vor 1848 unbekannt.

Bigottisch: Wienerisch für blindgläubig, frömmelnd, scheinheilig (fr.: bigot = abergläubisch, buchstabengläubig, engl.: bi god = bei Gott).

Bismarck, Otto von (Herzog), * Schönhausen 1815, † 1898, Corpsier in Göttingen, 1836 im preußischen Staatsdienst, vom Konservativen zum Realpolitiker geworden, Gründer des Zweiten Reiches 1871/1933.

Bolivar, Simon, * Caracas 1783, † 1830, Anstifter der Unabhängigkeitsbewegung in spanischen Provinzen Südamerikas, stets gestützt auf englische Hilfen. FM.

Bolzano, Bernard, * Prag 1791, † 1848, katholischer Priester, Hauptvertreter des Liberal-Katholizismus in Österreich, 1819 als Universitätsprofessor suspendiert, zuletzt vom Priestertum abgefallen, nach 1918 in Prag gegründete Loge trug seinen Namen.

Bösendorfer, Ignaz, * Wien 1796, † 1859, Klaviermacher, gründete 1828 in Wien später weltbekannte Klavierfabrik.

Braumüller, Wilhelm (Ritter von), * Thüringen 1807, † 1884, Buchhändler und Verleger, vor 1848 verdient um Verbreitung in Österreich verbotener Literatur. FM.

Bubna, Ferdinand, Graf, * Böhmen 1768, † 1825, seit 1785 in der k. k. Armee, zuletzt Feldmarschall, Vertrauter des Kaisers, 1814 General-

Gouverneur im besetzten Piemont, 1815 kommandierender General in Mailand, 1821 Oberkommandant der k. k. Interventionstruppen in Piemont/Sardinien. FM(?).

Büchner, Georg, * Hessen 1813, † 1837, als Student in Straßburg aktiv in pietistisch eingestelltem Kränzchen, in Gießen nach Julirevolution 1830 in radikalen Kreisen, Gründer der geheimen Gesellschaft für Menschenrechte, als Dramatiker (»Dantons Tod«, »Woyzeck«) bahnbrechend, aber erst nach 1918 auf deutschen Bühnen bekannt.

Byron, George, Lord, * London 1788, † 1824, nach Skandalaffären in England unmöglich geworden, übersiedelte er ins 1814 österreichisch gewordene Mailand, dort als Carbonari sogleich in Verbindung mit gegen Österreich gerichteten politischen Bewegungen, »Byronismus«, unvergängliche literarische Bedeutung, gestorben als Teilnehmer am Unabhängigkeitskrieg der Griechen vor Misolongion.

Calafati, Basilio, * Triest 1800, † 1878, als Praterhüttenbesitzer führte er erstes Pferde-Ringelspiel, nachher Nachbildungen von Lokomotiven und Waggons, die 9 Meter hohen Chinesen als »Calafati« bis 1945 – Brand im Wurstelprater – Sehenswürdigkeit.

Canning, George, * London 1770, † 1827, vom Tory zum Parteigänger der Whig geworden, im Zweikampf mit Castlereagh, unterstützte Revolutionen gegen die Ordnung von 1815, beginnender Bruch der Achse London/Wien. Außen- und Premierminister.

Caroline Augusta, Prinzessin von Bayern, * Mannheim 1792, † 1875, als Charlotte in Scheinehe mit Wilhelm, Kronprinz von Württemberg, 1814/15 Ehe auf Verlangen Wilhelms getrennt, kirchlicherseits Eheband nachgesehen, 1815 vierte und letzte Gemahlin Franz' I., förderte Kunst und Wohltätigkeit ihrer Zeit in Österreich.

Cartwright, Richard, * Preston 1732, † 1792, Konstrukteur von Spinnmaschinen, führte 1790 Dampfmaschine im Fabriksbetrieb ein, Pionier der Industrialisierung in England sowie des Industriesystems im ganzen.

Casteli, Ignaz, * Wien 1781, † 1862, Beamter, als Dichter verdient 1809, entschiedener Vertreter liberalistischer Anschauungen in zahlreichen Werken.

Castlereagh, Robert Stewart (Marquis), * Irland 1769, † 1822, nach 1800 als Kriegs- und Außenminister im Kampf gegen Napoleon führend, 1813

Achse London/Wien als Ergebnis des Vertrauensverhältnisses Metternich/Castlereagh, unterstützte bis zuletzt Österreich als Ordnungsmacht in Italien, für Erhaltung der sozial-konservativen Ordnung auf dem Kontinent (gleichzeitig Förderer des Aufstands in den Spanischen Kolonien gegen das Mutterland), Selbstmord im Irrsinn.

Cloeter, Heinrich Friedrich, * Thüringen 1795, † 1885, als Student der Evangelischen Theologie in Jena Budengefährte Sands (siehe dort), zuletzt Pfarrer.

Colloredo-Mannsfeld, Joseph, Fürst, * Regensburg 1735, † 1818, seit 1756 in der k. k. Armee, zuletzt Feldmarschall, 1806/09 Präsident des k. k. Hofkriegsrats, Staats- und Konferenzminister.

Confalonieri, Federico, Graf, * Mailand 1785, † 1846, Sohn des k. k. Kämmerers C., seit 1814 führend unter den Italiani puri im Kampf gegen Österreich, 1821 nach Hoch- und Landesverrat zum Tod verurteilt, lebenslange Haft 1836 nachgesehen. FM.

CONTRAMASONI: schwächlicher Versuch kirchlicher Kreise, eine gegen die Loge gerichtete Geheimorganisation zu betreiben, zuerst gegen Napoleon und dessen Freunde in der Loge gerichtet, nach 1814 gegen Logenwesen im österreichischen lombardo-venetianischen Königreich.

Cotta, Johann Friedrich (Freiherr von), * Stuttgart 1764, † 1832, bedeutend als Verleger der Werke Goethes, Schillers, führend im Frühliberalismus Württembergs, Herausgeber der »Allgemeinen Zeitung« als Kampforgan gegen Metternich, stets in Verbindung mit liberalen Politikern in Frankreich, Förderer von Charles Sealsfield recte Postl (siehe dort). FM.

Czernin, Johann Rudolf, Graf, * Wien 1757, † 1845, Oberstkämmerer, auch stellvertretender Obersthofmeister, Kunstförderer, brachte Schreyvogel ans k. k. Hofburgtheater, Reformator der Sammlungen des Kaiserhauses. FM.

Czerny, Karl, * Wien 1791, † 1857, Schüler Beethovens, Lehrer Liszts, Konzertpianist, Musikpädagoge einer Generation von Klaviervirtuosen.

Daffinger, Moritz Michael, * Wien 1790, † 1849, der Porträtist der Prominenz im Vormärz, von ihm Miniaturen und Porzellanmalerei.

Dannhauser, Joseph, * Wien 1805, † 1875, Vertreter der Wiener Genremalerei seiner Zeit.

Dehne, August, * 1795, † 1875, k. k. Hofzuckerbäcker im Vormärz, hervorgetreten in der Revolution von 1848, Geschäft ging über an Demel, bis 1918 k. k. Hofzuckerbäckerei nahe der Hofburg.

DENUNZIATIONSWESEN: »... denn sind die (= Denunzianten) blosse geburten von verläumdung oder der unwissenheit ... so entstehen darüber volumina von unnützen schreibereyen ... ist aber die anzeige wirklich begründet und es wird bey der initiative des geschäfts nicht die gehörige vorsicht gebraucht, so erlangen die dadurch betroffenen stellen ... mittel, nämlich die wahrheit ganz zu unterdrücken« (Baldazzi, siehe dort, in Denkschrift, gerichtet an den Kaiser im Jahre 1806).

Drasche, Heinrich (von), *Brünn 1811, † 1880, Ziegeleibesitzer in Inzersdorf/Wien, Großunternehmer, während der Ringstraßenära Spekulant im Grundstücksverkehr, zugleich zu seiner Zeit vorbildlich mit freiwilligen Sozialleistungen, im Klassenkampf wurde Unternehmen Zielfigur der Polemiken.

Dreher, Anton, * Kleinschwechat 1810, † 1863, machte väterliche Brauerei zur weltgrößten, politisch als Liberaler hervorgetreten.

Duka, Peter (Freiherr von), *Esseg 1756, † 1822, seit 1756 in der k. k. Armee, zuletzt Feldzeugmeister, in Befreiungskriegen im Stab des Kaisers, nachher Staatsrat. FM.

Eger, Friedrich, * 1734, † 1812, Weltpriester, als Staatsrat unter Kaiser Franz in religiösen Fragen konsequenter Vertreter der Ideen der Aufklärung und des Josephinismus.

Eichmann, aus Sachsen kommend, schuf er in Böhmen die erste Papierfabrik nach Erfindung der Papiermaschine seiner Zeit.

Engerth, Wilhelm, *Preußen 1814, † 1884, studierte am Wiener Polytechnikum mit Staatsstipendium, akademischer Lehrer, Fachmann im Maschinen- und Lokomotivenbau mit Weltruf.

Eskeles, Bernhard (Freiherr von), * Wien 1753, † 1839, seit 1773 im jüdischen Bankhaus Arnstein und Eskeles, im Vormärz politisch einflußreich, Mitbegründer der Österreichischen Nationalbank und der Wiener Sparkasse.

FABRIK: »Fabrique heißt sowohl die Werkstatt, darinnen die Ware gemacht wird, als auch die Ware selbst. Lat. Officium mercium parandum; zum Exempel: Seiden-, Wollen-, Strumpf- und Bandfabriquen ...« (Hinweis: Johann Hübner, Reales ... Lexikon, Regensburg und Wien 1759, Seite 390). Siehe auch Manufaktur.

Felder, Cajetan (Freiherr von), * Wien 1814, † 1894, als Vollwaise Stipendist am Benediktinergymnasium Seitenstetten, Advokat, Polyhistor von Rang, 1848 als liberaler Gemeinderat hervorgetreten, 1868/78 Bürgermeister von Wien in der Glanzzeit der Ringstraßenära, reich geworden als Verwalter großer Vermögen (Dreher-Erbe u. s. m.)

Fendi, Peter, * Wien 1796, † 1842, als Genremaler bei Hof geschätzt und bevorzugt, frömmelnde Manier solcher Bilder steht im krassen Gegensatz zur brutalen Obszönität seiner in gewissen Kreisen gesuchten Darstellungen.

Fenner, Franz Philipp, Freiherr von Fenneberg, * Salurn 1762, † 1824, seit 1777 in der k. k. Armee, zuletzt Feldmarschalleutnant, führte 1813/14 die (Tiroler) Fenner-Jäger, nachher 2. Inhaber des Regiments Tiroler Kaiserjäger. Sohn *Daniel,* in der Armee unhaltbar, führend in den Aufstandsbewegungen 1848/49, zuletzt bevorzugt begnadigt.

Ferdinand, ältester Sohn des Kaisers Franz, * Wien 1793, † 1875, 1835–1848 Kaiser von Österreich, in der Revolution abgedankt, letzter gekrönter König von Böhmen.

Ficquelmont, Karl Ludwig, Graf, * Lothringen 1770, † 1857, zuletzt k. k. General der Kavallerie, 1840 Staats- und Konferenzminister, 1848 k. k. Außenminister und Ministerpräsident ad interim. FM.

Fischer, Joseph Emanuel, * Wien 1693, † 1742, kaiserlicher Oberbaumeister, vollendet Wiener Karlskirche, k. k. Hofbibliothek, Ingenieur, Erfinder (erste dampfbetriebene Pumpen in Österreich).

Follen, Amtmann der Universität Gießen, seine Söhne traten als Burschenschafter um 1820 politisch hervor:

– *August Adolf,* * Gießen 1794, † 1855 im Exil, führend in radikalen Kreisen der Ur-Burschenschaft in Gießen und Heidelberg, Verfasser einer (republikanischen) Reichsverfassung, 1819/20 in Haft, nachher in die Schweiz emigriert.

– *Karl,* * im Kreis Vogelsberg/Hessen 1796, † 1840, Führer der »Gießener Schwarzen«, in Jena der »Unbedingten«, Einfluß auf Sand (siehe dort) blieb unentdeckt, entging Demagogenverfolgung durch Emigration in die USA, dort Lehrer an der Harvard University und Sektenprediger, bei Schiffsunglück ertrunken.

–*Paul,* nach politischen Versuchen in die USA emigriert.

Fontanelli, Achille (Reichsgraf), * 1755 Modena, † 1837 Mailand, seit 1796 Soldat unter Bonaparte, zuletzt Generalleutnant und Kriegsminister im (napoleonischen) Königreich Italien, 1809 als Divisionär erfolgreich gegen die Österreicher, 1814 in geheimer Verbindung mit Mailänder Putschisten, trotzdem als k. k. Feldmarschalleutnant in k. k. Armee übernommen, 1818 pensioniert, mit militärischen Ehren (Radetzky!) begraben.

Foscolo, Ugo, * Zanti 1778, † 1829, typischer Opportunist der Revolutionsära in Italien, 1818 von Bellegarde als Herausgeber der BIBLIOTECA ITALIANA herangezogen, gestorben als entschiedener Parteigänger des Risorgimento; Dichter, Soldat, Politiker.

Fries, Familie, aus dem Elsaß nach Österreich eingewandert, unter Maria Theresia und Franz Kriegsgewinner.

–, *Moritz,* * Wien 1777, † 1826, Großhändler und Bankier, auch Kunstmäzen, dessen Sohn

–, *Moritz II.* richtete Unternehmungen zugrunde, bekam von Metternich Pfründe im diplomatischen Dienst, rangierte sich durch Heirat mit Flora Pereira.

Gaisrück, Carl Cajetan, Graf, * Klagenfurt 1769, † 1846, Priester, als Weihbischof von Passau nach 1814 von Franz zum Erzbischof von Mailand berufen, 1824 Kardinal, bemüht um Befriedungsaktion im lombardo-venetianischen Königreich.

Gaj, Ljudewik, * Kroatien 1809, † 1872, Dichter, Schöpfer der politischen Idee des »Illyrismus« der Südslawen, benutzte sprachwissenschaftlichen Arbeiten Karadžić' (siehe dort), um in lateinischer Schrift dessen serbo-kroatische Schriftsprache für seine Landsleute zu verwerten.

Ganahl, Carl, * Feldkirch 1807, † 1889, führender Industrieller in Vorarlberg, 1833 Baumwollspinnerei in Frastranz (siehe auch Rhomberg), politisch als Liberaler hervorgetreten.

Gauermann, Friedrich, * Niederösterreich 1807, † 1862, Graphiker, Genre- und Landschaftsmaler, sein Vater Jakob Kammermaler Erzherzog Johanns.

Georg III., Friedrich Wilhelm, * London 1738, † 1820, seit 1760 König von Großbritannien und Irland sowie Kurfürst von Hannover, Bundesgenosse Friedrichs des Großen, 1810 entmündigt.

Georg IV. (Sohn Georgs III.), * London 1762, † 1830, wuchs im offenen Konflikt zum Vater und inmitten zahlreicher Skandalaffären heran, gab Hannover 1819 Verfassung, trat als Reaktionär dem Liberalismus seiner Zeit entgegen. FM.

Gerstner, Franz Anton (von), * Prag 1796, † 1840 (USA), Professor am Wiener Polytechnikum, Erbauer der ersten Schieneneisenbahn (Pferdekraft) auf dem Kontinent, nachher gesuchter Erbauer von Eisenbahnen in Europa und Übersee, zerstritt sich in Österreich mit Aktionären seiner Firma.

Geymüller, Johann Heinrich (Freiherr von), * Basel 1754, † 1824, Bankier in Wien, Mitbegründer der Österreichischen Nationalbank, als Kriegsgewinner dennoch Mittelpunkt oppositioneller Kreise im Vormärz. FM.

Ghega, Karl (von), * Venedig 1802, † 1860, doktorierte schon 1820 in Wien, Straßen-, später Eisenbahnbau-Fachmann, unter Franz Projektor der späteren Nordbahnstrecke, als Lokomotivenkonstrukteur Weltruf, zuletzt Leiter der Verkehrssektion unter Franz Joseph I.

Gindely (recte Gindele), Anton, * Prag 1829, † 1892, Landesarchivar, Professor an Universität Prag, als Verfasser von Gymnasiallehrbüchern tragend für die Staatsauffassung des franzisko-josephinischen Österreich.

GIOVINE ITALIA, Junges Italien, 1831 von Mazzini im Exil gegründet, Bewegung für ein demokratisch-republikanisch strukturiertes, geeintes Italien, als geheime Gesellschaft in Österreich tätig, Zeitschrift »La Giovine Italia«; Bewegung ging nach 1848/49 über in »Assoziazione nazionale italiana«; wurde Anstoß für *Junges Deutschland, Jeunesse France* und gedacht als Avantgarde des Liberalismus in Umsturzbewegungen nach 1830, unter Einfluß sozialistischer Tendenzen zuletzt Hinwendung zum Linksliberalismus.

Gladstone, William, * Liverpool 1819, † 1898, als Konservativer ins Parlament gekommen, nachher bedeutendster liberaler Staatsmann im England seiner Zeit, konsequenter Gegner der Großmachtstellung Österreichs.

Goess, Peter, Graf, * Florenz 1774, † 1846, seit 1799 im k. k. Zivildienst, erfolgreich in der Führung der Verwaltung Dalmatiens, der Steiermark, Kärntens, Triests und Galiziens, nach 1815 Venetiens, dann Kanzler der lombardo-venetianischen Hofkanzlei in Wien.

Gomperz, Leopold, * Brünn 1782, † 1857, Familie verwandt und verschwägert mit jüdischen Familien Auspitz, Wertheim, Bettelheim, Todesco, im liberalen Zeitalter mit vielen Vertretern führend in Wirtschaft, Politik und kulturellem Leben. Bis zuletzt loyal zum Haus Österreich.

Grillparzer, Franz (siehe: Kaiser Franz), bevorzugter Schützling der Kaiserin Caroline Augusta.

Gutzkow, Karl, * Berlin 1811, † 1878, Schriftsteller, politischer Publizist mit radikalen liberalistischen Grundsätzen, führend im »Jungen Deutschland«, im Vormärz inhaftiert, auch Schriftenverbot, nach 1848 ätzende Kritik an Spätromantik, die er als »Biedermeier« lächerlich zu machen versuchte.

Haas, Philipp, * Gumpendorf 1791, † 1870, nach 1825 Ausbau der väterlichen Weberei (Zeugdruck, Dessins für Modestoffe, Teppiche), sein Sohn

– *Eduard,* Gründer der Teppichfabrik Ebergassing, läßt 1866 »Haas-Haus«, Ecke Stephansplatz/Graben (zerstört 1945) erbauen.

Hämmerle, Franz Martin, * Dornbirn 1815, † 1878, Mitbegründer der Textilfabrikation in Vorarlberg (Weberei, Färberei, Spinnerei).

Hartmuth, Josef, * Weinviertel, NÖ., 1782, † 1816, Maurergeselle, Bauzeichner, entwickelte »Wiener Steingut«, erfand 1795 jene Graphit-Ton-Mischung, die Abstufung der Härtegrade und Qualität des Bleistifts ermöglichte, Söhne verlegten Betrieb nach Böhmen.

Herder, Johann Gottfried, * Ostpreußen 1744, † 1803, evangelischer Prediger, Dichter, Philosoph, Zeitkritiker, richtungweisend für das nationale Erwachen der »kleinen« slawischen Völker, stellt politisch begründetem Nationsbegriff seinen metaphysisch fundierten Begriff VOLK entgegen. FM.

Hess, Heinrich (Freiherr von), * Wien 1788, † 1870, 1801 in k. k. Armee, zuletzt Feldmarschall und Generalquartiermeister Franz Josephs I., nach 1837 Mitarbeiter Radetzkys bei Reform der k. k. italienischen Armee, 1848/49 Generalquartiermeister Radetzkys.

Hofbauer, Clemens Maria, * Mähren 1751, † 1820, Bäckergehilfe, Eremit, in Italien Eintritt in Orden der Redemptoristen (Luguorianer), zum Priester geweiht, zuletzt in Wien Mittelpunkt einer religiöskirchlichen Erneuerung nach Folgen des Aufklärungszeitalters, erwirkte Niederlassung seines Ordens in Österreich, in liberaler Ära totgeschwiegen, im Wien des Doktor Lueger (nach Heiligsprechung 1909) »Patron der Wiener«.

Hofmann, Isaak Löw (von), * 1759, † 1849, Kaufmann, Vorsteher der jüdischen Gemeinde; Hugo von Hofmannsthal (1874–1929) anerkannt als »letzter Vertreter altösterreichischer Lebenskultur«.

Hornbostel, Christian Georg, * Wien 1770, † 1841, führte in Wien Seidenwebstühle ein für Fabrikationsbetrieb, bekam Privileg für Crêpe de Chine, sein Sohn

– *Theodor,* * Wien 1815, † 1888, im Revolutionsjahr 1848 Präsident des Niederösterreichischen Gewerbevereins, nachher k. k. Handelsminister, nach der Revolution Präsident der Wiener Handelskammer, Präsident der Credit-Anstalt, führende Persönlichkeit im Frühliberalismus.

Hummel, Johann Nepomuk, * Preßburg 1778, † 1837, Schüler Joseph Haydns, komponierte »Deutsche Tänze«, »Tänze für den Apollosaal« als frühe Beiträge zur Walzerkomposition, zuletzt Hofkapellmeister in Stuttgart und Weimar. FM.

IDEOLOGIE: Ausdruck zuerst bei Destut de Tracy (1754–1836), gedacht als methodologische Grundlage *aller* Wissenschaften; als angeblich wertfrei und wissenschaftlich fundiert, gerieten Ideologien in Spekulationen eher unwissenschaftlicher Art zu weltanschaulichen Programmen. Napoleon lehnte Ideologen als »weltfremde Vernunftsanbeter« ab; Methodenstreit zwischen Realpolitikern und ideologisch geleiteten Politikern dauert an.

JESUITEN: Orden, gegründet von ehemaligem spanischen Offizier Ignatius von Loyola, bestätigt mit päpstlicher Bulle von 1540; 1773 nach Intrigen an bourbonischen Höfen vom Papst aufgelöst, Maria Theresia folgte nolens volens päpstlicher Entscheidung; Pius VII. errichtete 1814 noch einmal den Orden; im franziszäischen Österreich wurden einzelne Ordensangehörige, nicht aber Ordensniederlassungen geduldet.

JUDEN: Stellung auch nach Josephs II. Toleranzpolitik in einzelnen Ländern der Monarchie verschieden; in deutschen Erblanden erst nach 1848 neue Judengemeinden; Franz verbesserte durch viele begünstigende Verfügungen im Einzelfall die auch nach Joseph II. bestandenen

Beschränkungen; 1814/15 jüdische Salons in Wien Mittelpunkte der Gebildeten der Kongreßära; bis 1821 neun jüdische Familien geadelt; zahlreiche Vertretung im Gremium des Großhandels; nach 1848 volle bürgerliche Gleichstellung; im franziszäischen Österreich bewiesene Loyalität zum System schlug um in Auswirkungen eines antiklerikalen Wirtschaftsliberalismus gewisser Kreise des Judentums.

Kapodistria (Capodistria), Johann Anton, Graf, * 1776 als Untertan der Republik Venedig, † 1831; in russischen Diensten unter Alexander I. Vertreter der gegen Österreich gerichteten Außenpolitik Rußlands, 1822 nach Konflikt mit dem Zaren politischer Agent für Freiheitsbewegung der Griechen, 1827 Regent in Griechenland, aus Privatrache von eigenen Landsleuten ermordet.

Karađorđević (recte Petrović), Đorđe, * Višovće/Türkei 1766, † 1817, im Türkenkrieg Josephs II. Unterführer in serbischer Freischar bei den Kaiserlichen, 1804 Anführer im Aufstand gegen Sultan, um 1810 gewisse faktische Selbstverwaltung im Umkreis von Belgrad, 1812 vom Zaren im Stich gelassen, Ehrenhaft in Österreich, nach Erfolgen seines Konkurrenten Miloš Obrenović im Freiheitskampf der Serben unvorsichtigerweise heimgekehrt und im Auftrag Miloš' ermordet.

Karadžić, Vuk Stefanović, * Tršic/Mähren 1778 (?), † 1864, erste Schulbildung 1810 in Belgrad, als Parteigänger Karađorđević' nach Österreich geflüchtet, dort zuletzt Mitglied der Kaiserlichen Akademie der Wissenschaften, Sammler von Sprachdenkmälern seines Volkes, Schöpfer einer serbischen Schriftsprache und Grammatik; scharfer Kritiker des Regimes Miloš in Serbien.

KARBONARI (ital. carbonaro = Köhler), militante Untergrundbewegung, entstanden 1807 im Umkreis der Loge, gerichtet gegen die unter Napoleon bestehende Fremdherrschaft in Italien, nach 1814 Kern der »Geheimen Gesellschaften«, die das Risorgimento trugen; von Franz 1814 verboten, illegale Tätigkeit als Karbonaro mit Todesstrafe bedroht; zugleich scharf antiklerikal, Tochterorganisationen im Ausland (London).

Kielmannsegg(e), protestantisches Adelsgeschlecht aus Norddeutschland, außer in österreichischen auch in englischen, hannoveranischen und braunschweigischen Diensten; in Österreich vielfach führend in Kreisen des Frühliberalismus.

Klebelsberg, Franz, Graf, * 1774, † 1857, Parteigänger der liberalen Hofpartei unter den »böhmischen Grafen«, 1830/34 Präsident der Allgemeinen Hofkammer, krankheitshalber (?) ausgeschieden.

Klinkowström, Friedrich August (von), * Pommern 1778, † 1835, Offizier, Maler, Pädagoge, in Wien im Hofbauer-Kreis katholisch geworden, 1818/34 Direktor einer Erziehungsanstalt für Knaben aller Stände.

Kollar, Ján, * Slowakei 1793, † 1852, studierte in Jena evangelische Theologie, Verkehr mit Burschenschaftern, Prediger, 1849 Professor an der Universität Wien, Sammler slawischer Sprachdenkmäler, Dichter des ersten allslawischen Epos.

Kolowrat-Liebsteinsky, Franz Anton, Graf, * Prag 1778, † 1861, als Staats- und Konferenzminister seit 1826 Haupt der liberalistischen Hofpartei und Gegenspieler Metternichs, unter Ferdinand I. 1836–1848 Mitglied der »Geheimen Konferenz«, 1848 erster k. k. Ministerpräsident in der beginnenden Ära der Verfassungen in Österreich.

KOPENHAGUE, TO: Kampfweise der englischen Flotte, mit der Flotte eines nichtkriegführenden Staates kampfunfähig gemacht wurde, um diese nicht in die Hände des Feindes Englands fallen zu lassen (1801 und 1807 Kopenhagen, 1850 Piräus, 1882 Alexandria, 1940 Oran). Dazu Heinrich Friedjung / Zeitalter des Imperialismus, Band 1, S. 49, Berlin 1919: ». . . und es sind Frevel, die ohne Strafe geblieben sind, weil der Stärkere sich alles gestatten darf.«

Kossuth (aus slaw. Kohout?), *Lajos,* * Monok 1802, † 1894, radikaler Vertreter der Loslösung Ungarns von Wien und Österreich, seit 1832 im ungarischen Landtag, 1837 wegen Anstiftung zum Aufruhr zu 4 Jahren Gefängnis verurteilt, 1840 begnadigt, nachher Mitarbeiter und Chefredakteur der mit englischer Hilfe geschaffenen Zeitung »Pesti Hirlap«, hielt am 3. März 1848 die »Taufrede für die Revolution in Österreich«, nachher ungarischer Finanzminister, Ministerpräsident, Reichsverweser nach Absetzung des Hauses Österreich, als Diktator vor Zusammenbruch der Revolution in Ungarn geflüchtet und im Exil gestorben. FM.

Kotzebue, August (von), * Weimar 1761, † 1819, populärer Bühnenschriftsteller, in Rußland unter Paul I. als Direktor eines deutschen Theaters, nach Sibirien verbannt, zurückgeholt, nachher in russischen Diensten, verspottete Ideale der Ur-Burschenschaft, von Sand (siehe dort) als »Verderber« ermordet. FM.

Kriehuber, Josef, * Wien 1800, † 1876, Lithograph, *der* Porträtist der Zeit vor der Fotografie in Österreich, hinterließ 3000 Porträts.

Kübeck, Karl (Freiherr von), * Iglau 1780, † 1855, »niedriger Herkunft«, von Franz extra gefördert, steile Beamtenlaufbahn, führte insgeheim Tagebücher, die enthalten, was er nicht immer im Dienst vertrat, überdauerte bis zum Tod alle politischen Umstürze.

Kuhn, Carl Friedrich, * Ulm 1807, † 1874, gründete in Wien erste Stahlfedernfabrik auf dem Kontinent, führte Federstiel mit Einsteckhülse ein; Ende der Kielfeder.

Kupelwieser, Leopold, * Piesting 1796, † 1862, Akademieprofessor und Historienmaler, schuf das Bild des Kreises um Schubert.

Lafitte, Jacques, * Bayonne 1767, † 1844, in der Revolution emporgekommener Geldmann, unter Napoleon sowie nach 1814 unter Ludwig XVIII. Gouverneur der Bank von Frankreich, führend in der liberalistischen Opposition gegen das Königshaus, nach Julirevolution Ministerpräsident und Finanzminister. FM.

Lamberthengi, Luigi, Graf, * 1780, † 1860, führender Großindustrieller in Lombardo-Venetien, Verbindungsmann der Verschwörer in Mailand mit Gesinnungsfreunden in Turin, wegen Hoch- und Landesverrat verfolgt, entging der österreichischen Polizei, zuletzt in sardinischen Diensten.

Lämel, Simon (von), * Pilsen 1766, † 1845, Textilfabrikant, Kriegsgewinner, dessen Sohn

– *Leopold,* * Prag 1790, † 1867, Großhandelsunternehmer, Kontrahent der k. k. Hofkammer, beschaffte 1821 Geld für Intervention in Neapel.

Lanner, Josef, * Wien 1801, † 1843, »Vater des Wiener Walzers«, seit 1819 eigenes Trio, bis 1826 zusammen mit Johann Strauß Vater, unerreicht in Originalität und wienerischer Melodik.

Lazansky, böhmische Grafenfamilie,

– *Prokop I.,* * 1741, † 1804, 1793–1797 Präsident der Staatskontrolle, nachher Oberst-Direktorialminister, FM.

– *Prokop II.,* * 1771, † 1824, böhmisch-österreichischer Hofkanzler, 1814 Präsident der Organisation für die rückeroberten Provinzen, 1817 Präsident der Studienhofkommission. FM (?).

Leitenberger, seit Maria Theresia ausgezeichnete Unternehmerfamilie der Textilbranche (Kosmanos, Gräfenberg), unter Franz mit der Goldenen Medaille belohnt, Niederlassungen im In- und Ausland.

Leopold, Neffe Franzens aus der Linie Habsburg-Toskana, * Exil 1797, † 1870, letzter regierender Großherzog von Toskana, unzuverlässiger Parteigänger Österreichs, dankte 1859 ab.

Lieben, Wiener Industriellenfamilie (Baumwolle, Metallwaren), Nachkomme: *Adolf von L.,* 1836–1914, Universitätsprofessor in Palermo, Turin, Prag und Wien, Chemiker, Entdecker; *Robert von L.,* 1878–1913, Physiker, Bahnbrecher in der Radio- und Telefontechnik

Liechtenstein, Johann, Fürst, * Wien 1760, † 1836, seit 1782 in der k. k. Armee, zuletzt Feldmarschall, handelte 1805 Frieden von Preßburg aus, unterzeichnete 1809 Frieden von Schönbrunn, bewährt als Soldat und Diplomat.

Liszt, Franz (von), * Raiding 1811, † 1886, Schüler Czernys und Salieris, Pianist und Komponist, spezielle Förderung durch ungarischen Adel, später auch Metternich, Schöpfer neuer Klaviertechnik, schuf Gelegenheitskompositionen für unterschiedliche politische Ereignisse, tonsurierter Kleriker. FM.

Louis Philippe, * Paris 1773, † 1850, Sohn des »Königsmörders« Louis Philippe, desertierte 1792 aus Revolutionsarmee, in USA im Exil, 1817 Rückkehr an Hof zu Paris, Verbindung mit liberaler Opposition, nach Julirevolution 1830 zum (Bürger-)König der Franzosen gemacht, Hinwendung zum JUSTE MILIEU brachte ihn in Konflikt mit Liberalen, 1848 zur Abdankung gezwungen, im Exil gestorben.

Ludwig, Erzherzog, * Florenz 1784, † 1864, Bruder Franzens, bei dessen Tod als Mentor Ferdinands I. bestellt, verfolgte Linie seines verstorbenen Bruders und daher Politik Metternichs, 1848 gestürzt.

Madersperger, Josef, * Kufstein 1768, † 1850, Schneidermeister in Wien, erfand als erster brauchbare Nähmaschine, dazu kaiserliches Patent 1815, industrielle Auswertung unterblieb.

MANUFAKTUR: »Manufaktur also nennt man einen Ort, wo *viele* Arbeiter zu finden sind, welche *allesamt einerley* Waren verfertigen.« (Hübners Reales Staats- und Zeitungslexikon, Regensburg/Wien 1759, Seite 658.)

Marie Louise (siehe: Kaiser Franz, Wien 1981, Seite 471). Hier: Überwindet 1831 Putsch in Parma, starb nach erfolgreicher Herrschaft 1847.

Manzoni, Alessandro, * Mailand 1785, † 1873, Anhänger der Aufklärung, Freidenker, nach 1808 Rückkehr zum katholischen Glauben, bedeutendster Vertreter der Romantik in Italien und Erwecker des Nationalbewußtseins im Zeitalter des Risorgimento und nachher. FM.

Mautner, Adolf Ignaz (Ritter von), * Böhmen 1800, † 1889, Brauereibesitzer, erwarb Brauereien Sankt Marx, Simmering, Kleinschwechat, lieferte als erster haltbares Lagerbier, Kunstmäzen und Wohltäter.

Mayer, Vitus, * Böhmen, gründete 1834 Kattundruckerei in Guntramsdorf/Wien, Fabriksgebäude 1848 niedergebrannt, Neuanfang zusammen mit Mautner (siehe dort), mechanisierte und erweiterte Unternehmen, Großvater von *Franz Joseph Mayer-Gunthof,* * 1894, † 1977, 1960–1972 verdienstvoller Präsident der Vereinigung österreichischer Industrieller.

Mazzini, Giuseppe, * Genua 1805, † 1872, Karbonari, nach Teilnahme am Putsch in Piemont/Sardinien 1821 in Kerkerhaft, Exil in Frankreich, unermüdlich in gegen Österreich gerichteten Verschwörungen, nach Julirevoltion 1830 Gründung der »Giovine Italia« in Marseille, Kern eines »Jungen Europa« im Aufstand gegen die Ordnung von 1815. FM.

Mickiewicz, Adam, * Russisch-Polen 1798, † 1855, lebenslanger Kampf gegen die Teilungsmächte des bestandenen Königreiches Polen (Rußland, Österreich, Preußen), Zentrum der polnischen Emigration in Paris nach 1832, bedeutendster polnischer Dichter zur Zeit der Romantik.

Misbach, Alois, * Mähren 1791, † 1857, schuf Ziegelfabrikation in Inzersdorf/Wien, Vorgänger der Unternehmungen Drasches, Frühliberaler.

Miranda, Francesco, * Caracas 1750, † 1816, königlich spanischer Offizier, Anführer im Kampf gegen Spanien, anfangs Kampfgenosse Bolivars (siehe dort), von diesem als Konkurrent den Spaniern in die Hände gespielt, als Deserteur in spanischer Haft gestorben. FM.

Mittrovsky, Anton Friedrich, zuletzt Graf, * Brünn 1770, † 1842, seit 1791 im k. k. Zivildienst, zeitlebens Inhaber höchster Funktionen in Zentralstellen, zuletzt Präsident der Studien-Hofkommission.

Monti, Vincenzo, * Ravenna 1754, † 1828, Dichter, Überdauerer aller Regime seiner Zeit in Italien, als Mitherausgeber der unter österreichischer Herrschaft herausgebrachten »Biblioteca Italiana« gestorben.

Morelli (auch -y), Gebrüder,

– *Franz,* * Wien 1818, † 1859, zusammen mit Lanner und Strauß Vater Schöpfer der Walzermusik in Wien, nach abenteuerlichem Leben in Indien an Cholera gestorben,

– *Ludwig,* * Wien 1812, † 1858, Kapellmeister und Komponist, überlebte Ära Lanner/Strauß.

– *Karl Joseph,* als k. k. Militärkapellmeister bei Ottočaner Grenzregiment.

Möring, Karl, * Wien 1810, † 1870, zuletzt k. k. Feldmarschalleutnant, insgeheim Verfasser anonymer Kritiken gegen das System (»Sybillinische Bücher«).

Mulazzini, Antonio, seit 1796 Parteigänger Bonapartes und Napoleons in der Lombardei, Polizeiexperte, nach 1814 in k. k. Dienste übernommen, bewährt bei Aufdeckung des Mailänder Putsches.

Müller, Adam, * Berlin 1779, † 1829, studierte evangelische Theologie, 1805 katholisch geworden, im Dienst der Staatskanzlei, Kritiker Metternichs, zuletzt k. k. Hofrat, bedeutendster Theoretiker der Staats- und Gesellschaftslehre der Romantik in Deutschland.

Napoleon II., ältester Enkel Franzens, * Paris 1811, † 1832, bis 1814 König von Rom, am Hof des Großvaters Herzog von Reichstadt, Mittelpunkt bonapartistischer Verschwörungen in Italien und Frankreich, Sarkophag 1940 aus der Kaisergruft in Wien in den Pariser Invalidendom auf Befehl Hitlers überführt.

NATIONALISMUS: Jeder Nation ihren Nationalstaat als Kampfruf des National-Liberalismus im 19. Jahrhundert, zerstörende Wirkung in der übernationalen Habsburgermonarchie, vollendete 1918 nationale Revolution, schuf Dilemma der Nachfolgestaaten im Donauraum und Konflikte, die nach 1938 mit zum Ausbruch des Zweiten Weltkriegs und Zusammenbruch Europas als Ordnungsmacht in der Welt führten.

Neder, Johann Michael, * Döbling 1807, † 1882, studierte an der Akademie, übte Schusterhandwerk weiter aus, schuf realistisch gesehene

Genrebilder, die am Beispiel des Volkslebens Romantizismen seiner Zeit in der Malerei kontrastieren.

Negrelli, Alois (von), * Tirol 1799, † 1858, seit 1819 als Techniker in k. k. Diensten, hervorragend beim Bau von Straßen, Kanälen und Eisenbahnen, zuletzt Generalinspektor des Eisenbahnwesens der Monarchie, arbeitete seit 1842 im Sinne Metternichs am Projekt des Suezkanals, Arbeitsergebnis vom Franzosen Lesseps mit übernommen, französische Kanalbaugesellschaft unterschlug die Nennung seines Namens bei Eröffnung des Kanals.

Nestroy, Johann, * Wien 1801, † 1852, Vollender des Altwiener Volkstheaters, großartige Ironie und Skepsis bei Interpretation seiner Lebensweisheiten, einer der Enttäuschten der Revolution von 1848.

Nikolaus Pavlović, Sohn der Zarin Katherina der Großen, * Zarskoie Selo 1796, † 1855, nach dem Thronverzicht seines Bruders Konstantin unmittelbarer Nachfolger Alexanders I.; schlug 1825 bei Thronbesteigung Dekabristenputsch nieder; 1830/31 Aufstand in Polen, 1849 auch in Ungarn; brach im Verein mit England Legitimitätsprinzip von 1815 durch Unterstützung des Abfalls Griechenlands; nach 1835 »Beschützer« Kaiser Ferdinands I. gemäß Absprache mit Franz in Münchengrätz 1833.

Obrenović, Nachkommen des Miloš Todorović, später Obrenović genannt; die mit der Dynastie Karađorđević bis 1903 rivalisierende Dynastie im Kampf um die Herrschaft in Serbien, nach Ausrottung der Dynastie Obrenović durch Offiziersputsch in Belgrad Ende der Einflußmöglichkeiten Österreich-Ungarns im südlichen Nachbarland, Anlehnung Serbiens an Rußland.

Ottokar Przemysl, Name zweier Könige von Böhmen.

– *Ottokar II.,* * um 1230, † Dürnkrut 1278, bemächtigte sich nach Aussterben der Babenberger deren Länder, schuf erstes Donaureich in Mitteleuropa, Mittelpunkt Prag, große Verdienste um Wien, Grillparzers Bühnenfigur dieses Königs verzeichnet, von Rudolf von Habsburg geschlagen, verlor er bei Dürnkrut/Jedenspeigen Schlacht und Leben.

Palačky, František, * Mähren 1798, † 1876, schrieb 1836 auftrags der böhmischen Stände eine grundlegende Geschichte von Böhmen« (5 Bände in *deutscher* Sprache), mutig bei Widerlegung nationalistischer Mythen (z. B. Hussitenzeit), 1848 Absage an Frankfurter Nationalversammlung, aber auch an Ruf nach Wien (k. k. Minister des öffentlichen

Unterrichts), als Wissenschafter und Politiker für ein Österreich, in dem die Slawen überdauern konnten.

Palmerston, Henry Viscount, * Broadlands 1784, † 1865, nach 1830 Außen- zuletzt auch Premierminister, erklärter Parteigänger aller Aufstandsbewegungen seiner Zeit in Europa und Übersee, wo diese gegen konservative Mächte gerichtet waren; brach endgültig Achse London/Wien aus 1813, leitete Zerstörung der Großmacht Österreich in Italien ein, Österreich für ihn nur Teil eines politischen *Cordon sanitaire* gegen Osten.

Pamer, Michael, * 1782, † 1827, Lehrer und Vorgänger Lanners als Orchestermusiker und Walzerkomponist, schöpfte noch aus reiner alpenländischer Volksmusik (»Linzer Tänze« u. a. m.).

Pellico, Silvio, * Saluzza 1789, † 1854, Schriftsteller des Risorgimento, als Mitarbeiter der von der k. k. Regierung geförderten Kulturzeitschrift »Il Conciliatore« insgeheime Tätigkeit als Karbonaro; beteiligt am Vorbereiten des Abfalls von Lombardo-Venetien von Österreich (mit Hilfe von Piemont/Sardinien), wegen Hoch- und Landesverrat zum Tode verurteilt, von Franz begnadigt, aus lebenslanger Haft nach neun Jahren entlassen; seine Erinnerungen »Il miei prigioni« wirkten wegen der schlichten Sprache, des Verzichts auf Polemiken sowie der Weglassung jedes Hinweises auf die politische Verschwörertätigkeit des Autors aufwühlend.

Pepe, Gabriele, * Florestano 1770, † 1849, königlicher General in Neapel, plante 1819 den in Neapel zu Besuch weilenden Kaiser Franz als Geisel zu nehmen und so Verfassung für das Land zu erzwingen; sein Bruder

– *Guglielmo,* * 1783, † 1855, in päpstlichen Diensten, 1821 am Putsch in Neapel beteiligt, von k. k. Truppen geschlagen, führte 1848 »Kreuzfahrer« aus Süditalien gegen Radetzky, zuletzt bei Verteidigung der Revolutionsdiktatur um Venedig (1848/49) gegen k. k. Truppen.

Pichler, Caroline, * Wien 1769, † 1843, erste weibliche Dichterpersönlichkeit von Rang in Österreich, Salon Treffpunkt der Kreise um Schlegel, aber auch um Grillparzer, ihre wertvollen Erinnerungen entgingen nicht ganz der Zensur.

Pilat, Joseph Anton, * Augsburg 1782, † 1865, seit 1801 in österreichischen Diensten, nach 1811 Redakteur des halboffiziellen »Österreichischen Beobachters«, 1848 aus dem Amt gedrängt.

Pillersdorf, Franz, Freiherr von, * Brünn 1786, † 1862, Gutsbesitzer, 1821 bis 1831 Vizepräsident der Allgemeinen Hofkammer, nachher bis 1848 Hofkanzler, 1848 k. k. Innenminister, auch k. k. Ministerpräsident ad interim, zog sich nach Radikalisierung der Zustände in Wien zurück, bedeutende Persönlichkeit des Frühliberalismus in Österreich. Sein Verfassungsentwurf scheiterte.

Pirquet, Pierre de (Freiherr von), * Lüttich 1781, † 1861, seit 1799 in der k. k. Armee, zuletzt Feldzeugmeister, seine Nachkommen

– *Clemens,* * 1874, † 1929, Professor der Kinderheilkunde in USA, zuletzt in Wien (Tuberkulin-Hautprobe, Lehre von den Allergien, Ernährungswissenschafter).

– *Guido,* * Hirschstätten 1880, † 1966, Fachmann für Raketenbau, Idee einer Station im Weltraum.

Plößl, Simon, * Wien 1794, † 1868, Feinmechaniker, Optiker, gesucht als Hersteller mikroskopischer und astronomischer Geräte.

Prechtl, Johann Josef, * Bayern 1778, † 1854, Physiker, bis 1809 Direktor der k. k. Navigations-Schule in Triest, in Wien 1815 Gründer, nachher Direktor des Polytechnikums (Technische Hochschule).

PROLETARIER ... »nannten die alten Römer die ärmste Volksklasse, welche dem Staate nichts als ihre Kinder (proles) liefern konnte. Dieser Ausdruck ist in neuester Zeit bei den staatswissenschaftlichen Schriftstellern wieder sehr in Aufnahme gekommen und sie verstehen darunter die zahlreiche besitzlose Classe der Bevölkerung, welche bloß von der Hand im Mund lebt und die sowohl durch die Unsicherheit ihres Erwerbs sehr leicht zu Umwälzungen gefährlich werden kann« (F. A. Brockhaus, Conversations Lexikon, Leipzig 1837 ff., 3. Band, Seite 583).

Radetzky, Johann Josef Wenzel, Graf, * Böhmen 1766, † 1858, seit 1788 in allen Feldzügen, zuletzt k. k. Feldmarschall, entwarf 1813 im Verein mit Gneisenau Operationspläne der Alliierten, 1831 nur Festungskommandant von Olmütz, von Franz als Kommandant der k. k. »italienischen Armee« berufen, Reorganisator der Truppen nach Reglements, die vorbildlich wurden, 1848/49 rettete er mit seinen Siegen Vormachtstellung Österreichs in Italien, die Monarchie und noch einmal Großmachtstellung Österreichs in der Mitte Europas.

Raimund, Ferdinand, * Mariahilf 1790, † 1836, Schauspieler, Dramatiker, Klassiker der Märchen- und Zauberspiele in ihrer Verbindung zum Zeitgeschehen, nachher in einer Linie mit Nestroy gesehen, vertrat er aber eher das Ethos des franziszäischen Österreich: Treue, Dankbarkeit, Maßhalten, Zufriedenheit.

Rauscher, Joseph Othmar (von), * Wien 1797, † 1875, Priesterweihe 1823, Universitätsprofessor, Lehrer des späteren Kaisers Franz Joseph I., 1832 Direktor der Orientalischen Akademie, Referent für kirchliche Angelegenheiten unter Metternich, 1849 Bischof von Seckau, 1853 Erzbischof von Wien, verwirklichte Franzens Testament im Konkordat zwischen Franz Joseph I. und Pius IX. 1855, im Zeitalter des Liberalismus eher im Sinne der Befriedung in den gestörten Beziehungen zwischen Staat und Kirche tätig.

Reithoffer, Johann Nepomuk, * Feldsberg, NÖ., 1781, † 1872, Schneidergeselle, Mitgift ermöglichte Betriebsgründung, 1824 Privilegium für Herstellung wasserundurchlässiger Stoffe, nachher Patent für das Weben von Kautschukfäden, 1831 Fabriksniederlassung in Wimpassing (»Semperit«).

Ressel, Josef, * Böhmen 1793, † 1857, k. k. Forstintendant der Marineverwaltung, erfand 1821 Schiffsschraube, nach Explosion des Schiffsmotors bei Versuchsfahrt verbot Hafenbehörde Triest weitere Versuche mit der Erfindung.

Rhomberg, Lorenz, * Dornbirn 1785, † 1851, zusammen mit seinem Vetter Josef Ganahl Gründer der mechanisierten Weberei in Vorarlberg, Ausnützung von Wasserkraft zum Betrieb der »selbsterfundenen Flachmaschinen-Spinnerey«; auch Maschinenwerkstätte.

Richter, Josef (vulgo Eipeldauer), * 1749 Wien, † 1813, Autor populärer, zeitkritischer Schilderungen der Zustände im Aufklärungszeitalter sowie des Anfangs der franziszäischen Ära, sprachlich Vorläufer Nestroys, Fundstelle für unzählige charakteristische Details seiner Zeit.

Riedel, Josef, * Friedland 1803, † 1870, reformierte unter Franz Irrenanstalten in Österreich, schaffte josephinischen Narrenturm in Wien ab, regte im Vormärz Bau der Pflegeanstalt am Brünnelfeld an (nach 1945 »Klinik Hoff«).

Riego y Nunez, Rafael, * Santa Maria 1784, † 1823, königlicher Offizier in Spanien, 1820 Anführer des Militärputsches in Sevilla, nachher seiner

Junta, von England darin unterstützt, da Putsch in Spanien Abfall der spanischen Kolonien in Amerika zugute kam; Riego-Marsch aus 1820 wurde Staatshymne der spanischen Republik von 1931. FM.

RISORGIMENTO (ital. = Wiedererhebung): *Zeit* zwischen 1796 und 1870; *Kämpfe* zur Erringung der Unabhängigkeit und staatlichen Einigung nach den Vorstellungen des Nationalliberalismus; R. erfreute sich nach Ende des napoleonischen Königreichs Italien der Unterstützung in England, nachher Frankreichs, Versuch »l'Italia fea a se« scheiterte; 1915 Fortsetzung der nationalen Einigung im Bündnis mit den Ententemächten im Krieg gegen Österreich.

Rokitansky, Karl (Freiherr von), * Böhmen 1804, † 1834, als Professor für Anatomie nach Wien berufen; im Vormärz zusammen mit Soka (siehe dort) Gründer der »jüngeren Wiener medizinischen Schule«, zuletzt auch Präsident der Kaiserlichen Akademie der Wissenschaften in Wien.

ROMANTIK: Umfassende Widerlegung der Ideen der Aufklärung; als Kunstrichtung zu ihrer Zeit immerhin als »ersprießlich« hingenommen, im Liberalismus als »arge Verirrung unklarer und beschränkter Köpfe« abgetan. Staats- und Gesellschaftslehre Adam Müllers (siehe dort) Kern des konservativen Prinzips: Ein Staat, der mehr ist als »bloße Manufaktur, Meierei, Assekuranzanstalt und merkantilistische Sozietät«, sondern ein metaphysischer, der letzten Endes religiöses Gepräge hat.

Rosthorn, Mathäus (von), * Wien 1782, † 1855, Familie unter Maria Theresia nach Österreich gekommen, nachher bauten Gebrüder Rosthorn 1830 Frischhütte zu Puddling- und Blechwerk aus, Strangwalzwerk in Prävali, Fabrik in Pottenstein, Besitz von Kohlengruben; Kulturmäzene.

Rothschild, seit dem 16. Jh. im Ghetto von Frankfurt/Main ansässig; Niederlassung von Familienmitgliedern während Revolutionszeitalter in Zentren der Ereignisse gestattete Aufstieg zu legendärem Reichtum, da bei internationalen Konflikten Familienmitglieder meistens in beiden Lagern einflußreich tätig waren. Niederlassung in Wien erfolgte nach Nobilitierung der fünf Brüder Rothschild nach Schaffung eines Bankunternehmens durch:

– *Salomon* (seit 1816 in Österreich geadelt), * Frankfurt 1774, † 1855; engste Verbindungen zu Metternich und Gentz, zum Kaiserhaus und

Kreisen des Adels sowie des Besitzbürgertums ermöglichten hervorragende Teilnahme an Bankgeschäften, Führung von Industrieunternehmungen, nicht zuletzt im Eisenbahnbau. Das Wiener Palais Rothschild wurde im Zweiten Weltkrieg zerbombt, auf seinem Areal steht das Bürohaus der Wiener Arbeiterkammer.

Rotteck, Karl Wenzeslaus (von), * Freiburg 1775, † 1840, Historiker, Vorkämpfer bei der Vertretung liberalistischer Ideen an Hochschulen und im Politischen, Verfasser des fünfzehnbändigen »Staatslexikons«, das Handbuch aller Verfassungsexperimente in Deutschland vor 1848 wurde.

Rottenhan(n), Heinrich, Graf, * Bamberg 1737, † 1809, Pionier der Industrialisierung in Österreich, seit 1776 im Staatsdienst, zugleich als Industrieller in Böhmen bahnbrechend, 1792 den k. k. Truppen in Frankreich als Beobachter der dortigen Industrieverhältnisse beigegeben.

Sacher, Franz, als Koch im Hause Metternich angeblich »Erfinder« der später umstrittenen »Sachertorte«, sein Sohn

– *Eduard* baute auf dem Grund des demolierten k. k. Kärntnertortheaters das »Hotel Sacher«, dessen Restaurations- und Separeebetrieb nach Pariser Muster Stätte unterschiedlicher Sensationen wurde. Die Witwe Eduard S., »die Sacher«, führte das Haus als Residuum des franziskojosephinischen Österreich bis über den Untergang der Monarchie hinaus.

Salzer, Mathäus, * Wien 1799, † 1878, Papierhersteller, Betrieb auch Baumwollspinnerei, zuletzt Inhaber der Überreutherischen Buchhandlung und Schriftgießerei.

Sand, Karl Ludwig, * Wunsidl 1795, † 1820, Sohn eines preußischen Beamten, studierte in Jena evangelische Theologie, rückte 1815 aus, kam aber nicht zum Schuß, geriet nach dieser Enttäuschung unter den Einfluß von Karl Follen (siehe dort), beschloß Strafe an Verräter und Jugendverderber Kotzebue zu vollziehen; Mord an Kotzebue löste »Demagogenverfolgung« in Deutschland aus, Sands Hinrichtung machte ihn zum »Märtyrer«; der Mord hatte das Ende der Ur-Burschenschaft zur Folge.

Schlegel, Gebrüder

– *August Wilhelm,* * Hannover 1767, † 1845, hauptsächlicher Vertreter der Romantik in Deutschland, hielt Vorlesungen in Wien am Vorabend von 1809, sein Bruder

– *Friedrich (von),* * Hannover 1772, † 1829, wurde in Wien seßhaft, geschätzt als bedeutendster Literaturkritiker Deutschlands, kam er in Wien in den Kreis Hofbauers; katholisch geworden; in Diensten der Hof- und Staatskanzlei, machte er fast zwanzig Jahre der Entwicklung in Europa vom Standpunkt Wiens aus mit; 1820–1823 gab er die konservative Zeitschrift »Concordia« heraus; zuletzt zog er fort. FM.

Schoeller, Familie im Rheinland, die von Metternich eingeladen wurde, in Österreich ihren Betrieb anzusiedeln:

– *Philipp Wilhelm,* * 1797, † 1877, Chef der Brünner Tuchfabrik Fa. »Gebrüder Schoeller«, dort Vorstand der evangelischen Gemeinde.

– *Alexander,* * Düren 1805, † 1886, Großhandel von Wien aus, zusammen mit Krupp Gründer der Metallwerke in Berndorf, NÖ., Walzwerk in Ternitz, Inhaber weiterer Unternehmungen. Angehörige der Familie bis heute in Wirtschaft, Kultur und Politik maßgebend tätig.

Schönerer, Mathias, * Wien 1807, † 1881, 1829 Bauführer bei Trassierung der (Pferde-)Bahn Budweis–Linz, nachher bei deren Ausbau bis Gmunden, bei Eisenbahnbau-Unternehmungen der Fa. Rothschild, Gründer der Wiener Lokomotiv- und Waggonfabrik, Vater des alldeutschen Politikers und Vorläufers Hitlers *Georg v. Sch.*

Schreyvogel, Joseph, * Wien 1768, † 1832, Schriftsteller, Dramaturg und Erneuerer des k. k. Hofburgtheaters unter Franz, Verdienst als Förderer Grillparzers. FM.

Schubert, Franz, * Wien 1797, † 1828, Musikunterricht vom Vater (Schulmeister), Sängerknabe, kurze Zeit auch Lehrer, Ausbruch aus üblichen Möglichkeiten einer gesicherten Lebensstellung; unerschöpflicher Melodienreichtum und bis zuletzt ausgenützte Schaffenskraft trieben ihn über Rahmen der Klassik hinaus bis zur größtmöglichen Erfüllung musikalischer Möglichkeiten der Romantik, in vielem Beethoven nahe, ja ebenbürtig, übertraf er alle Leistungen der Wiener Klassik mit seinen Liedkompositionen, die so eigentlich die schematischen Vorstellungen eines Biedermeier in Wien widerlegen.

Schwarzenberg, Joseph Johann, Fürst von und zu, * Wien 1769, † 1833, Chef des Hauses, 1803 von Franz mit der Betreuung der Armenfürsorge beauftragt (bis 1816), gründete Wohlfahrtseinrichtung für Invalide und Kriegerwitwen, 1823 Pensionsanstalt im eigenen Palais am (heutigen)

Neuen Markt; neben dem Feldmarschall Sch. nachher in der Öffentlichkeit vielfach vergessen.

Sedlnitzky, Josef, Graf, * österr. Schlesien 1778, † 1855, seit 1801 im Staatsdienst, Kreishauptmann, Präsident des galizischen Guberniums, 1817 Präsident der Obersten Polizei-, (später auch) Zensur-Hofstelle, 1848 gestürzt.

Senefelder, Alois, * Prag 1771, † 1834, Erfinder des Steindruckverfahrens, dazu Privilegien in Bayern und Österreich, schuf 1803 erste Steindruckerei in Wien, verbesserte Reproduktionsverfahren.

Shelley, Percy Bysche, * Sussex 1792, † bei Viareggio 1822, Ausbrecher aus begüterter englischer Adelsfamilie, als Atheist und »Unruhestifter« daheim unmöglich geworden, erreichte er in Italien Höhepunkt seiner dichterischen Leistungen, die ihn, wie Byron, in ausweglosen Konflikt mit Österreich bringen.

Si(e)gl, Georg, * Breitenfurt 1811, † 1887, Schlossergehilfe, 1832 Betrieb zur Erzeugung von Buchdruck-Schnellpressen, Bau von stabilen Dampfmaschinen, nachher von Lokomotiven (Gebirgsbahnen!), 1861 Betrieb nach Wiener Neustadt verlegt, Unternehmen falliert nach Börsenkrach von 1873.

Škoda, Josef, * Pilsen 1804, † 1881, Professor für Interne Medizin an Universität Wien in »jüngerer Wiener medizinischen Schule«, Onkel von Škoda, Emil von, seit 1866 Besitzer der ehemals Graf Waldstein'schen Eisenwerke in Pilsen, begann deren Ausbau zum wichtigsten Werk der Schwerindustrie der Monarchie.

Sommariva, Annibale Marchese, * 1755, † 1829, seit 1771 in der k. k. Armee, 1811 General-Truppeninspektor, nahm 1814 namens der Alliierten Besitz von Mailand, 1820 dort Kommandierender General, befehligt um 1830 k. k. Truppen im Einsatz gegen Aufständische in Italien, bekam Radetzky als Adlatus, dann als Nachfolger.

Sonnleithner,

– *Joseph,* * Wien 1766, † 1835, Beamter, Schriftsteller, Musiker, Kunstförderer, um 1787 Dienst um Person Josephs II., 1804–1814 k. k. Hoftheatersekretär, Texter von Beethovens Oper »Fidelio«, 1812 Mitgründer der k. k. Gesellschaft der Musikfreunde. FM.

– *Christoph Heinrich,* * Wien 1773, † 1841, seit 1795 in k. k. Diensten, zuletzt Kreishauptmann in Krems, NÖ.

– Grillparzers Mutter war eine geborene Sonnleithner.

SOZIALISMUS: Ausdruck »socialist« zuerst 1827 in England im Druck erschienen in Zusammenhang mit Robert Owens Lehre, wonach industrieller Reichtum nicht Privateigentum sein soll; in Frankreich »socialisme« bei Saint Simon, 1832, mehr in Zusammenhang mit kollektiver Ordnung der Industrie, als der Forderung nach genossenschaftlichem Eigentum.

Springer, Paul, * Preußisch-Schlesien 1798, † 1854, 1824 Assistent, 1848 Akademieprofessor, k. k. Hofbaurat, Vertreter des nachher als »Beamten-Klassizismus« abgewerteten nüchternen und sparsamen Baustils der franziszäischen Ära.

Stadion, Familie aus dem Rheinland, in Österreich:

– *Johann Philipp,* * Mainz 1763, † 1824, k. k. Gesandter in Stockholm, London, Berlin, Petersburg, 1805–1809 Leiter der Außenpolitik und »Seele« von Österreichs Erneuerung anno neun, 1815 Finanzminister, verdient um die Verselbständigung des Handelsressorts, Gründer der Österreichischen Nationalbank,

– *Franz,* * Wien 1806, † 1854 (in Geistesverwirrung), verdient als Statthalter im Küstenland und in Galizien, 1848 k. k. Innen- und (vertretungsweise) Unterrichtsminister.

Stendhal (recte Maria Henry Beyle), * Grenoble 1783, † 1842, in napoleonischen Diensten als Offizier und Beamter, nach 1814 ließ er sich in Österreich (Mailand) nieder, Reiseberichte und Romane von dichterischer Schönheit offenbaren seine Feindschaft zu Österreich, nach Ausweisung aus Österreich kehrte er nach Julirevolution 1830 als französischer Konsul nach Österreich zurück (Triest). FM.

Sternberg, Kaspar, Graf, * Prag 1761, † 1838, radikaler Anhänger der Revolutionsideen von 1789, 1818 Mitbegründer des Prager Nationalmuseums, als »vaterländisches Museum«, zugleich erster Mittelpunkt der tschechischen Erneuerer.

Strassaldo, Giulio Giuseppe Conte, * Mailand 1773, † 1830, immer in k. k. Diensten, ergriff er 1814 zusammen mit Sommariva (siehe dort)

namens der Alliierten Besitz von Mailand, richtete nachher die Regierung Marie Louisens in Parma ein, 1816 k. k. General-Polizeidirektor in Mailand, bis zuletzt Vertreter einer mit Festigkeit betriebenen Befriedungspolitik Österreichs in Lombardo-Venetien.

Strauß, Johann, * Wien 1804, † 1849, Sohn eines zugrunde gegangenen Bierwirtes, Buchdruckerlehrling, zusammen mit Lanner (siehe dort) als Bratschist bei Pamer, nachher zusammen mit Lanner eigene Kapelle, Hofballmusikdirektor, 1848 im Gegensatz zu seinen Söhnen Johann und Josef Gegner der Revolution in Wien, widmete Feldmarschall Radetzky den berühmt gewordenen Marsch.

Streicher, Andreas Josef, * Stuttgart, † 1833, Pianist, Klavierlehrer, seit 1794 Instrumentenmacher, seine »Wiener Mechanik« des Hammerklaviers bekam Weltruf.

Szechenyi, ungarische Adelsfamilie, oft bewährt im Ausgleich mit dem Haus Österreich.

– *Franz,* * Szeplok 1754, † 1820, 1793 Präsident der Banatkonferenz in Ungarn, 1814/15 in Wien zur Kongreßzeit hervorgetreten, erklärter Förderer Hofbauers,

– *István,* * Wien 1791, † 1860; 1824/34 Sprecher der konservativen Opposition gegen Wien, erfolglose Diskussionen mit Metternich, großartiger Förderer der Kunst und der magyarischen Kultur, in der Revolution von 1848 unglücklicher Gegenspieler Kossuths (siehe dort), königlicher Minister, scheiterte an Verständnislosigkeit gewisser Kreise in Wien vollends, starb in Geistesverwirrung.

Talleyrand, Charles Maurice (siehe: Kaiser Franz, Wien 1981), hervorragend in der Opposition der Liberalen gegen die Bourbonen, unter Louis Philippe nach Julirevolution 1830 Botschafter in London, brach im Verein mit Palmerston (siehe dort) Ordnungsprinzipien von 1814/15, die er einmal mit schuf, vertrat Frankreichs Unterstützung der Aufstände der Belgier gegen die Niederlande und der Griechen gegen die Türkei; seit 1791 als damaliger Bischof exkommuniziert, erreichte er auf dem Sterbebett Lösung von der Exkommunikation mit gewohntem Geschick. FM.

Taussig, Familie im Prager Ghetto, unter Franz zu Einfluß in Wirtschaft und Gesellschaft gelangt,

– *Theodor,* * Prag 1792, Direktor der Kattunfabrik, führend in der Textilfabrikation, Nachfahre

– *Theodor,* * 1849, † 1909, Gouverneur der Bodenkreditanstalt (»Bank des Kaiserhauses«), Präsident des Verwaltungsrats der k. k. Staatseisenbahnen.

Thiers, Adolphe, * Marseille 1797, † 1877, Historiker, Journalist, Politiker, leitete Rehabilitierung der Revolution von 1789 und Napoleons ein, als Liberaler Gegner aller monarchistischen Staatsformen in Frankreich, enge Verbindungen mit Gesinnungsfreunden in Deutschland, erreichte 1871 in Friedensverhandlungen mit Bismarck glimpfliche Behandlung des Aggressors Frankreich, Präsident der Dritten Republik. FM.

Thonet, Michael, * Rheinland 1796, † 1871, Tischler, von Metternich nach Wien geholt, erfand 1830 Technik, Holz zu biegen und zu drehen, Fabrikant der Bugholz-Möbel (Wiener Sessel).

Todesco, Hermann, * Preßburg 1792, † 1844, aus Preßburger Ghetto kommend, schuf er in Wien Wolle- und Baumwollegroßhandlung, führend bei Mechanisierung der Baumwollspinnerei, Bankhaus, sein Sohn

– *Eduard* (1869 geadelt) ließ repräsentatives Palais (jetzt Kärntnerstraße 51) erbauen.

TORIES/KONSERVATIVE: In der englischen Revolution 1625/49 Schimpfwort für Anhänger der Monarchie; später in liberalistischer Meinung »... alles, was für Fortbestehen veralteter Vorrechte und Herkommen und der Corporationen war« (Brockhaus-Lexikon, Leipzig 1837 ff., Band 4, Seite 453).

Ugarte, Alois, Graf, * 1784, † 1845, seit 1800 unbesoldeter Konzeptsbeamter in k. k. Diensten, 1814 Generalintendant der k. k. Truppen in Italien, 1815 als Hofrat zum ersten Mal besoldet, 1827 Präsident der oberösterreichischen Landesregierung, nachher in Mähren/Schlesien.

Veith, Johann Emanuel, * Kuttenberg 1787, † 1876, Sohn jüdischen Inhabers eines k. k. Tabakverlags, studierte Medizin, 1816/20 Professor, dann Direktor des Tierarzneiinstituts der Universität Wien, im Kreis Hofbauers katholisch geworden, Priesterweihe, fulminanter Kanzelredner, 1848 führend bei Gründung des ersten Katholikenvereins

(Anfang des »Politischen Katholizismus« nach Ende des patriarchalischen Zeitalters); zuletzt Domprediger zu Sankt Stephan.

Victoria, * London 1819, † 1901, 1837 Königin von Großbritannien und Irland, die Herrscherin im Zeitalter des weltumspannenden Kolonialismus und Imperialismus Großbritanniens, nachher galt sie als typisch für Flachheit, Prüderie und Hochnäsigkeit ihres Zeitalters.

Voigtländer, Johann Christian, * Leipzig 1732, † 1797, Mechaniker und Optiker, 1756 Werkstätte für Feinmechanik und optische Geräte in Wien, sein Sohn

– *Johann Friedrich,* * Wien 1779, † 1859, erfand 1823 »Doppeltheater-Perspektive«, verbesserte Schliff der Linsen, dessen Sohn

– *Peter Wilhelm (von),* * Wien 1812, erfand erstes berechenbares Porträtobjektiv, verlegte Betrieb nach Braunschweig.

Waldmüller, Ferdinand, * Wien 1793, † 1865, Hauptvertreter der Malkunst im »Biedermeier«, Anklänge des späteren Realismus, Akademie-Professor, Vorliebe für monumentale Lichtwirkung.

Watt, James, * Greenrok 1736, † 1819, Instrumentenmacher, Erfinder, zuletzt Fabrikant, zusammen mit Wyatt, Lewis Paul und Arkwright (Erfindung der Spinnmaschine) sowie Cartwright und Jacquard (Erfinder des mechanischen Webstuhls), führend im Übergang von der gewerblichen Wirtschaft (und ihrer Gesellschaftsform) zur Industriegesellschaft (und ihren Folgen) in England.

Weber, Karl Maria, * Eutin 1786, † 1826, Schüler von Michael Haydn, nach Skandalaffäre des Vaters (»von Weber« angemaßt) Reisepianist, 1813 Direktor der landständischen Oper in Prag, Oper »Freischütz« im Geist der Romantik Kampf zwischen Gut und Böse, Aufruf patriotischer Gefühle, Anklänge an Motive des Freiheitsringens; mit Konzertrondo »Aufforderung zum Tanz« geglückte Lösung des Formproblems für künftige Walzerkompositionen.

Weigl, Joseph, * Eisenstadt 1766, † 1846, Schüler Joseph Haydns, 1791 Kapellmeister an k. k. Hofoperntheater in Wien, Protegé der Kaiserin Maria Theresia, nachher ausgewichen nach Mailand (»Scala«), Gelegenheitskompositionen in Würdigung Napoleons, 1809 in Wien, komponiert er Lieder für Österreichs Erhebung, zuletzt k. k. Hofkapellmeister und Arrangeur der Musik bei Hof.

Wellington, Arthur Wellesley (Herzog), * Dublin 1769, † 1852, bewährt in Kriegen gegen Napoleon, 1815 Sieger bei Waterloo, zugleich Abgeordneter und Mitglied der Regierung (in Unterbrechungen), Premierminister 1828/30, nachher noch Außenminister und Minister ohne Portefeuille, leitete Zerfall der alten Tory-Partei und Aufkommen der liberalen Partei ein. FM.

Werner, Zacharias, * Königsberg 1786, † 1823, als Dramatiker anfangs in einer Linie mit Goethe und Schiller gesehen, verlor durch Übertritt zum Katholizismus jedes Ansehen, in Wien im Kreis Hofbauer, 1814 Priesterweihe, als Kanzelredner nicht frei von Anklängen an Skandale der Jugendzeit und ihren Affären. FM.

Wertheimstein, Sigmund, * Baden/Wien 1796, † 1854, aus jüdischer Industriellenfamilie der Frühgründerzeit, Direktor der Österreichischen Nationalbank.

WHIGS/LIBERALE: Während der Revolution in England (1625/49) Schimpfname für republikanisch gesinnte Puritaner, 1812 (unter englischem Einfluß) *los liberalos* in Spanien gegen absolute Monarchie und Kirche, um 1830 allgemein »Liberalismus . . . eine solche Gesinnung und ein solches Benehmen, wie es einem freien Mann angemessen und anständig ist, entgegengesetzt zur Servilität . . . Gesinnung des freien Mannes, derselbe mag im übrigen in Verhältnissen leben, in welchen er will« (Brockhaus-Conversationslexikon, Leipzig 1837 ff., Band 2, Seite 738).

Wrbna, Rudolf, Graf, * Wien 1761, † 1827, genoß besonderes Vertrauen Franzens, überstand oft sehr freimütige Kritik an Person des Kaisers, 1807–1827 Obersthofmarschall, dazwischen vertretungsweise Oberstkämmerer.

Young, Peter Thomas, * Livorno 1764, † 1829, Abkomme einer aus England gekommenen katholischen Emigrantenfamilie, Geheimer Kabinetts-Sekretär, zuletzt k. k. Hofrat, Vorsteher der Sammlungen des Kaisers im Augustinergang der Hofburg.

Ypsilanti, Alexander, * 1792, † 1828, aus griechischer Adelsfamilie, in der russischen Armee zuletzt Dienst um Person Alexanders I., in Paris Kreisen der Loge nahe gekommen, nachher in Petersburg in dortige Loge aufgenommen, 1819 an der Spitze des von Freimaurern in Odessa gegründeten griechischen Freiheitsbundes Häterie, 1821 ohne Wissen des Zaren mit griechischen Freischärlern in die Türkei/Moldau eingefallen, vom Zaren aus der Armeeliste gestrichen, nach Scheitern der Aktion Flucht nach Österreich, zuerst in Ehrenhaft, zu Lebzeiten Alexanders Rückkehr nach Rußland vermieden, 1828 auf Kurreise nach dem Süden in Wien gestorben.

Zucchi, Carlo, * 1777 Reggio, † 1863, 1796 Freiwilliger unter Bonaparte, im napoleonischen Königreich Italien Generalleutnant, bewährt in Kriegen gegen Österreich, 1814 in geheimer Verbindung zu Mailänder Putschisten, trotz Kenntnis dessen von Franz als k. k. Feldmarschalleutnant und Divisionär in die k. k. Armee übernommen, 1819 unter Vortäuschung von Dienstunfähigkeit in Pension, benützte zugestandenen Pensionsbezug im Ausland zur Fortsetzung konspirativer Anschläge gegen Österreich, 1830/31 beteiligt an Putschversuchen in Oberitalien, von k. k. Kriegsgericht zum Tod verurteilt, von Franz begnadigt, bis 1848 in Haft, in Palmanova »vom Häftling zum Kommandanten gemacht«, umging Berufung als Kriegsminister der Römischen Republik von 1848, geleitete dafür Papst Pius IX. ins Exil, gestorben als Pensionist im Königreich Italien.

Quellen- und Literaturverzeichnis

A. Archive, Bibliotheken

Österreichisches Staatsarchiv / Reisen Kaiser Franz II. (I.), Aufzeichnungen des Kaisers, Beilagen, Karten und Pläne.
Kriegsarchiv / Bibliothek, Landkarten.
Österreichisches Verwaltungsarchiv (in Einzelfragen).
Wiener Stadt- und Landesbibliothek.
Staatsarchiv Düsseldorf (Dank für wertvolle Hinweise).

B. Gedruckte Quellen

Hübner Johann, Reales Staats-, Zeitungs- und Conversationslexicon / Die allerneuerste Ausgabe, Regensburg und Wien 1759.

(Brockhaus) Bilder-Conversations-Lexikon, 4 Bände, Leipzig 1837 ff.

Meyers (zuletzt enzyklopädisches) Lexikon, 6. Auflage (vor 1914), 7. Auflage (vor 1933), 8. Auflage 1936 ff., alle Leipzig; 9. Auflage, 25 Bände und Personalregister, Mannheim 1971 ff.

Encyclopaedia Britannica, 14. Auflage 1929 ff. (mehrmals revidiert), Sowjetsystem und demokratische Ordnung / Eine vergleichende Enzyklopädie, 6 Bände, Freiburg 1966 ff.

Wurzbach, Carl von: Biographisches Lexikon des Kaisertums Österreich, 60 Bände, Wien 1856 ff.

Neue Österreichische Biographie ab 1815 / Große Österreicher, Wien 1922 ff.

Österreichisches Lexikon, hgg. von Richard Bamberger und Franz Maier-Bruck, 2 Bände, Wien 1966.

Czeike, Felix: Das Groner Wien Lexikon, Wien 1974.

Wiener Mundart: Schuster – Schikola / Sprachlehre der Wiener Mundart, Wien 1956; Mauriz – Schuster / Alt-Wienerisch, Wien 1951; Mayr Max / Das Wienerische, Wien 1980; Wehle Peter / Sprechen Sie Wienerisch? Wien 1980.

Wie sagt man in Österreich? Band 8 der Duden-Sonderreihe, Mannheim 1969.

Matz, Klaus Jürgen: Regententabellen zur Weltgeschichte, München 1980. Staats- und Hofkalender 1767 ff., dann Hof- und Staatsschematismus 1779 ff., Hof- und Staatsschematismus für das österreichische Kaisertum 1807–1847.

Schematismus für das k. k. Heer, Wien 1793–1918, erschienen unter verschiedenen Herausgebern und Titeln.

Landkarten (siehe Kriegsarchiv).

Dörflinger – Wagner – Wawrik: Descriptio Austriae / Österreich und seine Nachbarn im Kartenbild, Wien 1977.

Knauers Großer Historischer Weltatlas / Karten, Illustrationen / Glossar, aus dem Englischen, München–Zürich 1979.

F. W. Putzgers Historischer Schul-Atlas, 41. Auflage, Bielefeld 1918.

C. Darstellungen

AEIOU / Gestalter der Geschichte Österreichs, hgg. von H. Hantsch, Innsbruck 1962.

Armeen

– Darstellungen der k. k. österreichischen Armee mit allen Chargen, Wien 1823, neu hgg. von Dirrheim G.: Die k. k. Armee im Biedermeier, Wien 1975.

– (Knötel), Handbuch der Uniformen / Die militärische Tracht und ihre Entwicklung bis zur Gegenwart, Hamburg 1937, Nachdruck Hamburg 1956.

– Funcken, L. und F.: Historische Uniformen / 18. Jahrhundert und Napoleonische Zeit, Band 1–4 in deutscher Übersetzung, München 1977 ff.

Aufklärung
– Hazard, P.: Die Krise des europäischen Geistes, aus dem Französischen, 5. Auflage, Hamburg 1939, mit Vorwort von Carlo Schmid.
– Hertz, F.: The development of the German mind / The age of Enlightment, London 1962.
– Szabo, F.: Staatskanzler Fürst Kaunitz und die Aufklärungspolitik in Österreich / in: Maria Theresia und ihre Zeit, Salzburg 1979, S. 41 ff.
– Winner, G.: Die Klosteraufhebung in Niederösterreich und Wien, Wien 1967.
– Stutzer, D.: Die Säkularisation / Der Sturm auf Bayerns Kirchen und Klöster, Rosenheim, ohne J. (nach 1979?).
Maaß, F.: Der Frühjosephinismus, Wien 1969.
Bardeleben, K. von: Der Feldzug gegen Österreich 1809, in: Pflugk – *Harttung:* Napoleon, 2 Bände, Berlin 1900, Band 1, S. 418 ff.
Benedikt, H.: Die Monarchie der Gegensätze / Österreichs Weg durch die Neuzeit, Wien 1947.
Derselbe: Kaiseradler über dem Apennin, Wien 1964.
Bibl, V.: Metternich / Dämon Österreichs, 4. Auflage, Leipzig 1936.

Biedermeier
– Wien 1800–1850 / Empire und Biedermeier, Katalog der 26. Sonderausstellung des Museums der Stadt Wien, Wien 1969.
– Endler, F.: Wien im Biedermeier, Wien 1978.
– Feuchtmüller, R.: Leopold Kupelwieser und die Kunst der Spätromantik, Wien 1970.
– Katalog der Ausstellung der Wiener Stadt- und Landesbibliothek zum 150. Todestag des Komponisten Franz Schubert, Wien 1978.
– Bourgoin, J. de: Vom Wiener Kongreß, Wien 1964.
Braubach, M.: Max Franz / Maria Theresias jüngster Sohn, Wien 1961.
Calvert, M., u. *Young, P.:* Battles 1715–1815, London 1978.
Casky, M.: Von der Aufklärung zum Liberalismus / Studien zum Frühliberalismus in Ungarn, Wien 1981.
Castle, E.: Der große Unbekannte / Das Leben des Charles Sealsfield (Karl Postl), 2 Bände, Wien 1952.
Cloeter, H.: Verklungenes Leben / Die Geschichte einer Familie im Spiegel der Zeit, Neustadt/Aisch 1960.
Croce, B.: Geschichte Europas im 19. Jahrhundert, 1931, mit einem Nachwort Neapel 1947, aus dem Italienischen.
Derselbe: Geschichte und Tat, aus dem Italienischen, Bern 1944.

Cronin, V.: Ludwig XVI. und Marie Antoinette, aus dem Englischen, Düsseldorf 1975.
Deutscher Geist im 19. Jahrhundert, hgg. von *Glaser, H.*, München 1981.
Diemann, K.: Schrammelmusik, Graz 1981.
Engel-Janosi, F.: Die politischen Korrespondenzen der Päpste mit den Kaisern 1804–1918, Wien 1964.
Fay, E.: Ludwig XVI. / Sturz in den Abgrund, aus dem Französischen, München 1976.
Franz I.
– Gross-Hoffinger, A. J.: Leben und Wirken und Tod des Kaisers / Ein Charakter- und Zeitgemälde bei Gelegenheit des Todes Franz I. am 1. März 1835, Stuttgart 1835.
– Franciszäen, Anekdoten ... vom hochseligen Kaiser Franz, Wien 1844.
– Schönholz, F. A.: Traditionen zur Charakteristik Österreichs, seines Staats- und Volkslebens unter Franz dem Ersten, Leipzig 1844.
– Derselbe: Geschichtliches, Novellistisches und Humoristisches, hgg. von Gugitz, 2 Bände, Berlin 1914.
– Gräfer, F.: Franciszäische Curiosa oder gar besondere Denkwürdigkeiten aus der Lebens- und Regierungsperiode des Kaisers Franz II. (I.), Wien 1849.
– Schöpfer, Karl: Beiträge zur Charakteristik Franz II., Wien 1849.
– Hormayr, Franz: Kaiser Franz II. und Metternich, Leipzig 1848.
– Wertheimer, E.: Die drei ersten Frauen des Kaisers Franz, Leipzig 1883.
– Wolfsgruber, C.: Caroline Auguste / Die »Kaiserin-Mutter«, Wien 1893.
– Derselbe: Franz I. von Österreich, 2 Bände, Wien 1899.
– Skolar, J.: Geschichte der österreichischen Industrie und ihrer Förderung unter Franz I., Wien 1914.
– Bibl, V.: Kaiser Franz und sein Erbe / in: Der Zerfall Österreichs, 2 Bände, Wien 1922/24, I. Band.
– Derselbe: Metternich, der Dämon Österreichs, 4., vermehrte Ausgabe, Leipzig 1936.
– Tritsch, W.: Franz von Österreich / Der Kaiser des Gott erhalte, Leipzig 1937.
– Langsam, W. C.: Franz der Gute / Die Jugend eines Kaisers, Wien 1954.
Franzel, E.: Sudetendeutsche Geschichte, 5. Auflage, München 1958.

FREIMAUREREI
– Lemhoff – Posner, Internationales Freimaurer-Lexikon, Wien 1932, Nachdruck Wien 1973.
– Lewis, L.: Geschichte der Freimaurerei in Österreich, Wien 1861.
– Mellor, A.: Logen, Rituale, Hochgrade, Graz 1967.
– Krivanec, A.: Die Freimaurerei in der theresianischen Epoche / in: Maria Theresia und ihre Zeit, Salzburg 1979, S. 192.
– Fay, B.: Die Große Französische Revolution 1715–1815, aus dem Französischen, München 1960.
– Die Kerensky-Memoiren / Rußland und der Wendepunkt der Geschichte, aus dem Englischen, Wien 1966, S. 110 ff.
– Bokor, Ch.: Winkelmaß und Zirkel / Die Geschichte der Freimaurer, aus dem Französischen, Wien 1980.

Grillparzers Werke / Ausgewählt und bearbeitet und gedeutet für die Gegenwart von Friedrich Schreyvogel, 2 Bände, Salzburg 1958.

Heckelsberger, Ch.: Das k. k. österreichische Festungsviereck in Lombardo-Venetien, München 1980.

Hennings, F.: Das josephinische Wien, Wien 1966.

Hildesheimer, W.: Mozart, Frankfurt 1977.

Höger, F.: Joseph Haydn, Wien 1959.

(Andreas) *Hofers* alte Garde, Innsbruck 1932.

Hormayer, J.: Das Heer Innerösterreichs, 8. Auflage, Leipzig 1848.

Horsetzky, A.: Kriegsgeschichtliche Übersicht der wichtigsten Feldzüge in Europa seit 1792, letzte Auflage, Wien 1914.

Huch, R.: Menschen und Schicksale aus dem Risorgimento, Leipzig 1943.

Hugelmann, K. G.: Das Nationalitätenrecht des alten Österreich, Wien 1934.

Johnston, W. M.: The Austrian mind, University of California Press, 1972.

Jomini, A.: Abriß der Kriegskunst, Berlin 1891.

JOSEPH II.
– Österreich zur Zeit Kaiser Josephs II. / Katalog der Landesausstellung Melk, 1980.
– (Seybold, David Christian): Joseph der Zweite / Eine Skizze, Leipzig 1786.
– (Anonym): Kaiser Joseph der Zweite vor Minos Richterstuhl, Frankfurt und Leipzig 1791.
– Benedikt, E.: Kaiser Joseph II., 1741–1790, Wien 1936.

– Feytö, F.: Franz II. / Kaiser und Revolutionär, aus dem Französischen, Stuttgart, 1956.
– Walter, F.: Kaiser Joseph II. / in: AEIOU, Gestalter der Geschicke Österreichs, hgg. von Hantsch, H., Innsbruck 1962.
– Schreyvogel, F.: Ein Jahrhundert zu früh / Das Schicksal Joseph II., Wien 1964.

Juden
– Lexikon des Judentums, Chefredakteur John F. Oppenheim, aus dem Amerikanischen, Berlin 1971.
– Gesuch der Vertreter der Wiener Juden an den Kaiser vom 20. November 1833 / Staatsarchiv, Staatsakten 645 aus 1834, dazu
– Staatsratsgutachten 12./21. Juli 1834 ibidem.
– Engelmann, B.: Deutschland ohne Juden, München 1970.
– Derselbe: Preußen / Land der unbegrenzten Möglichkeiten, München 1979.
Kissinger, H.: Großmacht-Diplomatie / Von der Staatskunst Castlereaghs und Metternichs, aus dem Amerikanischen, Düsseldorf 1972.

Konservativismus
– Chateaubriand, F. R.: Erinnerungen, hgg. und neu übertragen aus dem Französischen und mit einem Nachwort von Massenbach, S., München 1968.
– Rekonstruktion des Konservativismus, hgg. von Kaltenbrunner, G. K., Freiburg 1972.
– Lemberg, E.: Ideologien und Gesellschaft, Stuttgart 1971.
– Drimmel, H.: Der konservative Mensch und die Revolution, Wien 1970.
Krones, F. X.: Zur Geschichte Österreichs im Zeitalter der französischen Kriege und der Restauration / Mit Berücksichtigung des Berufslebens des Staatsmannes Freiherrn von Baldacci, Gotha 1886.
Kropatschek, J.: Sammlung der Gesetze, welche unter der glorreichen Regierung des Kaisers Franz II. in den sämtlichen Erbländern erschienen sind . . ., 25 Bände, Wien 1793–1809.
Kübeck, M.: Tagebücher des Carl Friedrich Freiherrn Kübeck von Kübau, 2 Bände, Wien 1909.
– Dazu: Aus dem Nachlaß . . . Tagebücher, Briefe, Aktenstücke (1841–1855), hgg. von Walter, F., Graz 1960.
Kugler, E.: Die Wagenburg in Schönbrunn, Graz 1977.
Kusin, E.: Die Kaisergruft bei den Kapuzinern in Wien, Wien 1949.

Derselbe: Die Kaisergruft, Wien 1973.
Lange, F.: Lanner und Strauß / Ihre Zeit, ihr Leben und ihre Werke, Leipzig 1910.
Lehmann, W. (Herausgeber zusammen mit anderen Autoren): Georg Büchner / Werke und Briefe, München 1980.
LIBERALISMUS
– Franz, G.: Liberalismus / Die deutschliberale Bewegung in der habsburgischen Monarchie, München 1955.
– Derselbe: Kulturkampf / Staat und Kirche in Mitteleuropa von der Säkularisation bis zum Abschluß des preußischen Kulturkampfes, München ohne J.
– Eder, K.: Der Liberalismus in Altösterreich / Geisteshaltung, Politik, Kultur, Wien 1955.
– Röpke, W.: Jenseits von Angebot und Nachfrage, Erlenbach/Zürich 1958.
– Derselbe: Torheiten der Zeit / Stellungnahmen zur Gegenwart, Nürnberg 1966 (?).
– Burnham, J.: Begeht der Westen Selbstmord? / Ein Versuch über Bedeutung und Zukunft des Liberalismus, aus dem Amerikanischen, Düsseldorf 1965.
Maderiaga, S. da: Von der Angst zur Freiheit / Bekenntnisse eines revolutionären Liberalen, Bern 1959.
Lorenz, W.: A.E.I.O.U. / Allen Ernstes ist Österreich unersetzlich, 4. Auflage, Linz 1977.
Maaß, F.: Der Frühjosephinismus (abschließende Würdigung des 5-bändigen Werkes DER JOSEPHINISMUS nach später entdeckten Fundstellen), Wien 1969.
McGuignan, D. G.: Metternich and the Duchess / The public and private lifes at the Congress of Vienna, New York 1975.
Margis, C.: Der Habsburger Mythos in der österreichischen Literatur, aus dem Italienischen, Salzburg 1966.
MARIA THERESIA
– Maria Theresia und ihre Zeit, Katalog der Ausstellung in Schönbrunn 1980, Salzburg 1980.
– Maria Theresia und ihre Zeit, hgg. von Koschatzky, W., Salzburg, 1979.
– Maria Theresia / Briefe und Aktenstücke, ausgewählt und hgg. von Walter, F., Wien 1968.
– Maria Theresia und Marie Antoinette / Ihr geheimer Briefwechsel, hgg., erläutert und ins Deutsche übersetzt von Christoph, P., Wien 1980.

(Briefe der Kaiserin) Maria Theresia, ausgewählt, hgg. und eingeleitet von Fred, W., München 1914.
(Kaiserin) Maria Theresias politisches Testament, hgg. und eingeleitet von Kallbrunner, 1952.
– Maria Theresia und Joseph II. ohne Purpur, von Raithel, R., Wien 1954.
Matsch, E.: Geschichte des auswärtigen Dienstes von Österreich(-Ungarn), 1720–1920, Graz 1980.
Mikoletzky, H. L.: Kaiser Franz I., Stephan und der Ursprung des habsburgisch-lothringischen Familienvermögens, Wien 1961.
NAPOLEON
– Fournier, A.: Napoleon I., 3 Bände, Wien 1922 ff.
– Herold, Ch.: Der korsische Degen / Napoleon und seine Zeit, aus dem Amerikanischen, München 1966.
– Castelot, A.: Bonaparte / Napoleon, 2 Bände, Paris 1968.
– Cronin, V.: Napoleon, aus dem Englischen, Hamburg 1973.
– Horne, A.: Napoleon / Master of Europe 1805–1807, London 1979.
Neuhauser, H.: Feldzeugmeister Johann Nepomuk Freiherr von Kutschera / Generaladjutant Franz I., phil. Dissertation bei H. von Srbik, Wien 1937.
Palmer, A.: Metternich / Staatsmann Europas, aus dem Englischen, Düsseldorf 1977.
Paul, E. E.: Der politische Biedermeier, Lübeck 1925.
Payer, R.: Die kaiserlich-königlichen Hofstellen, ihre Chefs und deren Stellvertreter vom 1. Mai 1749 bis 15. März 1848 (mit tabellarischer Übersicht), Wien 1902.
Pellico, S.: Meine Gefängnisse, Wien 1919.
Pichler, C.: Denkwürdigkeiten meines Lebens, neu hgg. in 2 (statt 4) Bänden von Blüml, E. K., Wien 1914.
PREUSSEN
– Preussen / Versuch einer Bilanz, Ausstellung Berlin 1981, 5 Bände, Reinbeck/Hamburg 1981.
– Dollinger H. / Vorwort Marion Gräfin Dönhoff, Preußen / Eine Kulturgeschichte in Bildern und Dokumenten, München 1980.
– Plessen-Spoerri: Le musée sentimental de Prusse / Eine Ausstellung der Berliner Festspiel GmbH., Berlin 1981.
– Krockow, Ch.: Warnung vor Preußen, Berlin 1981.
– Engelmann, B.: Preußen / Land der unbegrenzten Möglichkeiten, München 1979.

– Schöps, H. J.: Preussen / Geschichte eines Staates, Berlin ohne J.
Preußisches Lesebuch / Zeugnisse aus drei Jahrhunderten, ausgewählt und eingeleitet von Harald von Königswald, München 1966.
Rath, R.: The provisional Austrian Regime in Lombardo-Venetia, 1814–1815, University of Texas Press, 1969.
Rauch, J.: Erinnerungen eines Offiziers aus Altösterreich, hgg. von Weber, A., München 1914.
Rauchensteiner, M.: Kaiser Franz und Erzherzog Karl / Dynastie und Heerwesen in Österreich 1796–1809, München 1972.
Derselbe: Die Schlacht von Aspern am 21. und 22. Mai 1809, 2. Auflage, Wien 1978.
Derselbe: Die Schlacht bei Deutsch-Wagram am 5. und 6. Juli 1809, Wien 1977.
REVOLUTION
– Parker, G.: Der Aufstand der Niederlande / Von der Herrschaft der Spanier bis zur Gründung der Niederländischen Republik 1549–1609, aus dem Englischen, München 1979.
– Clarendon / Selections from the history of the Rebellion and Civil Wars and the Life by himself, nach Ausgaben aus dem 17. Jahrhundert herausgegeben von Huehns, G., London 1956.
– The Revolution / The American Heritage, hgg. v. Ketchum R. M., New York 1958.
– Les Grandes Heures de la Revolution Française, Lenote / Castelot, 6 Bände, Paris 1961 ff.
– Trotzky, L.: Geschichte der Russischen Revolution, aus dem Russischen, Berlin 1960.
– Revolution gegen den Staat? / Die außerparlamentarische Opposition – die Neue Linke, hgg. von Doldinger, H., mit Beiträgen von Abendroth, Marcuse, Nevermann, Leonhard, Meinhof u. a., Bern 1968.
Robbins, Landon, H. C.: Beethoven, aus dem Englischen, Zürich 1970.
ROMANTIK
– Heis, H.: Politisches Denken in der deutschen Romantik, aus dem Englischen, Bern 1966.
– Spann, O.: Die Haupttheorien der Volkswirtschaftslehren, 24. Auflage, Leipzig 1936.
– Zinner, R.: Romantik in Österreich, Wien 1965.
– Till, R.: Hofbauer und sein Kreis, Wien 1951.
Rosenstrauch-Königsberg, E.: Freimaurerei im josephinischen Wien / Aloys Blumauer vom Jesuiten zum Jakobiner, Wien 1975.

Schnabel (Pseudonym): Felix Schnabels Universitätsjahre, Stuttgart 1835, Reprint Graz 1972.
Schondorff, J.: Aufklärung auf wienerisch, Wien 1980.
Schubert / Zeugnisse seiner Zeitgenossen, ausgewählte Erinnerungen, hgg. von Deutsch, O. E., Frankfurt 1964.
Sealsfield, Ch.: Österreich, wie es ist, aus dem Englischen, Wien 1919.
Seton-Watson, G. H. N.: The Russian Empire 1801–1917, Oxford 1967.
Sked, A.: The Survival of the Habsburg Empire / Radetzky, the Imperial Army and the Civil War 1848, London 1979.
Slavische Geisteswelt, hgg. von Hafner-Tureček-Hytrzens, 3 Bände, Baden-Baden 1959 ff.
Srbik, H. von: Metternich / Der Staatsmann und Mensch, 2 Bände, München 1925. Reprint Graz 1979.
Derselbe: Die Schicksalsstunde des alten Reiches / Österreichs Weg 1804–1806, Jena 1937.
Derselbe: Aus Österreichs Vergangenheit / Von Prinz Eugen bis Franz Joseph, Salzburg 1949.
Srbik-Nader: Österreich, hgg. unter Mitwirkung zahlreicher Autoren, 3. Auflage, Salzburg 1936.
Strauss, J.: Katalog der Ausstellung der Wiener Stadt- und Landes-Bibliothek zum 150. Geburtstag, Wien 1975.
Sturminger, A.: 3000 Jahre politische Propaganda, Wien 1960.
Thienen-Adlerflycht, Ch.: Graf Leo Thun im Vormärz, Graz 1967.
TIROL
– Hirn, J., Tirols Erhebung 1809, Innsbruck 1909.
– Kramer – Pfandler – Egg: Tirol 1809, Innsbruck 1959.
– Sammlung von Flugschriften und Proklamationen aus der Zeit im Eigentum des Autors.
Tomek, E.: Kirchengeschichte Österreichs, 3. Teil / Das Zeitalter der Aufklärung und des Absolutismus, Innsbruck 1959.
Trollope, F.: Briefe aus der Kaiserstadt, aus dem Englischen, nach der Erstausgabe 1838 hgg. und bearbeitet von Gerstauer, R., Frankfurt 1980.
UNTERRICHTSVERWALTUNG / 200 Jahre österreichische Unterrichtsverwaltung, 1760–1960, hgg. von Kolbabek, A., Wien 1960.
Voges, H.: Kanonade von Valmy, in: Jahrbuch Braunschweigischer Geschichte 1930.
Valgimigli, M.: Carducci allegro, 1968 (ohne Ortsangabe).
VOLKSSCHULEN / Politische Verwaltung der deutschen Volksschulen für die k. k. österreichischen Provinzen mit Ausnahme von Ungarn, Lom-

bardei, Venedig und Dalmatien vom 11. August 1805, 9., redigierte Auflage, Wien 1844.
Wallonen in kaiserlichen Diensten / Katalog der Ausstellung im Heeresgeschichtlichen Museum, Wien 1978.
Walter, F.: Österreichische Verfassungs- und Verwaltungsgeschichte von 1500–1955, Wien 1972.
Derselbe: Die Österreichische Zentralverwaltung, 1. Band, 2. Halbband, Teil 2 / Die Zeit Franz II. (I.) und Ferdinands I. (1792–1848), Wien 1956.
Derselbe: Band 5 / Aktenstücke dazu, Wien 1956.
Wandruszka, A.: Das Haus Habsburg / Die Geschichte einer europäischen Dynastie, Stuttgart 1956.
Derselbe: Leopold II., 2 Bände, Wien 1965.
Wien
– Schmidl, A.: Wien und seine nächste Umgebung ... historisch-topographisch beschrieben, Wien 1847.
– Weis, K.: Geschichte der Stadt Wien, 2 Bände, 2. Auflage, Wien 1882/83.
– Wien 1800–1850 / Empire und Biedermeier, Katalog der 26. Sonderausstellung des Museums der Stadt Wien, Wien 1969.
– Balthasar Wigand (1770–1846), Bilder und Kunsthandwerk aus Empire und Biedermeier, Katalog der 51. Sonderausstellung des Historischen Museums der Stadt Wien, Wien 1977.
– Wien und Europa zwischen den Revolutionen (1789–1848), 15. Europagespräch, redigiert von M. Urbach, Wien 1978.
Wolfsgruber C.: Maria Louise, Erzherzogin von Österreich, Kaiserin der Franzosen, Wien 1873.
Derselbe: Die Kaisergruft bei den Kapuzinern, Wien 1887.
Zitzenbacher W.: ... unsern guten Kaiser Franz, historischer Roman, Graz 1971.
Zöllner, E.: Geschichte Österreichs / Von den Anfängen bis zur Gegenwart, Wien 1961.

LEOPOLD II

FRANZ II. (I.)
(1768–1835)
Kaiser 1792,
entsagt 1806,
Kaiser von Österreich (I.)
1804–1835
⚭ 1. Elisabeth
von Württemberg
⚭ 2. Maria Theresia
von Bourbon-Neapel
⚭ 3. Maria Ludowika
von Modena
⚭ 4. Karoline Augusta
von Bayern

Ferdinand III.
(1769–1824)
Großherzog
von Toskana
⚭ 1. Luise von
Bourbon-Neapel
⚭ 2. Maria
von Sachsen

Linie Habsburg-Toskana

Karl
(1771–1847)
Herzog
von Teschen
⚭ Henriette von
Nassau-Weilburg

3 Söhne

Joseph
(1776–184
Palatin von U
⚭ 1. Alexand
Rußland
⚭ 2. Herm
von Anha
⚭ 3. Maria Do
von Württem

Linie Erzh. J

2. Maria Luise
(1791–1847)
⚭ 1. Napoleon I.
⚭ 2. Adam
Graf Neipperg
⚭ 3. Karl
Graf Bombelles

1. Herzog von Reichstadt
2. Fürsten Montenuovo

FERDINAND I.
(1793–1875)
Kaiser 1835–1848
⚭ Maria Anna v. Savoyen

2 Töchter

Leopoldine
(1797–1826)
⚭ Pedro I.
von Brasilien

Klement
(1798–18
⚭ Leop
von Sale

FRANZ JOSEPH I.
(1830–1916)
Kaiser ab 1848
⚭ Elisabeth in Bayern

Sophie
(1855–1857)

Gisela
(1856–1932)
⚭ Leopold
von Bayern

Rudolf
(1858–1889)
⚭ Stephanie
von Belgien

Marie Valerie
(1868–1924)
⚭ Franz Salvator
von Toskana

Aus Walter Kleindel, Österreich, Daten zur Geschichte und Kultur, Wien 1978.

STAMMTAFEL DES ÖSTERREICHISCHEN KAISERHAUSES

on (–1835)

Johann (1782–1859) Reichsverweser 1848–1849 ⚭ Anna Plochl (Gräfin v. Meran)
- *Grafen v. Meran*

Rainer (1783–1853) ⚭ Elisabeth von Savoyen
- *Linie Erzherzog Rainer*

Ludwig (1784–1864)

Rudolf (1788–1831) Kardinal

4 weitere Töchter

---

n Franz (–1807)

Karoline (1801–1832) ⚭ Friedrich August von Sachsen

Franz Karl (1802–1878) ⚭ Sophie von Bayern

Maria Anna

2 Kinder

---

rdinand Maximilian (1832–1867) neralgouverneur von rdo-Venetien 1857–1859, von Mexiko 1864–1867 Charlotte von Belgien

Karl Ludwig (1833–1869) ⚭ 1. Margarete von Sachsen ⚭ 2. Maria Annunziata von Bourbon-Neapel ⚭ 3. Maria Theresia von Portugal

Karoline (1835–1840)

Ludwig Viktor (1842–1919)

. Franz Ferdinand (1863–1914) ophie Chotek, Gräfin, zogin von Hohenberg
- *zöge von Hohenberg*

Otto Franz Joseph (1865–1906) ⚭ Maria Josepha von Sachsen

3. Maria Annunziata

Elisabeth Amalia

KARL I. (1887–1922) Kaiser 1916–1918 ⚭ Zita von Bourbon-Parma

Maximilian

Otto (*1912) ⚭ Regina von Sachsen-Meiningen

7 Kinder

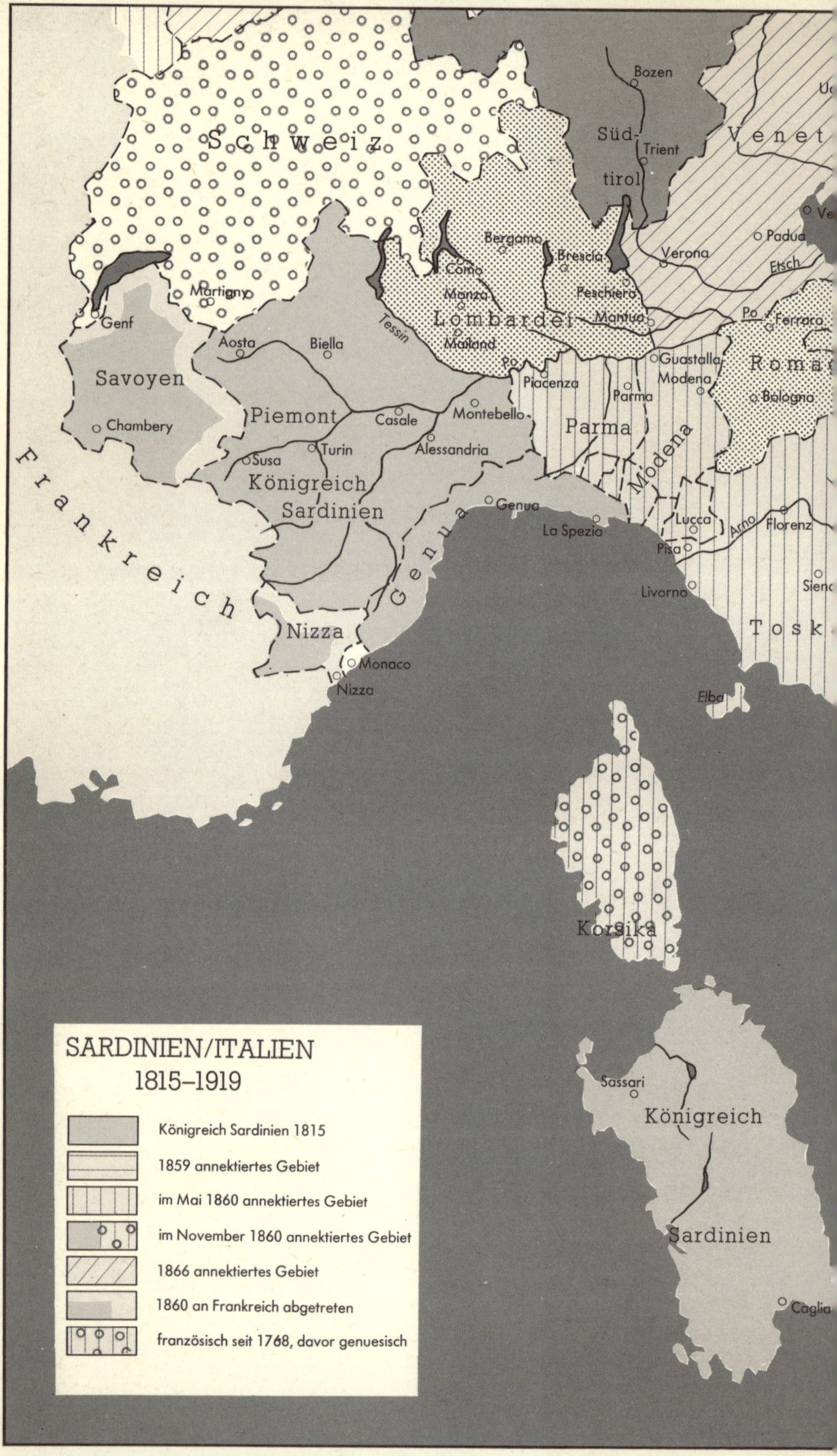
SARDINIEN/ITALIEN
1815–1919
Königreich Sardinien 1815
1859 annektiertes Gebiet
im Mai 1860 annektiertes Gebiet
im November 1860 annektiertes Gebiet
1866 annektiertes Gebiet
1860 an Frankreich abgetreten
französisch seit 1768, davor genuesisch
Schweiz
Bozen
Süd-
tirol
Trient
Venet
Padua
Verona
Etsch
Bergamo
Brescia
Como
Monza
Peschiera
Mantua
Lombardei
Mailand
Tessin
Po
Ferrara
Martigny
Genf
Aosta
Biella
Savoyen
Chambery
Piemont
Casale
Montebello
Piacenza
Parma
Guastalla
Modena
Roma
Bologna
Turin
Susa
Alessandria
Königreich
Sardinien
Frankreich
Genua
La Spezia
Lucca
Arno
Florenz
Pisa
Livorno
Nizza
Monaco
Tosk
Elba
Korsika
Sassari
Caglia